高等职业院校国家技能型紧缺人才培养培训工程规划教材·汽车运用与维修专业

汽车美容与装饰实务

（第3版）

邢忠义　主　编
钟彦雄　杨　莉　副主编
金会林　主　审

電子工業出版社
Publishing House of Electronics Industry
北京·BEIJING

内容简介

本书是高等职业教育汽车运用类专业规划教材，是按照教育部颁布的《汽车运用与维修专业领域技能型紧缺人才培养培训指导方案》的要求，紧密结合当前汽车后市场职业岗位对人才职业能力和职业素养的实际需求而编写的。在内容上，既有较强的理论性、实践性，又有较强的综合性，并突出了针对性和实用性。

本书共10章，系统介绍了汽车美容、汽车装饰、汽车护理、汽车改装等相关知识。

本书可供高等职业院校汽车类各专业教学使用，也可作为汽车运用行业岗位的培训教材，同时可供汽车运用部门的工程技术人员、技术管理人员学习参考。

图书在版编目（CIP）数据

汽车美容与装饰实务 / 邢忠义主编. —3版. —北京：电子工业出版社，2015.3
高等职业院校国家技能型紧缺人才培养培训工程规划教材. 汽车运用与维修专业
ISBN 978-7-121-25529-8

Ⅰ. ①汽… Ⅱ. ①邢… Ⅲ. ①汽车－车辆保养－高等职业教育－教材 Ⅳ. ①U472

中国版本图书馆CIP数据核字（2015）第030079号

策划编辑：程超群
责任编辑：郝黎明
印　　刷：北京七彩京通数码快印有限公司
装　　订：北京七彩京通数码快印有限公司
出版发行：电子工业出版社
　　　　　北京市海淀区万寿路173信箱　邮编 100036
开　　本：787×1 092　1/16　印张：19.25　字数：492.8千字
版　　次：2006年11月第1版
　　　　　2015年3月第3版
印　　次：2023年7月第5次印刷
定　　价：39.00元

凡所购买电子工业出版社图书有缺损问题，请向购买书店调换。若书店售缺，请与本社发行部联系，联系及邮购电话：（010）88254888。

质量投诉请发邮件至zlts@phei.com.cn，盗版侵权举报请发邮件至dbqq@phei.com.cn。

服务热线：（010）88258888。

前　言

随着我国经济的高速发展和人民生活水平的提高，特别是汽车新技术、新结构在中低端家用轿车上的逐渐普及应用，汽车产品已经作为一类大众消费品进入寻常百姓的生活。汽车的外观、颜色、个性化的配置和装饰不仅在一定程度上体现了车主的兴趣爱好，还能反映其修养、生活观念等。所以说，汽车美容与装饰逐渐被重视，许多车主开始自己动手进行一些项目的美容与装饰，甚至进行一些改装。如何才能合理有效地对车辆进行美容与装饰操作，并进一步为改善汽车的一些性能而做改装，就显得特别重要，必须具有专业水平和能力才能进行一些操作项目，这不仅仅是考虑到美容和装饰的效果，更重要的是车辆的行驶安全等。

据公安部交管局统计，截至2013年年底，我国汽车保有量约为1.37亿辆，机动车驾驶员约2.8亿人。据中国汽车工业协会统计，2013年中国生产汽车2211.68万辆，销售2198.41万辆，分别同比增长14.76%和13.87%，比2012年分别提高10.2%和9.6%。在美国，汽车服务行业年营业收入超过1000亿美元，同时汽车使用寿命也延长了。根据国际汽车发展的规律，车价只是养车费用的25%，汽车后市场约占到70%，而美容养护则占30%以上，市场增长空间较大。美国汽车服务业的营业额已经超过汽车整车的销售额，其中，仅仅汽车美容业年产值就已超过3500亿美元。

根据市场调查，目前，我国约60%以上的私人高档汽车车主有给汽车做外部美容养护的习惯；30%以上的私人低档车车主也开始形成给汽车做美容养护的观念；30%以上的公用高档汽车也定时进行外部美容养护；50%以上的私车车主愿意在掌握基本技术的情况下自己进行汽车美容和养护。

以上两组数据表明，汽车美容装饰业具有巨大的市场发展空间和诱人的市场前景。

作为培养紧缺型技能人才的职业教育行业，必须有合适且适用的教材。2005年左右，许多职业院校都还没有开设汽车美容与装饰这一课程，而适合职业院校使用的教材很少，真正适合职业教育特点的教材就更少。因此，我们组织编写了《汽车美容实务》，于2006年11月出版。出版后，受到各职业院校的广泛好评，同时接纳了一些宝贵的意见，教材于2008年5月进行第2次印刷。结合近年汽车美容与装饰作业项目的变化、教材使用过程中发现的一些不足，特别是2008年10月1日，修订后的《机动车登记规定》正式实施，其中第十条明确表示，改变车身颜色、更换发动机、更换车身或者车架的机动车所有人，可向登记地车辆管理所申请变更登记。这一规定意味着我国允许对汽车进行部分改装，使长期处于“地下”的汽车改装行业变得光明正大。在欧美等汽车工业发达国家，汽车改装比例超过20%，而目前我国改装车的比例还不到汽车保有量的3%，汽车改装市场前景诱人。

因此，我们组织编写了第2版，并把教材名称定为《汽车美容与装饰实务（第2版）》。2011年，该教材被云南省教育厅评为“2011年云南省高校优秀教材”。鉴于汽车美容与装饰作业内容的变化和技术的快速发展，本书对第2版部分内容进行了修改，对部分内容表述也进行了修正，使其更符合汽车美容与装饰专业特点。

本教材与第2版相比，对内容进行了更为合理的组织，第1章增加了1.1.4普通美容与专业美容的区别、1.1.5 汽车美容专业术语，第 4 章增加了 4.1 个人安全防护，第 6 章增加了 6.6.3 纳米镀膜，第 7 章增加了 7.9 底盘装甲、7.12 玻璃美容与修补、7.13 轮胎美容，第 8 章增加了儿童座椅选装及使用，新增第 9 章汽车护理及汽车精品，原第 9 章调整为第 10 章。

本教材的特色与创新主要有：第一，增加汽车改装方面的内容；第二，积极配合国家高职高专示范院校建设精神，教材工学结合，重在培养实际操作技能，具有极强的可操作性和鲜明的时代性；第三，在教材最后，编辑整理总复习题，不仅方便教学过程中教师进行理论组卷考核，也有利于学员自学，掌握重点和难点；第四，教材配有电子教案和全部习题答案，可从华信教育资源网（www.hxedu.com.cn）免费下载。

教学过程中，可以从以下几方面组织教学：第一，汽车美容与装饰的基本原理；第二，汽车美容与装饰工具及设备的使用；第三，汽车美容的工艺流程及操作方法；第四，汽车装饰的工艺流程及操作方法；第五，汽车改装的工艺流程及操作方法。理论与实践学时比例可以按 50%∶50%或 30%∶70%进行，主要根据实践操作分组情况安排。

参加本书编写工作的有：云南交通职业技术学院邢忠义，云南机电职业技术学院钟彦雄，天津科技大学杨莉，云南省林业高级技工学校金会林，中北大学王智兴、马富康。全书由邢忠义担任主编，钟彦雄、杨莉担任副主编，金会林担任主审。

由于时间仓促和编者知识水平有限，本书内容难免存在错误和疏漏，敬请读者批评指正。

编　者

目　录

第 1 章　汽车美容基础知识

1.1　汽车美容与装饰概述

根据国际上汽车工业发展的规律，车价只是养车费用的 25%，汽车后市场占到 70%，而美容养护则占 30%以上，市场增长空间较大。美国汽车服务业的营业额已经超过汽车整车的销售额，其中，仅仅汽车美容业年产值就已超过 3500 亿美元。

1.1.1　汽车美容与装饰的发展状况

1．国外汽车美容市场的产生与发展

国外汽车美容市场的产生与发展过程见表 1.1。

表 1.1　国外汽车美容市场的产生与发展过程

年　代	产生与发展历史
20 世纪 20 年代末至 30 年代初	汽车美容市场诞生，美、英等国率先产生汽车美容行业
20 世纪 40 年代	汽车美容业日益壮大并逐渐形成规模
20 世纪 70 年代后期	这一行业得到了迅猛的发展，在这一时期，汽车美容业开始走向亚洲
20 世纪 80 年代	汽车美容业在全球已发展成为一支不可忽视的产业大军

2．我国汽车美容市场的产生与发展

我国汽车美容业的产生相对较晚，到 20 世纪 90 年代初才出现，此时的汽车美容也只不过是洗洗涮涮、涂涂抹抹而已，服务项目、内容、质量及标准等都很不规范。进入 20 世纪 90 年代中期，国外一些汽车美容公司纷纷登场，在全国范围内办起了连锁店，各种品牌的汽车美容用品也像雨后春笋般蜂拥而至，并造就了一支汽车美容大军，从业人数逐年增加，汽车美容业呈现一片繁荣景象。

随着我国汽车工业的快速发展、汽车文化的日益深入及文明程度的不断提高，汽车美容已被越来越多的人所接受，并成为一种时尚。汽车美容业作为一种新兴产业正在崛起，且必将成为 21 世纪的黄金产业。2005 年我国汽车后市场的营业额约为 880 亿元，2009 年已增加到约 2400 亿元，2012 年增至 4900 亿元左右，年复合增长率为 26.9%。影响汽车后市场需求的两大因素是：汽车保有量和汽车产业链利润结构。在汽车保有量方面，到 2020 年，我国汽车产量将达到甚至超过 2 亿辆。在成熟国家的汽车产业链中，汽车后市场占到 50%～60%，而我国目前只占到 10%左右，还有很大的提升空间。预计未来几年我国汽车售后服务占汽车经销商净利润的比重将逐渐上升，售后市场规模仍将保持 20%左右的增速。到 2015 年国内汽车后市场规模将达到 8000 亿元以上。

1.1.2　汽车美容的概念

汽车美容的概念在我国出现于 1994 年，在西方国家，汽车美容被称为“汽车保养护理”，

它已经成为普及性及专业性很强的服务行业。**汽车美容（Auto Beauty）**，是指针对汽车各部位不同材质所需的保养条件，采用不同性质的汽车美容护理产品及施工工艺，对汽车进行全新保养护理。汽车美容产品采用高科技手段及优质化工原料制造而成，它不仅能够使汽车焕然一新，还能使旧车彻底翻新，并长久保持艳丽色彩。

1.1.3 汽车装饰的概念

汽车装饰，是指通过增加一些附属物品以提高汽车表面和车内的美观性。有些装饰还能影响或改善汽车的一些性能，如车身包围，可以改善流经汽车的空气阻力，对汽车高速行驶时的稳定性有一定影响。

根据个人不同需求对汽车进行装饰，不仅可以体现车主的个性与品味，更为重要的是，通过装饰能使车主从中找到一种满足，增加一份安全与舒适，为汽车营造一种家的温馨与浪漫感。

1.1.4 普通美容与专业美容的区别

汽车普通美容是清洗车身表面灰尘等附着物并进行打蜡护理，专业美容是对车辆进行由表及里、全面细致的护理，每道工序都有严格的操作规范和标准，并由经过专业培训的技师采用专业工具和设备、专业用品和独特的技术对汽车进行美容护理。普通美容与专业美容的区别见表 1.2。

表 1.2 车辆普通美容与专业美容的区别

序号	作业项目	普通美容	专业美容
1	漆面清洁	清除漆面泥沙、灰尘、柏油、鸟粪、树木汁液等	经过预洗（冲车、除旧车蜡）、清除柏油、焦油等，清洗（除静电清洗、除交通膜清洗、增艳清洗等）步骤
2	漆面抛光	对车辆进行简单处理，全车抛光	专业的划痕处理（划痕填补、局部补漆、抛光处理）、全车抛光及镜面封釉或镀膜处理
3	漆面护理	采用上蜡方式，使漆面产生一层保护层，且增加漆面光泽度	根据不同车况和车辆使用环境，提供不同的车蜡，如彩色蜡、钻石蜡、水晶蜡、釉面蜡等
4	外饰护理	只是简单进行清洗，除污作业	能对轮胎、轮毂、保险杆、电镀件、不锈钢件等进行专业清洁护理、上光，使之焕然一新
5	内饰护理	只是进行简单擦洗、除尘作业	能对内饰进行杀菌、消毒、除臭、香薰处理，并对皮革、真皮、塑料件等进行专业护理、上光，并对玻璃进行防雾、防水处理等
6	发动机、底盘护理	没有相应作业	对外部进行除污、除油、除锈、防锈处理，并能对燃油供给系统、润滑系统、冷却系统、自动变速器等进行清洁护理作业

1.1.5 汽车美容专业术语

（1）脱蜡洗车。使用能洗掉汽车表面原有蜡层的洗车液洗车，主要用于漆面修补、漆面缺陷处理、漆面重新打蜡的前处理。如新车开蜡就必须进行脱蜡洗车。

（2）不脱蜡洗车。只是使用专业洗车液洗去车身表面灰尘、污垢，但漆面原有车蜡仍存在。这是最常见的日常洗车作业。

（3）洗车蜡。指含有水蜡的一种洗车液，能在洗车的同时给漆面上光，一举两得，但光泽保持时间不长。

（4）研磨剂。指含有各种摩擦材料的乳剂，用于处理漆面缺陷。摩擦能力强的研磨剂称为深切研磨剂；摩擦能力适中，较柔和的研磨剂称为中切研磨剂；摩擦力极柔和，对漆面损伤极轻的研磨剂称为微切研磨剂。

（5）抛光剂。指用于消除研磨工序留下的磨痕，同时也是打蜡前漆面的强力去污剂。

（6）镜面釉剂。内含高分子釉剂的抛光剂，主要用于车漆的二次抛光（去除抛光时形成的光环、划痕），并在漆面形成釉质镜面保护膜。

（7）增光剂。集抛光和上光为一体的产品。

（8）抛光蜡。含有极柔和摩擦材料的车蜡。

（9）上光蜡。不含任何摩擦材料的车蜡。

（10）镀膜。含有高分子聚合物的车蜡。

（11）保护剂。含高分子聚合物的清洗剂或上光剂，在清洗或上光的同时起到防老化、防腐等作用。

（12）太阳纹。汽车在高速行驶中，漆面与风沙摩擦，长期积累而形成的微痕。

（13）交通膜。车漆在使用过程中与空气摩擦产生静电，并吸附灰尘和有害气体等，使漆面氧化而形成一层膜，产生的原因主要是静电吸附作用。

（14）防爆膜。即常说的防爆隔热膜，车辆玻璃贴膜以后，具有隔热、隔紫外线、隔光等作用，此外还增强了玻璃的抗破碎能力，提高空调效益并能增强车辆装饰效果。

1.2 汽车美容的类型及作业项目

1.2.1 汽车美容的类型

根据对汽车美容操作程度的不同，汽车美容可分为一般美容、汽车修复美容和专业汽车美容三种类型。

1. 一般美容

一般美容也就是人们常说的洗车和打蜡操作，即常见的路边拎着水桶、用毛巾擦车、打蜡的作业。一般美容经常采用洗衣粉、洗洁精等非专业美容产品。这些产品的 pH 值一般为 10.3～10.9，然而汽车漆面耐酸、碱的承受力为 pH 值在 8.0 以下。其结果是往往清洗不彻底，还会把漆膜划伤，出现细微的划痕；水洗后若擦拭不彻底，会在有些部位留下水渍，影响漆面光泽度；车身的门缝、窗边等凹槽处，因无法擦干，阳光照射后就会出现水汽，加重了对漆膜和凹槽等处的腐蚀作用，使车身受损。因此，应避免采用这种简单的方法对汽车进行美容操作。

2. 汽车修复美容

汽车修复美容是指车身漆面或内室件表面出现某种缺陷后所进行的恢复性美容作业，其缺陷主要有漆膜病态、漆面划痕、斑点及内室件表面破损等，根据缺陷的范围和程度不同，分别进行表面处理、局部修补、整车翻新及内室件修补更换等美容作业。

汽车修复美容必须在专业汽车美容中心进行，美容操作中需要专业的设备和工具，只有具备一定的修复美容工艺技术才能满足汽车修复美容的基本要求。这种美容主要针对车身的漆膜部分，其他很多部位尚未考虑。

3．专业汽车美容

专业汽车美容不仅包括对汽车的清洁、打蜡，更主要的是根据汽车实际需要进行维护，包括汽车护理用品的正确选择与使用、汽车漆膜的护理（例如，对各类漆膜缺陷的处理、划痕的修复美容等）、汽车装饰、精品选装等内容，是一个非常复杂的系统工程。

专业汽车美容之所以专业就在于它自身的系统性、规范性和专业性：着眼于汽车的自身特点，由表及里进行全面而细致的保养；每一道工序都有标准和规范的技术要求；严格按照工序要求，采用专业产品、专业手段、专业工具等进行操作。

（1）专业汽车美容应达到的效果。

① 车身漆膜应达到艳丽的新车效果，并能长久保持；应具有防静电、防酸雨、防紫外线等功能。

② 发动机系统经过免拆卸清洗后，应能提高整个系统的性能，并延长使用寿命。发动机的清洗翻新应使发动机表面形成光亮的保护膜并能长久保持。

③ 风窗玻璃的修复抛光应使有划痕、发乌的玻璃变得清晰明亮、完好如初。

④ 室内、后备箱内经美容处理后，应更显洁净、光鲜。

⑤ 轮辋、轮胎经美容护理后，应光泽亮丽并能延长使用寿命。

⑥ 裸露部分的金属经除锈、防锈处理后，应具有金属光泽，能延长其使用寿命。

（2）专业汽车美容的基本条件。

① 具备美容操作工作室，且工作室应与外界隔离；设有漆膜维修处理工作室、干燥室、清洗室、美容护理室，且最好互不干扰，但又有一定的联系。露天操作是不能进行专业汽车美容的。

② 各工作室应有可供施工所用的相应设备、工具及能源。

③ 施工人员必须经过专业技术培训，取得上岗资格。

④ 汽车美容用品及材料必须是正规厂家生产的合格品，而且还应是配套使用的相关产品，以免造成质量事故。

⑤ 具有必要的售后服务是对专业汽车美容的补充，当出现一些质量问题时可进行补救处理。

1.2.2 汽车美容作业项目

1．护理性美容作业项目

（1）新车开蜡。汽车生产厂家为防止汽车在储运过程中漆膜受损，确保汽车到用户手中时漆膜完好如新，汽车总装的最后一道工序是在检查合格后，对整车进行喷蜡处理，即在车身外表面喷涂封漆蜡。封漆蜡没有光泽，严重影响汽车美观，且易黏附灰尘。国外发达国家的汽车销售商在汽车出售前就对汽车进行除蜡处理，国产汽车一般没有喷封漆蜡。

（2）汽车清洗。为使汽车保持干净、整洁的外观，应定期或不定期地对汽车进行清洗。汽车清洗是汽车美容的首要环节，同时也是一个重要环节。它既是一项基础性的工作，也是一种经常性的护理作业。

按汽车部位不同，清洗作业可分为车身外表面清洗、内室清洗和行走部分清洗。车身外表面主要有车身漆面、车门窗、外部灯具、装饰、附件等；内室主要有篷壁、地板（地毯）、座椅、仪表台、操纵件、内部装饰、附件等；行走部分主要指汽车底盘有关总成壳体表面。

对车身漆面的清洗可分为不脱蜡清洗和脱蜡清洗两种。

不脱蜡清洗是指车身表面有蜡，但是不想把它去掉，只是洗掉灰尘、污迹。清洗方法主要是通过清水和普通清洗剂，采用人工或机械清洗。

脱蜡清洗是一种除掉车漆表面原有车蜡的清洗作业。有些汽车原先打过蜡，现在需要重新打蜡上光，在这种情况下，必须在洗车的同时将原车蜡除净，然后再打新蜡。脱蜡洗车使用脱蜡清洗剂，该清洗剂可有效去除车蜡。用脱蜡清洗剂洗完之后，再用清水将车身表面冲洗干净。

（3）漆面研磨。漆面研磨是去除漆膜表面氧化层、轻微划痕等缺陷所进行的作业。该作业虽具有修复美容的性质，但由于所修复的缺陷非常轻微，只要配合其他护理作业，便可消除缺陷，所以把它列为护理性美容的范围。

漆面研磨与后面的抛光、还原是三道连续作业的工序，研磨是漆面轻微缺陷修复的第一道工序。漆面研磨需使用专用研磨剂，通过研磨/抛光机进行作业。

（4）漆面抛光。漆面抛光是紧接着研磨的第二道工序。车漆表面经研磨后会留下细微的打磨痕迹，漆面抛光就是去除这些痕迹所进行的护理作业。

漆面抛光需使用专用抛光剂，通过研磨/抛光机进行作业。

（5）漆面还原。漆面还原是研磨、抛光之后的第三道工序，它是通过还原剂将车漆表面还原到“新车”般的状况。还原剂也称“密封剂”，它对车漆起密封作用，以避免空气中的污染物直接浸蚀车漆。还原剂有两种，一种叫还原剂，另一种叫增光剂。增光剂在还原作用的基础上还有增亮的作用。

（6）打蜡。打蜡是在车漆表面涂上一层蜡质保护层，并将蜡抛出光泽的护理作业。打蜡的目的：一是改善车身表面的光亮程度，增添亮丽的光彩；二是防止腐蚀性物质的浸蚀，对车漆进行保护；三是消除或减小静电影响，使车身保持整洁；四是降低紫外线和高温对车漆的侵害，防止和减缓漆膜老化。

汽车打蜡可通过人工或打蜡机进行作业。

（7）内室护理。汽车内室护理是对汽车控制台、操纵件、座椅、座套、顶棚、地毯、脚垫等部件，进行的清洁、上光等美容作业，还包括对汽车内室定期进行的杀菌、除臭等净化空气作业。汽车内室部件种类很多，外层面料也各不相同，在护理中应分别使用不同的专用护理用品，确保护理质量。

2．修复性美容作业项目

（1）漆膜病态治理。漆膜病态是指漆膜质量与规定的技术指标相比所存在的缺陷。漆膜病态有上百种，按病态产生的时机不同可分为涂装中出现的病态和使用中出现的病态两大类。对于各种不同的漆膜病态，应分析原因，采取有效措施，积极防治。

（2）漆面划痕处理。漆面划痕是因刮擦、碰撞等原因造成的漆膜损伤。当漆面出现划痕时，应根据划痕的深浅程度，采取不同的工艺进行修复处理。

（3）漆面斑点处理。漆面斑点是指漆面接触了柏油、飞漆、焦油、鸟粪等污物后，在漆面上留下的污迹。对漆面斑点的处理应根据斑点在漆膜中渗透的深度不同，采取不同的工艺。

（4）汽车涂层局部修补。汽车涂层局部修补是当汽车漆面出现局部失光、变色、粉化、起泡、龟裂、脱落等严重老化现象或因交通事故导致涂层局部破损时所进行的局部修补涂装作业。汽车涂层局部修补虽作业面积较小，但要使修补漆面与原漆面漆膜的外观、光泽、颜色达到基本一致，需要操作人员具有丰富的经验和高超的技术水平。

（5）汽车涂层整体翻修。汽车涂层整体翻修是当全车漆膜出现严重老化时所进行的全车翻新涂装作业。其作业内容主要有清除旧漆膜、金属表面除锈、底漆和腻子施工、面漆喷涂、补漆修饰及抛光上蜡等。

1.3 汽车装饰的类型及作业项目

根据汽车装饰的部位分类，汽车装饰可分为汽车外部装饰和汽车内部装饰两大类。

1．汽车外部装饰

汽车外部装饰主要是对汽车顶盖、车窗、车身周围及车轮等部位进行装饰。其主要内容如下。

（1）汽车漆面的特种喷涂装饰。

（2）彩条及保护膜装饰。

（3）前阻风板及后翼板装饰。

（4）车顶开天窗装饰。

（5）汽车风窗装饰。

（6）车身大包围装饰。

（7）车身局部装饰。

（8）车轮装饰。

（9）底盘喷塑装饰。

2．汽车内部装饰

汽车内部装饰主要是对汽车驾驶室和乘客室进行装饰，统称为内饰。汽车内部装饰的主要内容如下。

（1）汽车顶棚内衬装饰。

（2）侧围内护板和门内护板的装饰。

（3）仪表板的装饰。

（4）座椅的装饰。

（5）地板的装饰。

（6）内室精品的装饰。

1.4 汽车美容的依据与原则

1.4.1 汽车美容的依据

汽车美容应根据车型、车况、使用环境及使用条件等因素，有针对性地、合理地安排美容作业的时机及项目。

1．因车型而异

汽车美容项目、内容及使用的用品不同，其价位也不一样。对汽车进行美容不仅要考虑到效果，同时也要考虑费用问题。因此，不同档次的汽车所采取的美容作业及使用的美容用品应有所不同。对于高档轿车应主要考虑美容效果，而对于一般汽车只要进行常规的美容作业就可以了。

2. 因车况而异

汽车美容作业应根据汽车漆膜及其他物面状况有针对性地进行。车主或驾驶员应经常对汽车表面进行检查，发现异变现象要及时处理。例如，当车漆表面出现划痕，尤其是较深的划痕时，若处理不及时，导致金属锈蚀，就增大了处理的难度。

3. 因环境而异

汽车行驶的地域和道路不同，对汽车进行美容作业的时机和项目也不同。若汽车经常在污染较重的工业区使用，则应缩短汽车清洗周期，经常检查漆面有无污染色素沉着，并采取积极的预防措施；若汽车在沿海地区使用，由于当地空气潮湿，且大气中盐分较多，一旦漆面出现划痕应立即采取治理措施，否则很快造成内部金属锈蚀；若汽车在西北地区使用，由于当地风沙较大，漆面易失去光泽，应缩短抛光、打蜡的周期。

4. 因季节而异

不同的季节、气温和天气的变化，对汽车表面及内室部件具有不同的影响。例如，汽车在夏季使用时，由于高温漆膜易老化；在冬季使用时，由于严寒漆膜易冻裂，均应进行必要的预防护理作业。另外，冬夏两季车内经常使用空调，车窗紧闭，车内易出现异味，应定期进行杀菌和除臭作业。

1.4.2 汽车美容的原则

1. 预防与治理相结合的原则

汽车美容要以预防为主，即在汽车漆膜及其他物面出现损伤之前进行必要的维护作业，预防损伤的发生。一旦出现损伤应及时进行治理，恢复原来状态。因此，汽车美容应坚持预防与治理相结合的原则。

2. 车主护理与专业护理相结合的原则

汽车美容很多属于经常性的维护作业，如除尘、清洗、擦车、检查等，几乎天天要进行，这些简单的护理作业，只要车主或驾驶员掌握了一定的汽车美容知识，完全可以自己完成。但定期到专业汽车美容场所进行美容也是必不可少的，因为还有很多美容项目是车主无法完成的，尤其是汽车漆面或内室物面出现某些问题时，必须进行专业护理。为此，车主或驾驶员护理一定要与专业护理相结合，这样才能将汽车护理得更好。

3. 单项护理与全套护理相结合的原则

汽车美容作业的项目和内容很多，在作业中应根据汽车自身状况有针对性地选择项目和内容。进行某些单项护理就能解决问题的不必进行全套护理，这样不仅是为了节省费用，同时对汽车本身也是有利的。例如，汽车漆膜的厚度是一定的，如果每次美容都进行全套护理，即每次都要研磨、抛光，则漆膜厚度很快会变薄，当磨透车漆时，就必须进行重新喷漆，这就得不偿失了。当然在需要时对汽车进行全面护理也是必要的，关键是要根据不同情况具体对待。

4. 局部护理与全车护理相结合的原则

当汽车漆膜局部出现损伤时，只要对局部进行处理即可，只有在全车漆膜绝大部分出现损伤时，才能进行全车漆膜处理。在实际工作中应根据需要决定护理的面积，只需局部护理的，不要扩大到整块板；只需整块板护理的，不要扩大到全车。

1.5 汽车美容市场分析

随着我国汽车保有量的快速增加，以及汽车美容与装饰、改装等汽车消费观念的逐渐普及，汽车美容业正日益显露出其巨大的市场空间，成为21世纪最有潜力的黄金行业之一，被称为汽车工业的“第二桶金”。

据统计，在欧美的一些发达国家，汽车的销售利润仅占整个汽车业利润的20%左右，零部件供应的利润占20%，而近60%的利润则来自于汽车服务业。从中国国情来看，目前车主养车费用已达到或者超过汽车本身的价值，以一台15万左右的家用轿车为例，在中等城市每月的养车费用约1000元人民币左右，按照15年使用年限计算，其养车费用将达到18万元。这就意味着，一笔巨大的费用将流入从事汽车服务业的商家。截至2013年12月31日，我国汽车保有量达1.35亿辆。

根据市场调查，目前我国60%以上的家用高档车车主有给汽车做外部美容养护的习惯；30%以上的家用低档车车主也开始形成了给汽车做美容养护的观念；30%以上的公用高档汽车也定时进行外部美容养护；50%以上的私车车主愿意在掌握基本技术的情况下自己进行汽车美容和养护。

以上两组数据表明，汽车美容装饰业具有巨大的市场发展空间和诱人的市场前景。

然而目前，我国汽车售后服务业的发展现状与其巨大的发展前景之间存在较大的差距！与发达国家相比，我国汽车服务体系的发展程度还很低，主要表现为规模偏小、管理不到位、经营项目单一、配套设施和专业技术人才缺乏等。而在发达国家和地区，汽车服务体系已相当成熟，主要体现在较大规模的连锁品牌、完善的销售服务网络、庞大的消费信贷等方面。例如，随着有车人士特别是拥有私人轿车的成功人士消费观念的更新，那些档次低、规模小的“路边店”已经不受青睐，在市场上难以立足。而那些档次较高、规模较大、经营项目比较丰富的汽车美容店越来越受欢迎。

第一，高端汽车美容项目日益受到青睐。洗车、打蜡在很长一段时间内几乎就是中国汽车美容的代名词，然而这种状况近几年正随着人们养车意识的转变而发生悄然变化。特别是2008年，国内不少地区都出现了价位不菲、但质量确实可靠的高端汽车美容项目，正在逐渐得到终端车主的认可。经过了前几年概念炒作的泡沫时期，一些商家真正的产品、技术及服务等方面的优势开始沉淀下来，并且引领了一股新的时尚潮流。

尽管近几年我国的汽车保有量持续增长，但毕竟购买一辆汽车对于目前绝大多数消费者来讲都是一种奢侈的消费行为，然而对爱车进行高效的美容养护是任何一个车主都有的惯性心理，因为车的面子就是车主的面子。但在前几年，汽车美容市场兴起之初，鱼龙混杂的各类产品、各种服务让消费者有点雾里看花，再加上消费者被不法商家蒙骗的报道时有爆出，因此在这个市场还没有完全成熟起来之前，就已经让很多消费者丧失了信心。纵观2008年，应该说是重塑信心的一年，消费者在这一过程当中变得更加理智，更加具有判断力。

第二，日常初级汽车护理DIY趋势渐显。在国外，很多汽车美容养护项目都是车主DIY来完成的，这一点在我们的邻国日本就有明显的体现，其车主都有相当程度的汽车养护常识和技术，日常的一些简单护理完全可以轻松搞定，并且“自己动手、其乐无穷”的风气盛行。而在国内市场，虽然很早就有各类DIY汽车养护产品的引进，但由于受到传统消费观念的影响，自己动手的DIY方式一直不被大家所接受。2008年，随着一系列大事的发生，这一状况得到了明显的改变。先是全球瞩目的奥运盛会在我国成功举办，不但引来了全球的关注目光，同时也带来了大批绿色奥运专供产品，其中奥运用车的一些 DIY 产品成为后市场商家重点关注的对象。同时借此机会，广大终端车主的消费意识也开始发生悄然改变，自己动手的习惯在逐步养成。另外，在经济环境不利的大背景下，越来越多的消费者开始捂紧自己的钱袋子，但车还是要用的、要养的，既然不去外面消费，就只能自己在家力所能及地做，因此也可以说 DIY 的风行是借了金融危机的“机”。

第三，行业洗牌加剧，市场格局初定。2005 年和 2006 年是汽车美容养护市场最疯狂的概念炒作时期，品牌之多、从业人士之杂乱可以说是前所未见。然而市场的发展必定还是有其自身的规律的，经过 2007 年的沉淀、整合，优胜劣汰，2008 年的汽车美容养护市场已经相对规范，剩下的品牌数量可能还不及当初最疯狂时的三分之一，但能剩下的都已凭借自己的实力在市场上站稳了脚跟。在市场格局日趋稳定的同时，越来越多的商家开始把注意力放在了客户服务方面，使得整个行业的服务水准较往年有明显提升。尤其是汽车美容项目，与其说是卖产品，不如说是卖服务，因此售前、售中及售后环节的服务竞争将会在今后一段时期内持续加剧！

那么，对于一个资金不是十分雄厚的投资者来说，投资一家店后，要如何运作才能使它有规模、上档次呢？专家的思路是：规模可以慢慢做大，但档次一定要一步到位，办法就是加入知名汽车服务品牌的连锁经营。虽然需要一定的加盟费用，但与回报值相比还是值得的。首先，利用知名品牌的品牌效应可以使档次一步到位；其次，在连锁机构中可以获得完善的培训、通畅的进货渠道、细致的管理体系和清晰的经营思路，这些完善的配套是独立经营完全无法得到的；最后，也是最重要的，利用连锁机构的独家技术可以使经营特色鲜明，做到局域性的垄断，摆脱很多小店低档次经营、低利润回报的颓势和经营的不稳定性。

习 题 1

1．填空题

（1）汽车美容的护理性美容作业项目有________、________、__________、___________、___________、________________、____________________。

（2）修复性美容作业项目有____________、_______________、________________、_____________、_____________。

2．简答题

（1）汽车美容的依据有哪些？

（2）汽车美容的原则有哪些？

（3）目前我国汽车美容行业存在的问题是什么？

（4）汽车美容作业项目有哪些？

（5）汽车装饰项目有哪些？

（6）普通美容与专业美容的区别是什么？

3．思考题

对比分析汽车美容装饰与汽车改装的区别。

第2章 汽车美容工具和设备

2.1 汽车美容常用的工具和设备

1. 美容护理常用的药剂工具设备

(1) 汽车专业美容药剂工具设备。

(2) 汽车美容企业的设备配置。

① 一般美容护理企业的设备配置见表2.1。

表2.1 一般美容护理企业的设备配置

序号	名称	数量	序号	名称	数量
1	三用清洗机	1	5	抽油机	1
2	变速抛光机	1	6	加氟机	1
3	打蜡机	1	7	泡沫机	1
4	蒸汽机	1			

② 中型汽车美容护理企业的设备配置见表2.2。

表2.2 中型汽车美容护理企业的设备配置

序号	名称	数量	序号	名称	数量
1	三用清洗机	1	6	蒸汽机	1
2	变速抛光机	1	7	拆胎机	1
3	打蜡机	1	8	抽油机	1
4	加氟机	1	9	平衡机	1
5	泡沫机	1	10	充电起动器	1

③ 较大型汽车美容护理企业的设备配置见表2.3。

表2.3 较大型汽车美容护理企业的设备配置

序号	名称	数量	序号	名称	数量
1	三用清洗机	1	8	蒸汽机	1
2	变速抛光机	1	9	拆胎机	1
3	打蜡机	1	10	平衡机	1
4	抽油机	1	11	充电起动器	1
5	加氟机	1	12	润滑系统清洗机	1
6	泡沫机	1	13	水箱清洗机	1
7	划痕修复机	1	14	燃油系统清洗机	1

2．设备配置说明

（1）美容企业的规模。美容企业的规模是设备配置的依据。规模小的企业，设备配置较少，主要以美容清洗和美容基本设备为主。例如，一般清洗机、打蜡机和抛光机等即可满足要求。

中型美容企业，适当地增加了一些与维修有关的机械设备，如拆胎机、平衡机、抽油机、蒸汽机等，以扩大企业的业务范围。

大型的美容企业，不仅扩大了与汽车维修有关的业务和设备，在美容方面也增大了范围，扩大了规模，所以美容设备和维修设备都在能力和范围方面增加较多。

（2）结合企业实际配置设备。所谓企业实际，是指企业的实际状况，包括经济实力、技术能力、地区对汽车美容的需求等方面的综合考虑。大城市的汽车特别是轿车较多，车主有相当的经济基础，对汽车美容护理的需求较大，可以建立较大型的汽车美容企业，并配置相应的设备。

3．与汽车美容相关设备简介

（1）蒸汽清洗机（图 2.1）。

① 机器性能：具有超强功能，2kW 大功率加热，5min 即可达到工作状态；配有标准电熨斗、齐全附件、高隔热蒸汽输送管，热能损耗极少。

② 技术参数：见表 2.4。

表 2.4　蒸汽清洗机技术参数

功　率	2000W+1850W（电熨斗）	容量/压力	1.8L/0.35MPa
电　源	220V，50Hz	质　量	12kg

③ 适用范围：蒸汽清洗机具有消毒、去污、除味等功能，用于汽车内部的清洗、翻新，也可用于酒店房间、沙发去污除味；空调、卫生间的杀菌消毒；时装店、家居衣物的干洗、熨平等。

图 2.1　蒸汽清洗机

（2）汽车美容专用脱水机。

① 机器性能：大负荷，高效率，可装载 13kg 的脱水物，3min 即可完成脱水；外形美观，不锈钢外壳，永不生锈。

② 技术参数：见表 2.5。

表 2.5　汽车美容专用脱水机技术参数

电　源	380V/220V	功　率	750W
转　速	1200r/min	脱水时间	2～4min
装载质量	13kg	本机质量	110kg

③ 适用范围：适用于汽车内饰物清洗、脱水，以及宾馆、学校等衣物的清洗和脱水。

（3）强力汽车起动电源装置。

① 设备性能：能量大，耐力持久，无须连接外电源，是车队、修理厂和美容护理企业的必备设备，适用于野外作业、抢险救护、拖车修理、冬天汽车起动。该装置具有电压和满电量显示；220V 充电或点烟器充电；可用作夜间照明电源；携带和使用方便。

② 技术参数：见表2.6。

表2.6 强力汽车起动电源装置技术参数

型　号	14001A	14002B	质量/kg	12	12
起动电流（A）	1000	800	外形尺寸（cm×cm×cm）	36×35×15	36×35×15
储能容量	12V，24A·h	24V，28A·h			

（4）泡沫清洗机。

① 机器性能：该机具有省钱、省时、省力、干净、不含沙粒等特点，可改变传统的人工洗车的落后工艺，是汽车美容的必备设备。

② 适用范围：适用于车身的日常清洁、保养，以及车内丝绒织品、座椅等的清洗；也适用于各大小车队、公共汽车、火车、飞机及酒店等的清洗作业。

③ 使用方法：打开泡沫清洗机的球阀，加注清水，水满后再加入900g左右的高级洗洁精，然后关好球阀；打开气阀，把气压表的压力调至 0.2MPa～0.4MPa；打开泡沫机的喷射阀，将清洗液均匀喷射到待清洗物上，然后用干净的海绵擦净即可。

（5）废油抽取机。

① 机器性能：该机结构紧凑，使用简便，能将机械设备、汽车等油箱和油底壳中的废油抽取出来。

② 使用方法：将抽油管插入废油中，起动设备，即可将废油吸出。其操作方法按抽油机的使用说明书进行操作。

（6）注油机。

① 机器性能：该机是通过脚踏、手压、气动等方法加压后加注各种润滑油的，是汽车维修护理时注油的理想设备。

② 技术参数：见表2.7。

表2.7 注油机技术参数

型　号 / 参　数	HZ-5	HZ-8	备　注
输出压力（MPa）	2.3		HZ-8 型是在 HZ-3 型基础上改进而成的
输出量	3g/std＜e	4 g/std＜e	
储油量（L）	8	8	
射程（m）	6	10	

③ 使用方法：先将润滑油装入容器中，盖好盖；用脚踏，当压力达到要求时停止；将注油枪对准润滑油的注入口，开动扳机，润滑油便可注到所需注油处。

（7）微电脑 R134a/R12 制冷剂回收净化加注机。

① 机器性能。

- 33D1 型汽车制冷剂回收净化加注机可提供用于 R134a/R12 的真正双循环技术，完全的双系统，机柜后面同时安装两个工作罐，对两者的操作是及时的，完全不用等待和切换，两者无交叉感染。

● 具有多功能，可以同时对2～3部车进行多种组合服务。一部车回收/循环再生时，可为另一部车进行加注，还可以为第三部车抽真空。
● 回收时，自动显示回收量（L），回收过程中能将水汽及油气排出。
● 再生过程时，除了能将水汽、油气排出外，还能将空气自动排出。
● 抽真空时，机器能自动将钢瓶内的空气、水汽及油气排出。
● 加注时，可设定加注量，电子计量秤控制精确，不过量也不会不足。加注完毕自动停机。
● 电子屏幕显示，轻松操作。

② 技术参数：见表2.8。

表2.8 微电脑R134a/R12制冷剂回收净化加注机技术参数

真空泵	3CFM（标准） 5CFM（选购）	干燥过滤器（in）	3/8
压缩机功率	3/8hP（280W）	制冷剂罐容量（kg）	10
平均回收速度（kg/h）	10	外形尺寸（mm×mm×mm）	610×660×1160
电子秤量程（kg）	0～50	总质量（kg）	110
电子秤精度（g）	10		

③ 其他型号制冷剂回收净化加注机主要技术参数：见表2.9。

表2.9 其他型号制冷剂回收净化加注机主要技术参数

技术参数 \ 型号	22D1型汽车制冷剂回收净化加注机	32W1型多功能制冷剂回收净化加注机
真空泵	3CFM或5CFM	3CFM或5CFM
压缩机功率（W）	280	280
干燥过滤器（in）	3/8	3/8
平均回收速度（kg/h）	10	10
电子秤量程（kg）	0～50	/
电子秤精度（g）	10	/
冷媒罐容量（kg）	10	10
外形尺寸（mm×mm×mm）	610×660×1160	（定时器：0～30min）
总质量（kg）	90	95

（8）轮胎拆装机。

① LT-900自动轮胎拆装机。

● 主要特点：
➢ 采用独有的双缸四踏板结构，自动化程度高；
➢ 拆装头可任意锁紧在合适位置，操作方便；
➢ 汽缸采用铝合金材料，并经表面硬化处理，经久耐用；
➢ 主转阀采用铜合金精铸，使用寿命长。
➢ 拆装头、撑爪、撬棍均采用优质合金精密铸造，并经先进的热处理工艺处理，坚固耐用。

● 主要技术参数：见表 2.10。

表 2.10　LT-900 自动轮胎拆装机主要技术参数

工作气压（MPa）	0.8～1.2
最大轮胎直径（mm）	960
最大轮胎宽度（mm）	300
电动机	380V，0.75kW；220V，1.1kW

② LT-900A 和 LT-900B 自动轮胎拆装机。

● 主要特点：

➢ 转臂式结构，易于操作；

➢ 汽缸采用铝合金精密管制作，并经表面硬化处理，经久耐用；

➢ 转阀采用铜合金精铸而成，耐锈蚀性强；

➢ 拆装头等主要部件均采用优质合金钢制造，坚固耐用。

（9）P-80A 电脑轮胎动平衡机。

● 主要特点：

➢ 电路设计先进，中央处理器采用美国 68HC11 芯片，自动化程度高，质量可靠；

➢ 轮辋参数采用自动输入，只需将电脑量杆在轮辋两侧轻轻一点，即可完成输入全过程，克服了手动输入操作繁杂、数据不准等缺点，可轻轻松松完成轮胎的动平衡校正。

● 主要技术参数：见表 2.11。

表 2.11　P-80A 电脑轮胎动平衡机主要技术参数

平衡速度（r/min）	257	平衡时间（s）	8～15
测量精度	±1g	显示精度	1g、5g 级任选
平衡车轮直径（mm）	200～650	电源	220V，180W
最大车轮质量（kg）	80		

（10）汽车举升机。汽车举升机根据举升柱的不同可分为双柱举升机、四柱举升机和剪式举升机三种。最为常见的是双柱举升机。

汽车举升机应具有以下特点：设计合理、造型独特、坚固耐用、适用性强、运行支承安全可靠、防尘性好、操作方便、运行平稳、举升力大、自重轻等。

（11）多功能充电机。

● 主要特性：

➢ 充电、起动、电焊三种功能合一，是汽车维修、美容护理企业的优选设备之一；

➢ 电子定时器设定充电时间，可调范围大；

➢ 核心部件——变压器，采用进口硅钢片制作，可保证整机内阻小、输出电流大；

➢ 采用数字电流表显示电流，具有快速、准确、方便等特点；

➢ 转换开关选用大电流白金融点开关，可使由于开关引起的故障减到最低；

➢ 设有过热自动保护装置。

● 主要技术参数：见表 2.12。

表 2.12　多功能充电机主要技术参数

技术参数 \ 产品型号	ENERGY5600 多功能充电机	ENERGY2300 多功能充电机
充电电压（V）	12/24	12/24
最大充电电流（A）	170	170
起动电压（V）	12/24	12/24
最大起动电流（A）	2600	1300
功率（kW）	5.6	2.3
电源	220V，1PH，50/60Hz	220V，1PH，50/60Hz
质量（kg）	85	43

（12）打蜡机。打蜡机是汽车美容护理用的最基本、最常用的设备，其结构原理和基本操作方法与手提式砂轮机类似，以电为动力，使用简便。

（13）抛光机。抛光机是汽车维修和美容护理的必备设备，其规格和型号较多。基本操作较为简单，但操作要领很重要，需要考虑被抛光物的实际情况和环境条件。否则，会影响抛光效果。

抛光机的动力主要是电力和压缩空气，但电动的用得最普遍。电动抛光机的外形与电动砂轮机相似，结构也差不多，只是叶轮形状和材质不同而已。

2.2　汽车外部装饰工具和设备

2.2.1　汽车外部装饰主要工具

1. 特种喷涂装饰工具

（1）喷涂装饰通用工具。喷涂装饰是汽车外部装饰的主要内容，所使用的绝大部分工具均为喷涂维修中的通用工具。

（2）特种喷涂装饰专用工具——喷漆器。

① 喷漆器的结构。喷漆器主要有两种，即单作用式和双作用式，如图 2.2 所示。

② 喷漆器的使用。喷漆器适用于从简单到复杂的面漆喷涂。最常见的是用于复杂而精密的喷涂作业，在特殊喷涂装饰时大有作为。

- 单作用式喷漆器的使用。压下手指控制杆可以得到空气，转动后针调节螺钉可以控制喷漆量，但工作时不能改变喷漆量。如果需要改变喷漆量，则必须先停止喷涂作业，转动后针调节螺钉，才能改变喷漆量，显然使用起来不够方便。
- 双作用式喷漆器的使用。双作用式喷漆器使用广泛，有多种喷头可供选择，从而进一步提高了多用性。双作用式喷漆器一般适用于非常精密的喷涂，压下用手指控制的前杆就可以获得空气，把前杆拉回就可以喷出适当的油漆量。

喷漆器的压力为 34.5kPa～345kPa，正常工作应力为 206kPa 左右。大多数喷漆器的额定排气量为 $0.02m^3/min$。操作人员可以将结构紧凑的膜片式空气压缩机与之配套使用。

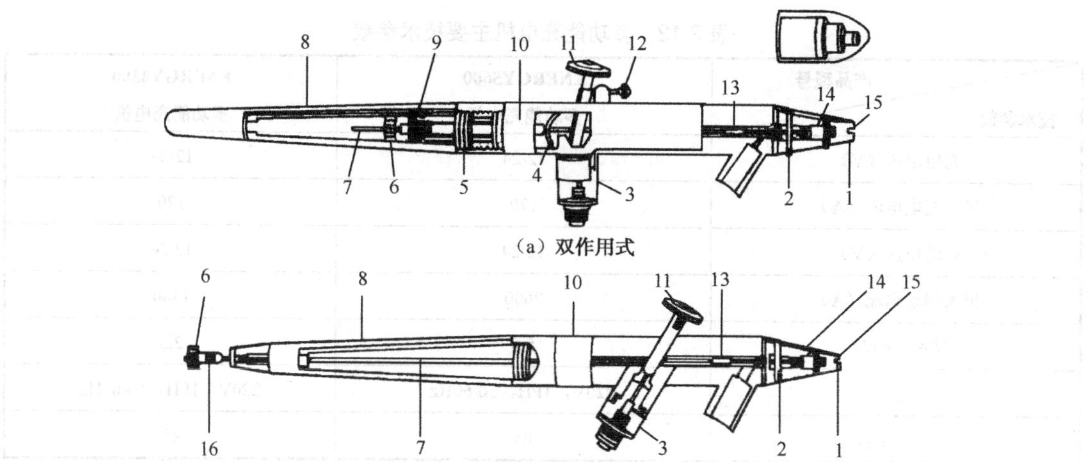

(b) 单作用式

图 2.2　两种类型的喷漆器

1、15—喷射调节器；2—聚四氟乙烯垫圈；3—阀体；4—后杆；5—针管；6—针夹头；7—针；8—手柄；9—螺旋弹簧；10—外壳；11—扳机；12—调节螺钉；13—针支承（聚四氟乙烯）；14—喷漆器头；16—后针调节螺钉

2．其他外部装饰用的工具

除喷涂装饰用工具外，常用的装饰工具都是汽车维修组装时的通用工具，如电钻、手锤、活动扳手、螺钉旋具、各种钳子等，可根据施工时的具体情况选用。

2.2.2　汽车外部装饰设备

1．喷涂的通用设备

喷涂的通用设备主要是空压机、喷枪，以及与喷涂车间配套使用的水、电、压缩空气等动力设施，如动力电源开关柜、蒸汽锅炉房或蒸汽机、自来水及控制系统等。

2．维修装饰的其他机械设备

其他机械设备指在汽车装饰中，与汽车维修有关的汽车零部件、在装饰时进行拆卸和安装用的机械设备等，如钻床、电钻、轮胎拆装机、汽车举升机、各种型号的砂轮机、研磨机及抛光机等。这些设备的配制与企业的规模有关。较大的汽车美容装饰企业，设备比较齐全。

2.3　汽车内部装饰工具和设备

2.3.1　内饰常用工具

1．通用工具

在汽车内饰中，需要对内饰件进行拆装，常用的拆装工具如下。

（1）扳手。扳手是用以紧固或旋松螺栓或螺母的工具。一般以爪口的宽度来确定扳手的尺寸。

大多数成套的英制扳手包括从 1/6 in 到 1 in 的尺寸范围。米制成套扳手通常包括 6～19mm 的扳手，也可有更小或更大尺寸的扳手。选用扳手工具的优先顺序是：套筒扳手、梅花扳手、开口扳手。

① 活动扳手。最常用的活动扳手有一个固定爪和一个活动爪。扳手的开口靠旋转调整螺旋进行调整。常用的活动扳手开口尺寸为 12～45mm。也有更小或更大尺寸的活动扳手。

活动扳手在使用时，一定要牢固地握紧、放平、拉动，使力压在固定爪上。

② 开口扳手。开口扳手可围绕螺栓和螺母旋转，能在螺母上部或一边间隙不足、无法使用套筒扳手的地方使用。

开口扳手同时适用于方头（四角的）或六方头（六角的）螺母。开口扳手的缺点是螺母只有两侧面由扳手的爪卡紧，使用时易于滑离螺母或螺栓，经常发生磨圆螺母或螺栓和伤害手的现象。在使用时，要特别注意扳手的开口与螺栓或螺母的间隙。其尺寸不能大，以小为佳。

③ 组合扳手。组合扳手的一端为开口爪，另一端为套筒，两头的尺寸相同。一般操作者都应准备两套组合扳手，一套用于紧固，另一套用于转动。这是最优的选择使用法。

④ 套筒扳手。套筒扳手必须有使爪能环绕并套配上螺母或螺栓头的足够空隙。套筒扳手也必须能在每一次拉动后，脱开螺母或螺栓头并转到一个新的位置。

常用的套筒扳手是 6 方、8 方或 12 方的，即套头的内面为 6 方形、8 方形或 12 方形。边越多，与螺母或螺栓头的接触面就越大。接触面越大，扳手抓得越紧，就越不易打滑，从而也增加了扳手可能转动的范围。

套筒扳手的把柄常偏置 10°～60°角，使得它易于拆装下埋在凹处的紧固件。

一组套筒扳手有各种形状尺寸，适于多种用途的需要。

（2）旋具。旋具是用于旋紧或松开顶端带形槽的螺钉的工具。按顶端槽形形状而将旋具分为一字槽旋具、十字槽旋具及其他特殊形状专用旋具。

① 一字槽旋具。该旋具的端部为扁平的一字形，用于旋紧或松开顶部开有一字槽的螺钉。有大小不同的规格可选用。

② 十字槽旋具。该旋具的顶端是锥形的立体十字，用于螺钉头带十字槽的旋紧或松开。也有大小不同的规格，不过十字槽螺钉没有太大的，一般在 M10 以下。十字槽旋具如图 2.3 所示。

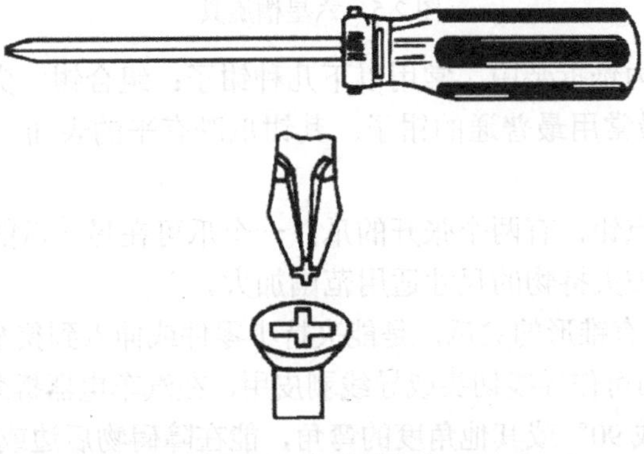

图 2.3　十字槽旋具

③ 离合器型刀头旋具。这种旋具有两种形式，即老式的 G 形和新式的 A 形。这类旋具在使用时有较大的正啮合和较小的滑动，工作较为平稳，不易损坏旋具和同形的螺钉，如图 2.4 所示。

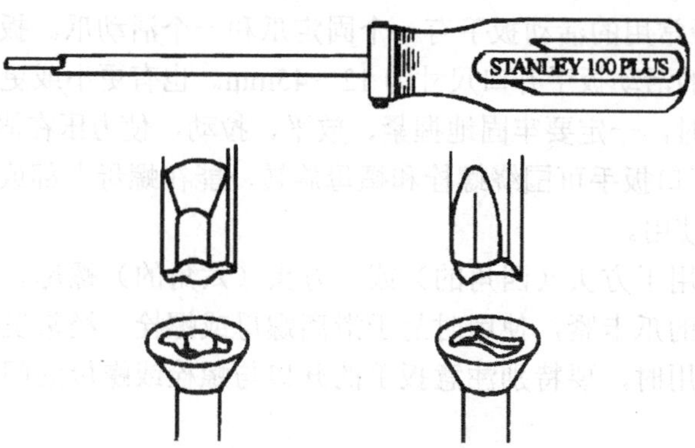

图 2.4　离合器型刀头旋具

④ 六星槽旋具。六星槽紧固件的应用正日益普及，例如，在汽车灯具、反射镜及行李架等总成上广泛使用。它能提供较大的旋转力矩并可减少滑动，还能提供相当的旋具咬合阻力。六星槽紧固件与其配套使用的旋具，在进口汽车的美容装饰及维修中经常使用，如图 2.5 所示。

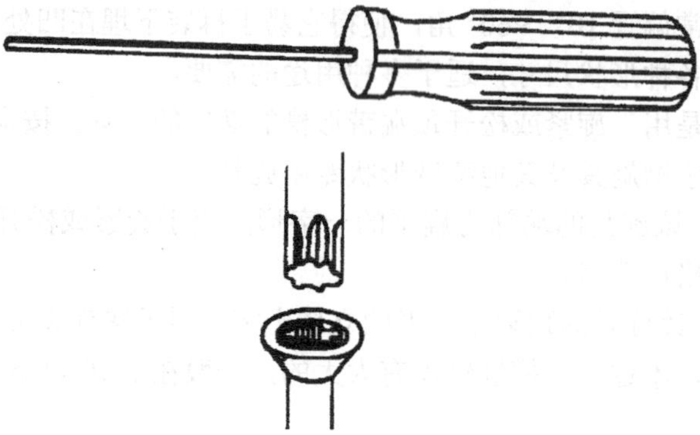

图 2.5　六星槽旋具

（3）钳子。在汽车内饰拆装中，常用以下几种钳子：组合钳、尖嘴钳、可调钳等。

① 组合钳。这是最常用最普通的钳子。其钳爪既有平的表面，也有弯曲的表面，用于夹持平的或圆形的工件。

组合钳也叫滑动支点钳，有两个张开的爪，一个爪可在另一爪的钳钉上移动，以此来调整钳口尺寸的变化，使被夹持物的尺寸适用范围加大。

② 尖嘴钳。尖嘴钳有锥形的尖爪，是能夹持小零件或伸入到狭窄空间进行作业的最常用工具。在使用中，尖嘴钳可作导线切头或导线剥皮用，在汽车电器拆装、维修中是不可缺少的工具。有的尖嘴爪还做成 90° 或其他角度的弯角，能在障碍物后边或绕过障碍物进行操作。

③ 可调钳。可调钳也叫管钳，具有多个滑动支点，即允许有多种钳口张开尺寸。例如，一个 25.4mm 的可调钳有最大 114.5mm 的爪钳口张开量。可调钳对抓握或转动大的工件是很有用的。这种钳的把手较长，能提供充分的转动杠杆作用。可调钳口有平面的，也有曲面的。

（4）锤子。在进行装饰的拆装中，锤子是不可缺少的工具。最常用的有球头锤和橡胶锤两种。

① 球头锤。球头锤是一种多用途工具，钳工、钣金工、维修工、装饰工等都使用。按

其质量可分为多种规格，一般在284～454g。

② 橡胶锤。橡胶锤和软面锤主要用于铬钢修理或其他精密部件的作业而不伤其表面光泽。在拆装玻璃门窗时，也可使用这样的锤子，以防打碎玻璃。

软面锤是在钢锤的一端加上橡胶头软面。这种锤子兼有硬面端和可更换的橡胶头软面端，分别可以起到软锤和硬锤的两种使用功能，使用起来特别方便。

（5）其他手工工具。

① 钢卷尺。一般有1m、2m、5m等。

② 钢直尺。不锈钢板尺。常用的有150mm、300mm、700mm、1000mm、1500mm。

③ 通用刀。普通用的刀，如单把电工刀、组合电工刀。组合电工刀有可缩回的刀片，用于一般的切割和修剪都很方便，大多有备用的刀片储在把坑中。

④ 组合多功能旋具。组合多功能旋具的把柄中储放着多种旋具的旋头，中部有一个简便的快换卡头，通过它可快速简便地拆下不用的旋具头，换上需用的旋具头。

⑤ 刮刀。刮刀用于除去旧的或损坏了的车身填料或损坏的漆膜。当没有塑料散料器和橡胶刮板时，它也可用作填料刮板或涂腻子板使用。

2．缝纫裁剪用工具

在内饰中，经常遇到裁剪和缝纫工作，其常用的工具有如下几种。

（1）皮尺。用布料或塑料制成的柔软的可卷起的长度量具，其度量的刻度有米制、英制等。

（2）曲尺。一般用木板或塑料板制成的带有常用曲率的曲线尺。

（3）直尺。用薄木板或塑料板制成。有标准刻度，常用的规格有700mm、1000mm等。

（4）剪刀。有裁剪专用剪刀，其剪刀片较长，也较一般剪刀片宽大。还有一般常用剪刀、小型弹簧剪刀等。

（5）画线笔。在剪裁中，常用石笔或专用的画线色片在布料上画出裁剪线，以供裁剪或缝制时使用。根据裁剪的布料不同，选用的画线笔也不一样，以方便、线条清晰而又不污染布料为原则。

3．专用工具

（1）拉铆枪。使用拉铆枪时，无须在铆钉的背后有加工孔，并有相当高的强度，若使用数量足够的铆钉，则所形成的接点是非常牢固的。在装饰或维修中采用弹射铆钉连接是最简易、费用最少的连接方法。事实上，在装饰和维修中，采用这种铆接方法用于永久性的连接或暂时性的紧固都是最佳选择。拉铆连接原理如图2.6所示。

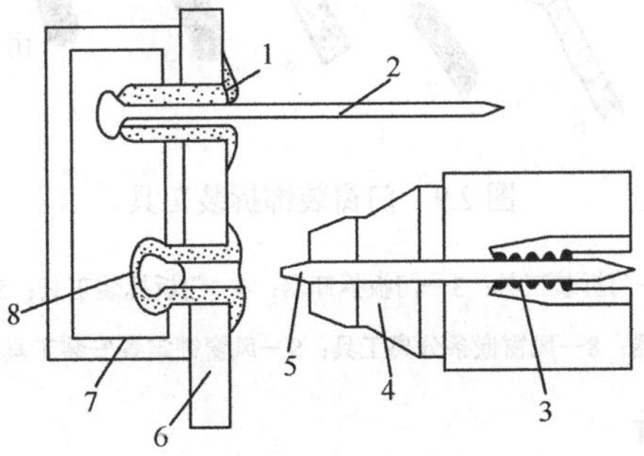

图2.6　拉铆连接原理

1—铆钉（专用铆钉）；2—铆钉顶杆（铆后断落）；3—铆钉器拉爪；

4—拉铆枪头部；5—顶杆（铆后断落）；6—工件1；7—工件2；8—铆接后的铆钉

（2）拆装工具。在装饰件的拆装中，需用一些专用工具，其中大部分在随车工具箱中备有，由于车型不一样，故这类工具也有差异。

① 装饰件拆装工具如图 2.7 所示。

② 门手柄拆装专用工具如图 2.8 所示。

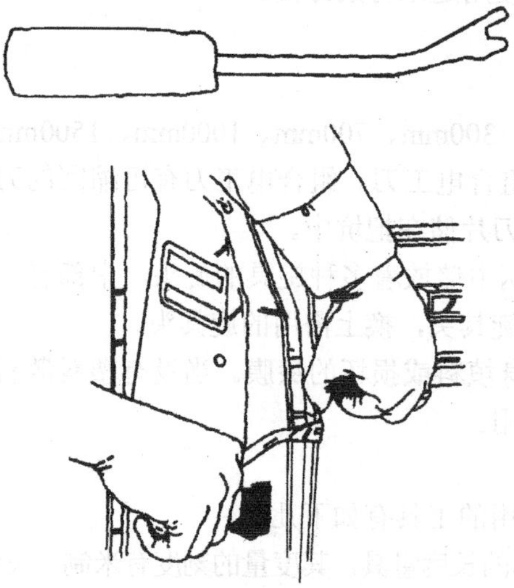

图 2.7 装饰件拆装工具之一

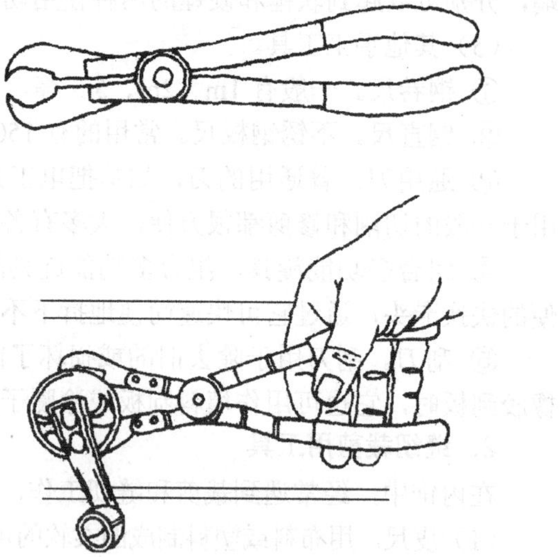

图 2.8 门手柄拆装专用工具

③ 门窗装饰拆装工具。这类尖叉形状的装饰拆装工具，可用于撬起装饰件的小钉、弹簧、夹子及其他紧固件。每种专用工具都有其使用范围，这与车型及总成结构有密切的关系。所以，在选用专用工具时，一定要了解它的使用范围。门窗装饰中的拆装工具如图 2.9 所示。

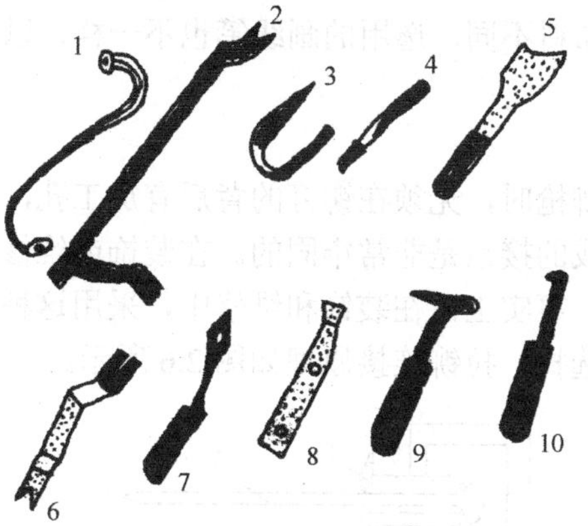

图 2.9 门窗装饰拆装工具

1—门铰链螺栓扳手；2—门拆装工具；3—门板拆卸器；4—门板拆装工具；5、6—门手柄拆装工具；

7—装饰垫片拆卸器；8—风窗嵌条分离工具；9—风窗锁定条安装工具；10—风窗拆卸器

2.3.2 内饰常用设备

1. 内饰中使用的通用设备

（1）蒸汽供给系统。在内饰中常需要使用蒸汽，在装饰车间内应有蒸汽供给系统，该系统的设备必须保证装饰所需的蒸汽供给及质量。

（2）压缩空气供给系统。压缩空气是装饰中常使用的一种动力，在装饰车间内必须有压缩空气设备及供给系统，以保证供给必要的压缩空气。

（3）水、电供给系统。装饰工作离不开水、电，在装饰车间内必须有水、电的供给系统，保证装饰所用的水、电供给。

2. 动力设备

（1）气动旋具。动力旋具有电动和气动两类。气动旋具有如下特点。

① 灵活性强。气动旋具运转时不发热，速度和力矩可变化，不会因超负荷或失速而造成损坏。另外，它的结构紧凑，安装和使用空间较小，灵活性强。

② 气动旋具轻便，有助于提高生产率。

③ 使用安全。气动旋具在有些环境中可减少火灾的危险。而电动旋具的火花在有的施工环境里是不允许的，因为有导致火灾的危险。

④ 操作和维修费用低。由于气动旋具及设备的组成零件较少，所以气动旋具和设备的维修工作量也较少，而且气动旋具的价格也低于与之等效的电动旋具。

气动旋具与电动旋具不同，气动旋具始终在冷态下运转，即使经常使用也不会烧坏。气动旋具可用于各种类型的螺钉拆装。

（2）手提式真空吸尘器。真空吸尘器在汽车装饰和维修中是常用的主要设备，主要用于清除车内的尘土及小型异物。

手提式真空吸尘器分为两种类型。

① 干式真空吸尘器。

② 湿/干式真空吸尘器。具有20～30gal的容量，在大多数维修装饰厂中常用。

（3）热风枪。热风枪在汽车美容装饰和维修中有许多用途，是不可缺少的设备。它可用于所有乙烯树脂车顶的装饰和维修，也可用于其他塑料件的装饰和维修，如面板的热压装配作业和快速干燥。在粘贴施工中，为加速胶粘剂的固化，采用热风枪加热，可提高黏结速度和质量。

（4）热空气塑料焊机。热空气塑料焊机采用陶瓷或不锈钢制成的电热元件来产生热空气（232～343℃），通过喷嘴喷到塑料上。空气由车间的压缩空气系统供应，不可使用氧气或其他可燃气体。热空气塑料焊机的焊炬筒体相当热，若皮肤长时间与热空气直接接触就会导致烧伤。焊炬与焊条一起使用，焊条直径一般为5mm左右。

典型的热空气塑料焊机如图2.10所示。

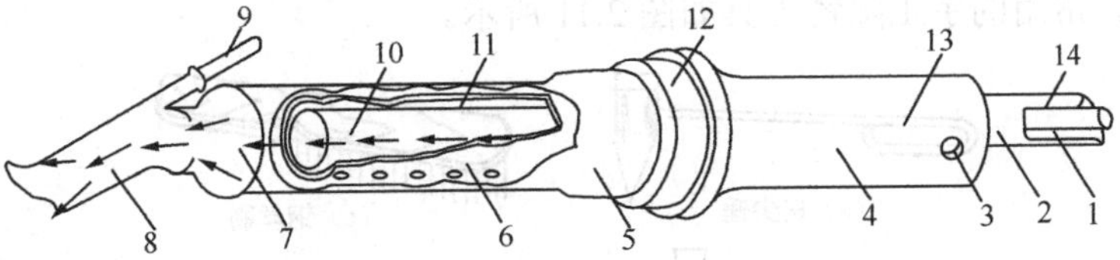

图2.10　典型的热空气塑料焊机

1—压缩空气或惰性气体；2—空气软管；3—螺栓；4—手柄；5—外筒体；6—内筒体；7—热空气；8—焊嘴；9—螺纹喷嘴；10—不锈钢电热元件；11—加热塞；12—扳手螺母；13—冷空气；14—交流电源线

塑料焊炬最常用的焊嘴有以下三种形式。

① 定位焊嘴。在焊接前需把断开部位定位黏合。如果定位不准，则很容易把黏合焊缝断开，重新对准黏合。

② 拐角焊嘴。用于填充小孔，也可用于短程焊接、难以施焊位置的焊接，以及空间狭窄或特别尖锐拐角处的焊接。

③ 快速焊嘴。用于长而直的焊缝焊接。快速焊嘴夹持着焊条并自动把焊条预热，然后将焊条向焊接处进给，所以焊接速度较快。

（5）缝纫机。在装饰中，对纺织用品、塑料皮革制品，有相当一部分需要进行裁剪缝制，所用的主要设备是缝纫机。对缝纫机要求较高，一般以电为动力，要求吃厚能力足够，这是与一般家庭用缝纫机的最大区别。有时内饰件缝纫时两层以上重叠起来，甚至缝合一些复合材料，则厚度就更大了。所以，缝纫机的吃厚能力是一个重要的技术指标。

（6）电动裁剪机。单件生产装饰品时，一般采用手工剪刀进行裁剪。当成套生产时，为了提高生产效率，应采用电动裁剪机进行裁剪，有时将同类的十余件重叠起来，一次裁剪出十余个单片。显然，裁剪的效率比手工裁剪提高了十多倍，且每片的形状尺寸都一样，能保证裁剪质量。

2.4 汽车维修喷涂常用工具和设备

2.4.1 喷涂前预处理的工具与设备

1．金属丝刷

该类工具有钢丝刷、铜丝刷和不锈钢钢丝刷等，主要用来清除车身锈蚀部位的油污等附着物。

2．铲刀

铲刀也是汽车维修中常用的工具，主要用于对车身锈蚀部位的处理。

3．除锈研磨绒轮

除锈研磨绒轮的主要作用是除锈、除漆和清洁。其构成中的绒丝是全新的沾满研削磨料的塑料弹簧，使用中能确保刃口锋利，研磨效果好。如果用除锈研磨绒轮清除易拉罐表面油漆，则可以做到只把漆磨掉而易拉罐本身没有损伤。

4．其他工具和用品

除锈工具还有锤、锉、砂布、砂纸等。

在除锈操作过程中，常用的方法有手工除锈、机械除锈、喷射法除锈、化学除锈和电化学除锈等五种。常用的手工除锈工具如图 2.11 所示。

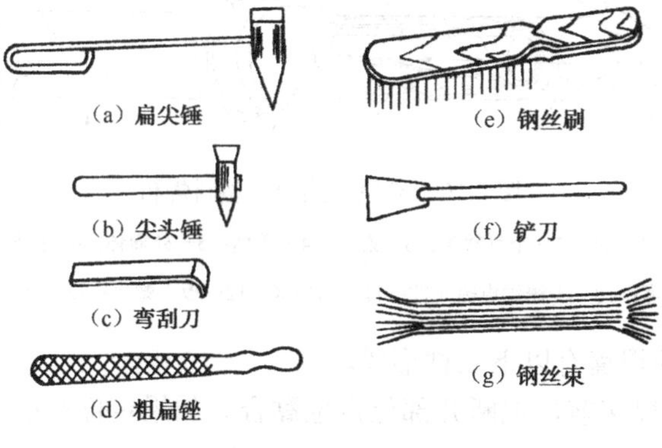

图 2.11　常用的手工除锈工具

5．手工机械打磨工具

（1）电动磨灰机。电动磨灰机也称为电动磨光机、电动打磨机，主要用于原子灰表面的磨光。

（2）气动磨灰机。气动磨灰机也称为风动磨光机、风磨机。

6．刮涂原子灰常用工具

刮涂原子灰常用工具见表 2.13。

表 2.13　刮涂原子灰常用工具

序　号	名　称	示 意 图	使用方法及说明
1	刮刀		刮刀的握法有以下几种：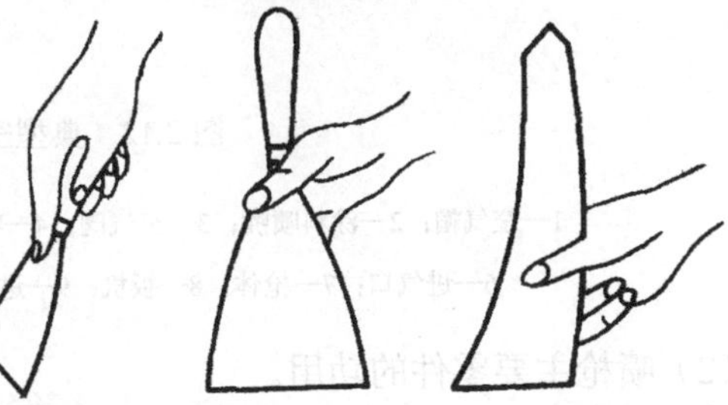
2	橡胶刮板	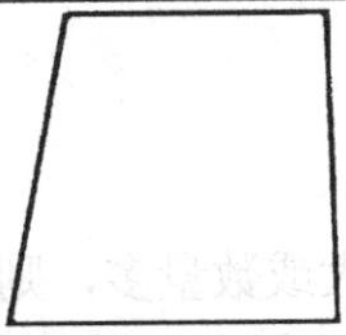	采用耐油、耐溶剂的橡胶材料制成，新的刮板需要用 100 号砂纸将刃口磨齐和磨薄。橡胶刮板对于形状复杂表面的刮涂操作非常适合，尤其是圆角、沟槽等地方
3	嵌刀	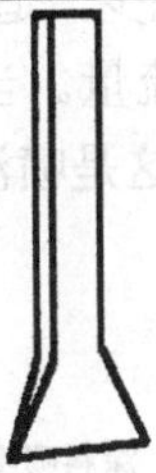	嵌刀用普通钢板制造而成，一端为斜刃，另一端为平刃。该工具主要用于将腻子（原子灰）嵌入孔眼、缝隙或剔除转角、夹缝中的异物
4	腻子盘	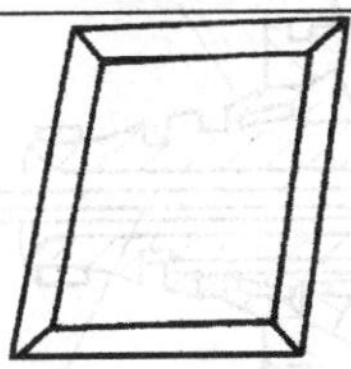	主要用于调配腻子
5	腻子托板	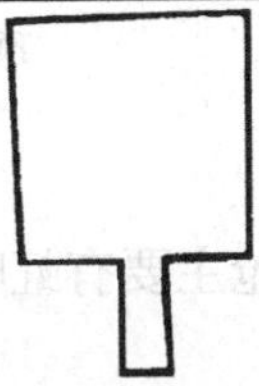	用钢板或木板制成，在刮涂时盛放少量腻子以方便施工操作

2.4.2　喷涂的工具与设备

1．喷枪

喷枪是喷涂的关键设备之一。虽然不同的喷枪有许多通用的零部件，但每种类型的喷枪只适用于一定范围的喷涂施工。所以，选择好喷枪是保证喷涂质量的重要一环。

（1）典型喷枪的基本组成。典型空气喷枪的组成如图 2.12 所示。

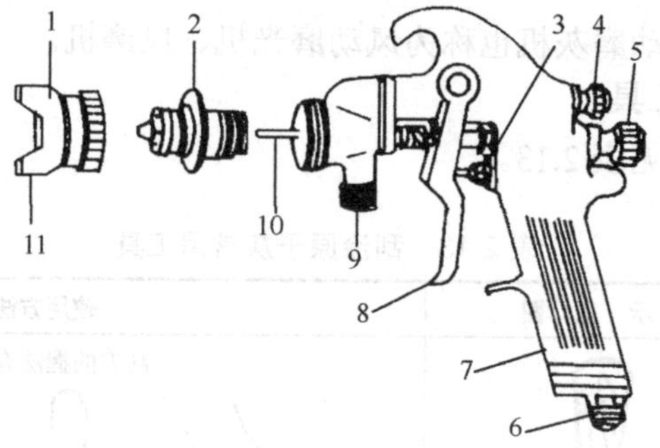

图 2.12　典型空气喷枪的组成

1—空气帽；2—涂料喷嘴；3—空气阀；4—喷雾形状控制旋钮；5—涂料调节控制旋钮；6—进气口；7—枪体；8—扳机；9—进料口；10—涂料控制针阀；11—喷气角

（2）喷枪主要零件的功用。

① 气帽：把压缩空气导入漆流中，使油漆雾化。

② 喷嘴上的中心孔：形成真空，吸出油漆。

③ 喷嘴上的侧孔：借助空气压力控制喷雾形状。

④ 喷嘴上的辅助孔：促进雾化作用。如果孔直径大或数量多，则雾化效果好，能以较快的速度喷涂大型工件；如果孔直径小或数量少，则空气消耗少，适于喷涂小工件或低速喷涂。

⑤ 涂料调节控制旋钮：当扳动扳机时，控制涂料的流量。当该旋钮全关时，即使扣死扳机也没有液体流出。当该旋钮全开时，液体流量最大。这是喷涂中调节喷枪的重要元件。

喷嘴结构如图 2.13 所示。

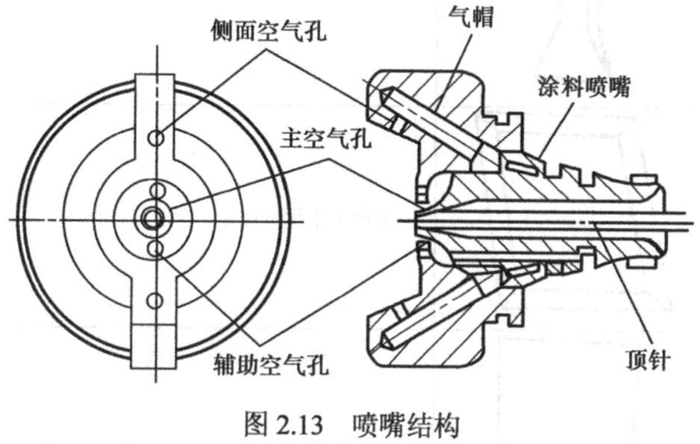

图 2.13　喷嘴结构

（3）喷枪的分类。按照供漆方式进行分类，空气喷枪主要有虹吸式喷枪、重力式喷枪和压送式喷枪三类。

① 虹吸式喷枪：目前应用较为广泛的喷枪。其工作过程是：涂料放在漆杯里，漆杯连接到喷枪上；扳机扳动一半时空气阀先打开，压缩空气流过喷枪，从气帽上的孔中喷出，在喷嘴出口处形成真空；继续扳动扳机，使顶针离开喷嘴内座，真空将涂料从漆杯中吸出，送入进漆口，从喷嘴喷出；空气从漆孔中进入漆杯，填充涂料减少所形成的空间位置。虹吸式

喷枪如图 2.14 所示。

② 重力式喷枪：工作时靠涂料的重力将涂料供到喷嘴，再由抽吸作用吸出喷嘴，适用于高固体分漆。重力式喷枪如图 2.15 所示。

③ 压送式喷枪：该类喷枪的喷嘴与气帽正面平齐，不形成真空。涂料被压力压向气帽，压力由一个独立的压力罐提供。系统的连接方法是：首先将输气软管从压力罐上的气压调节装置出口接到喷枪进气口上，然后将主输气软管从调压阀连至压力罐的调压阀入口，最后将输漆管从压力罐的出漆口连至喷枪进漆口。

除了以上介绍的三种喷枪以外，现在还有一些新型专用喷枪，如高负荷压送式数字型喷枪（图 2.16）、涂料自动搅拌喷枪（图 2.17）、含珠光颜料涂料的专用喷枪、中心杯式喷枪、双组分涂料专用喷枪、精细喷枪等。

图 2.14　虹吸式喷枪

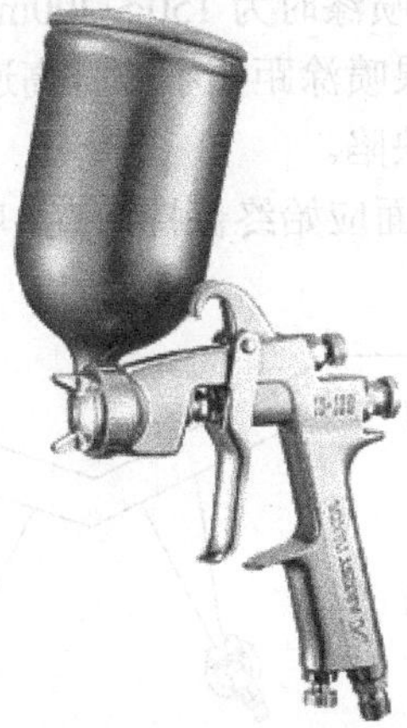

图 2.15　重力式喷枪

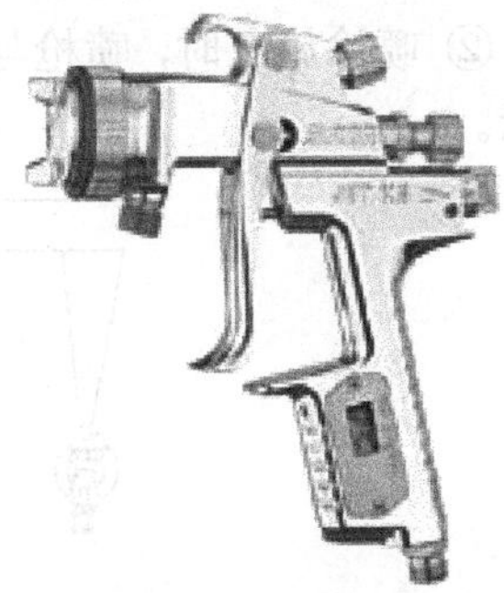

图 2.16　高负荷压送式数字型喷枪

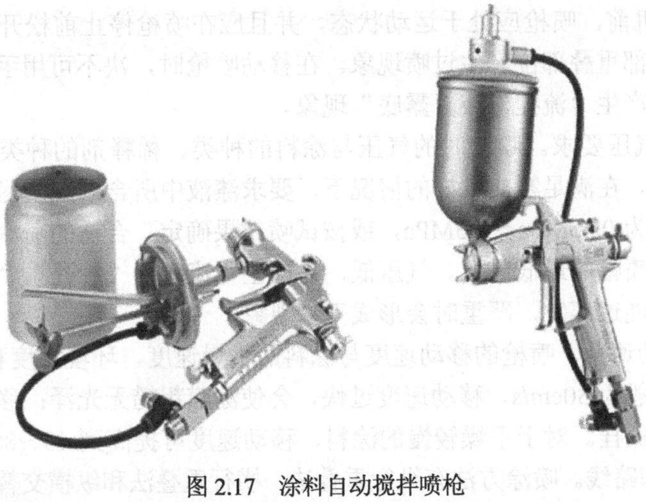

图 2.17　涂料自动搅拌喷枪

（4）喷枪的选择。

① 依据被喷涂物面积的大小进行选择。需要喷涂的面积大时，选择口径大的喷枪，这主要是考虑喷涂速度和效率。

② 依据涂料品种进行选择。例如，对于双组分涂料，就应该选择双组分涂料喷枪。

③ 依据喷涂质量的要求进行选择。喷涂质量要求高时，应选择雾化性能好，操作、调

整方便，可靠性强，能够保证喷涂质量的喷枪。

④ 选择喷枪应考虑的因素。选择喷枪时应考虑喷枪自身的大小、质量、影响喷枪性能的空气用量、供漆量、供漆方式、操作性能等。

⑤ 喷嘴的选择因素。小型喷枪的喷嘴直径一般为 0.5～1.8mm，大型喷枪的喷嘴直径一般为 1.0～3.0mm，喷嘴直径处于小型和大型之间的为中型喷枪。

喷枪直径越大，喷雾量、扇幅和空气消耗量也越大。

喷嘴的选择也和涂料的黏度有关。

一般情况下，喷涂底漆时，选择大直径的喷枪；喷涂中涂层时，选择中直径的喷枪；喷涂面漆时，选择小直径的喷枪。

（5）喷枪的使用。在喷涂施工前，必须检查并调整喷枪，使之处于良好的工作状态。

① 喷枪与喷涂物表面的距离。喷漆时为 150～200mm；喷磁漆时应为 200～250mm；空气湿度高时，应适当缩短距离。如果喷涂距离小并且高速喷涂，则容易产生起皱缺陷；而距离太大时又会产生“橘皮”或干膜缺陷。

② 喷涂施工时，喷枪与喷涂表面应始终保持垂直。喷枪移动时，应保持水平，如图 2.18 所示。

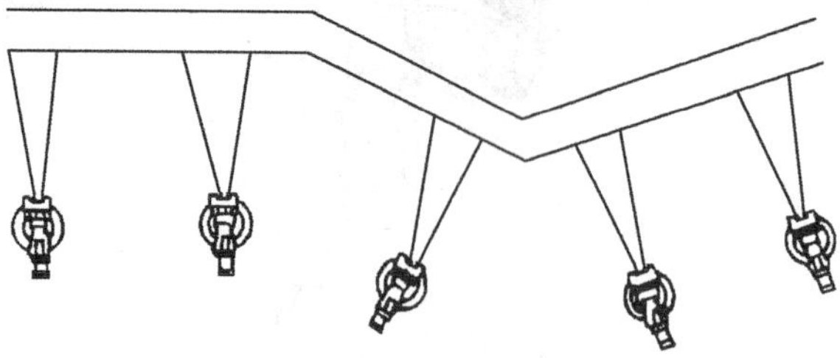

图 2.18　喷枪的移动方式

③ 在扳动扳机前，喷枪应处于运动状态，并且应在喷枪停止前松开扳机。这样可防止在两次喷涂面的端部重叠部位产生过喷现象。在移动喷枪时，决不可用手腕或手肘作弧形移动，否则会使涂膜产生“流挂”或“露底”现象。

④ 喷涂时的气压要求。喷涂时的气压与涂料的种类、稀释剂的种类、稀释后涂料的黏度等多种因素有关。在满足雾化良好的情况下，要求漆液中所含溶剂量尽可能少蒸发。

一般气压调节为 0.35MPa～0.5MPa，或按试喷结果确定。合适的喷涂气压，能获得良好的喷雾、散发率和喷幅的最低需要。气压低，易产生“流痕”、“针孔”、“起泡”等缺陷。而压力过高，溶剂可能过蒸发，严重时会形成干喷现象。

⑤ 喷枪的移动速度。喷枪的移动速度与涂料的干燥速度、环境温度和涂料的黏度有关。喷枪的移动速度一般为 30cm/s。移动速度过快，会使涂膜粗糙无光泽；移动速度过慢，会使涂膜过厚，易产生流挂。对于干燥较慢的涂料，移动速度可提高到 40～80cm/s。

⑥ 喷涂方法和路线。喷涂方法有纵行重叠法、横行重叠法和纵横交替喷涂法。喷涂的路线有从高到低、从左到右、从上到下、先里后外等。应按计划好的行程稳定而均匀地移动喷枪，在抵达单方向行程始点时放开扳机，然后再开扳机从相反方向仍按原路线适当重叠喷涂。

2．空气压缩机

空气压缩机是所有空气系统的动力来源，它将空气的压力从普通的大气压升高到某一更高的压力值。常见空气压缩机如图 2.19 所示。

（1）空气压缩机的分类。空气压缩机是气源装置中的主体，它是将原动机（通常是电动机）的机械能转换成气体压力能的装置，是压缩空气的气压发生装置。

空气压缩机的种类很多，按工作原理可分为容积型压缩机和速度型压缩机。容积型压缩机的工作原理是压缩气体的体积，使单位体积内气体分子的密度增加以提高压缩空气的压力；速度型压缩机的工作原理是提高气体分子的运动速度，使气体分子具有的动能转化为气体的压力能，从而提高压缩空气的压力。

图 2.19　空气压缩机

（2）活塞式空气压缩机的工作原理。在气压传动中，通常采用容积型活塞式空气压缩机。当其曲轴旋转时，带动活塞连杆组做上下往复运动。当活塞下行时，汽缸内压力降低，进气门打开，气体在气体压力差的作用下进入汽缸。当活塞上行时，进气门关闭，汽缸内压力增加。当压力增加到大于排气阀预紧力时，排气阀开启，气体排出汽缸进入储气罐。

（3）空气压缩机的选择。空气压缩机的选择主要依据气动系统的工作压力和流量。

气源的工作压力应比气动系统中的最高工作压力高 20%左右，因为要考虑供气管道的沿程损失和局部损失。如果系统中某些地方的工作压力要求较低，则可以采用减压阀来供气。空气压缩机的额定排气压力分为低压（0.7MPa～1.0MPa）、中压（1.0MPa～10MPa）、高压（10MPa～100MPa）和超高压（100MPa 以上）几种，可根据实际需求来选择。

3．其他喷涂设备

除了喷枪和空气压缩机以外，还需要压力桶（图 2.20）、气动双隔膜泵（图 2.21）和搅拌机（图 2.22）等设备。

图 2.20　下放型压力桶

图 2.21　气动双隔膜泵

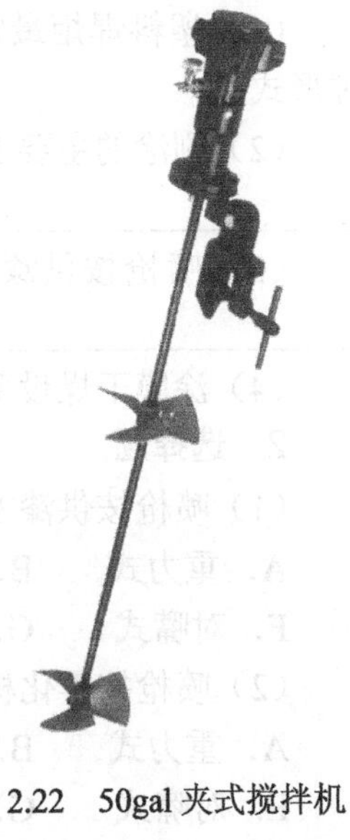

图 2.22　50gal 夹式搅拌机

2.4.3 干燥设备

涂膜的干燥可以采用自然干燥和强制干燥两种方法。干燥设备有以下几种。

（1）对流式干燥设备。较多的是采用蒸汽、电热、燃油热风发生器，利用废油喷烧等方式间接加热，以达到使涂层表面干燥的目的。

（2）辐射式干燥设备。这种方法是将热能转变为各种波长电磁振动的辐射能，并利用辐射能来干燥涂膜。常用的有红外线干燥设备。如图 2.23 所示为“亚大”红外线烤灯，红外线可直入漆层，加速其分子的化学反应，使双组分漆在 15min 左右、原子灰在 5min 左右干透；热传导均匀，面密度稳定，黏合力强。

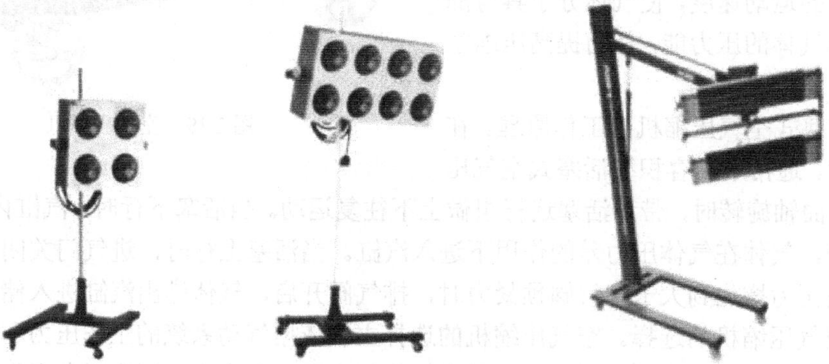

图 2.23 红外线烤灯

（3）感应式干燥设备。利用电磁感应加热，如高频加热器等。

汽车行业常用的干燥设备有电热烘箱、烘干室、烤漆房等。

习 题 2

1．填空题

（1）塑料焊炬最常用的焊嘴有__________、____________和________________三种形式。

（2）刷涂的主要工具有______________、_____________、_________________、_______________。

（3）喷枪按供漆方式可分为__________________、______________________、____________________。

（4）涂膜干燥设备有__________、____________和________________三类。

2．选择题

（1）喷枪按供漆方式可分为（　　）。

A．重力式　B．虹吸式　C．压送式　D．内部混合式　E．外部混合式

F．对嘴式　G．单嘴式　H．扁嘴式

（2）喷枪按雾化机理可分为（　　）。

A．重力式　B．虹吸式　C．压送式　D．内部混合式　E．外部混合式

F．对嘴式　G．单嘴式　H．扁嘴式

3．判断题

（1）尖嘴钳是能夹持小零件或伸入到狭窄空间进行作业的最常用工具。在使用中还做导线切头或导线剥皮用。（　）

（2）虹吸式喷枪的特点是喷涂时稳定性好，便于调换涂料。（　）

（3）重力式喷枪的特点是涂料黏度变化对喷出量影响不大，杯的位置可自由调整，作业容易。（　）

4．简答题

（1）常用的汽车美容护理辅料有哪些？

（2）汽车美容设备有哪些？

（3）喷枪使用注意事项有哪些？

（4）如何选用喷枪？

第3章　汽车美容护理用品及材料

3.1　汽车清洁用品及选用

3.1.1　清洗剂的正确选用

清洗剂是当前国内外大力推广应用的新型汽车清洁用品，进行车身表面清洗时，由于现代车身漆面的特点，所以无论什么样的车身漆面均不能用洗衣粉、洗洁精等含碱性成分较大的普通洗涤用品。长期使用这些洗涤用品洗车会使车漆干裂，失去光泽，会造成不可挽回的损失。因此，一定要使用专用的清洁液或清洁香波。专用的洗车香波均含有界面活性剂、功能性高分子材料等，具有较强的渗透能力和增溶能力，可大大降低界面间的张力，既能有效去除车体表面的各类顽固污垢，同时具有除锈功能，并且不含有害物质，长期使用不会损伤车体表面及皮肤。进口汽车美容用品中有汽车清洗香波、清洗及上蜡香波，其pH值均为7.0，属专用汽车美容用品。汽车各部位的清洗按材质的不同使用不同的专业清洗剂。越高档的汽车越应注意清洗剂的选择，以免损伤漆面。

3.1.2　清洗剂的主要成分

（1）表面活性物质。表面活性物质亦称表面活性剂或界面活性剂，是一种能显著降低液体表面张力的物质，可使固体污垢形成悬浮液，使液体污垢形成乳浊液。汽车清洗剂中的表面活性物质主要有软肥皂和合成清洗剂。

（2）水玻璃。水玻璃的化学名称叫硅酸钠。它在清洗剂中的主要作用是能够使溶液的pH值几乎维持不变。在清洗过程中，酸性污垢必定耗用碱盐，水玻璃维持溶液碱性的缓冲效果约为其他碱盐的2倍，因此能降低清洗剂的消耗。水玻璃具有很好的悬浮或稳定悬浮系统的能力。这一能力是水玻璃和活性物质同时使用时能提高去污能力的重要因素。

（3）磷酸盐。磷酸盐有磷酸三钠、磷酸氢二钠和缩合磷酸钠等多种。在清洗剂配方中以缩合磷酸盐最重要。磷酸三钠又称正磷酸钠，其1%溶液在室温时的pH值为12，碱性太强，所以在清洗剂中用量不能太多。在配方中它能增加清洗剂溶液的润湿能力，有一定的乳化能力，但其主要作用是软化水质。

（4）碱性物质。附着在金属表面的油脂，大体上可分为动、植物油脂和矿物油脂两大类。前者是脂肪，它和苛性钠一起被加热时会发生皂化反应，结果生成肥皂和甘油。这些产物都溶于水，此时生成的碱皂是极性分子，极性端被水所吸引，非极性端被油所吸引，因此溶剂的表面张力降低，油和溶液完全接触，溶液可以渗透到油的内部，油脂膨胀并被溶液润湿，从而与金属间的附着力减少，最后变成微小的颗粒而分散在溶液中发生乳化。在清洗液中为了保证足够的清洗能力，pH值必须保持在9以上。

（5）溶剂。溶剂是表面清洗剂的主体，它连同表面活性剂等添加剂一起，共同对污垢起化学反应，达到清洗除垢的目的。溶剂主要有水基溶剂和油基溶剂两种，水基溶剂主要是水，油基溶剂主要有汽油、煤油、松节油等。

（6）摩擦剂。摩擦剂是增加与清洗表面接触、摩擦的物质，如硅藻土等。

3.1.3 清洗剂的除垢机理

清洗剂除垢包括润湿、吸附、溶解、悬浮和去污五个过程。

（1）润湿。清洗剂与汽车表面上的污垢质点接触后，由于清洗剂溶液对污垢质点有很强的润湿力，所以可使被清洗物的表面很容易被清洗溶液所润湿，并促进它们之间有充分的接触。清洗溶液不仅能润湿污垢质点表面，而且能深入到污垢聚集体的细小空隙中，使污垢与被清洗表面的结合减弱、松动。

（2）吸附。清洗剂中的电解质形成的无机离子吸附在污垢质点上，能改变对污垢质点的静电吸引力，并可防止污垢再沉积。清洗汽车外表面时，既有物理吸附（分子间相互吸引），又有化学吸附（类似化学键的力相互吸引）。

（3）溶解。使污垢溶解在清洗剂溶液中。

（4）悬浮。清洗剂中的表面活性物质能在污垢质点上表面形成定向排列的分子层，进一步增加了去污作用。从清洗剂的基本结构上看，其分子内有两个部分：一部分由长的链组成，它在油中溶解而在水中不溶解；另一部分是水溶性基因，它使整个分子在水中溶解而发生表面活性作用。这种分子又称极性分子，分子中油溶性部分称为亲油基或憎水基，水溶性部分称为亲水基或憎油基。表面活性物质分子与污垢质点接触后，其憎水的一端会吸附在污垢质点上，而亲水的一端与水结合在一起。这样，吸附在污垢质点周围的很多定向排列的分子就起了桥梁作用，使污垢质点和周围的水溶液牢固地连接在一起，使憎水性污垢具有亲水性质，表面上的污垢脱落后，悬浮于清洗剂中。

（5）去污。最后用高压水枪将污垢冲掉。润湿→吸附→溶解→悬浮→去污的过程不断循环，或综合起作用，可以将汽车表面的污垢清除掉。

3.1.4 清洗系列用品简介

清洗剂主要有多功能清洗剂、去油剂和溶剂三类，它们的用途分别叙述如下。

1. 多功能清洗剂

多功能清洗剂主要用于清洗汽车表面的灰尘、油污等，且在清洗的同时进行漆面护理。

（1）多功能清洗剂品种。

① 二合一清洗剂。它将清洁、护理合二为一，既有清洗功能，又有上蜡功能，可以满足快速清洗兼打蜡的要求。如上光洗车液，主要由表面活性剂配制而成，上蜡成分是一种具有独特配方的水蜡，在清洗作业中，它可以在漆面形成一层蜡膜，增加车身鲜艳程度，有效保护车漆。二合一清洗剂的使用非常方便，可以用作汽车的日常护理用品，适合刚做过专业美容的汽车或者只愿花较低费用洗车打蜡的汽车。这种洗车液不易燃，属生物降解型，对环境无污染。常用二合一清洗剂有 M-2001 香波。

② 香波类清洗剂。此类清洗剂主要有汽车香波及清洁香波等品种，具有性质温和、不破坏蜡膜、不腐蚀漆面、液体浓缩、泡沫丰富、使用成本低等性能。香波类清洗剂含有表面活性剂，有很强的分解能力，能有效地去除车身表面的尘土和油污。有的产品含有阳离子表面活性剂成分，能去除车身携带的静电和防止交通膜的形成。

③ 脱蜡清洗剂。此类清洗剂含柔和性溶剂，具有较强的溶解功能，不仅可去除车身油

垢，而且能把原有车蜡洗掉。脱蜡清洗剂主要适用于重新打蜡前的车身清洗。

④ 水系清洗剂。目前在国内外汽车专业美容行业中广泛采用水系清洗剂。水系清洗剂不同于除油脱脂剂，其配方中基本不含碱性盐类，一般由多种表面活性剂配制而成，具有很强的浸润和分散能力，能够有效地去除车身表面的尘埃、油污，如不脱蜡洗车液。洗车液是近年来国内外在推广使用的水系清洗剂，它具有操作简便、挥发慢等特点而备受客户的欢迎。其配方不含碱性盐类，主要成分是类型不一的表面活性剂，其中非离子活性剂使用得比较多，是车身日常清洁的首选洗车液。不脱蜡洗车液不易燃，属生物降解型，对环境无污染。

⑤ 增光型清洗剂。如增光洗车液，是一种集清洁、增光、保护于一身的超浓缩洗车液，使用时能够产生丰富的泡沫，具有良好的清洁效果，其独特的增光配方可以在车漆表面形成一层高透明的蜡质保护膜，令漆面光洁亮丽，给人焕然一新的感觉。

（2）汽车室外清洗剂。

① 不脱蜡洗车液（浓缩型）。

- 产品性能：超柔和型，不会把原有车蜡洗掉，但可有效地清洗泥土及油垢；含天然巴西棕榈蜡成分，用毛巾轻轻抛干后，给人以打蜡的感觉。
- 使用方法：按 1∶100 的比例溶于水后用于洗车作业，可在几分钟内让车焕然一新。
- 注意事项：不易燃，对环境无污染，属生物降解型。

② 上光洗车液（浓缩型）。

- 产品性能：集水蜡与清洗功能为一体，既洗车又打蜡；像洗车一样方便，车像打过蜡一样有光泽。
- 使用方法：先将车冲净，上光洗车液按 1∶100 的比例溶于水后擦涂于车体表面，然后直接用毛巾擦干后再用无纺棉轻轻抛光。
- 使用对象：只愿花较低费用洗车打蜡的汽车或刚做过专业美容的汽车，可用此用品做汽车的日常养护。
- 注意事项：不易燃，对环境无污染，属生物降解型。

③ 泡沫上光洗车液。

- 产品性能：采用当今最流行的喷罐泡沫式包装，有浓厚的橙香味，使用极为方便。
- 使用对象：成本高，不主张专业人员使用，建议给客户作美容护理后的个人养护品。
- 注意事项：含少量溶解性清洁剂，喷到车上后不宜久留，应立即用水冲洗；压力罐装，属易燃易爆品，应在阴凉处储放。

④ 天然洗车液（液缩型）。

- 产品性能：该用品以柠檬、芦荟油为主要原料，经特殊工艺炼制而成，具有优良的抗氧化、防酸作用，又能给予最自然的光泽，是洗车液中的极品；其 pH 值适中，本身就是大自然的精华，对环境无污染。
- 使用方法：按 1∶100 的比例溶于水，搅匀，用软毛巾或海绵擦洗车身，然后用无纺棉或柔软毛巾轻轻将车抛光即可。

⑤ 变色水蜡。

- 产品性能：世界上唯一的双色配方水蜡，上半截的白色是天然巴西棕榈蜡，下半截的蓝色是环保型润滑洗车液；含催干剂，自动驱水，几乎不用毛巾擦干；是最便捷的洗车、上光一体化产品，其使用与洗车程序一样，但其中包括打蜡。
- 使用方法：使用时先将液体摇匀（呈乳白色），然后将 1 瓶盖（每次只用 1 瓶盖）液体按 1∶100 的比例溶于水后擦洗汽车。此为质量上乘的变色水蜡，汽车使用后可保持数月之久。

⑥ 脱蜡洗车液（浓缩型）。

- 产品性能：去油垢功能较强，不含蜡，不含任何增光剂。
- 使用对象：做专业美容护理的车或者要正规打蜡的车。专业人员通常要把该车洗干净油垢外，还应把以前的蜡也洗掉，一般的洗车剂达不到这个效果，而"洗涤灵"碱性太强容易伤漆，只有脱蜡洗车液最适合。洗车时按 1∶100 的比例溶于水，若车很脏，则可按 1∶50 的比例稀释。
- 注意事项：该用品含柔和性溶剂，不属生物降解型，不易燃，pH 值为 8.0。

（3）汽车内室清洗剂。根据汽车内室各部件材料的不同，汽车内室清洗剂主要有以下几种。

① 多功能清洁柔顺剂。

- 产品性能：能对汽车内饰及后备箱各部位进行清洗翻新。去污力强，尤其对丝绒及地毯表面可起到清洁、柔顺、还原着色、杀菌等功能；低泡沫，适用于喷抽机使用（高泡沫会损伤真空泵），也可手工使用。
- 适用范围：适用于车厢内、后备箱内及各内饰表面进行翻新清洗。
- 使用方法：用喷抽机或手工，将该产品喷洒到待清洗物表面，然后用软布轻轻擦拭干净即可。

② 丝绒清洁保护剂。

- 产品性能：该剂对毛绒、丝绒、棉绒等织物均有清洁保护作用；泡沫丰富，去污力强，洗后留有硅酮保护膜；能恢复绒织物原状，防止脏物浸入。
- 使用方法：轻轻摇晃使其均匀，然后大面积喷在待处理表面或干净布上擦拭，再用洁净干布将泡沫擦净。污渍明显处，应反复喷涂擦拭。使用前应先找一小块试用，效果不好时勿用。真丝织物及丝绸织物勿用该剂。

③ 地毯洗涤保护剂。

- 产品性能：该品专为清洗汽车地毯而配制，泡沫丰富，去污力强，洗后留有硅酮保护膜。
- 使用方法：洗前应先将灰尘吸净，然后轻轻摇匀该剂，大面积喷在需清洁的表面或在干净布上擦拭，再用洁净干布将泡沫擦净或用暖风机烘干。使用前应该先找一小块试用，效果不好时勿用。

④ 化纤清洗剂。

- 产品性能：在多功能清洗剂的基础上，特别对油泥、时间不太长的果汁和血迹等的清洗效果尤佳，对化纤制品没有伤害，也不像一些干洗剂那样有强烈的挥发成分，因此不必在通风处作业。
- 使用方法：最好的方法是用泡沫清洗。先将液体倒入桶中，用压喷枪按 1∶1～1∶5 的比例注水，然后用毛巾蘸水中的泡沫清洗脏物。泡沫去污能力强，因为它所含表面活性剂多。
- 适用范围：适用于车、家用化纤地毯、沙发等，不适用于真丝针织品。
- 注意事项：虽然属生物降解型，但 pH 值较高，使用时量不宜过大，最好先小面积试验。本品不易燃。

⑤ 塑胶清洁上光剂。

- 产品性能：主要用于塑料及橡胶制品的清洁与护理，清除污垢的同时能在塑胶制品表面形成一层保护膜，具有翻新效果。

⑥ 真皮清洁增光剂。

- 产品性能：主要用于皮革制品的清洁与护理，在清除污垢的同时能在皮革制品表面形成一层保护膜，起到抗老化、防水、防静电作用，延长皮革制品的使用寿命。

⑦ 多功能内室光亮剂。

- 产品性能：不仅可对化纤、皮革、塑料等不同材料的内室物品进行清洗，而且可起到上光、保护、杀菌作用。
- 使用方法：使用方便，只要一喷一抹，即可光洁如新，并可防止内室部件老化、龟裂及褪色。

⑧ 车内仪表板清洁剂。

- 产品性能：能保持车内人造革及皮革（真皮）的光泽，阻碍灰尘沾污，有柠檬香味，不含硅力康，不会破坏漆膜。
- 适用范围：主要适用于车门、仪表板、合成橡胶、塑料制品、人造革及真皮制品的表面清洗。
- 使用方法：该品为易燃品，不可置于热源、火源处；不可喷涂转向盘、座椅的支撑部位。

⑨ 玻璃清洗液。

- 产品性能：主要用于去除玻璃上（内侧）积累的白色雾状膜——各种内饰清洗剂、清新剂、烟头造成的静电油脂，同时可有效地去除鸟粪、油泥及尘土。因本品含挥发剂，擦拭后可很快风干，又因是水质，故也可用于电镀、内饰（地毯、座椅）等的清洗。
- 注意事项：该剂属易燃液体，应在阴凉处存放，且应远离腐蚀剂、溶剂等。

⑩ 462 车内地毯及装饰品清洁剂。

- 产品性能：可去除地毯、丝绒和其他车内饰品上的油泥、污物和灰尘；可防止车内饰品老化；不含对车内饰品及人体有害的成分。
- 使用方法：将该产品喷到需清洗的物体表面，然后用刷子刷理，最后用吸尘器吸干净即可。
- 注意事项：避光保存。

⑪ 464 皮革乙烯材料清洗剂。

- 产品性能：可清洗车内座椅、沙发和仪表板等皮革和乙烯材料制品，可恢复表面光泽；防止制品因恶劣环境影响而提前老化，使驾驶室清洁后有赏心悦目的感觉。
- 适用范围：车顶内的乙烯树脂、室内器具的清洗使用。
- 使用方法：将该产品均匀地喷涂于清洗物表面，用干净的软布擦干即可。
- 注意事项：避光保存。

⑫ 890 风窗玻璃浓缩防雾清洗剂。

- 产品性能：有效地清除风窗玻璃上的污迹和脏物，除掉玻璃上的条痕，使玻璃明亮干净；含有抗腐蚀添加剂，能防止系统中各种金属部件生锈和腐蚀；有良好的防冻和防雾性能，能使汽车风窗玻璃在-98℃时都不结冰；确保视野良好和安全驾驶。
- 使用方法：根据地区温度差别，将该产品按使用说明书推荐的比例与水混合，加入汽车风窗玻璃清洗器的储液罐中，然后清洗。夏天可按 1∶6（体积比）的比例加入。

⑬ 多功能绿色清洗剂。绿色清洗剂是近些年在西方环保运动中出现的重要的环保型清洗用品。

● 产品性能：清洗功能非常强，使用起来好似溶剂，但破坏性极小，应用范围非常广。主要用作皮革制品、仪表台等的清洁，但若拿它去清洗计算机、复印机、卫生间、洗水池等，效果一样令人满意。

● 适用范围：按 1∶4 稀释后可清洗皮革座椅、仪表台、革质内饰包层，按 1∶2 稀释后可清洗轮胎；不稀释时可清洗发动机、轮毂。

2．去油剂

油脂清洗剂又称去油剂，它具有极强的去油功能，主要用于发动机、轮毂等油污较重部位的清洗。常见的去油剂有如下 3 类。

① 水质去油剂：安全、无害、去油功能有限，成本适中。

② 石化溶剂型去油剂：易燃、有害、去油功能强，成本低。

③ 天然型溶剂（橙皮提炼）：无害、去油功能强，成本高。

常见去油剂品种有如下几种。

（1）轮毂去油剂。一般轮毂清洗液都属酸性物质，较容易损伤轮毂的金属层。

● 产品性能：此剂不含腐蚀剂，也不含酸性物质，而且清洗功能极强。将轮毂去油剂喷到轮毂表层后，油泥液自动往下流，只需用布轻轻擦干即可恢复金属或 ABS 塑料的原有光泽。

● 注意事项：该剂不易燃，对环境无污染，无腐蚀。

（2）轮胎强力去污剂。

● 产品性能：该剂为强碱型清洁剂，与橡胶制品产生活跃反应，对带有白线圈的轮胎清洗效果尤其明显，用它清洗（最好喷后用马毛刷走一遍）过的白线圈如同新的一样。

● 注意事项：该剂属腐蚀性液体，应妥善保管。

（3）发动机强力清洗剂（松香型、浓缩型）。

● 产品性能：世界上唯一一种生物降解型的溶剂，也是唯一一种比一般溶剂更强的生物降解型去油剂。其主要成分是从橙皮中提取的，成本高。

● 使用方法：不稀释时可清洗发动机等油泥较重的地方，按1∶1稀释（也可不稀释）后清洗内饰、抽油机等效果极好。

● 注意事项：应远离食物，该剂 pH 值为 13，属生物降解型，不易燃。

（4）发动机外部清洗剂。

● 产品性能：该剂是以煤油为基础料的去油剂，或叫溶剂，属生物不可降解型，用后的脏液应妥善处理。该剂能去除较重油污，能快速乳化、分解去除油污，且不腐蚀机体及零部件；呈碱性，含有缓蚀剂成分。

● 适用范围：适用于发动机外表及底盘等部位的清洗。

● 使用方法：该剂不稀释，直接使用，使用时将清洗剂喷到车上，擦洗后用水冲净即可。

● 注意事项：该剂属生物不可降解型，易燃，严禁在发动机灼热时使用（会起火）。

（5）水质去油剂。

● 产品性能：该剂是最具灵活性的去油剂，虽然不能用来开蜡（因不是溶剂），但可作为一种多功能去油剂来使用，因为它是水质的，因此很安全。实际上，可把它当作普通多功能清洗剂（洗车、洗内饰、洗皮革），但它比一般清洗剂又多出了“切”油的功能。

● 注意事项：该剂属生物可降解型，不易燃，不腐蚀，但碱性较强，使用时应有保护措施。

3. 溶剂

溶解清洗剂简称“溶剂”，是一种溶解功能极强的清洗剂，不仅能清除车身上的焦油、沥青、鸟粪、橡胶、漆点等水不溶性污垢，而且可用于“开蜡”，故有些品种直接取名为开蜡水。溶剂分两大类，即石化溶剂和天然溶剂。大部分石化溶剂以煤油为基础料，然后加以各种添加剂或表面活性剂。

脱蜡清洗剂含柔和性溶剂，具有较强的溶解功能，不仅可去除车身油垢，而且能把原有车蜡洗掉。该剂主要适用于重新打蜡前的车身清洗。

（1）溶剂蜡质开蜡水。

- 产品性能：蜡质开蜡水属生物降解型溶剂，即它的主要原料提炼于橙皮，因此成本较高。但这是目前唯一一种能满足西方环保要求的蜡质开蜡水。若蜡不厚，则可将蜡质开蜡水按 1∶1 的比例稀释后使用。
- 注意事项：本品对环境无害，不易燃，不腐蚀，但具强碱性，使用时需有劳动保护措施。

（2）树脂开蜡水。

- 产品性能：树脂蜡一般作运输车辆的保护剂，主要目的是防雨水、防尘和防划痕。这种保护层一般不含油脂物质。因此，在开蜡时要用含树脂聚合物溶解元素的树脂开蜡水。车上一般使用油脂蜡的保护剂，它被用来抵制海水的浸蚀，开蜡时要用油脂蜡开蜡水。树脂开蜡水不含腐蚀剂，在国外很多人用它来清洗汽车顶部和车的皮革、电镀件、风窗玻璃及铝合金件等。
- 使用方法：与一般用品不同的是在使用时必须按 1∶3 的比例溶于水，最好是热水，因为此时树脂开蜡水的表面活性剂最活跃，开蜡效果最佳。
- 注意事项：虽不腐蚀，但使用时仍需劳保用品。

（3）污垢软化剂。鸟粪、树叶等落在车上若长时间不清洗会变硬，而且会浸蚀车漆。在公路上溅上的沥青更是如此。普通清洗剂很难洗掉已发硬的鸟粪和沥青。

- 产品性能：污垢软化剂实际上是一种柔和的溶剂，主要用来软化上述硬化物质。污垢软化剂可直接用在车漆、玻璃、保险杠等表面。污垢软化剂同时可作开蜡水，尤其是较硬的运输蜡。把污垢软化剂喷在车上，5min 后用布一擦即可（一定要用清水将污垢软化剂冲净）。
- 注意事项：污垢软化剂属柔和性溶剂，pH 值为 9.5，废水应妥善处理，工作时要有劳动保护措施。

3.1.5 常用汽车清洗剂

（1）S-640 万能清洁去脂剂。

- 产品性能：该产品为浓缩配方，能够迅速清除各种表面的油污、尘埃及脏物，对于清洁表面无任何腐蚀作用。
- 使用方法：将该产品直接喷洒在待清洁的表面，然后用干净的软布擦拭几遍即可。

（2）万用清洁剂。

- 产品性能：能除去各种玻璃、油漆表面及金属制品表面的污垢；不伤害漆膜、塑料及橡胶制品；是泡沫清洁剂，无滴流的困扰。
- 使用方法：将该产品直接喷涂在待清洗的物体表面，使泡沫停留 1min，然后用干净的抹布擦拭干净即可。

● 适用范围：适用于车身表面、玻璃、座椅等的清洗。

● 注意事项：不要等泡沫全部干后才进行擦拭。

（3）403 无氯制动系统清洗剂。

● 产品性能：能快速、安全、有效地清洗制动盘、制动鼓、制动缸、制动弹簧和摩擦制动蹄片等部件表面的油渍、制动液及其他脏物；可清洗等速万向节等部件表面的油渍；能增加制动能力，消除制动系统的噪声和振动；无氯配方，对人体和环境无害。

● 使用方法：使用前应将本产品摇均匀；向需清洗物表面喷涂本产品；晾干或用干净柔软的抹布擦干即可；需要润滑的地方，在清洗完毕后，应重新润滑。

● 注意事项：不要将该产品与眼睛和皮肤接触，切勿入口；远离儿童，远离热源、火源，密封保存；不要焚烧或刺穿容器。

（4）制动清洗剂。

● 产品性能：能迅速清除污垢，避免产生辗轧的噪声，不含有毒物质，无污染。

● 使用方法：将该产品直接喷涂到待清洗物体表面，然后用干净的抹布擦拭干净即可。

（5）417 高效发动机油渍清洗剂。

● 产品性能：能迅速清除发动机、发电机及其他机械设备表面的油脂和污垢；对油漆、橡胶、导线和绝缘材料无害；也可用于清除汽车修理厂的地板和车道上的油垢等；有利于发动机散热。

● 使用方法：使发动机暖机，达到正常温度后熄火；使用前将该产品摇匀，充分喷射，5min 后即可达到最佳浸润效果；对难以清洗的部位，可反复清洗；用高压水将发动机冲洗干净。

（6）轮毂清洁剂。

● 产品性能：能有效地去除轮毂上的油渍、氧化色斑，并能清洁上光。本产品呈弱酸性，但对轮毂及轮胎均无腐蚀作用。

● 适用范围：所有车辆轮毂的清洗。

● 使用方法：将该产品直接喷涂在汽车的轮毂上，然后用软布擦拭干净即可。

（7）3M 晶亮智能汽车宝。

● 产品性能：该产品是一种浓缩多用途清洁剂，不伤害新车的透明光亮层；洁净力强，不会洗掉汽车漆膜上的 3M 保护蜡，可节省再上蜡和清洗时间；配合 3M 成套清洗美容产品使用，效果更加显著。

● 适用范围：能有效地清洗去除漆膜上的粉尘、油渍、污垢，也可用于清洁塑胶配件、坐垫等。

● 使用方法：按 1∶133（体积比）的比例混合成清洗液；用清洗液直接冲洗或擦洗，然后擦净吹干即可。

（8）发动机润滑系统清洁剂。

● 产品性能：在发动机不解体的情况下，通过专业设备或直接添加的方式来清洁润滑油路系统，改善润滑油的抗氧化性能，减小活塞环与汽缸壁之间的摩擦作用，有效降低发动机的噪声和油耗，提高汽车的动力性和经济性，延长发动机使用寿命。

● 使用方法：参照专用清洁设备和清洁剂产品的使用规程正确使用。

（9）电子燃油喷射系统清洁剂。

● 产品性能：此类清洁剂大多直接加入到油箱内，溶解到汽油中，随汽油的流动清除供油系统及燃油喷射装置的焦油等沉积物，并通过燃烧分解作用清除燃烧室内的积炭，从而改善发动机的性能。

- 使用方法：在决定向油箱中添加电子燃油喷射系统清洁剂之前，必须确认此油箱是清洁、无沉积物的，否则，部分清洁剂会首先分解油箱中长期累积的焦油、泥污等沉积物，导致油箱中的汽油浑浊而堵塞油泵滤网和油路管道。

3.2 车蜡用品及选用

3.2.1 车蜡的种类及功用

汽车打蜡的目的主要是为了保持车身漆面亮丽整洁，保护车漆。现代轿车越来越广泛地采用金属漆，金属漆的涂装系统是色漆（基漆）＋罩光漆，日久天长，基漆的颜色将会产生褪色，进而影响汽车外观，同时会使全车产生色差。车蜡可将部分入射光反射回去，减缓基漆的颜色褪色。在罩光漆随底色漆变黄、变浑而逐渐失去光泽之前，如果能及时给汽车打蜡，则在车蜡及罩光漆的共同作用下，车辆将艳丽如新。

传统的汽车打蜡以上光保护为主，随着汽车美容业的发展，车蜡的种类也越来越多，高级美容蜡的出现及其日益广泛的应用，使汽车打蜡已被赋予新的内涵，即研磨蜡。专业人员可以根据车漆表面的情况来选用合适的产品。现代车蜡已具有防氧化、抗腐蚀、填补细小划痕、抛光、增光等一系列功能。

1. 车蜡的主要功用

车蜡是车身表面最外层的保护，打蜡除了能增加漆面的光泽度外，其在车表形成的蜡膜还能有效地防止产生静电、防止紫外线的照射，起到抗高温、防氧化、防水、防划伤及研磨抛光等作用。

车蜡的主要功用可归纳为以下几种。

（1）防水作用。车蜡能使车身漆面上的水滴附着减少 60%～90%，高档车蜡还可使残留在漆面上的水滴进一步平展，呈扁平状，最大限度地减少水滴对阳光的聚焦，使车身免受浸蚀和破坏。打上去的蜡，所产生的效果是使水滴近似成球状，不易产生透镜效应，有效地抑制了因太阳照射而形成的水痕。

（2）抗高温作用。车蜡的抗高温作用是对来自不同方向的入射光产生有效的反射，防止入射光线穿透罩光漆而导致底色漆老化变色，从而延长漆面的使用寿命。

（3）防止产生静电。车身漆面通过打蜡可以形成蜡膜，防止空气、尘埃等与车身漆面的直接摩擦，不但可有效地防止车表静电的产生，还可大大降低带电尘埃对车身表面的附着。

（4）防紫外线作用。日光中的紫外光较易折射进入漆面，防紫外线车蜡充分地考虑了紫外线的性能，使其对车表的侵害最大限度地降低。

（5）上光作用。上光是车蜡的最基本作用之一。经过打蜡的车辆，都能不同程度地改善其漆面的光洁程度，使车身恢复亮丽本色。

（6）研磨抛光作用。当漆面出现浅划痕时，可使用研磨抛光车蜡。若划痕不是很严重，则抛光和打蜡作业可一次完成。

（7）防划伤作用。车身表面打蜡后，形成的蜡膜都有一定的硬度和厚度，可以防止细小的划伤。

（8）防氧化作用。打蜡后车身表面形成一层蜡膜，可以较好地防止漆面油分的损失，不容易形成氧化层。

车蜡除了具有上述功用外，还具有防酸雨、防雾等功能，选用时可根据需要灵活把握，使打蜡事半功倍。

2. 车蜡的主要成分和分类

（1）车蜡的主要成分。车蜡主要含有如下七种成分。

① 蜡脂。形成蜡特有的蜡膜，保护漆膜，产生光泽作用。

② 溶剂。溶解蜡及矽油，同时具有去除漆面上油污的能力。

③ 矽油。增加涂布作业的顺滑性和光泽性。

④ 染料、香料。染料可改变蜡的色调，香料用以抑制溶剂臭味。

⑤ 研磨料。去除污物及老化的涂膜，提高蜡膜的均匀性及擦拭作业性。

⑥ 界面活性剂。使脂、溶剂、水分混合均匀，使其容易去除污垢。

⑦ 安定剂、增黏剂。增强蜡的安定性，调整蜡的黏度。

（2）车蜡的种类。由于车蜡中含有的添加成分不同，使其物理形态、性能上有所区别，因此可划分为如下种类。

① 按其物理形态的不同可分为固体蜡和液体蜡两种。在日常作业中，液体蜡的应用相对较为广泛，如龟牌蜡、即时抛等。

② 按其功能不同可分为上光蜡和抛光研磨蜡两种。国产上光蜡的主要添加成分为蜂蜡、松节油等，其外观多为白色或乳白色，主要用于喷漆作业中表面上光。国产抛光研磨蜡的主要添加成分为地蜡、硅藻土、氧化铝、矿物油及乳化剂等，颜色有浅灰色、灰色、乳黄色及黄褐色等多种，主要用于浅划痕处理及漆膜的磨平作业，以清除浅划痕、橘纹，填平细小针孔等。

③ 按其生产国别不同可分为国产蜡和进口蜡。目前，国内汽车美容行业中使用的车蜡中，中高档车蜡绝大部分为进口蜡，有进口蜡垄断之势；低档蜡中国产蜡占有较大的份额。常见进口车蜡多来自美国、英国、日本、荷兰等，如美国龟博士系列车蜡、英国特使系列车蜡、美国的普乐系列车蜡等。国产车蜡最常用的有即时抛等。

④ 按其作用不同可分为防水蜡、防高温蜡、防静电蜡及防紫外线蜡等多种。

3. 车蜡的主要品种

我国汽车美容市场上的车蜡主要有如下种类。

（1）天然棕榈蜡。这种车蜡的主要成分是天然巴西棕榈蜡，使用后能增加车漆表面的光泽度和透明度，是美容产品中的极品，适合高档豪华轿车。

（2）研磨蜡。这种车蜡的主要成分为研磨剂、地蜡、矿物油及乳化剂等，主要用于汽车漆面的浅划痕处理及漆膜的磨平作业，能够清除划痕、橘纹及填平细小针孔等。

（3）硅蜡。这种车蜡的主要添加成分为硅酮类高分子化合物、润滑剂等，能够渗透、密封因氧化引起的毛细孔、裂纹等，使汽车表面凹凸处变得平滑，形成非常均匀持久的蜡膜。

（4）特氟隆蜡。这种车蜡的主要添加成分为特氟隆（Teflon）的聚合物，使用后能防氧化、防酸雨、防腐蚀，效果牢固、持久，可深入漆的表层。

（5）含釉成分蜡。这种车蜡又叫太空釉，内含多种聚合物，使用后能使氧化严重的漆表面焕然一新，起到防氧化、抗腐蚀、增加光亮度的作用。

（6）色蜡。这种蜡主要按车身漆面的颜色来分别使用，目前主要有 12 种。色蜡含有棕榈油添加剂、增色剂等，使用后能在漆面形成三层蜡膜，可有效抵制有害物质对漆面的损伤。

4．车蜡的正确选用

目前，汽车美容护理用品市场上车蜡种类繁多。由于各种车蜡的性能不同，其作用与效果也不一样，所以在选用时必须慎重，选择不当，不仅不能保护车体，反而使车漆变色。一般情况下，应根据车蜡的作用特点、产品性能、车辆的新旧程度、车漆颜色、行驶环境及使用季节等因素综合考虑。

（1）根据车蜡的作用来选择。由于车辆的运行环境千差万别，所以在车蜡的选择上对汽车漆面的保护应该有所侧重。例如，沿海地区宜选用防盐雾功能较强的车蜡；而化学工业区宜选用防酸雨功能较强的车蜡；多雨地区宜选用防水性能优良的车蜡；光照好的地区宜选用防紫外线、抗高温性能优良的车蜡。

（2）根据漆面的质量来选择。对于中高档轿车，其漆面的质量较好，宜选用高档车蜡；对普通轿车或其他车辆，可选用一般车蜡。

（3）根据漆面的新旧来选择。新车或新喷漆的车辆，应选用上光蜡，以保持车身的光泽和颜色；对旧车或漆面有漫反射光痕的车辆，可选用研磨蜡对其进行抛光处理后，再用上光蜡上光。

（4）根据季节不同来选择。夏季一般光照较强，宜选用防高温、防紫外线能力强的车蜡。

（5）根据车辆行驶环境来选择。如果汽车经常行驶在泥泞、尘土、砾石等恶劣道路环境中，则应选用保护功能较强的硅酮树脂蜡。

（6）根据车漆颜色来选择。选用车蜡时还必须考虑与车漆颜色相适应，一般深色车漆选用黑色、红色、绿色系列的车蜡，浅色车漆选用银色、白色、珍珠色系列的车蜡。

（7）一般保护蜡与高级美容蜡的区别。一般保护性车蜡是由蜡、硅、油脂等成分混合而成的，属于油性物质，它可以在漆面形成一层油膜而散发光泽。但由于油膜与漆面的结合力差，保护时间较短，所以车蜡常常因下雨或冲洗等因素流失，有时甚至附着在风窗玻璃上，而形成油垢。另外，存留在车蜡上的水滴一般呈半球状，会产生透镜作用，聚焦太阳光而灼伤漆面。

高级美容蜡含有特殊材料成分，无论用水冲洗多少次，一般都不会流失，也不用担心光泽在较短时间内失去；施工后车蜡表面的水滴呈扁平状，透镜作用不明显，有效地保护了漆面。高级美容蜡外观效果非常好，但价格偏高，特别是水晶蜡、钻石蜡等。因为这种车蜡除了具有一般保养蜡的功能外，还含有一种活性非常强的渗透剂，能使车蜡迅速渗透漆层面。其特殊的分子结构，可以和漆面之间产生牢固的结合力，上蜡后的漆面看起来浑然一体，效果颇佳。高级美容蜡一般要经过许多复杂的前处理工序，即使是新车上水晶蜡，也要经过清洗、风干、蓝黏土处理等多道工序，所以，技术含量高，效果一流，持久耐用。

5．车蜡系列用品简介

（1）镀膜用品介绍。

① 纯天然镀膜——天然抛光蜡。该产品不同于其他任何一种蜡，它不含任何碳氢化合物（活性剂——石蜡、煤油等）。

- 产品性能：通过纯天然原料达到高科技护理效果。它含有：巴西棕榈蜡——镜面光泽剂；蜜蜂蜡——坚固的防水层；细白陶土和杏仁粉——柔和型抛光剂；硅酮树脂和其他聚合物——增光剂；芦荟油——易于抛光的湿润剂；维生素 E——可防止干燥、氧化；可可、香蕉油——芳香剂。

● 使用方法：将车身洗净擦干，轻轻摇晃本品，用软布把蜡薄薄地涂在车身上，每次 $0.5m^2$ 涂擦，并擦除车身上多余的蜡，稍后用干净软布轻擦抛光。

② 水晶镀膜——巴西棕榈抛光蜡。多年来一直被喻为“美容皇后”的水晶镀膜几乎是“光泽”的同义词，因为没有任何其他产品能与它比亮。

● 产品性能：由多种聚合物合成，不含腐蚀剂成分，适用于所有漆面；集上光、保护为一体，使其表面形成永久性保护膜；清除车身表面的细孔、焦油、树脂、氧化层、尘垢等；延长抛光寿命，避免车漆产生裂纹、划痕、氧化、脱落及发黄；高品质，只需使用少许即可达到意想不到的透明效果。

● 使用方法：使用前将车身洗净擦干，轻轻摇晃本品，倒入湿布或海绵少许，小面积旋转式涂于车漆表面，稍候用无纺棉抛光即可。建议 90 天使用一次。

③ 新车镀膜——新车保护蜡。该蜡为车漆护理史上的又一突破。

● 产品性能：新车保护蜡含两种化学价截然相反的分子聚合物，两者的结合形成了一个完美的流线平面——水珠在上面也存不住。看一辆车是否打过蜡的传统的方法是看车着水后的水珠效果：有水珠即是打过蜡。而涂过新车保护蜡的车几乎没有水珠，因为它不存水，浇在车上的水流线似地倾下来，剩下的是镜子都要嫉妒的车漆表面。新车保护蜡带来了真正的“镜面”效果。

④ 色彩镀膜——魔彩釉。

● 产品性能：该镀膜具有清洁、上光和保护功能，可使擦伤、划痕减轻或消失；与原漆本色浑然一体，使旧漆焕然一新；适用于所有漆面。

● 使用方法：将车身清洗干净，然后轻轻摇匀本品，在湿布上倒少许，小面积圈式擦拭，稍候用干净软布擦净即可。应避免在强烈阳光下和车身温度高时使用。

⑤ 隐形车衣镀膜——特氟隆密封保护剂。

● 产品性能：以特氟隆为主要配方原料，密封、润滑耐久、防酸雨、防腐蚀、防海水、抗潮湿，是新车在恶劣及污染环境中行驶的理想保护神。

● 使用对象：特氟隆密封保护剂内含抛光剂，可使褪色或轻度划痕的表层光滑如初；亦可广泛用于搪瓷、金属清漆、工程塑料等上光。

● 使用方法：将车身清洗干净，擦干，轻轻摇晃本品，在湿海绵或柔软湿布上倒少许，小面积旋转式擦拭。稍干后，再用无纺棉擦净即可。注意，应在阴凉处作业。

⑥ 太空镀膜——21 世纪高科技配方。

● 产品性能：太空镀膜是 21 世纪高科技配方，含多种聚合物，能保持 12 个月之久。即使是氧化严重的车漆，经它“整容”后也光彩耀人。

● 使用方法：将车身洗净擦干，轻轻摇晃本品使其均匀，在潮湿海绵或柔软湿布上倒少许，旋转涂于车漆表面后，随即用无纺棉抛光。注意，应在阴凉处作业。

⑦ 防水镀膜——硬壳蜡。

● 产品性能：硬壳蜡使用起来极为方便，将少许涂在车身上，无须等候可立刻抛光。其光泽可持续数月之久。

⑧ 全车镀膜——速效神。

● 产品性能：全车镀膜为全功能上光剂，能对车漆、保险杠、轮辋、风窗玻璃、仪表台、皮革等进行美容护理。

● 使用方法：使用前将本品摇匀，在车身上喷少许，几分钟后用无纺棉抛光即可。（在

稍有尘土的状况下可直接使用本品，无须洗车）

⑨ 水抛光镀膜——魁魔蜡。

- 产品性能：该品不用手而是用水来抛光的蜡。将其快速涂到车漆表面，然后用清水一冲即可，比手工抛蜡方便快捷。该品不是清洗剂，而是纯天然的巴西棕榈蜡，加以特种聚合物使其产生“流线催干”的效果。该品光泽耀眼，不含研磨材料，属超柔和型用品，适用于各种车漆表面。

⑩ 防静电镀膜——手喷保护上光剂。

- 产品性能：该剂为美容史上的又一新突破，是静电的克星；为21世纪高科技配方，含有防静电元素，防尘；不含陶土，缝中不留白色痕迹；手喷蜡可保持6个月之久；使用简便，先喷后擦，15min可洗一辆车。

⑪ 彩色蜡。

- 产品性能：该产品分为红、蓝、绿、灰、黑等五种颜色，打蜡即抛光，省时省力。不同颜色的车，使用相应颜色的蜡，对漆膜可起到修饰作用，也可掩盖轻微细小的划痕。该蜡呈黏稠的乳状，含有天然巴西棕榈蜡、油分添加剂、增色剂，能在漆面上形成3层蜡膜，有效抵制有害物质对漆面的损伤；可针对不同色彩的漆面进行增色上光护理；其特殊的水置换型成分可以使在不擦干车身的情况下打蜡，非常方便；适用于各种漆质表面上光护理。此外，纤维硅树脂透明层体现出的深度光泽，以及氟化树脂的防水薄膜可保持3个月。该蜡有12种颜色。
- 使用方法：彻底洗净车身，用海绵或软布均匀涂于车身，停3～5min后，用干净软布轻轻擦拭即可光亮艳丽。使用抛光机进行抛光，转速应控制在1000r/min。
- 注意事项：不要在阳光下或过热表面使用，应按车漆颜色选择彩色蜡，密封存放于阴凉通信处。
- 适用范围：适用于各种汽车漆膜护理。

⑫ 普通漆三重蜡。

- 产品性能：该蜡是最新护理技术的结晶，它由3种各不相同的蜡提取物精加工而成，具有多种产品性能。其主要产品性能是无论漆面干、湿均可便捷地使用本品，一次性抛光就可得到很光亮的表面；在强烈阳光下使用时不受任何影响，抛光时绝对省力；具有较强的耐清洗功能，能长久保留，并保护漆面；适用于各种质地普通漆新车，夏季使用既可防雨水又可抗紫外线。
- 使用方法：彻底清洗车身后，用软布大面积或整车涂少量本品，过几分钟后再用软性不起毛的布抛光或机械抛光。
- 注意事项：本品属易燃物，应远离火源。

⑬ 金属漆三重蜡。

- 产品性能：该品是为金属漆面护理而设计的一种上光蜡，不含任何研磨材料。一般普通车蜡均含有研磨材料，会对金属漆面带来损伤，使漆面变暗。使用本品能在金属漆面形成3层蜡膜，快速抛光车身，无破坏性，可延长汽车使用寿命；适用于各种颜色的金属漆面。
- 使用方法：彻底清洗车身，摇匀本品后用海绵或软布将其涂于漆面，停几分钟后再用不起毛的软布抛光，对变暗、褪色的汽车应先进行还原处理，然后再使用本品。

⑭ 钻石镜面蜡。

● 产品性能：该蜡呈乳状液体，淡黄色，是根据现代汽车技术的特殊要求而研制的一种超级护理蜡。它含65%以上的巴西天然棕榈蜡独特的色彩增艳剂、光亮剂，能在漆面形成3层蜡膜，发挥不同的保护作用，防止各类有害物质对漆面的侵害。特殊的软性调节剂成分能避免光泽散光，体现出深度光泽。利用表面润滑剂与变性硅配合，使汽车表面凹凸处变得平滑，形成非常均匀持久的蜡膜。该蜡适用于不同漆质的高档轿车的美容护理。

● 使用方法：将本品摇匀，用海绵将蜡均匀涂于漆面，停留3～5min后即可用软布抛光或机械抛光。

● 注意事项：该蜡在使用时不要在强烈阳光下或过热的漆面上进行。

⑮ 去污蜡。

● 产品性能：具有去污、除锈、除垢、保护漆膜光亮的功能；能恢复漆膜及金属表面的鲜艳色泽。

● 适用范围：用于车身表面的清洗护理。

● 使用方法：将去污蜡直接涂在清洗物表面，然后用柔软抹布擦拭干净即可。

● 注意事项：当车身漆膜温热时，不能使用该产品进行清洗。需待常温时，才可使用该产品清洗。

⑯ 特级增亮喷蜡。

● 产品性能：该产品为最新快速保护蜡，一喷一抹就可以使漆膜的光彩立刻显现，犹如车刚打完蜡的效果，可使漆膜光亮如新。

● 适用范围：适用于车身和设备的漆膜清洗护理。

● 使用方法：将本产品直接均匀地喷涂在漆膜表面，然后用多功能擦拭纸擦净即可。

● 注意事项：该产品配合特级水晶乳蜡或水晶硬蜡使用，效果更佳。具体情况应根据使用说明书的要求。

⑰ 特级水晶乳蜡。

● 产品性能：上蜡、清洁、显色、光滑、保护、防水、防氧化一次完成，并产生高光亮度；清洗效果可保持到 10～15 次洗车。

● 适用范围：适用于车辆漆膜保护。

● 使用方法：先将该产品均匀地喷涂到车身漆膜上，然后抛光，最后用多功能擦拭纸擦拭即可。

● 注意事项：按配套产品要求使用。

⑱ 特级水晶硬蜡。

● 产品性能：该产品可使蜡保护层不易被水分解，可长时间保护漆膜光亮如新；抗紫外线，耐酸雨；只需在漆膜上薄薄地喷涂一层，可立刻光彩照人；其效果可达到 20 次洗车后不变。

● 适用范围：适用于车身漆膜清洗护理。

● 使用方法：将该产品薄薄地喷涂一层，然后用多功能擦拭纸擦拭干净即可。

● 注意事项：按配套产品要求使用。

⑲ 亮光蜡。

● 产品性能：该产品为最新持久型保护蜡，不伤害新车的光亮透明层，且耐紫外线；含有色彩鲜艳剂，可使被涂物光亮持久，品质稳定；可在漆膜上形成保护膜，防止氧化、酸雨腐蚀、雨水浸蚀等；可使漆膜不粘灰尘，当漆膜上粘有污垢时，应先用去污剂清洗，再用该产品护理。

- 适用范围：适用于车身、机械设备的漆膜护理。
- 使用方法：将该产品直接均匀地喷涂在车身漆膜上即可。
- 注意事项：不可在车身处于暖热时使用。

⑳ 汽车底盘保护蜡。

- 产品性能：该产品可长久防止底盘腐蚀及碎石的碰击；可预防漆膜颜色改变，还能达到防锈、隔音的效果。
- 适用范围：适用于漆膜、橡胶、塑胶及PVC烤漆的护理；车身底盘及类似漆膜的护理。
- 使用方法：先将底盘清洗干净，并用钢丝刷去除锈蚀，直到完全清洁无锈时，才可使用本产品；喷涂时，压缩空气的压力为0.3MPa～0.8MPa。
- 注意事项：该产品为易燃品，使用和存储时应注意防火；使用时，要特别注意保护眼睛、皮肤与呼吸系统；不可用于排气装置、制动器及弹簧上；使用该产品时，必须用酒精稀释，要充分混合均匀，不应有沉积等。

㉑ 三合一增艳钻石乳蜡。

- 产品性能：该产品内含镜面蜡，去污去垢、显色上蜡一次完成，可使哑色漆膜经处理后顿显镜面效果，重现光彩。
- 使用方法：将该产品均匀地喷涂在漆膜上，然后抛光即可。

㉒ 塑料、皮革清洁保护蜡。

- 产品性能：该产品含有清新柠檬香味，适用于塑料、橡胶、皮革制品的清洗护理；能清洁汽车内室各种部件表面的污垢和油渍，并在被处理表面留下一层自然保护层，可使灰尘不再聚集；清洁抛光一次完成。
- 适用范围：主要用于车身内室的清洗护理，也可用于外部前后保险杠等塑料件的清洗护理。
- 使用方法：先将该产品喷涂在清洗物表面，然后用抹布擦拭干净即可。

㉓ 抗静电蜡。

- 产品性能：该产品是一种喷雾型上光护理蜡；能防止漆膜产生静电，最大限度地减少静电对灰尘、油污的吸附。
- 适用范围：适用于汽车漆膜、皮革、塑料和镀铬表面的护理。
- 使用方法：将该产品均匀地喷涂在车身漆膜上即可。

㉔ 黄金镜面蜡。

- 产品性能：该产品是一种高性能的护理型天然蜡，含有巴西棕榈蜡、聚碳酸酯；对漆膜的渗透力极强，涂后光泽如镜，保持长久，可有效地护理汽车和其他设备的漆膜。
- 适用范围：适用于新车和旧车翻新后的漆膜护理。
- 使用方法：将该产品均匀地喷涂在漆膜上即可。
- 注意事项：该产品可手工打蜡，也可机器打蜡。喷涂均匀为其基本要求。

㉕ 防锈蜡。汽车车身的有些部位是不能单依靠涂层就可以达到防锈目的的。如点焊形成的缝隙，因磁屏蔽作用使阴极电泳底漆到达不了的一些空腔、夹层等处。这些部位达不到有关腐蚀规定的年限标准，因此须进行喷蜡或灌蜡防护处理。喷蜡应在涂装施工完成后

进行。用过一段时间的旧汽车需修补作业时，要根据需要重新进行喷蜡保护，这对高级轿车尤为重要。

3.2.2 汽车蜡的发展历史

自汽车诞生以来，汽车就是富人的玩物，虽然现代汽车已发展成为人们日常的交通工具，但是高级轿车仍然是社会地位的象征。光彩照人的车身表面能够体现车主的修养和风度，所以一直以来都存在车身表面的美容护理，只是以前不够专业，护理产品不多。现在，汽车美容已从业余走上专业的道路，美容产品也琳琅满目，应有尽有。作为美容护理产品之一的汽车蜡至今也有几十年的历史，由单纯的打蜡上光发展到现在的保护性打蜡上光。

汽车蜡的发展大致经历了以下几个阶段。

第一代车蜡是固体石蜡；第二代车蜡是膏状石蜡；第三代车蜡是液体石蜡。以上这三代车蜡都是以石油的蒸馏物为主要原料，使用起来比较麻烦，需彻底晒干后才能抛光，不能形成良好的保护层，保持不长久，一沾水就容易掉。

第四代车蜡是含单种聚合物的蜡；第五代车蜡是含多种聚合物的蜡。后期的车蜡中添加了聚合物（如特氟隆或釉等），聚合物一旦晒干后，便能在车漆表面形成一层薄薄的保护膜，同时又起到上光的作用，可以保持几个月之久。

第六代车蜡是纯天然的蜡，不含人工合成物，是现代环保产品，具有良好的护理效果，是豪华轿车的上蜡首选。

近几年，含有聚合物的汽车蜡和天然制成的汽车蜡逐步占领市场，种类很多，主要有以下几种特色蜡。

（1）色蜡：按车的颜色用蜡，红色用红蜡，黑色用黑蜡。目前的流行色有 12 种之多。

（2）含釉成分：有的称之为“太空釉”，这类车蜡的特色是抗腐蚀、抗氧化，增加亮度。

（3）含特氟隆：特点是牢固、持久、防氧化，可渗入漆表层。

（4）含硅：渗透性好，对氧化引起的毛细孔裂纹起密封作用。

（5）含研磨剂：在打蜡的过程中起抛光作用。

（6）含天然原料（如棕榈蜡等）：能产生极好的光泽和透明度，是美容产品中的极品，适用于高档车。

3.3 汽车专业保护用品及选用

3.3.1 保护剂

1. 皮革类专业保护剂

（1）水性真皮清洁柔顺剂。

- 产品性能：该剂呈乳白色；液体，是一种性质温和的水溶剂；去污能力强，不损伤皮革，用后皮革不褪色，延缓老化且具有柔顺保护功能，配合真皮保护上光剂的使用效果更佳。
- 适用范围：用于清洁真皮、人造革、仪表台等表面的各种污垢。

（2）油性真皮上光保护剂。

- 产品性能：该剂呈乳状，液体，有宜人的皮革味，为天然液体蜡；具有快速清洁、还原、增色功能，能擦亮皮革、塑胶、木制家具等表面，并能形成一层平滑光亮的保护膜，延长使用寿命；特别是加上抗老化剂、防水剂、防静电剂等后，能有效地保护皮革表面，避免皮革表面干裂褪色，防止有害物质的污染和损坏。

- 适用范围：汽车真皮座椅、家具（包括木制家具）、沙发、塑胶制品的上光保护。
- 使用方法：将该剂摇匀后喷于被装饰物表面，用干净、不起毛的软布或猪鬃软刷擦拭，即可得到光亮持久的保护层。
- 注意事项：存放处通风，并远离火源。

（3）硬质皮革清洗剂。

- 产品性能：采用现代喷雾剂包装，泡沫丰富，可迅速清洁、护理精制皮革、乙烯树脂等制品。
- 使用方法：摇匀，喷在物体表面，然后用布或软毛刷清洗干净；软羔皮、鹿皮及在皮子发热时适宜用该剂；不得挤压，且储藏温度不得高于45℃。

2．化纤、丝绒类专业保护剂

（1）化纤保护剂。

- 产品性能：含有硅酮树脂，在清洗的同时聚合物附着在纤维上，具有防紫外线、防老化、防腐蚀的功能，而且再次清洗也比较容易。该剂含硅酮成分，价位较一般化纤清洗剂要高。
- 适用范围：主要用于汽车内饰的化纤饰品的清洁、保护。

（2）绒毛深度清洁香波（超浓缩液）。

- 产品性能：该香波为液体，有柠檬香味，由表面活性剂、柔顺剂、着色剂、杀菌剂等成分组合而成；具有气味芳香、清洁去污、增色、柔顺、杀菌等功能；去污力强，用后色彩艳丽，干燥时间短，使用方便。
- 适用范围：适用于绒毛座椅表面、皮革座椅表面、顶篷、车门内饰及车内地毯等，也可用于宾馆、酒店、干洗房及家庭干洗地毯与毛料服装。
- 使用方法：机械清洗，每5L水加入60mL清洁香波后，倒入清洗机的洁净水箱中，或根据生产商的说明要求使用；手工清洗，将1份香波加入20～30份清水稀释，然后喷于污垢处，再用干净纯棉毛巾擦净。
- 注意事项：该香波应存放于阴凉通信处，防止溅入眼中或误吞服。

（3）化纤皮革清洁保护剂。

- 产品性能：该剂适用于各种纤维织物、皮革和乙烯树脂装饰物；能清除座椅尘垢，防止脏物侵入；泡沫丰富，去污力强，洗后留有硅酮保护膜。
- 使用方法：轻轻摇晃该剂使其均匀，然后大面积喷在所需清洁的表面或喷在干净布上擦拭，用洁净干布将泡沫擦净；污渍明显处反复喷涂擦拭即可；在使用前应先找一小块试用，效果不好时勿用。若油脂过厚，应先用饨器刮除后再使用。

3．塑胶类专业保护剂

（1）塑胶护理上光剂。

- 产品性能：该剂为黏稠的乳状液体，有宜人的皮革味，半透明，是一种不含硅的多功能塑胶护理剂，用于修整和翻新汽车外部保险杠等，使用简便，易于恢复已褪色部分的颜色；轻轻擦拭即可获得光亮如新的保护层，防止风化，减缓老化，延长使用寿命。
- 适用范围：适用于汽车外部保险杠、塑胶装饰条、车内部的仪表台、塑胶装饰物的清洁及上光保护。

- 使用方法：使用前将该剂充分摇匀，用不起毛的软布蘸少量该剂擦拭被装饰物的表面，便可以留下一层光滑的保护膜。
- 注意事项：勿将该剂涂于风窗玻璃上；应密封存放于阴凉干燥处，且远离儿童与火源。

（2）皮塑防护剂。

- 产品性能：该剂含特殊的光亮胶质，广泛用于塑料、皮革、轮胎、橡胶、保险杠、门窗的清洗和保护，可使残旧的物体表面焕然一新。
- 使用方法：清洗表面后，将该剂摇匀，喷于干燥表面，并保留一段时间，最后用软布擦拭。
- 注意事项：使用该剂时应远离儿童，并且注意保护眼睛。

（3）清澈美容保护剂。

- 产品性能：该剂适用于所有塑料、皮革、橡胶等制品，可以快速上光和保护，增加透明度。
- 使用方法：将物体表面擦净，轻轻摇晃该剂，垂直喷射于物体表面，然后用干净软布擦净即可。
- 注意事项：使用该剂时应远离儿童。

（4）超级防护剂。

- 产品性能：该剂采用新配方，由多种聚合物合成；广泛应用于橡胶、尼龙、皮革表面的清洗、上光和保护；能防止紫外线照射，避免表面干裂褪色。
- 使用方法：轻轻摇晃该剂使其均匀；可直接喷在物体表面或喷在柔软干布上擦拭，然后用洁布擦干即可，经常使用效果更佳。对于粗糙表面不适宜使用该剂。注意勿入眼内。

（5）塑件橡胶润光剂。

- 产品性能：塑件橡胶润光剂含天然润光剂，不含溶剂，可用于汽车塑胶、橡胶、合成皮、桃木配件表面，使之焕然一新。
- 适用范围：该剂能清洁驾驶台、转向盘、换挡手柄、桃木饰条、车门把手、保险杠、后视镜架、车身边条、轮胎上的打蜡残迹，恢复其表面亮丽的本色。该剂还具有防静电粉尘与防止紫外线的功能，使塑胶不至于龟裂、变色。

4．电镀件专业保护剂

（1）电镀件除锈保护剂。

- 产品性能：能有效除锈、除氧化，对电镀件表层起到防止氧化的作用。
- 适用范围：金属厨具、餐具，以及博物馆里的铜、银、金属的翻新。

（2）汽车镀铬抛光剂。

- 产品性能：该剂能使锈蚀发暗的镀铬表面恢复原有的光泽，并延缓日后的腐蚀。
- 适用范围：高级轿车镀铬件及铝制件（包括轮辋、镀铬保险杠、轮毂盖等）的抛光与翻新。
- 使用方法：将该剂置少许于纯棉抛光布上，对需要抛光的部位反复擦拭，直至光亮度满意为止。对于锈垢严重的表面应先进行除锈，然后再使用该剂。

5．玻璃专业保护剂

（1）玻璃清洁防雾剂。

- 产品性能：该剂为强力配方，能迅速清除风窗玻璃或其他硬质面上干死的飞虫、交通膜、油污；还具有防雾功能，可使汽车玻璃光洁明亮，可防止汽车储水器结冰。

- 适用范围：玻璃、镜子、不锈钢、瓷器等表面的清洁。
- 使用方法：按比例（按使用说明）加入汽车储液器内或直接喷在装饰物表面。

（2）玻璃抛光剂。

- 产品性能：该剂呈黏稠乳状，有清淡香味；含有细度研磨剂、增光剂、去污剂，可以有效去除风窗玻璃上沾染的污斑、昆虫及不易用一般清洁剂清除的污垢，能改善雨刮器产生的擦痕，使玻璃晶莹透亮。该剂干燥时间短，对已发乌的旧玻璃有很好的还原能力。
- 适用范围：适用于风窗玻璃、后视镜及玻璃门窗的清洁、上光。
- 使用方法：将该剂用软布或海绵均匀涂满被装饰物表面，稍等片刻，再用干净的软布作直线擦拭，直到擦亮为止；对已发乌陈旧的玻璃可重复抛光。该剂不适宜抛光防霜栅格，且不要使用在已贴膜的玻璃上。
- 注意事项：该剂应密封存放于阴凉通风处，且远离火源和儿童。

6．其他专业保护剂

（1）焦油沥青去除剂。

- 产品性能：该剂能有效地去除渗透于塑胶或漆面中的焦油、沥青等酸碱性物质。
- 适用范围：塑料制品及漆面的装饰与翻新。
- 使用方法：将该剂喷于被处理表面，自然干燥后擦净即可。

（2）昆虫焦油清除剂。

- 产品性能：该剂为全新改良配方，增加了多种清洁剂和上光剂，能清除漆面和镀铬表面上的昆虫污渍、焦油、沥青、树汁、污垢、颜料斑点及顽固污渍。
- 使用方法：轻轻摇晃该剂使其均匀，倒入柔软干布少许，反复擦拭污渍处直到清除干净，然后再用干净软布擦净即可。
- 注意事项：该剂禁止入口，并应远离儿童。

（3）车裙装潢泡沫清洗剂。

- 产品性能：该剂采用聚合物溶剂、泡沫活性剂，能使被装饰表面形成保护膜；使用方便，清洁、上光、保护一次完成，并可延长被装饰车身的使用寿命。
- 适用范围：前后保险杠及车裙装饰。
- 使用方法：将物体表面污渍清除干净，轻轻摇晃该剂使其均匀，然后直接喷在物体表面，稍候用洁布擦拭。
- 注意事项：该剂勿压、勿倒置，防振，并远离儿童，勿入眼内。

（4）气味消除剂（超浓缩液）。

- 产品性能：该剂是一种强力除臭剂，用于消除难闻气味，使空气清新。
- 适用范围：汽车驾驶室内使空气清新，也可作为抽湿机的添加剂，还可用于废储存箱的除臭，消除漏斗排水管道等易产生恶臭地方的异味。该剂的香型有 11 种，即草莓香型、柠檬香型、薄荷香型、乳香香型、新车香型、樱桃香型、灌木香型、乡野香型、茉莉香型、椰奶香型、绅士香型等。
- 使用方法：将该剂按 1∶50～1∶100 的比例与水稀释成水溶液，喷雾，对废储存箱、废品处理站及废机器用量需多一些。
- 注意事项：该剂应密封直立存放，温度应保持在 0～40℃，若有溢出物，则要用大量的水将溢出物冲净；若溅入眼内，应马上用大量清水冲洗，并寻求医疗；若沾到皮肤上，要用清水冲洗；禁止该剂进入口中。

（5）多功能防锈剂。

- 产品性能：该剂具有除锈、防锈、抗潮、润滑和渗透松动等多项功能。
- 适用范围：主要用于去除发动机、底盘表面的锈渍并进行防锈处理，也可用于电器进水受潮后的排水处理和螺栓及车门润滑，用途十分广泛。
- 使用方法：将该剂喷、浸或涂刷于物体表面，并短时间放置以使化学成分渗入，然后用手工工具擦掉即可。若锈迹严重，则可再涂一次。
- 注意事项：该剂易燃，因此储存容器应盖严，并远离火源，使用时不能吸烟，不要倾倒入排水管道中，应放通风处保存。

（6）万能除锈剂。

- 产品性能：该剂为铁和大多数不含铁的金属（包括不锈钢等），用于去除锈迹、水垢、灰尘水泥和氧化层，也可用于工作间、车库、无水垢开水器和冷凝器管等的除锈。
- 使用方法：根据锈迹的轻重可稀释至 1∶15 比例的水溶液，然后将被洗物浸于其水溶液中，直至锈迹消融，再用清水彻底清洗。
- 注意事项：该剂会灼伤皮肤，应远离儿童；使用时穿戴手套、护目镜、靴子等防护用品，避免接触皮肤和眼睛；不能与漂白剂、强碱、氧化剂等混合。

（7）增强型发动机超级保护剂。

- 产品性能：该产品为高效摩擦改进剂，能显著降低摩擦阻力，并省燃油，提高动力性；能防止润滑油在高温重负荷下氧化，提高油的品质，并延长换油周期；能中和酸性物质，防止发动机部件腐蚀；能降低噪声，使发动机运行平稳；具有极佳的清洁分散能力，可有效地清除发动机内部的油污和其他沉积物，保持活塞环、液压挺杆和发动机其他部件的清洁；能降低润滑油消耗，减少尾气排放；定期使用该产品可保持发动机的最佳性能，防止“拉缸”、“烧瓦”，可延长发动机寿命 2 倍以上。
- 适用范围：汽油、柴油发动机。
- 使用方法：每次更换润滑油时，将该产品按每罐 325mL 兑 4～5L 润滑油的比例加入到发动机的曲轴箱内，确保油面处于正常位置；新车、大修后的车和正常使用的车，应定期使用该产品对发动机进行保养。
- 注意事项：行驶 30km 以上的发动机，在首次使用该产品前，应先用清洗剂清洗发动机；首次使用该产品时，应按汽车保养手册的要求更换润滑油，这样可延长换油期 1 倍以上。

（8）铝合金轮辋亮丽保护漆。

- 产品性能：该产品是以人造树脂为基础的涂料，具有耐磨损、耐腐蚀、耐撞击、耐污染等特性，可提供持久的保护；喷涂后，不会黏着灰尘，该产品为银色。
- 适用范围：铝合金制品和轮辋等表面的保护。
- 使用方法：拆除轮胎、螺母，除去铁锈和污垢，将该产品均匀地喷涂在被保护物的表面即可。
- 注意事项：该产品为易燃品，应远离热源和火源。

（9）塑胶漆。

- 产品性能：该产品为塑料制品表面装饰保护用涂料，喷涂后可长期光亮如初。

● 适用范围：用于汽车保险杠、挡泥板、扰流板、塑料装饰板等部件的表面，作为装饰保护。

● 使用方法：使用前，应将塑胶漆搅拌均匀；将被喷涂物表面清洗，除去一切污垢后干燥，作好喷涂前的表面处理；喷涂距离为 20cm，以交叉喷涂方式喷涂；一桶漆用完后，应倒置容器，放出容器内的可燃气体，用丙酮清洗喷嘴。

（10）燃油系统强力清洗保护剂。

● 产品性能：该产品清洗燃油系统积炭时效果显著，能在汽车正常运行过程中自动清洗油路、进气歧管、喷油嘴等部位，保证燃油正常雾化，消除发动机的喘抖、爆燃和功率损失等故障，迅速恢复发动机的动力性和驾驶性能；消除进气门、燃烧室、活塞顶、活塞环等处的积炭，恢复正常的压缩比，解决发动机工作粗暴、敲缸等问题，使汽车运行更加平顺；可节省燃油 7%～15%，降低排放，减少空气污染；保护燃油系统各部件，防锈、防蚀；对尾气净化装置和各传感器无损害。

● 适用范围：适用于汽车、摩托车、船舶、工业内燃机等燃油系统的清洗保护。

● 使用方法：已行驶 20km 以上或燃油系统性能降低的车辆，可以使用该产品；按每罐 325mL 兑 60～90L 燃油的比例直接加入到燃油箱中，清洗后，定期使用 BG202 或 BG203（发动机燃烧促进剂，积炭清洗保养剂）进行保养；每隔 20km 清洗一次，积炭严重的车辆，应连续使用强力清洗保护剂。

● 注意事项：清洗完毕之后，要调整好汽车的点火正时和怠速；不得使该产品接触油漆表面；不得使该产品接触眼睛和皮肤。

（11）发动机漆膜保护剂。

● 产品性能：该产品是特殊透明性保护漆，能防止金属漆膜老化及沾上油垢等；能保持发动机外观清洁；使用温度范围为-20～80℃。

● 适用范围：用于发动机及配件表面防护。

● 使用方法：先用发动机清洗剂彻底清洗发动机表面并干燥；将该产品均匀地喷涂在发动机表面上，约 20min 干燥后再喷涂一次，再等 20min 后，即完成对发动机表面的保护。

● 注意事项：不可用于以桐油为基料的油漆表面保护；该产品为易燃品，按易燃品要求使用。

（12）汽车底盘高级保护剂。

● 产品性能：该产品为超级伏贴性、附着性材料，其防锈、防潮、耐湿等性能特佳；该产品耐酸碱、耐磨，具有弹性、防撞性、防震性、隔音性等特性。

● 适用范围：适用于车辆底盘的保护。

● 使用方法：先将底盘冲洗干净，吹干，作喷涂前的预处理；按该产品使用要求，将其均匀地喷涂在底盘表面上，然后风干或吹干。

（13）电路干燥喷雾剂。

● 产品性能：该产品能迅速恢复分电器、火花塞、点火线圈等电路系统所需的干燥状态，使受潮湿的车辆快速起动，并提供持续的保护。

● 使用方法：使用前，先将该产品摇匀使之无沉淀，然后直接喷涂在待处理的表面上即可。

（14）S-616 橡胶密封喷雾剂。

● 产品性能：该产品能在车身接合处及车身表面形成一层弹性的、密封性极佳的橡胶保护膜，可以起到防水、防锈、防摩擦、防灰尘和碎石的作用，还可隔音保暖，特别适用于经常出入工地及其他环境严重污染地点的车辆长期使用。

- 使用方法：先将该产品摇匀使之无沉淀，然后直接喷涂于待处理的表面上；开启后应倒置，清洁喷口后保存。

（15）S-625 传动带防滑喷雾剂。

- 产品性能：该产品适用于各类传动带的光洁和修复，可有效地防止传动带干燥、开裂和氧化，消除传动带在使用过程中发出的噪声，提高传动效率，使汽车空调、风扇的工作能力得到明显提高。
- 使用方法：可直接将该产品喷涂在传动带的上下表面上，发动机不必停机。

（16）S-540 快速起动喷雾剂。

- 产品性能：该产品可全天候帮助发动机快速起动，尤其是发动机处于低温状态下的快速起动，其效果显著，是驾驶员冬季行车的必备用品。
- 使用方法：打开空气滤清器上盖；将该产品喷入进气道，2～3s 后可迅速起动发动机；该产品切勿置于高于 48℃的环境中存放。

（17）S-560 风窗玻璃喷雾除冰剂。

- 产品性能：该产品为气态溶胶，将其喷洒在风窗玻璃上，能很快融化冰、雪、霜，特别适用于打开结冰的门窗，能在 0℃以下正常喷洒。
- 使用方法：可直接将该产品喷洒在待处理的部位，融化后擦拭即可。

（18）刮水器精。

- 产品性能：该产品是界面离子浓缩剂，不损伤车身钢板和漆膜，能快速清除污垢；不产生伤害眼睛的折光；可延长刮水器的使用寿命；一罐 25mL 的刮水器精，用 2.5～3L 的水稀释后使用仍有效果。
- 使用方法：打开盛装该产品的易拉罐，将该产品注入刮水器喷水箱中；以清水作刮水器水为佳，适用于任何车辆。

（19）防雾剂。

- 产品性能：可达到清洁、防雾、清澈的效果；不损伤漆膜及刮水器，无环境污染。
- 使用方法：打开盛装该产品的易拉罐，将该产品倒入喷雾罐内即可使用，适用于汽车内外玻璃的清洁防雾处理。
- 注意事项：该产品为易燃品，应按易燃品的要求使用和保存。

（20）耐久弹性填缝胶带。

- 产品性能：该产品可保持永久弹性，耐热性佳，不会收缩；可在-50～100℃范围内使用。
- 使用方法：将该产品直接喷涂到挡泥板、车体及其他金属焊接填缝处使用；对冷气机及汽车空调系统的冷冻管的隔热有显著功效。

（21）车用香品类。

车用香品类主要有“大亚”气雾型和“车伴”固体型两类。

①“大亚”气雾型车用香品。

- 产品性能：该产品属于气雾型，由香精、溶剂和喷射剂组成；含有除臭剂，能去除车内异味，如行李箱味、烟草味、鱼腥味及小动物异味等。
- 适用范围：用于车内、室内等空间，可营造温馨而舒适的氛围。

● 使用方法：可直接将该产品喷洒在车内、室内，气味挥发后将充满整个空间。
● 注意事项：该产品属于易燃品，应按易燃品的要求使用和保存。

②“车伴”固体型车用香品。

● 产品性能：该产品为固体型，由香精与一些固体材料混合而成；其外包装为各种小型艺术品，可放置在车内适当的地方，既美化装饰了车内环境，又不断放出幽香气味，从而营造出温馨的氛围。
● 适用范围：适用于各类车辆、家庭和办公室装饰美化使用。
● 使用方法：直接将该产品放置在车内适当的地方即可。

（22）液态车用香品。

● 产品性能：该产品属于液态型，使用广泛；由香精和挥发性溶剂混合而成；盛放在具有艺术性的精制容器之中；既有使用功能，又有装饰功能。
● 适用范围：车内、室内装饰使用。
● 使用方法：可直接将该产品喷洒在车内，也可将容器盖打开，放在车内适当位置，让其自由挥发到车内空间。
● 注意事项：香味与颜色有很大的关系，虽然没有标准化，但也达到了一定的共识，在选择时，要认真阅读产品说明书，注意包装及香液的颜色。

（23）空气清新剂。

● 产品性能：该产品由天然香料制成，对人体无害；属于喷雾剂型，伴有自然花香，兼有杀菌功能，喷洒后扩散快，香味保持时间长久。
● 适用范围：适合汽车车内清洁护理。
● 使用方法：将该产品直接喷洒在车内即可。

（24）发动机润滑系统清洁剂。

● 产品性能：在发动机不解体的情况下，通过专业设备或直接添加的方式来清洁润滑油路系统，改善润滑油的抗氧化性能，减小活塞环与汽缸壁之间的摩擦，有效降低发动机噪声和油耗，提高汽车的动力性和经济性，延长发动机使用寿命。
● 使用方法：参照专用清洁设备和清洁剂产品的使用规程正确使用。

3.3.2 抛光剂

在汽车美容作业中使用抛光剂的主要目的是消除车身表面的缺陷，如漆面失光、光泽度差、细微划痕等。

1．强力抛光剂

一种新型研磨材料，比研磨剂颗粒更细，可以去除漆面上较厚的氧化层、划痕及喷涂过程中出现的一些缺陷；该产品不含硅和蜡。使用该产品时用抛光机均匀涂抹于车身表面。

2．漆面还原抛光剂

该产品能去除漆面的中度氧化层和轻度划痕，比强力抛光剂的研磨颗粒更为细致；成分中不含硅和蜡，可安全用于喷漆车间、美容店，是汽车漆面翻新作业的主要用品；该产品所含油分在漆面抛光的同时渗入漆内，补充油漆失去的油分，起到一定的护理增亮作用。使用该产品时应配合抛光机均匀涂抹于汽车漆面。

3．快速抛光剂

该产品具有去除轻微氧化层和上蜡护理双重功效，比中度抛光剂的研磨颗粒更细；作为抛光的最后一道工序，可用手工来完成，以弥补机器抛光的不匀、产生光环等现象；有一定的增艳效果，所以也称增艳剂。使用时手工均匀涂抹于汽车漆面，并手工进行抛光。

4．玻璃抛光剂

该产品可以去除玻璃表面上难以去除的污垢，如油脂、昆虫尸体、污渍和发乌的氧化层等。可以应用于挡风玻璃、后视镜等玻璃材料。使用时将该产品均匀地涂抹于玻璃表面，然后抛光即可。

5．多功能抛光剂

该产品可以去除金属电镀表面、玻璃等硬质表面的发乌现象，使其恢复原有的光泽，并形成一层极光亮的保护膜；也可以用于汽车漆面，使用快捷，特别适合新车售前的准备。使用时将该产品均匀地涂抹在电镀层表面或车身漆膜上，然后抛光即可。

3.3.3　防锈剂

由于大气环境污染、地区气候差异、路面情况多变及随时间的自然推移等诸因素的影响，车辆的防锈涂层会渐渐被破坏，尤其是底盘、轮毂处的薄层涂料，很难抵御碎石溅击和酸雨的浸蚀，需要做防锈处理，以延长车辆的使用寿命。常见防锈剂如下所述。

1．干性防锈剂

该产品为干性防锈剂，可以除去腐蚀；可以与生锈部分产生氧化，使其永远不再生锈；能够长时间停留在物体表面而不消退；能够承受 300℃的高温。使用时先除去锈迹、污垢、涂层；再将本品均匀地涂抹在金属表面上，涂抹 3 层可保持永不生锈。

干性防锈剂为易燃物，需按易燃品的要求使用和保存；含二氯甲烷，使用时应避免吸入肺部及触及皮肤、眼睛。

2．透明保护防锈树脂

该产品可以保护金属制品，使其免于生锈、腐蚀并保持原有的外观；适用于汽车门槛、头灯框、车门内部槽沟。使用前摇动罐子使其均匀无沉淀；再将小塑胶管插入车体的间隙处；喷涂时，不断将罐子往复移动；在喷涂过程中，如果不慎溅到漆面上则可用汽油擦净；使用完毕后，倒置罐子，放出罐内可燃气体，并保持喷嘴干净。

透明保护防锈树脂为易燃物，应远离热源、火源；在常温下需保持 1h 的硬化时间。

3．二硫化铝防锈剂

该产品可以除去严重的铁锈及污垢；可以洗涤及榨出胶质、树脂污垢；可以在金属表面形成二硫化铝保护膜，防止碾轧声，同时能够达到除锈、防锈、润滑的效果，适用于任何需除锈、防锈的物体，如门铰链、铰环等。使用时将本剂对准需要除锈、防锈的物体喷涂即可。

4．特级防锈剂

该产品为润滑油脂类防锈剂，可以防止点火线圈漏电，迅速恢复本来的特性；可以防止形成铁锈，除去强烈湿气；可以保护被涂表面，使新的污染无法形成。适用于任何需防锈的金属物品。使用时将本剂对准需要喷涂的表面喷涂。本剂为易燃物，注意远离热源、火源。

5．底盘防锈系列产品特性及使用范围

（1）锌喷剂。增强金属表面的防锈防蚀功能，且有良好的导电性，可用于点焊。

（2）铝喷剂。有防锈功能，耐高温至650℃，可用于排气管、轮毂和铝合金表面。

（3）止锈底漆。一种永久止锈剂，可防金属的再度腐蚀和锈斑，且颗粒微细，是很好的底漆，可用于车身各部位。

（4）SKS防撞漆。有黑色和乳白色两种，为水性漆，防止因石砾的撞击而破坏底盘及烤漆脱落、腐蚀。可用于挡泥板、底盘、车门槛、后车箱内部及保险杠。

（5）防撞漆。油性，颗粒小，可用于底盘、挡泥板、扰流板、车门槛、保险杠、后车厢等。

（6）喷雾式防撞漆。用于局部或细缝等处的保护。

（7）车身防锈保护蜡。适用于钣金接合的内部及车门内壁、翼子板及车门槛内的防锈处理，并有防潮去水的功能。

（8）硝化纤维表面涂剂。适用于轻微局部修补，具有快干、迅速、便捷的特点。

（9）汽车底盘隔音、防锈剂。以橡胶为基本材料的一种防锈剂，用于汽车底盘的防噪声、防锈处理；不可使用在汽车变速箱装置、油箱、转向轴、差动器轴、弹簧通气导管、制动器及任何可转动的部分。

3.3.4 护理剂

护理剂的使用对汽车保养起重要作用，经常性地使用护理剂能使车内外各饰件达到清洁、美观、亮丽的功效，并能防老化、防腐蚀、延长使用寿命。

1．皮革塑料上光护理剂

含有能滋润皮革、塑胶的聚合物，可在皮塑表面形成一层保护膜，起到翻新、增光、抗老化的功效。适用于皮革座椅、仪表台、车门内侧和塑料保险杠等部位。使用时将本品均匀地喷洒于皮塑表面，用纯棉布蘸取少许护理剂轻擦即可。

2．表盘护理剂

用于乙烯基制品表面的翻新装饰，能及时增亮和润滑通道孔、电气闭合闸等表面，可形成一层有效的保护膜，其柔和的光泽可长久保持。适用于汽车仪表盘、方向盘等。

3．轮胎增黑护理剂

本品含有专门的聚合油脂，集清洁、增黑、抗老化护理于一体，能对轮胎表面提供长久的不受天气影响的光亮，恢复轮胎等橡胶件的自然光泽。适用于汽车轮胎及保险杠、密封条等塑胶表面。使用时先清洗轮胎表面，干燥后喷或刷本品，晾干即可。

4．轮胎上光护理剂

本品为轮胎及其他橡胶制品提供防水、防酸碱浸蚀及长久的光泽效果，用后轮胎特别亮丽。适用于汽车轮胎及其他橡胶制品。使用时先清洗轮胎表面，干燥后喷或刷本品，擦掉多余部分，晾干即可。

3.3.5 添加剂

在汽车油品的使用过程中，适当添加一些添加剂，在清洁、节能、防腐、抗磨、延长使用寿命及改善汽车性能方面，都有很大的帮助。常用添加剂有如下五种。

1．发动机添加剂

该产品对油箱、喷射系统及燃烧室有清洁效果；能使燃油消耗达到最经济的效果，确保发动机系统的工作功能；可以减少一氧化碳的产生；能够防止沉淀物形成，具有防腐蚀、防氧化的功能。适用于各型汽油喷射发动机。使用方法是，加油前，添加本剂，添加比例为1%。

2．燃油添加剂

该产品可以保护及净化燃油系统；清除油箱、油管及燃烧室的污垢、积炭，并防止其腐蚀；改善燃烧效果，减少能源消耗，达到最佳功率。

3．发动机润滑油添加剂

该产品可以使车辆在高速行驶时，发动机润滑油仍能紧密地附着在金属的摩擦面上，减少50%的磨损；可以使发动机润滑油在长期使用后，仍保持良好的性能，不因水分乳化而产生泡沫；可以减少润滑油消耗，提高经济效益；不含石墨、二硫化钼、特氟龙及其他固态润滑剂添加物。

发动机润滑油添加剂适用于所有的汽油机、柴油机、废气涡轮增压发动机及带催化反应器的发动机；适用于任何品牌的润滑油。

将本剂添加在发动机已升温的润滑油内；更换机油时添加本剂，亦可添加于正在使用的润滑油内；一罐润滑油添加剂适用于6L的发动机润滑油。

4．变速器油添加剂

该产品可以降低摩擦系数，减少磨损，降低齿轮的噪声；可以延长齿轮寿命；可以使齿轮在有突变及怠速加压运转时，仍具有良好的特性；不含石墨、二硫化钼、特氟龙及其他固态润滑剂添加物。适用于变速器、差速器，以及齿轮后坐力变大的情况。使用时将本添加剂加在2.5L的变速器油内。

5．柴油添加剂

柴油添加剂具有如下产品特性。

（1）可以清洁喷油泵柱塞副、出油阀和喷油器，保护这些精密部件不受污染。

（2）可以去除并防止燃油箱、输油管及燃油滤清器等各部件产生胶质和沉积物。

（3）可以改善燃烧，减少排气冒烟，节油效果显著。

（4）可以改善冷起动性能，克服冷起动困难。

（5）可以防止燃油在管道中结蜡。

（6）可以从燃油系统中脱水，防止燃油系统冻裂。

（7）可以防止燃油系统中各部件的腐蚀和锈蚀。

（8）可以与各种柴油配合使用。使用时将该产品加入柴油中，按比例添加，每8000km使用1次。

3.3.6 其他护理用品

1．玻璃清洁防雾剂

该产品不但能快速去除风挡玻璃上的灰尘及油污，且能在一定时间内防止霜雾的产生；其内含的有机硅树脂及阴离子表面活性剂有效成分可大大提高车窗玻璃的透明度，并能快速有效地去除玻璃表面上的静电，使灰尘及油污不易黏附于玻璃表面而影响可视度，确保视野处于最清晰状态。使用时将本品直接喷向玻璃，用洁布擦净即可。

2．雨刮精

该产品是界面离子浓缩剂，不伤害车身钢板及漆面，可以快速清除污垢，不会产生伤害眼睛的折射光；可以延长雨刮的使用寿命；25mL的雨刮精，可用2.5～3L的水稀释。

3．水箱恒温防漏剂

该产品可以维持水箱恒温，防止水箱漏气及漏水；可以保护冷却系统，润滑水泵；可以防止水质变化产生锈蚀及水垢；不会伤害橡胶及金属制品；250mL的防漏剂可用15kg的水稀释。适用于各种汽车的冷却系统。使用时将水箱加清水，同时加入本剂；起动发动机15min，使水箱的水温变热，防漏剂即开始发生效用。

4．特氟龙高温高压润滑剂

该产品是一种不具污染性的透明液体；具有优良的防水性并能防止盐水的腐蚀；可以承受高压，适合线性滑动的润滑；有助于除去摩擦产生的噪声；具有良好的绝缘特性，使电路不因湿气而产生短路；有效温度为-50～260℃。

5．玻璃与金属黏合剂

该产品对玻璃与金属具有瞬间黏结效果；如果黏结时间达到 24h，则可永久性黏结；有效温度可达 120℃。适用于牢固黏结玻璃与金属的地方。使用前，以万用清洁剂洗净物体表面；将活性剂涂在金属表面，等待数秒钟后完成蒸发；将黏合剂涂在金属表面，两者黏结 30s 后即可。

6．泄漏找寻剂

该产品可以轻易寻找不易察觉的泄漏处；颜色为白色，适用温度可达-20℃。适用于各种压力管、燃气管的检漏等。使用前摇动罐子，喷涂后会在泄漏处产生大量泡沫；此泡沫不会腐蚀物体，用水冲洗即可。

7．耐久弹性填缝胶带

该产品可以保持永久弹性，具有很好的耐热性，不会收缩；温度适用范围为-50～100℃。适用于汽车挡泥板、车体、其他金属点的填缝。对冷气机及汽车空调系统的冷冻管的隔热有卓越功效。

8．空气清新剂

该产品由天然香料制成，对人体无害；属喷雾剂型，伴有自然花香，兼具杀菌功能；喷后扩散快，香气保留时间长。

3.4 汽车美容装饰材料及选用

3.4.1 汽车常用外部装饰材料

在汽车外部装饰材料中，除了油漆以外，绝大部分是由塑料、橡胶等材料制作的汽车零部件。例如，保险杠、格栅、防撞条、车体板、窗框架、灯框架、散热器固定框等塑料部件，轮胎、密封条等橡胶制品部件。此外，还有很少一部分金属或有色金属外部装饰件，如铝合金的轮辋、车轮装饰条、玻璃窗框、车身装饰压条、不锈钢脚踏板、旗杆灯的旗杆、门的外把手等不锈钢装饰件。

1．塑料在汽车装饰中的应用

现将主要用于汽车装饰方面的塑料品种的产品性能简介如下。

目前，在汽车装饰中，应用塑料主要有聚氯乙烯（PVC）、聚丙烯（PP）、丙烯腈—丁二烯—苯乙烯（ABS）、酚醛塑料（PP）、聚氨酯泡沫塑料（PU）等。汽车常用塑料品种及用途见表 3.1。

表 3.1 汽车常用塑料品种及用途

代 号	化学名称	设计用途	塑料种类
ABS	丙烯腈—丁二烯—苯乙烯	车体件、前围板、格栅车头灯框	热塑性塑料

续表

代　号	化学名称	设计用途	塑料种类
ABS/MAT	玻璃纤维增强的 ABS	车身板	热固性塑料
EP	环氧树脂	玻璃纤维车身	热固性塑料
EPDM	三元乙丙橡胶	保险杠防撞条、车身板	热固性塑料
PA	聚酰胺	车外装饰板件	热固性塑料
PC	聚碳酸酯	格栅、仪表板、透镜	热塑性塑料
PPO	聚苯醚	镀铬塑料件、格栅、车头灯框、仪表玻璃框、装饰件	热固性塑料
PE	聚乙烯	内护板、内装饰板、窗帘框架、阻流板	热塑性塑料
PP	聚丙烯	内部镶条、内装饰板、内防护板、散热器固定框、前围板、保险杠及附件	热塑性塑料
PUR	聚烯	保险杠及附件、前护板、后护板、垫板等	热固性塑料
PVC	聚氯乙烯	内装饰件、软垫板	热塑性塑料
RIM	聚氨基甲酸乙酯	车身件、保险杠及附件	热固性塑料
RRIM	增强的聚氨基甲酸乙酯	车身护板	热固性塑料
SAN	苯乙烯—丙烯腈	内装饰板	热固性塑料
TPR	热塑橡胶	窗帘框架等	热固性塑料
TRUR	聚氨基甲酸乙酯	保险杠及附件、砾石挡板、垫板、软仪表玻璃框	热塑性塑料
UP	聚酯	玻璃纤维车身板件	热固性塑料

（1）聚氯乙烯的产品性能和用途。

① 产品性能。机械强度较高，化学稳定性及绝缘性能优良，耐油性和抗老化性较好，易熔接和黏合，价格较低。缺点是：使用温度低（在 60℃以下），线膨胀系数大，成形加工性能不良。

② 应用范围。主要用于管、棒、板、焊条及管件，除作日常生活用品外，主要用作耐腐蚀的结构材料、设备衬里材料及电器绝缘材料等。

（2）软质聚氯乙烯。

① 产品性能。拉伸强度、抗弯强度及冲击性能较硬质聚氯乙烯低，但伸长率较高。质地柔软而耐磨、耐挠曲，弹性良好，似橡胶，吸水性低，易加工成形，有很好的耐寒性和电气性能。化学稳定性强，能制成各种鲜艳而透明的制品。缺点是使用温度较低，为-15～55℃。

② 应用范围。通常制成管、棒、板，薄板、薄膜，耐寒管、耐酸碱软管等半成品，用作绝缘包皮、套管、耐腐蚀材料、包装材料及日常生活用品。在汽车上，主要用作内饰材料和电气绝缘材料。

（3）聚丙烯（PP）的产品性能和用途。

① 产品性能。它是最轻的塑料之一，其弯曲、拉伸、压缩强度及硬度均优于低压聚乙烯。有很突出的刚性，高温时（90℃）抗应力松弛性能良好，耐热性能较好，可以在 100℃以上复用，若无外力，则到 150℃也不变形。除浓硫酸、浓硝酸外，在许多介质中很稳定。脂肪烃、芳香烃、氯化烃对它有软化和溶胀作用，几乎不吸水。高频电性能不好，成形容易，但收缩率大，低温脆性大，耐磨性不高。

② 应用范围。聚丙烯主要用作结构件，做耐腐蚀的化工设备和受热的电气绝缘零件。

（4）丙烯腈—丁二烯—苯乙烯（ABS）的产品性能和用途。

① 产品性能。

- 是象牙色不透明的非结晶性聚合物，无毒，无臭，着色性好。
- 硬而坚韧，刚性、耐低温冲击性、耐蠕变性、尺寸稳定性、耐磨性均很好，成形收缩小，表面光泽好。
- 电绝缘性能较好，可燃，火焰呈黄色，有特殊臭味；耐候性差，不耐紫外线。
- 耐油、耐酸碱和无机盐，但溶于酯、醛、醚类及氯化烃，且易吸湿。
- 与极性树脂相溶性好，可改善聚氯乙烯（PVC）的性能等。

② 使用范围。

- 它是最常用的工程塑料，广泛应用于汽车、电器仪表、机械制造业等方面，以及冰箱、风扇等家用电器的外壳、内衬及结构件等。
- 在汽车装饰上，ABS可作内外装饰饰件，如前后保险杠、装饰压条、仪表板、组合仪表、内饰板等多种零部件。

（5）酚醛塑料（PF）的产品性能和用途。

① 材料组成。酚醛塑料是由苯酚和甲醛在盐酸、草酸、氨或氢氧化钠的催化下缩聚而成的酚醛树脂，加上填料及其添加剂配制而成的。

② 产品性能。

- 机械强度很高，刚性大，冷流性小，耐热性很高 （100℃以上）。
- 在水润滑下，摩擦系数极低。
- 有良好的导电性能和耐酸碱的浸蚀能力，不易因温度和湿度的变化而变形，成形简便，价格低廉。
- 缺点是质地较脆，色调有限，耐光性差，耐电弧性较小，不耐强氧化性酸的腐蚀。

③ 应用范围。常用的为层压酚醛塑料和粉末状的塑料，有板材、棒材和管材等。可用作潜水泵的密封件和轴承、带轮、齿轮、制动装置、离合装置的零件，摩擦轮及电器绝缘零件等，也可用于汽车上类似的功能零件上。

（6）聚氨酯泡沫塑料（PU）的产品性能和用途。

① 材质组成。聚氨酯泡沫塑料是以多无异腈酸酯和多无醇为主要原料，与催化剂、发泡剂和表面活性剂等主要辅料均匀混合，经化学反应而形成的轻质发泡材料。通过选用不同的原料、调整发泡配方，可制得不同密度和硬质的泡沫塑料。

② 产品性能。聚氨酯泡沫塑料具有优良的力学性能、热力学性能、声学性能和化学性能，尤其是软质和半硬质的泡沫塑料的吸能缓冲性能和硬质泡沫塑料极低的热传导性能，再加上加工方法简单，易于成形，所以在国民经济各部门和日常生活中得到了广泛的应用。

③ 用途。软质聚氨酯泡沫塑料广泛用于家具（床垫、沙发垫、椅垫）、运输交通工具（汽车、火车、飞机的座椅垫、靠垫及内部防振、隔热、隔音装饰材料）、纺织、地毯及包装等行业。半硬质泡沫塑料主要用于汽车工业，如汽车的转向盘、扶手、仪表板、前后保险杠、内装饰材料、吸能缓冲材料等。硬质泡沫塑料在建筑、制冷、石油、化工、造船、汽车、航空等工业中得到了广泛应用。

2．橡胶装饰材料

（1）橡胶的性能。橡胶分为天然橡胶和合成橡胶两大类。合成橡胶主要有丁苯橡胶、丁腈橡胶、丁基橡胶和氯丁橡胶等。

（2）橡胶在汽车上的应用。主要用于汽车轮胎、电线电缆密封胶垫、密封条、汽车垫板、胶粘剂等。

3.4.2 汽车常用内部装饰材料

汽车内饰用的主要材料按材料组成分为布饰面料、皮革面料及胶粘剂等。

1．布饰面料

布饰面料，按其原料的组成可分为纯棉织品、纯毛织品、化纤织品和混纺织品。布饰面料的主要性能和用途见表3.2。

表3.2 布饰面料的主要性能和用途

品种名称	产品性能	用途
纯棉织品	柔软性、保温性、透气性均良好，易涂色，鲜艳；易吸水，强度不高，织品易变形	在汽车的一般装饰中，制作坐垫、座套等
纯毛织品	保温性、透气性好，强度比棉织品高；织品不易着色，易遭虫咬，易变形，不易清洗，定形温度高	是汽车装饰的主要材料。可作顶盖、内护面内衬、座套、坐垫及地毯等
化纤织品	强度高，寿命长，易清洗，定形后不易变形，织品挺括，易着色；保温性、透气性差，有的着色性也差	是汽车装饰的主要材料。可作顶盖、内护面的内衬装饰，也可作坐垫、座套、地毯等
混纺织品	以棉、毛和化纤为原料，按一定的比例制成。具有上述原料的优点，综合性能良好，在一定程度上克服了相应的不足	是汽车装饰的主要材料，可作内衬装饰，也可作座套、脚垫、窗帘等装饰品

2．皮革面料

皮革面料是由动物的皮经加工而成的面料，主要有牛皮、羊皮和猪皮等。

（1）产品性能。牛皮以黄牛皮为主，皮革大而厚，加工和装饰性好，是皮革装饰中的最佳装饰面料。它可以染成各种颜色，柔和丰满，皮纹细腻，表面光亮。羊皮比牛皮薄，皮纹更细腻更柔和，但强度比牛皮差。猪皮比牛皮小，比羊皮大而厚，毛孔大，皮质和皮纹较粗。皮革制品有一定的透气性，用作坐垫时，有冬暖夏凉的效果。但其主要缺点是怕水浸湿，水渗湿后易变形，装饰效果变差。

（2）用途。皮革面料是汽车装饰中的高级装饰面料，在高级豪华的轿车装饰中，驾驶室、座椅、仪表板、顶盖内衬、车身内护面，甚至车顶的外护面，都采用优质的黄牛皮面料进行装饰。车内的一些附件，如转向盘、把手、安全拉手等都可用真皮进行装饰。

3．常用胶粘剂

胶粘剂的种类很多，功能和使用条件都不一样，所以选择的余地较大。为了选择更适合的胶粘剂，现将比较好的选用实例介绍如下，见表3.3。

表3.3 胶粘剂的选用实例

被黏结材料	选用胶粘剂	被黏结材料	选用胶粘剂
合金钢	203、204、J-08、J-03	环氧玻璃钢	202、J-08
不锈钢	202、PBI、J-09、705	酚醛玻璃钢	J-01、J-08
耐热钢	201、202、301	聚酯玻璃钢	J-01、J-08
碳钢	502、PBI、新KH-501	泡沫塑料	J-08、JQ-2、乌利当、熊猫202
软钢	乌利当	金属蜂窝	204、J-01、J-08
铝合金	203、301、GXA-2、聚酰亚胺	非金属蜂窝	204\J-08

续表

被黏结材料	选用胶粘剂	被黏结材料	选用胶粘剂
镁合金	204、J-01、J-08	天然橡胶	JQ-1、XY103
钛合金	204、J-08、J-09、聚酰亚胺	氯丁橡胶	XY401、XY402、JQ-1
黄铜	201、202、203、PBI	丁腈橡胶	XY501、XY502、XY503、JQ-1
纯铜	203	硅橡胶	GPS-1、GPS-2
有机玻璃	BS-1、301、乌利当	氯磺化聚乙烯	JX-11
聚碳酸酯	301、乌利当、HY-914-Ⅱ	天然橡胶布	XY101、XY102、XY103、XY403
聚甲醛	乌利当	氯丁橡胶布	XY403、XY503
ABS 塑料	301	赛璐珞	J-02
尼龙	JX-6	玻璃	乌利当、新 KH-501
聚苯乙烯	301	陶瓷	乌利当、502
聚四氟乙烯	F-4G、F-3(B)、F-1、F-2	木材	皮胶、骨胶、酯胶粉、乌利当
硬聚氯乙烯	203、301、乌利当、JQ-2	皮革	乌利当
软聚氯乙烯	G98-1、JQ-2	人造革	乌利当
聚酯薄膜	乌利当、聚酯胶	棉布	JSF-6、聚氨酯胶膜
聚乙烯薄膜	乌利当	帆布	JX-6
电木	201、202、203	玻璃纤维制品	XY-6XY-504、JX-6

（1）常用胶粘剂的组成、配方、工艺条件、用途及产品性能。目前，常用的胶粘剂分为四类，即通用胶粘剂、结构胶粘剂、软质材料胶粘剂和特种胶粘剂。现将每一类中的一种胶粘剂简介如下。

① 通用胶粘剂 CH-20（改性聚亚胺酯胶粘剂）。

- 组成及配方：本品由蓖麻油—甲苯二异氰酸酯预聚体、生石灰、弹性聚氨酯溶液和甘油组成。
- 工艺条件：不需加温、加压，在常温下进行黏结。
- 产品性能：耐酸、碱、水性能良好，耐辐照性能优于 88 胶。
- 应用范围：用于硬聚氯乙烯与软聚氯乙烯、钢材、木材、水泥、钢筋混凝土，以及橡胶与金属之间的黏结，在干燥、潮湿的条件下进行。

② 结构胶粘剂 201。

- 组成及配方：单组分胶，由锌酚醛树脂、聚乙烯醇缩甲醛、丙烯酸（黏结耐热钢时用 N-苯基乙萘胺），用苯：乙醇（体积比）=6：4 配制成质量分数为 20%的溶液。
- 工艺条件：涂胶，共涂 3 次，每次之间在相对湿度 80%以下晾置 15～30min，固化条件为压力 0.1MPa，温度 160℃，干燥 2～3h。
- 产品性能：使用温度为-70～150℃，可作 150℃以下长期使用的结构胶；具有高强度、耐老化、耐水、耐油、性能稳定等性能。
- 应用范围：可用于钢、铝合金、玻璃布层压板、陶瓷、玻璃和胶木等材料的黏结。

③ 软质材料胶粘剂 J-38。

- 组成及配方：为双组分胶。甲为 JQ-1 胶；乙为对亚硝基-N，N—二甲基苯胺（试剂）。使用时的配比（体积比）甲：乙＝100：10。
- 工艺条件：配胶，二组分互溶 15min 后可使用；涂胶二次，每次晾置 10min；固化条件为压力 0.2MPa，常温、48h 或 60℃、5h 即可固化。

④ 特种胶粘剂H-006低温环氧胶。

- 组成：三组分。甲为均苯三酸三缩水甘油酯；乙为液体丁腈橡胶-40；丙为4—二氨基二苯甲烷。甲∶乙∶丙（体积比）=100∶10∶28.50。
- 工艺条件：配胶，先将组分甲和乙在60℃混合均匀，再于100℃加热10min，然后加入丙组分；固化，在80℃时干燥5h。
- 产品性能：具有固化温度低、耐辐射、耐高低温交变性能。缺点是黏度大、成本高。
- 用途：使用温度为-196～150℃，用于铝、不锈钢及钛合金等胶接。
- 通过以上所述可知，胶粘剂种类很多。选用时，应根据被黏结的材质，选择工艺条件简便、符合使用要求、胶粘效果最好的胶粘剂进行黏结。这也是选择胶粘剂的基本原则。

（2）进口胶粘剂产品。

① 玻璃胶。

- 性能及用途：该产品强度高，富有弹性，安装后玻璃与车身结构能完全黏结成一体，不仅密封性能相当好，起到防水密封的作用，而且还能防止玻璃振颤及抗压。正是由于这种应用，故可使汽车玻璃的安装简便。

② 密封胶。

- 产品性能：是以聚氯乙烯为基质的汽车涂料，具有防腐蚀、隔绝噪声、美化车身的作用。上色密封胶可应用于低温和高温烤漆工序中密封缝隙，而它本身不会沾污，也不会污染已干了的面漆。
- 应用范围：用于整车密封，可防止和隔绝外部的潮气、灰尘、烟雾，同时也有一定的隔热效果。非上色的密封胶可用于填补汽车车体内部的缝隙，或者涂刷于车身底盘底部作防腐用。

③ 加强胶。

- 产品性能：主要产品性能是胶体经加热后会凝结变硬，从而产生了很好的增强、补强作用。补强后的材料强度可增加数倍至数十倍。该加强胶分为高温凝结和中温凝结两种配方。加强胶中有一种可膨胀的产品，这种产品的聚合胶粘物在其凝结之时可以产生膨胀作用。
- 应用范围：主要用于黏结金属板件和热固性塑料板件，如用于汽车结构件的结合部、车缝、车门、车内地板及行李箱等处，以防止变形和弯曲。另外，它还有缓冲颤动的作用，故多用于车内室的装饰材料。由于加强胶能与各种不同基材的物体牢固地结合在一起，强度增加显著。所以，在新车型设计时，使用加强胶结构是汽车轻量化的重要方法。

④ 结构胶。

- 性能及用途：这种胶早已广泛被车厂家使用，用来取代或减少焊接工作量和机械零部件结构的质量。其黏结对象包括塑料、复合材料及金属材料等的制件，而且还具有密封功能，是传统的铆接和焊接工艺所不及的。

⑤ 聚氨酯泡沫。

- 性能及用途：这种胶产品的最大产品性能是可以流动充填发泡，特别是对汽车上的中空结构件。在汽车运行时，中空结构件易引起空气共鸣，产生噪声，影响车内的宁静和舒适，采用聚氨酯泡沫产品，经施工可填补车上的中空结构。使用时，将其液体混合物注入中空构件型腔后便会迅速膨胀，膨胀后的体积可达到初始体积的 40 倍，最后形成一层固化的泡沫层填满中空腔体，所有这些可在 15 min 内完成。高密度的泡沫，被用在车身重要结构件上，可作为梁、柱的补强之用。使用时，将经特殊配方具有缓速膨胀产品性能的聚氨酯混合液注入中空型腔后，即可流经并填满中空的型腔，膨胀之后的体积为原来的 10 倍左右，经过 30min 后，就会完全固化。这在一定程度上起到了结构胶的作用，使结构间的空隙被填满；加强成为一个整体。

⑥ 特殊用途的车体封胶。

- 产品性能：容易操作，用途广泛，调制 30min 后就可喷漆，而且弹性佳，不会收缩，喷涂后便可进入烤房烘烤；可用于车身防振或车门横焊等修补；大面积施工时不会产生龟裂；可当刷胶使用；可耐-32～82℃温度。
- 应用范围：按主要产品的产品性能，作为装饰或补修用于车身上。需要非常快干时，使用 PN08300（黄褐色）快干封胶；需要砂磨时，使用 PN0850S（灰褐色）砂磨封胶；需要易清除、不污染的涂胶时，可选用有水溶性、易清除的 PN08500 白色水性封胶；车身是白色或其他浅色时，应选用 PN8551 透明封胶；需要填缝、隔音、减振时，可使用 PN08458 发泡胶，发泡胶的胶体可增加 10 倍；作为填缝使用时，可选用 PN8457 填缝用封胶；对于浅色车体用胶时，可选用最近似车身颜色的车体胶。例如，白色车身，可选用 PN08360 灰色车体胶；灰色车身，可选用 PN08361 灰色车体胶。

⑦ 重要的车体封胶。

- 产品性能：操作容易，不沾手，未干时一擦就掉；用途广泛，可做成不同形状，可作刷胶使用；涂胶之后，可以马上喷漆；存储时间长；挤压操作比其他胶（如 PU 胶）容易和轻松；耐酒精、耐溶剂性强；喷漆后不会开裂或剥落；在低温或低湿度条件下也能快干，可耐温-34～93℃。
- 应用范围：可用于车顶、车门、车体防振、防漏、隔音、填缝等。
- 主要车体封胶：如白色的产品号为 PN08369；灰色的产品号为 PN08370：黑色的产品号为 PN08375。车体封胶可配合 PN08398 封胶枪使用，效果好。

⑧ 双组分超强快干胶。

- 应用性能：符合美国联邦汽车安全标准 FMVSS212（前挡撞击测试）及 FM-VSS216（车顶击压测试）；双组分聚氨酯化学反应固化，可迅速达到玻璃胶强度；超强快干，10～20min 工作时间，1h 可交车，可提高生产率；100%固体含量，施工简易、快速；产品号为 051135-08533、051135-08534、051135-08535。
- 应用范围：用于汽车玻璃安装。

⑨ 双组分侧窗玻璃黏胶。

- 产品性能：确保玻璃与玻璃脱槽之间的黏结强度，并能防颤、防震；4～5min 工作时间，15min 后便可满足必要的强度，1h 后全干；配合双组分挤胶枪 08191 及双组分挤胶管使用，施工简便，效果好。
- 应用范围：用于安装汽车侧窗玻璃。产品号为 051135-08641。

⑩ 垫片双面胶带。

- 产品性能：水蒸气容易渗透，可加快玻璃胶固化；高强度，“压克力”泡棉胶带；促进汽车玻璃与聚氨酯胶更好地黏结；在较低温度下，也能保持良好的工作性能；防止聚氨酯胶由于受挤压而外溢。

● 应用范围：用于汽车玻璃的安装、黏结。产品号有 051131-06525、051131-06526、O5ll31-06527 等。

⑪ 玻璃固定封胶。

● 产品性能：易施工，不因受挤压而外溢。

● 应用范围：用于风窗玻璃安装及车灯边缘密封等，也可用于隔音安装施工。产品号有 051135-08610、051135-08614。

⑫ 不干型玻璃密封胶。

● 产品性能：柔软，防水，能永久保持柔性。

● 应用范围：用于窗缘橡胶条与车体之间的密封，还可用于风窗玻璃安装中的辅助密封。可防垂流，用于垂直位置。产品号有 051135-08509。

⑬ 可流动型堵漏胶（神奇堵漏胶）。

● 产品性能：可流动，能有效流至渗漏处堵漏；快干并形成弹性橡胶材质胶；能有效防止因气候原因造成的胶质发硬、脆裂等现象。

● 应用范围：可作为有、无垫片的风窗玻璃、金属边框的填补密封胶。产品号有 051135-08633、051135-08634。

⑭ 结构黏胶。

● 产品性能：混合容易，延展平滑，黏结强度高。

● 应用范围：双组分通用结构黏胶，适用于金属、玻璃及塑料黏结；可用于玻璃钢件及弹性件的修复。产品号有 051135-08101。

⑮ 透明车体封胶。

● 产品性能：柔软适中，色泽清晰透明；不透水，即能防水；不易脆裂；干后平滑，不产生气泡。

● 应用范围：用于密封堵漏，如风窗玻璃、后视镜、灯壳、车体装饰、尾灯、车门等处的密封堵漏。

⑯ 通用型喷胶。

● 产品性能：具有良好的耐热性和抗水性。

● 应用范围：用于地毯、顶篷、各种面板表面、塑料件等的黏结。

⑰ 后视镜专用胶。

● 产品性能：太阳牌后视镜专用胶，黏结牢固，基本可达到终生使用（即与车同寿命）；小包装，一次性使用。

● 使用方法：清洗后视镜表面和后视镜应黏结面，使之清洁干燥；挤出促进剂，涂在铁座（后视镜底座）黏结面和放置后视镜座的玻璃表面；将胶液滴一滴于铁座表面；随之将底座黏结在玻璃上，待干 lmin 后即可安装镜架。

注意：当安装后视镜底座时，容易忽视底座的正反面。如果发现装错，又无法将错的拿下时，可在错误的底座上再黏一个正确方向的底座，这样就可将镜架安装在底座上了。

⑱ 防水条黑色快干胶。

● 产品性能：该产品为黑色快干黏胶，易施工，且能保持弹性。

● 应用范围：用于黏结密封防水条等。产品号有 051135-08011。

⑲ 强力型喷胶。

● 产品性能：强度高，耐热性佳。

● 应用范围：适用于隔音垫、发动机垫等的强力黏结。产品号有 051135-08090。

3.4.3 汽车漆面处理常用材料

1. 涂料基本知识

涂料一般指能覆盖在被涂物表面并能形成牢固附着的连续薄膜的材料，它既可以是无机的，如搪瓷釉、电镀铜、电镀镍、电镀锌等，也可以是有机的，如大多数有机高分子材料。其中有机高分子涂料构成了涂料的主要品种，因此除了特别说明以外，一般指有机高分子涂料。

涂料（Coatings）与油漆（Paints），二者区别不大。涂料包括了油漆，它可以分为水性漆和溶剂（油性）型漆。在实际使用中，有其习惯名称，如乳胶漆、底漆、面漆等。

（1）涂料的组成。涂料一般由成膜物质、挥发成分、颜料和助剂组成。

成膜物质又称基料，是使涂料牢固附着于被涂物表面形成连续薄膜的主要物质，是构成涂料的基础，决定着涂料的基本性质。它既可以是热塑性树脂，也可以是热固性树脂。常用作成膜物质的树脂有醇酸/聚酯树脂、酚醛/氨基树脂、天然及合成橡胶类。由于不同的树脂有不同的化学结构，其化学物理性质和机械性能各异，有的耐候性好，有的耐溶剂性好或机械性能好，因此其应用范围也不同。

挥发成分主要是溶剂，包括有机溶剂和水。其作用是使基料溶解或分散成为黏稠的液体，以便于施工。在涂料的施工过程中和施工完毕后，这些有机溶剂和水挥发，使基料干燥成膜。溶剂的选用除考虑其对基料的相溶性或分散性外，还需要注意其挥发性、毒性、闪点及价格等。一个涂料品种既可以使用单一溶剂，也可以使用混合溶剂。一般将基料和挥发的混合物称为漆料。

颜料为分散在漆料中的不溶的微细固体颗粒，分为着色颜料和体制颜料。主要用于着色、提供保护、装饰以及降低成本等。

助剂用量小，主要用来改善涂料某一方面的性能，如消泡剂、分散剂、乳化剂、润湿剂等用来改善涂料生产过程中的性能；防沉剂、防结皮剂等用来改善涂料的贮存稳定性等；流平剂、增稠剂、防流挂剂、成膜助剂、固化剂等用来改善涂料的施工性和成膜性等；防霉剂、UV 吸收剂、阻燃剂、防静电剂等用来改善涂膜的某些特殊性能。

（2）涂料的作用。

① 保护作用。物件暴露在大气中，总是受到光、水分、氧气及空气中的其他气体（如 CO_2、CO 等）以及酸、碱、盐水溶液和有机溶剂等的浸蚀，造成金属腐蚀、木材腐朽等破坏现象，在物体表面涂上涂料，形成一层保护膜，可使物体免受浸蚀，使材料的寿命得以延长。一般工业用涂料均要具有保护作用。

② 装饰作用。在物体表面涂上涂料，形成具有不同颜色、不同光泽和不同质感的涂膜，可以得到五光十色、绚丽多彩的外观，起到美化环境、美化生活的作用，如建筑物外墙涂料、汽车涂料等。

③ 特殊功能作用。涂料除了具有保护和装饰作用外，还可以经过适当的配方设计，得到具有特殊功能的涂膜，如用于饮料厂或食品厂等场合的防霉涂料可以使墙面具有防霉功能；输油管内壁的防结膜涂料，除了防腐作用外，还可以减少石蜡黏结在管壁上，减少输送阻力；防火涂料能使被涂物产生防火特性。此外还有防水涂料、导电涂料、绝缘涂料、静电屏蔽涂料、防辐射涂料、隔热涂料等。

（3）涂料的分类。

根据涂料的形态可分为水性涂料、溶剂性涂料、粉末涂料、高固体涂料等；

根据施工方法可分为刷涂涂料、喷涂涂料、辊涂涂料、浸涂涂料、电泳涂料等；

根据施工工序可分为底漆、中涂漆（二道底漆）、面漆、罩光漆等；

根据功能可分为装饰涂料、防腐涂料、导电涂料、防锈涂料、耐高温涂料、隔热涂料等；

根据用途可分为建筑涂料、汽车涂料、飞机涂料、家电涂料、木器涂料、桥梁涂料、塑料涂料、纸张涂料等。

即使对于同一类涂料品种，其性能和用途也各不相同。

（4）汽车涂料的分类。根据 GB/T2705-2003 涂料产品分类和命名，汽车涂料可分为：汽车底漆（电泳漆）、汽车中涂漆、汽车面漆、汽车罩光漆、汽车修补漆、其他汽车专用漆。

（5）涂料类别代号见表 3.4。

表 3.4　涂料类别代号

代　号	涂料类别	代　号	涂料类别
Y	油脂漆类	X	烯树脂漆类
T	天然树脂漆类	B	丙烯酸漆类
F	酚醛漆类	Z	聚酯漆类
L	沥青漆类	H	环氧漆类
C	醇酸漆类	S	聚氨酯漆类
A	氨基漆类	W	元素有机漆类
Q	硝基漆类	J	橡胶漆类
M	纤维素漆类	E	其他漆类
G	过氯乙烯漆类		

2. 常用的汽车涂料

现代社会的发展，使人们对汽车的要求更高，不仅要求汽车尽量不受外界的腐蚀，提高使用寿命，而且要求有更加漂亮的色彩装饰。为达到此目的，在很大程度上，合理选择适当的涂料、颜色、色彩，进行高质量的涂装，将起到很关键的作用。这是一项技术性和艺术性高度结合的工作。由于涂料的品种繁多，性能各异，所以在使用涂料涂装时，应根据汽车的等级进行选用，这样既发挥了涂料的特性和价值，又避免了材料的浪费。

（1）各种涂料的性能及用途比较。主要的 16 大类涂料性能及用途比较见表 3.5。

表 3.5　各种涂料的性能及用途比较

序号	涂料类别	优　点	缺　点	用　途
1	油脂漆	耐大气性较好 价廉，刷涂性好，渗透性好 用于室内外打底罩面用	干燥较慢，膜软 力学性能差，不能打磨抛光 水膨胀性大，不耐碱	用于室内外作底漆和面漆
2	天然树脂漆	干燥比油脂漆快 短油度坚硬，易打磨抛光 长油度柔韧，耐大气性较好	力学性能差 短油度的耐大气性差 长油度不能打磨抛光	用于金属和木材表面打底漆

续表

序号	涂料类别	优　点	缺　点	用　途
3	酚醛漆	涂膜坚硬，附着力较好 耐水性良好，有一定的绝缘性 纯酚醛耐化学腐蚀性良好	涂膜较脆，颜色易变深 耐大气性比醇酸漆差，易粉化 不适合制白漆、浅色漆	广泛用于木器、家具、建筑、汽车、机构等工业部门
4	沥青漆	耐潮，耐水好，价廉 耐化学腐蚀性较好 绝缘性较好，黑度好	对日光不稳定，有渗色性 色黑，不能制白色及浅色漆 自干漆，干燥不爽滑	广泛用于防腐、绝缘等工业部门
5	醇酸漆	耐候性较好，光泽较好 附着力较好 可刷，可喷；可自干，可烘干	耐水、耐碱性差 涂膜较软，不能打磨抛光 干燥比挥发性漆慢	广泛用于钢铁、木材、建筑、交通、车辆、机械设备、农机等工业部门
6	氨基漆	涂膜坚硬，可打磨抛光 光泽、丰满度好，色浅不易泛黄 附着力好，耐化学腐蚀，耐热、耐候性好	要高温下烘烤才能固化 烘烤过度时涂膜发脆易老化	广泛用于交通车辆、仪器仪表、家电、钢铁、家具、轻工等部门
7	硝基漆	干燥迅速，耐候性较好 涂膜坚韧，耐油，可打磨抛光，装饰性较好	固体含量低，遇潮易发白 耐热不好 清漆不耐紫外线光	广泛用于交通车辆、机械、木材、家具、仪器仪表等工业部门
8	纤维素漆	耐大气性，保色性好 干燥快，力学性能好，可打磨 个别耐热、耐碱，绝缘性较好	附着力较差，耐潮性差 固体含量低，价格高	广泛用于飞机、电器绝缘、家具、木器等工业部门
9	过氯乙烯漆	耐候性优良，耐化学腐蚀性好 耐水、耐油，防燃性较好 “三防”性能较好	附着力较差，装饰性比硝基漆差 不能在60℃以上高温使用 固体含量低，溶剂释放性差	是主要的“三防”涂料，防火性能优良，是防火工程用涂料
10	乙烯漆	有一定的柔韧性，色泽浅淡 耐候性、耐水性较好 耐化学腐蚀性较好	耐溶剂性 固体含量低 高温下易炭化 清漆不耐紫外线光	主要用作高强度绝缘漆、包线漆
11	丙烯酸漆	色浅，光泽好，保色性良好 耐候性、耐热性好，耐化学腐蚀 涂膜坚硬，可打磨抛光，附着力好	涂膜柔韧性差 耐溶剂性差 固体含量低，价格较高	用于交通车辆、机械工业部门
12	聚酯漆	固体含量高，无需溶剂 耐温性较好，耐磨，能抛光 有较好的绝缘性	对金属附着力差 涂膜较脆，干性不易掌握 施工方法较复杂	用于交通车辆、机械设备等工业部门
13	环氧漆	附着力强，耐水，耐酸、耐溶剂、耐碱性特别好 涂膜坚韧，绝缘性能较好	耐候性差，易粉化，装饰性差 色泽较深，保光性差 与其他漆类配套性差	主要用于钢铁防腐、铝镁合金、轻金属的底漆和绝缘等
14	聚氨酯漆	耐磨性强，附着力好 耐潮、耐水、耐热、耐溶剂性好 耐化学腐蚀性优良，绝缘性良好	耐候性较差，涂膜易粉化泛黄 对水、酸、碱、盐、醇等物敏感 施工要求较高，有一定的毒性	广泛用于家具、木器、汽车、机械设备、仪表、皮革、塑料、造纸、石化等工业部门
15	有机硅漆	耐高温、耐寒性极优 耐潮、耐水性较好 耐化学腐蚀、绝缘性优良	耐汽油性差，附着力较差 涂膜坚硬较脆 一般需要烘烤干燥	主要用于耐高温、耐腐蚀、绝缘的有关工业部门

续表

序号	涂料类别	优　点	缺　点	用　途
16	橡胶漆	耐化学腐蚀性强 耐水、耐磨、耐久性好 附着力较好	易变色，耐溶剂性差 清漆不耐紫外线光 个别品种施工复杂	主要用于有关防腐、防化学腐蚀等工业部门

（2）汽车涂料涂层的分组和等级。根据QC/T484—1999《汽车油漆涂层》的规定（不适用于汽车电器及仪表产品的油漆涂层），涂料涂层共分为10个组和若干等级，见表3.6。

表3.6　汽车涂料涂层分组和质量等级（摘自QC/T484—1999）

涂层代号	分组名称	等　级	油漆涂层名称	备　注
TQ1	车身组	甲 乙	优质装饰保护性涂层 一般装饰保护性涂层	
TQ2	轿车车身组	甲 乙	高级装饰性涂层 优质装饰保护性涂层	适用于高级轿车 适用于中级轿车涂层
TQ3	车厢组	甲 乙	防蚀、装饰性涂层 防腐、装饰性涂层	适用于铁制车厢 适用于木车及铁木车厢
TQ4	车架、车轮挡泥板组		优质防腐蚀涂层	
TQ5	发动机组		保护性涂层（快干）	
TQ6	底盘组			
TQ7	毛坯、冲压件半成品、弹簧组	甲 乙	一般防蚀性涂层 防腐涂层	
TQ8	特种涂层组	甲 乙 丙 丁	耐酸涂层 耐汽油涂层 耐热涂层 防声、绝热、耐磨涂层	适用于蓄电池箱及其托架、汽油箱内表面、消声器排气管
TQ9	散热器（水箱）、钢板、弹簧组		耐水防锈涂层	
TQ10	车内装饰件组			适用于轿车及大小客车的内饰件

根据汽车用涂料在涂层中的位置，分为汽车底漆、腻子、中涂层涂料和汽车面漆，现分别简要介绍如下。

3．常用的汽车底漆

底漆是直接涂装在经过表面处理的车身表面的基础涂料。由于漆膜的附着力和耐腐蚀性能主要依靠底漆层，因此汽车底漆必须具备下列特性。

（1）底漆漆膜必须具有良好的耐腐蚀性、耐水性和抗化学药品的腐蚀性，有足够防止金属表面氧化腐蚀的防锈能力。

（2）底漆应对经过表面处理的车身表面有良好的附着力，所形成的底漆漆膜应具有良好的机械强度（耐冲击强度、硬度、弹性等）。

（3）底漆是增强工件表面与腻子（或面漆）、腻子与面漆之间的媒介层，为使两者牢固地结合，而不发生“咬底”、“揭皮”现象，底漆必须有合理的配套作用。再通过合理而高质量的涂装施工工艺，才能保证底漆的涂装质量。

（4）底漆应具有良好的施工性能，能适应先进的汽车涂装工艺。底漆的附着力和漆膜的强度除了与成膜物质有关外，还与施工参数［如涂膜的厚度、均匀度、干燥程度、漏涂、稀释剂的正确使用及施工环境、表面清洁处理（如除锈、去油）等］有关。

常用的国产汽车车身涂装常用底漆性能见表3.7。

表3.7　汽车车身涂装常用底漆性能

型号及名称	性　能	用　途	使用方法
T06-5红、灰酯胶底漆	附着力强，干后无光，易打磨，货源广泛，价格便宜	多用于钢铁、木制品表面打底	使用前充分搅拌均匀，用200号溶剂油稀释。喷、刷均可。自行干燥或120℃以下烘干
T06-6各色酯胶二道底漆	含填充料较多，易打磨，干后无光	用于底漆和腻子，填补针孔和细小的缺陷	使用时充分搅拌均匀，用200号溶剂油稀释。可喷涂、刷涂。与油性漆配套使用
F06-1各色酚醛底漆	有一定的防锈能力，附着力良好。易于打磨，能与硝基漆配套	用于钢铁表面防锈打底，也可用于木制品表面打底	用200号溶剂油或松节油稀释。喷、刷均可，一般喷涂两道。24h干燥
F06-8锌黄、铁红、灰酚底漆	有良好的附着力和一定的防锈能力	锌黄色适于铝合金表面打底，铁红、灰色适于钢铁表面打底	用二甲苯或松节油稀释。喷、刷均可，一般涂两道。与醇酸酚醛氨基L04-1沥青磁漆配套
F06-9铁红酚醛底漆	附着力强，防锈性好	同F06-8	不能与铁红醇酸底漆C06-1混合
F08-10铁红纯酚醛电泳底漆	附着力好，防锈性强，涂膜平整，与面漆有良好的结合力	铁红纯酚醛电泳底漆	水作溶剂，水质要好。用电泳涂装法施工
F06-13各色酚醛二道底漆	体制颜料多，干燥快，易打磨	填平腻子表面砂眼、道痕及细小缺陷	用200号溶剂油稀释后使用。可喷涂或刷涂
F53-9偏硼酸钡酚醛防锈漆	干燥快，防锈性和附着力良好，有一定的防霉性，耐溶剂、耐碱性差	用于钢铁和防腐设备的打底防锈，可代替红色酚醛防锈漆使用	用200号溶剂油或松节油调稀均匀。喷、刷均可。与脂胶调和漆、醇酸磁漆等面漆配套
L06-33沥青烘干底漆	附着力好，防潮，耐水、耐热性好，耐润滑油性能好	用于汽车车架、车轮挡泥板等	用200号溶剂油稀释后，喷、刷均可。涂在经磷化处理的金属表面最佳。烘烤干燥
L06-37沥青烘干底漆	经高温烘干后，防潮耐水性良好，涂膜坚韧性、附着力和耐润滑油性能好	用于金属表面打底	用200号溶剂油或二甲苯稀释后喷涂
L44-1粉、沥青底漆	有优良的耐水性和防锈能力，涂膜坚韧，附着力强，可常温干燥	汽车底盘、散热器和其他金属表面，可作铝质物品表面防锈用	用重质苯、煤焦油溶剂或X-8沥青漆稀释剂稀释，以刷涂为主，与沥青防锈漆、氯化橡胶配套
L44-2沥青船底漆	同L44-1	汽车底盘、散热器打底用	同L44-1
C06-1铁红醇酸底漆	干燥快，有良好的附着力和防锈性，与硝基、氨基等多种漆结合力好	用于各种车辆和机械设备的底漆	用X-6稀释剂或松节油、二甲苯稀释。喷、刷均可。可常温干燥或105±2℃烘干
C06-10醇酸二道底漆	涂膜细腻，干后易打磨，对腻子或底漆有良好的结合力	主要用于腻子表面填补针孔、砂眼和细小缺陷	用X-6稀释剂或松节油、二甲苯稀释后，以喷涂为主。常温干燥或烘烤干燥

续表

型号及名称	性　能	用　途	使 用 方 法
C06-11 铁红醇酸底漆	附着力好，防锈能力较好。与 C04 醇酸磁漆配套使用结合优良。一般气候条件下耐久性好，在湿热带较差	拖拉机用底漆	用二甲苯或松节油稀释。喷、刷均可。常温干燥或烘干
C06-17 铁红醇酸底漆	干燥快，附着力好，耐硝基漆性能良好。干后不易互渗或咬起	用于汽车或小五金等表面打底，也可在钢铁表面防锈打底用	用二甲苯或二甲苯与松节油混合剂稀释。可喷涂也可刷涂
Q06-4 各色硝基底漆	涂膜干燥快，易磨平	适用于汽车耐汽油和耐润滑油部件、铸件等金属表面打底	用 X-2 或 X-1 稀释剂调整稠度。适合喷涂。与硝基和醇酸面漆等配套使用
C06-5 灰硝基二道底漆	喷涂在硝基底漆或腻子表面，干燥迅速，易打磨	主要用于腻子表面，填平砂眼，封闭底层	用 X-1 稀释剂调整稠度。以喷涂为主。与硝基磁漆等配套使用
C06-4 铁红、锌黄过氯乙烯底漆	干燥较快，耐油、耐候性、耐化学性、防锈性比铁红醇酸底漆强，但附着力差	用于汽车、机床设备及各种金属或木器表面打底	用 X-3 过氧乙烯稀释剂调制 14～20s，配合磷化处理或涂 X06-1 磷化底漆性能更好。在湿度超过 70%时，加入 F-2 防潮剂以防发白。常温干燥 2h，经 60～70℃烘干效果更好
G06-5 过氯乙烯二道底漆	干燥快，填孔性好，易打磨	用于腻子表面，填补细小针孔、道痕，封闭腻子层	用 X-3 过氧乙烯稀释剂。根据浓度配合 F-2 防潮剂使用，也可与过氯乙烯磁漆配套使用
H06-2 铁红、锌黄环氧底漆	涂膜坚硬耐久，附着力好	铁红环氧底漆适用于黑色金属，锌黄环氧底漆适用于有色金属打底。如与磷化底漆配套使用，可提高涂膜防潮、防盐雾及防锈性能	用二甲苯稀释后，喷、刷、浸均可。可与环氧、氢基磁漆配套使用。自干、烘干均可
H06-33 铁红、锌黄环氧底漆	具有优良的附着力和耐水性、耐化学药品性	是轿车使用的环氧醇酸底漆；铁红环氧底漆用于黑色金属表面，锌黄环氧底漆用于有色金属表面	用二甲苯：丁醇＝4：1 混合溶剂稀释，施工前充分搅拌均匀，可常温干燥或烘干。与 A05-9 氨基烘漆、Q04-2 硝基外用磁漆等配套使用
H06-43 铁红、锌黄脂烘干环氧底漆	涂膜烘干后坚韧、耐久、附着力好；若与 X06-1 磷化底漆配套使用，则涂膜的防潮、防盐雾、防锈性更好	用于汽车、机床等表面打底，铁红色多用于轻金属表面	同 H06-2 铁红、锌黄环氧底漆
H06-11 铁红、锌黄环氧醇酸底漆	涂膜坚韧，耐温性良好，附着力和防锈能力比酚醛底漆好，仅次于 H06-2 铁红、锌黄环氧底漆	汽车、机械设备等打底用	基本上与 H06-2 铁红、锌黄环氧底漆相同

续表

型号及名称	性能	用途	使用方法
H06-5 铁红环氧脂电泳底漆	水溶性漆，无毒，不燃烧，其附着力、耐水防潮性与环氧底漆相同	主要用于汽车工业	自动流水线生产，与环氧、氨基等磁漆配套使用
H06-10 环氧脂富锌底漆	涂膜坚韧，附着力强，耐磨、耐潮、耐腐蚀性优良，有阴极保护作用	主要用于汽车底盘和零部件打底	用二甲苯溶剂稀释，可涂刷物件表面两道，每道间隔 24～48h；与环氧基面漆配套
H06-12 环氧脂醇酸二道底漆	涂膜附着力强，易打磨，常温干燥	作腻子封闭底漆和填孔用	用二甲苯稀释后以喷涂为主，与环氧基磁漆等配套

4．常用的汽车中涂层涂料

（1）常用汽车中涂层涂料简介。中涂层涂料是介于底漆层与层之间的涂层所用的涂料，主要作用是提高被涂物表面的平整和光滑度，封闭底漆层的缺陷，以提高涂膜质量。为提高现代汽车制造中的涂膜质量，中涂层喷涂已是必不可少的，所以在汽车维修涂装中也必须采用中涂层涂装。中涂层涂料类别见表 3.8。

表 3.8　中涂层涂料类别

类别名称	用途和特点	作用说明
通用底漆（底漆二道浆）	可直接涂装在金属表面上	具有底漆的功能，又具有一定的填平能力。一般采用“湿碰湿”工艺涂布两道，以代替底漆和二道浆，达到简化工艺的目的
腻子（填密 ）	是一种专供填平表面用的含有颜料较多的涂料，刮涂在底涂层上	刮腻子能提高工件表面的平整度和装饰性，而对整车涂装工艺害多利少。腻子涂层易老化、开裂、脱落，手工刮涂和打磨劳动强度大，现代化生产整车涂装基本上不用刮干，一般维修涂装时常需刮腻子
第一道浆（喷涂腻子）	颜料和填料含量比底漆多，比腻子少，一般为灰色。可采用手工，具有良好的湿打磨性，打磨后可得到很平滑的表面	其作用介于通用底漆和腻子之间，对被涂工件表面的微小缺陷或不平之处有一定的填平能力，可提高总涂层厚度，提高面漆的光泽
封底漆	是涂装面漆前的最后一道中间层涂料，其漆基含量介于底漆和面漆之间，涂膜呈光亮或半光亮	其作用是辅助底漆和腻子填平细微缺陷，提高被涂物表面的平整度和光亮度

（2）常用腻子的品种、性能及用途、使用方法见表 3.9。

表 3.9　腻子的品种、性能及用途、使用方法

型号名称	性能及用途	使用方法
原子灰系列腻子	由树脂颜料填装乙烯类产品、单体及硬化剂等组成，干燥迅速，体积收缩率小，涂膜机械强度高，与底材附着力强，利于施工，多用于汽车维修时使用	分组包装，腻子与固化剂比例为 100∶1 或 100∶3（质量比），混合均匀后即可使用。一次不能调配过多，防止固化
Q07-5 各色硝基腻子	干燥快，易打磨，用于填补细小缺陷，或补找腻子上的小针孔	一次不能刮涂较厚，需要稀释时可用 X-1 或 X-2 硝基稀料调整

续表

型号名称	性能及用途	使用方法
C07-5 各色醇酸腻子	腻子坚硬，附着力好，易刮涂，用于车辆、机械、机床、木器等表面填平	一次刮涂厚度不超过 0.5mm，可自干。与醇酸氨基、硝基等面漆配套
F07-6 各色酚醛腻子	干燥快，刮涂性好，易打磨，用于金属木制品表面填平	可自然干燥和烘干，可连续涂刮 2～3 道，每道厚度为 0.3～0.5 mm，用 200 号溶剂汽油稀释
C07-6 灰醇酸腻子	自然干燥较快，耐水、耐潮，水磨性能好，不被硝基漆咬起，用于温热带交通车辆、机械设备及制品表面填平	用 X-6 醇酸稀料或用 200 号溶剂汽油与二甲苯混合溶剂调整稠度，每道干后可连续刮涂 2～3 道，每道厚度不超过 0.5 mm
G07-3 各色过氯基烘干腻子	干燥快，耐水、耐潮、防雾性能好，用于汽车、机床表面填平	先用稠腻子填平较大缺陷处，干后全面填刮，刮涂时往返 1～2 次，以防腻子卷起。可用 X-3 过滤氯乙烯稀料调节稠度
A07-1 各色过氯基烘干腻子	附着力好，易打磨，刮涂不起卷，用于车辆和金属表面填平	每道刮涂厚度为 0.3～0.5 mm，用二甲苯调解稠度，烘烤温度为 80～100℃，半小时干燥
H07-4 各色环氧脂基烘干腻子	腻子烘干后坚硬，附着力强，耐水、耐潮性好，用于各种金属表面填平	每道刮涂厚度不超过 0.5mm，用二甲苯调稀后涂刮在物体表面
H07-6 环氧腻子（分装）	附着力好，耐水、耐化学腐蚀性能良好，涂层坚硬，不易打磨，用于金属表面填平	按比例将两罐混合均匀，用多少配多少，一次用完。一次可以涂刮较厚。可用二甲苯稀释

5. 常用的汽车面漆

汽车面漆是汽车涂装中的最后一道工序，其各项指标直接影响到汽车涂膜的使用寿命和车身的价值，因此，科学合理地选择车身涂装面漆是非常重要的。面漆的类别见表 3.10。

表 3.10 面漆的类别

类别名称	主要组成
溶剂挥发型	硝基纤维素涂料 热塑性丙烯酸树脂涂料 各类改性丙烯酸树脂涂料，如硝基纤维素改性、醋酸丁酸纤维素改性等
氧化固化型	醇酸树脂涂料 丙烯酸改性醇酸树脂涂料
双组分添加固化剂固化型	丙烯酸—聚氨酯树脂涂料 聚酯—聚氨酯树脂涂料 丙烯酸—环氧树脂涂料
热固化型	氨基醇酸树脂涂料 氨基丙烯酸树脂涂料
催化固化型	湿固型有机硅改性、丙烯酸树脂涂料 过氧化物引发固化丙烯酸树脂涂料 氨蒸气固化聚氨酯树脂涂料

对面漆的性能要求见表 3.11。

表3.11 对面漆的性能要求

项　目	性 能 要 求
外 观	在标准膜厚条件下，测定光泽、色差、丰满度和鲜映性等，应达到标准要求
硬度和抗石击性	涂膜应坚硬耐磨，有足够的抗石击性和硬度，以保证涂膜在汽车行驶中不会由于路面碎石的冲击和摩擦而产生划痕
耐候性及耐老化性能	耐候性及耐老化性能是选择面漆的重要指标之一。如果汽车用面漆的耐候性和耐老化性能不好，则使用不久后，面漆就会出现失光、变色及粉化等缺陷，在热带地区长期曝晒后，只允许有轻微的失光和变色，不得有起泡、开裂和锈蚀等现象发生
耐湿热和防腐蚀性	面漆涂膜在湿热条件下（如温度40℃，相对湿度大于90%），应不起泡、不变色、不失光。对面漆层的防腐蚀性能要求虽没有像对底漆层那样高，但与底漆层配套后应能增强整个涂膜的防腐蚀性
耐化学药品性	面漆涂膜在使用过程中，若与蓄电池酸液、润滑油和制动液、汽油及各种清洗剂等直接接触，则擦净后接触面不应有变色、起泡或失光等现象发生
施工性能	所选用的面漆对施工工艺应有良好的适应性，在装饰性要求高的场合，面漆涂层应有优良的抛光性能。同时，面漆还应具有较好的重涂性和修补性

常用国产汽车面漆的特性及使用范围见表3.12。

表3.12 常用国产汽车面漆的特性及使用范围

序号	型号与名称	特　性	使 用 范 围	用量（mL/m^2）
1	Q01-1硝基清漆	干燥快，有良好的光泽和硬度，涂膜耐久性好，可抛光	与汽车外用硝基漆配套使用，调入色漆内罩光，也可用于木制品罩光	50～70
2	Q0-18硝基皮革清漆	干燥快，光泽较好，柔韧性强	皮革、人造皮革表面罩光	120～50
3	Q0-23硝基清烘漆	涂膜烘干后硬度高，光泽好，耐汽油和耐润滑油性能强，可抛光	空气滤清器、汽油滤清器等	50～100
4	Q04-2各色硝基外用磁漆	干燥快，涂膜较硬，光亮，可抛光上蜡	汽车车身和汽车总成大修时用漆	240～360
5	Q04-17各色硝基醇酸磁漆	光泽好，耐大气性良好，3个月内不宜打蜡	车身用漆或其他机械设备用漆	120～240
6	Q04-31、Q04-34各色硝基磁漆	涂膜光亮平滑，涂膜经100～110℃2h烘烤后机械强度更好，耐候性比Q04-2漆好，能抛光打蜡	中、高级轿车车身	160～200
7	Q04-32各色硝基平光磁漆	涂膜反光性小，不刺激眼睛，但在户外易粉化	用于军用车辆	180～270
8	Q04-35硝基静电磁漆	涂膜干燥快，光泽好，硬度较高，适于抛光	汽车金属内表面静电喷涂	120～200
9	G04-9各色过氯乙烯磁漆	干燥快，涂膜光亮，色泽鲜艳，能打磨抛光，耐候性、抗老化性优于硝基涂料，但耐汽油性差	适用于大客车身、电车、机床、医疗设备，用于湿热带地区	
10	G04-10 各色过氯乙烯半光磁漆	涂膜光亮平整，户外耐久性好，机械强度高，耐海洋气候和湿热带气候比硝基外用磁漆强，耐水、耐油性比过氯乙烯外用磁漆好，但干燥时间较长	适用于工程车和军用车辆	

续表

序号	型号与名称	特　性	使 用 范 围	用量（mL/m²）
11	G04-13 过氯乙烯静电磁漆	干燥涂膜硬度好、光亮，有良好的耐油性。可有良好的耐水性、耐油性。可用静电磁漆	适用于大型货车、工程车、农业机械	
12	G01-7 过氯乙烯清漆	涂膜干燥快，光亮，丰满	用于过氯乙烯磁漆表面罩光，或与最后一道磁漆混合使用	
13	C04-2 各色醇酸磁漆	有较好的光亮度和机械强度，附着力良好，耐水性好，可自然干燥	常用于汽车驾驶室、车厢和大客车外表涂装	60～80
14	C04-18 各色醇酸磁漆	涂膜坚硬光亮，干燥快，有良好的机械强度，不易起皱，耐水性好于 C04-2	用于货车驾驶覆盖件和车厢，也可用于大客车内外涂装	50～80
15	C04-42 各色醇酸磁漆	比 C04-2 的附着力、耐候性、耐久性强，实际干燥时间较长	同 C04-2	同 C04-2

6. 常用汽车涂料的合理选用

在汽车的涂装中，各种底漆、中涂层涂料和面漆涂料的性能各不相同，千差万别。其中，有的可配套使用；有的不可能一起使用，否则，可能会导致涂膜质量降低，甚至使涂料报废或涂装工程返工。所以，涂料的合理配套选用是一项很重要的工作，是保证涂装质量的关键。

（1）涂料的选择原则。

① 底漆的选择原则。

● 要满足基本材料（金属、塑料等）对底漆的要求。

● 要满足车辆使用地地域气候条件的特殊要求。

● 要满足各种车辆、不同档次对底漆的要求。

● 在车辆维修中，要满足面漆对底漆性能的要求。

② 中涂层涂料的选择原则。

● 中涂层涂料满足与底漆和面漆附着力的要求。

● 在保证涂装质量的条件下，施工方便，生产率高，效益好。

③ 对面漆的选择原则。

● 满足各档次汽车外表的不同要求。

● 满足与中涂层漆和底漆结合力的要求。

● 满足地区环境对面漆的“三防”要求。

● 在保证面漆性能质量的原则下，要求施工方便，涂装效益好。

（2）金属对底漆的选择。不同金属对底漆有不同的要求见表 3.13。

表 3.13　金属对底漆的要求

金 属 种 类	适 用 底 漆 品 种
黑色金属（铁、铸铁、钢）	铁红醇酸底漆，铁红纯酚醛底漆，铁红酚醛底漆，铁红酸胶底漆，铁红过氯乙烯底漆，沥青底漆，铁红环氧底漆，铁红硝基底漆，富锌底漆，氨基底漆，丙烯酸底漆
铝及铝镁合金	锌黄纯酚醛底漆，钙黄丙烯酸底漆，磷化底漆，锌黄醇酸底漆，锌黄酚醛底漆
锌金属	锌黄纯酚醛底漆，磷化底漆，钙黄丙烯酸底漆，环氧富锌底漆，醇酸底漆，酚醛底漆
镉金属	锌黄纯酚醛底漆，环氧底漆

续表

金属种类	适用底漆品种
铜及铜合金	氨基底漆，磷化底漆，铁红环氧底漆，醇酸底漆，酚醛底漆
铬金属	铁红环氧底漆，醇酸底漆
锡金属	铁红醇酸底漆，环氧底漆，磷化底漆
铅金属	铁红环氧底漆，醇酸底漆
镉铜合金	铁红纯酚醛底漆，环氧底漆，磷化底漆，醇酸底漆，酚醛底漆，丙烯酸底漆
钛合金	钙黄氯酯—氯化橡胶底漆
镁及镁合金	锌黄纯酚醛底漆，锌黄环氧底漆，丙烯酸底漆，锌黄醇酸底漆，锌黄酚醛底漆

（3）环境对面漆的选择。在不同的环境气候条件下，对面漆的选择也不同，见表 3.14。

表 3.14　各种环境气候条件下面漆的选用

环境条件 \ 涂料品种	油性漆	脂胶漆	沥青漆	酚醛漆	醇酸漆	氨基漆	环氧漆	有机硅漆	过氯乙烯漆	丙烯酸漆	聚氨酯漆	硝基漆	乙烯漆
在一般条件下使用，对防腐和装饰性要求不高	▽	▽		▽									
在一般大气条件下使用，但要求耐候性好	▽				▽							▽	
在湿热条件下使用（要求有“在防”性能）				▽		▽	▽		▽	▽	▽		
在一般大气条件下使用，但要求防潮、耐水性好			▽	▽			▽				▽		
在化工大气条件下使用，或要求耐化学腐蚀性较好时使用			▽	▽			▽		▽		▽		▽
在高温条件下使用								▽					

注：▽表示可选用。

（4）各种金属与常用底漆、面漆的合理配套见表 3.15。

表 3.15　各种金属与常用底漆、面漆的合理配套

面漆类型	黑色金属	铝及铝合金	铜及铜合金	锌及锌合金	镁及镁合金	镉铜合金
油类漆	油性底漆、酚醛底漆、醇酸底漆	锌黄酚醛底漆、锌黄醇酸底漆	酚醛底漆	酚醛底漆	锌黄酚醛底漆	酚醛底漆

续表

面漆类型	黑色金属	铝及铝合金	铜及铜合金	锌及锌合金	镁及镁合金	镉铜合金
醇酸漆	油性底漆、酚醛底漆、醇酸底漆、环氧底漆	锌黄酚醛底漆、锌黄醇酸底漆	磷化底漆、酚醛底漆	醇酸底漆	锌黄醇酸底漆	环氧底漆
酚醛漆	油性底漆、酚醛底漆、醇酸底漆	油性底漆、磷化底漆、锌黄酚醛底漆	酚醛底漆	锌黄环氧底漆	锌黄环氧底漆	磷化底漆
氨基漆	醇酸底漆、环氧底漆、氨基底漆	锌黄环氧底漆	环氧底漆	醇酸底漆、酚醛底漆	醇酸底漆、酚醛底漆	醇酸底漆、酚醛底漆
沥青漆	沥青底漆	沥青底漆	沥青底漆	沥青底漆	沥青底漆	沥青底漆
过氯乙烯漆	醇酸底漆、酚醛底漆、丙烯酸底漆、过氯乙烯底漆、磷底漆	锌黄酚醛底漆、锌黄醇酸底漆、丙烯酸底漆、环氧底漆、磷化底漆	酚醛底漆、磷化底漆、丙烯酸底漆、过氧乙烯底漆	酚醛底漆、醇酸底漆、磷化底漆、环氧底漆	锌黄酚醛底漆、锌黄醇酸底漆、锌黄环氧底漆、丙烯酸底漆	醇酸底漆、环氧底漆、丙烯酸底漆、磷化底漆
丙烯酸漆	醇酸底漆、磷化底漆、丙烯酸底漆、环氧底漆	锌黄酚醛底漆、丙烯酸底漆、环氧底漆	丙烯酸底漆、环氧底漆	丙烯酸底漆、环氧底漆	锌黄酚醛底漆、锌黄环氧底漆	锌黄酚醛底漆、锌黄环氧底漆
乙烯（缩醛漆）	磷化底漆	丙烯酸底漆、磷化底漆				
硝基漆	硝基底漆、醇酸底漆、酚醛底漆	锌黄酚醛底漆、锌黄醇酸底漆、环氧底漆	酚醛底漆、环氧底漆	酚醛底漆、醇酸底漆、环氧底漆	锌黄酚醛底漆、锌黄醇酸底漆、锌黄环氧底漆	酚醛底漆、醇酸底漆、环氧底漆
环氧漆	环氧底漆	环氧底漆	环氧底漆	环氧底漆	环氧底漆	环氧底漆
醇酸底漆	醇酸底漆、酚醛底漆或不用底漆	环氧底漆				

（5）底漆和面漆的配套性见表 3.16。

表 3.16　底漆和面漆的配套性

底漆 \ 面漆	醇酸	酚醛醇酸	乙烯醇酸	乙烯	乙烯丙烯酸酯	催化的环氧	环氧酯	环氧沥青	氧化橡胶	油酚醛	聚氨酯	聚酯玻璃片
醇酸	√×	√	×	×	×	×	×	×	×	√	×	×
沥青（铝粉）④	√	×	×	×	×	×	×	×	×	×		×
乙烯/醇酸①	√	√	√	△	△	×	√	×	×	×	×	×
乙烯	√	√	√	√	√	×	×	×	√	×	×	×
环氧酯	√	×	×	×	×	×	√	×		√×	×	×
催化环氧底漆②	×	×	△	△	△	△	△	△		√	×	△
无催化环氧底漆⑤	√	√	√			√	√			×	△	△
环氧锌粉	×	×	×	△	×	√	√	√	√	√	×	×
油/酚醛	√	√	×	×	×	×	√	×	×	√	×	×
乙烯/环氧	√	√	√	√	√	×	√	×	√	×	×	×
环氧沥青	×	×	×	×⑤	×	△	△	△	×	√	×	×
氯化橡胶	√	√	√	×⑤	√	×	√	×	√	×	×	×
后固化无机锌粉③	×	×	×	√	×	△	△	△	△		×	×

注：√—正常可配套的；△—经认真表面处理则可配套；×— 一般情况下不推荐；空格—不配套；①—需用乙烯系洗涤底漆；②—可用于喷砂后的底漆；③—可在没有面漆下使用；④—用本身作面漆或防污漆；⑤—可用于乙烯防污漆。

（6）原车面漆与重喷面漆的配套性见表 3.17。

表 3.17　原车面漆与重喷面漆的配套性

原车面漆 \ 重喷面漆	醇酸	硅改性醇酸	酚醛醇酸	乙烯	丙烯溶酸剂酸型	催化的环氧	环氧酯	环氧沥青	氯化橡胶	油酚醛	乙烯醇酸	乙烯丙烯酸脂	聚氨酯	聚酯玻璃片
醇酸	√	√	√	×	×	×	×	×	×	√	×	×	×	×
醇酸/酚醛	√	√	√	×	×	×		×	×	√	√	×	×	×
乙烯/醇酸	√	√	√	√	√	×	√	×	√	√	√	√	×	×
乙烯	√	×	√	√	√	×	√	×	√	×	√	√	×	×
乙烯/丙烯酸酯		×		√	√	×		×	√	×	√	√	×	×
丙烯酸酯（溶液型）	×	×		√	√	×		×		×	√	√	×	×
催化的环氧	×	×	×	△	△	△	△	△	×	×	△	△	△	△
环氧酯	√	√	√	√		×	√	×	√	√	√		×	×
环氧沥青	×	×	×	×	×	△	△	△	×	×	×	×	×	×
氯化橡胶	√	√	√	×	×	×	√	×	√	△	√	×	×	×
油/酚醛	√	√	√	×	×	×	√	×	×	√	×	×	×	×
聚氨酯	×	×	×	×	×	△	×	×	×	×	×	×	△	△
聚酯/玻璃片	×	×	×	×	×	△	×	×	×	×	×	×	△	△
硅改性醇酸	√	√	√	×	×	×	×	×	×	√	×	×	×	×

注：√—正常可配套的；△—经认真表面处理则可配套；×— 一般情况下不推荐；空格—不配套的。

（7）常用的进口汽车底漆、腻子和面漆的合理配套。目前，进口面漆多以硝基漆、热塑性丙烯酸漆及聚氨酯双组分漆为主，而且都是国外较大的涂料公司生产，基本上都有相配套使用的底漆、中涂层漆和面漆，产品使用说明书都有比较详细的技术要求、施工条件和产品质量检验方法等，这给合理配套选用提供了方便而可靠的条件。但在实际选用时，也应注意以下要求。

① 最好选用同一国家同一厂家的系列产品，即选用它的配套底漆、中涂层漆和面漆，甚至包括稀释剂、固化剂、防潮剂等。

② 对于不同厂商的涂料，可根据同类型原料具有相同性能的原则互换选用，但必须注意产品的使用要求，认真阅读涂料的产品使用说明书，确保涂料产品的合理配套使用。

7. 喷涂装饰用材料

为了提高装饰效果，常使用一些具有高性能的涂料进行喷涂，以达到理想的目的。常用喷涂装饰用材料如下所述。

（1）珍珠汽车漆。珍珠汽车漆具有很高的镜面光泽，珠光细腻柔和，装饰性极佳，同时还具有随视角而变化的闪色效应。所以，目前美、欧、日等地区和国家的各大汽车公司中，几乎所有的高级豪华轿车均采用珍珠漆涂装。

① 珍珠汽车漆的组成。珍珠汽车漆是以各种天然或合成脂为基料，按一定比例加入云母钛珠光颜料制成的新型涂料，是金属闪光涂料中的一种特殊品种。

② 珍珠汽车漆的产品性能。

➢ 具有细腻柔和的“珍珠光泽效应”。在施工中，珍珠汽车漆的珠光颜料能在漆膜中获得有规则的定向排列，当入射光线照射在漆膜表面时，漆膜能显示出类似丝绸和软缎般细腻柔和的珍珠光泽，这就是所谓的“珍珠光泽效应”。珍珠光泽效应是珍珠漆独有的特色，是其区别于一般金属漆的重要标志。

➢ 具有明亮闪烁的“金属闪光效应”。一般金属漆是依靠金属颜料片具有对光的镜面反射作用而在人眼里产生“金属闪光效应”的，但漆膜缺乏三维空间的立体感。采用经着色处理过的珠光颜料，不但同样可获得一系列不同色泽的金属色珠光涂料，而且珠光漆总是只反射部分入射光，而把大部分入射光透射到下一层晶片上，又重复一次反射和透射，使漆膜的丰满度优于常规金属漆。

➢ 具有随视角变化的“视角闪色效应”。当透明片状颜料平行地分布在涂料中时，入射光将在折光指数不同的透明层界发生光的多次折射和反射，在部分吸收和部分透过的作用下，平行的各种反射光之间必然会发生光的干涉现象。这种随观察者角度不同而看到不同干涉色的现象，称为“视角闪色效应”或“多色效应”。正是这种效应，使人们感受到珍珠汽车漆的全新色彩艺术的风韵。

➢ 具有随曲率的变化而变化的“色彩转移效应”。采用干涉色幻彩云母钛珠光颜料制成的连续漆膜，能同时显示出两种截然不同的颜色，这种颜色的变化称为“色彩转移效应”。该漆色彩会随轿车车身曲率的改变而发生变化，其色彩转移效应表现为从蓝到橙、从黄到紫、从红到绿等，即从一种原色变到其互补色。正是由于这种“色彩转移效应”，人们才能根据不同的需要设计出不同涂料的配方，创造出各种奇妙和梦幻般的珍珠汽车漆。

➢ 全新的环保型产品。以水作溶剂替代有机溶剂的水溶性混合色漆系统，是全新的环保型产品。施得乐银底漆（C 型）共有 58 种混合色漆，色调有 13 种以上的配方，并能调配出世界上所有汽车漆系列的色调。它在市场上被认为是使用最方便的水溶性漆，只要经水（完全除盐的水）稀释，即可喷涂施工，覆盖力强，且符合全世界现行的所有法规。

（2）69 幻彩超级特别珍珠漆系列。69 系列珍珠漆特有超级主变幻方式，能使油漆产生特有的变幻色彩，使装饰效果更胜一筹。

（3）D800 双组分镜面清漆、D880 双组分高厚膜超级清漆。D800、D880 双组分清漆与 BC 系列磁漆配合使用。喷完 BC 磁漆之后，再喷上两道 D800（或 D880）清漆，可以使车身表面达到优质的镜面效果，提高装饰性能。

（4）特种高亮清漆。1360、0200 为高固型双组分清漆，有极好的流平性，光泽度特别高且硬度好，同时可快速干燥和抛光。它适用于大、小面积修补及整车喷涂，为名贵轿车高品质喷涂首选。

8. 汽车喷漆施工中常用的修补材料

（1）常用修补用品。常用的修补用品主要有磨料、砂皮、砂纸等。

① 磨料。用于金属打磨施工，汽车面漆的打磨抛光作业。

② 砂皮。主要用于金属基打磨除锈、腻子及底漆的磨光。

③ 砂纸。有木砂纸和水砂纸两种。木砂纸主要用于木制品的干磨；水砂纸用于各种腻子或漆膜的水磨。在汽车涂装作业中，还经常用到棉纱、破布、脱脂棉、胶带、黄油、汽油、消雾剂、废报纸等用品。

（2）修补底漆。汽车修补底漆的主要作用是填平金属或表面缺陷，防止腐蚀，增加附着能力。常用的修补底漆有醇酸类底漆、硝基类底漆、环氧类底漆、丙烯酸类底漆等四大类。其中，醇酸类底漆在逐步淘汰；硝基类底漆主要适用于快喷漆的底层打底；环氧类底漆主要用于新车基层表面的打底防锈；丙烯酸类底漆耐热、防锈、防霉、防腐，常用于轿车、豪华客车的金属制品打底防锈。

（3）常用腻子。常用腻子有酯胶、酚醛腻子、醇酸腻子、硝基腻子、环氧腻子、聚酯腻子和原子灰等。其中，原子灰是20世纪90年代以来汽车涂装施工中使用较多的一种新型腻子，具有刮涂性好、常温干燥快、干后深层附着力强、耐腐蚀性好、易打磨、刮涂效率高等性能。

（4）中间涂层。二道底漆和中涂漆统称为中间涂层。现代汽车的涂装已不满足底漆、中间涂层、面漆三道涂层，而发展到四道、五道甚至更多涂层，少数高档车的涂装系统已发展为底漆、腻子、中间涂料、金属闪光底色漆、底色漆、罩光清漆等六道涂层。二道底漆介于腻子层与中涂漆之间，主要用于腻子表面填平。

（5）常用面漆。常用面漆主要有醇酸树脂面漆、硝基纤维素面漆、丙烯酸树酯面漆、聚氨酯面漆等。

（6）常用辅料。在汽车的喷涂施工中常用的辅助材料有稀释剂、助剂、防潮剂、催干剂、脱漆剂、上光剂等。

① 稀释剂。稀释剂是汽车喷漆的主要辅助材料，作用是调稀喷漆黏度，使之有利于喷涂施工。

② 助剂。汽车喷漆常用助剂有增塑剂、增稠剂、防沉淀剂及防结皮剂等。增塑剂又称增韧剂，主要用于硝基漆中，以提高漆膜的弹性和抗张强度，防止漆膜发脆或龟裂，常用品种有邻苯二甲酸二丁酯等。增稠剂主要用于醇酸类漆中，以防止漆膜产生流挂，常用品种有硬脂酸铝、有机膨润土等。防沉淀剂主要用于磁漆、底漆中，以防止在贮存中颜料沉淀，常用品种有硬脂酸铝、滑石粉等。防结皮剂主要用于氧化固化型清漆和色漆中，以防止表面产生结皮或干皮，常用品种有丙酮肟等。

③ 防潮剂。防潮剂主要用于硝基漆和过氧乙烯漆及发挥干燥型漆中。其主要作用是防止漆膜在潮湿环境中吸潮泛白。常用的防潮剂产品有F-1硝基漆和F-2过氯乙烯漆防潮剂。

④ 催干剂。催干剂是醇酸漆、酚醛漆、酯胶漆及调制油性腻子等不可缺少的一种辅助材料。

⑤ 脱漆剂。脱漆剂主要用于对旧漆的消除。其种类有国产脱漆剂和进口脱漆剂。

- 国产脱漆剂。T-1脱漆剂是由酮、醇、酯等强性溶剂混合后，再加入适量石蜡配制而成的，主要用于清除酚醛及酯胶旧漆。T-2脱漆剂属于特种脱漆剂，是酮、苯等有机溶剂混合而成的，不仅适于清除醇酸、酚醛等自干漆，也适于清除硝基旧漆。T-3脱漆剂是由二氯甲烷、甲苯、乙醇等配制而成的，脱漆效果优于T-1和T-2，而且毒性小，速度快，主要用于硝基旧漆的脱漆。
- 进口脱漆剂。主要品种有英国的P271-PJ-255脱漆剂，它适于进口硝基旧漆的脱漆。实际上，国外各大涂料厂家均有各种与油漆配套的脱漆剂，使用时可根据各品牌油漆的配套性要求来选用。

9．减振消声涂料

减振消声涂料是轿车车身涂装不可缺少的一种材料，其主要作用是抗振及隔热。目前，汽车涂料行业中常用的国产减振消声涂料见表 3.18。

表 3.18 国产减振消声涂料

序号	种类	基本组成	特点	应用
1	54-11 丙烯酸减振消声涂料	热固性丙烯酸树脂、环氧树脂、填料、发泡剂、防火剂等	黑色，减振消声，耐水性好，可刷涂也可喷涂，烘干	轿车的车门、翼子板、发动机罩、顶盖及底板
2	54-12 减振消声阻尼涂料	热固性丙烯酸树脂、环氧树脂、发泡剂、防火剂等	黑色浆状，附着力优良，抗冲击性较好，耐水性好	轿车车身涂装
3	80-1 减振消声阻尼涂料	丙烯酸酯共聚体、环氧树脂、填料、发泡剂、防火剂等	附着力强、抗冲击、耐水性好，烘干	轿车车身涂装

3.4.4 汽车美容护理常用辅助材料

1．美容护理用的打磨抛光材料

（1）汽车打磨机用的辅助材料。

① STF D150/m8 型软、中、硬（SW2B、W2B、h2B）规格磨垫。

② 各种规格的砂纸。

③ 各种规格的抛光垫、粗海绵球、软海绵球、蜂窝式海绵球、粗羊毛球、细羊毛球等。

（2）相关的抛光蜡、抛光剂。在抛光打磨时，根据被美容护理产品的需要，选用水蜡、抛光蜡、水溶性驳口蜡、长效水晶蜡等。

同理，根据被美容护理产品的需要，选用相应的抛光剂，如加强力抛光剂、漆膜还原抛光剂、快速抛光剂、玻璃抛光剂、多功能电镀层抛光剂等。

2．清洗护理用的辅助材料

在对汽车的外部清洗和内部清洗中，介绍了相关用品，在汽车美容清洗护理时，上述的大多数相关材料也都同样适用。

（1）洗车麂皮。洗车后水分若不干，便会留下水痕。以抹布擦拭，则可能会损伤漆膜，利用洗车麂皮的超强吸水能力及质地柔软的性能，可迅速吸干水分。

（2）3M 洗车泥。当一般洗车剂不能去除漆膜的铁粉或化学尘粒时，利用洗车泥先湿润漆膜，再配合喷水，可除去漆膜上的此类凸起异物。

（3）柠檬洗手膏。本产品是专门配制的微乳液，含有精炼的脂肪族碳氢溶剂、非离子去污剂、植物油脂肪酸盐、特殊磨砂颗粒及天然香料，能去除手上沾染的任何顽固油渍、碳迹、墨迹、胶粘物等，可防止手干燥。用冷、热水很容易洗去，并留下淡淡的柠檬香味，是工人最佳劳保用品之一。

（4）其他辅助材料。

① 3M 拭车布，吸水力特强，清洁擦拭后不留痕迹，省力便捷。用后拧干，可直接放入包装盒中，不发霉，不发臭。可与各种清洁剂混合使用，适用于车内外清洁、擦拭使用。

② 大块、小块柔软毛巾，使用时分为干毛巾和湿毛巾。

③ 擦拭用的软布或棉纱头。

④ 工作服及劳动保护用品。

习　题　3

1．填空题

（1）清洗剂除垢包括________、________、________、________和________五个过程。

（2）底漆是物体表面用的基础涂料，它应具备两种主要功能：______和______。车身上的焦油、沥青、鸟粪、橡胶、漆点等水不溶性污垢可用________清除。

（3）车蜡按其物理形态的不同可分为______蜡和____蜡；按其作用不同，可分为_______蜡、________蜡、______蜡及______蜡多种；按其功能不同可分为_______蜡和_______蜡两种。

（4）汽车喷漆施工常用的修补材料有_____、______、______、______、________和________。

（5）中涂层涂料要满足与________和________附着力的要求。

（6）汽车内饰常用材料有________、________和________。

（7）珍珠汽车漆的产品性能有________、________、________、________和________。

2．判断题

（1）进行车身表面清洗时，可以使用洗衣粉、洗洁精等含碱性成分较大的普通洗涤用品。（　　）

（2）脱蜡清洗剂含柔和性溶剂，具有较强的溶解功能，不但可去除车身油垢，而且能把原有车蜡洗掉，主要适用于重新打蜡前的车身清洗。（　　）

（3）去油剂主要用来清洗发动机等油泥较厚的汽车部位。（　　）

（4）选用车蜡时，一般深色车漆选用黑色、红色、绿色系列的车蜡，淡色车漆选用银色、白色、珍珠色系列的车蜡。（　　）

（5）煤油可以开蜡是因为煤油可以溶解油。（　　）

3．选择题

（1）溶剂是用来去油的，溶剂的重要性在于它的（　　）。

A．溶解功能　　B．去油功能　　C．清洗功能

（2）树脂蜡一般作运输车辆的保护剂，主要目的是防雨水、防尘和防划痕。这种保护层一般不含油脂物质。因此，在开蜡时要用含树脂聚合物的溶解元素的（　　）开蜡。

A．水质去油剂　　B．油脂蜡开蜡水　　C．树脂开蜡水

（3）水洗清洗剂不易燃，属生物降解型，对环境（　　）污染。

A．无　　B．有　　C．不确定

（4）对于高档轿车，其漆面的（　　），宜选用（　　）；对普通轿车或其他车辆，可选用（　　）。

A．高档车蜡　　B．质量较好　　C．一般车蜡

4．问答题

（1）车蜡的主要功用有哪些？

（2）汽车为什么要适时打蜡？

（3）怎样正确选用车蜡？
（4）漆面修补涂装对底漆的性能有哪些要求？
（5）漆面美容常用辅料有哪些？如何选用？
（6）涂料的选择原则？
（7）漆面美容中为什么需使用防锈蜡？
（8）汽车涂料是如何分类的？
（9）简述汽车涂料的组成。
（10）举例说明汽车涂料的名称、代号和型号。
（11）常用汽车面漆有哪些种类？
（12）汽车涂料使用现状分析。
（13）金属漆与普通漆有何区别？
（14）涂料的作用有哪些？
（15）对面漆的性能要求有哪些？
（16）汽车喷涂施工中不要中涂行不行？
（17）汽车喷涂工序与涂装质量及效果分析。

第 4 章　汽车美容安全与防护

4.1　个人安全防护

1. 个人安全防护用品

个人安全防护用品主要有防护服、工作帽、眼部和面部防护用品、手足部防护用品、耳部防护用品等。

（1）防护服种类见表 4.1。

表 4.1　防护服种类

序　号	种　类	说　明	备　注
1	棉工作服	用天然植物纤维织物，如纯棉白帆布、纯麻白帆布制作，厚约 0.6mm	具隔热、易于弹掉飞溅火星及熔融物、耐磨、扯断强度大、透气等特点
2	橡胶雨衣	防雨	适用于雨天或露天作业施工
3	防机械外伤和脏污工作服	工作服用量大，适于预防运送材料及使用工具时可能发生的机械损伤，或防止脏物污染	要求耐磨并具有一定强度

（2）工作帽。主要用于保护头部，以消除或减轻坠落物等的撞击和挤压伤害，还可以防止头发过长或掉落，对操作产生影响。

（3）眼部、面部防护用品。主要指用于防止辐射、烟雾、化学物质、金属火花、飞屑和粉尘等对眼睛、面部、颈部等造成伤害。常用的用品有防护眼镜、防护口罩、防护面罩等。

（4）手、足部防护用品。主要有防护手套（皮手套、绝缘手套、防水手套、耐溶剂手套等）和安全鞋。

（5）耳部防护用品。主要有耳塞、耳罩等。

2. 汽车美容行业常用防护用品

（1）基本防护用品。如防水鞋、防水手套等必需品。

（2）规范的工作服。

（3）底盘装甲施工时会有胶粒喷出，须佩戴防护眼镜和防护口罩。

4.2　喷涂中的安全技术

在喷涂施工场所，因为涂料和溶剂会挥发出各种有毒气体并充斥整个场所，所以对于操作者进行安全防护是非常必要和不可缺少的。

在施工过程中，应防止涂料和溶剂触及皮肤，否则会造成皮肤干燥、开裂、发红，严重时将引发皮肤病；外露的皮肤应擦上医用凡士林或其他护肤品。若浓度超标的挥发性有毒气体吸入肺部，则将对人体的神经系统造成严重的刺激和危害，可导致抽搐、头晕、昏迷、瞳孔放大等症状。

为此，在选择涂料时，除了应满足涂装质量的要求外，还应尽量选用无毒或低毒的涂料，以避免或减轻对涂装施工人员的危害。

当喷涂完工后，喷涂车间的通风系统不应马上关闭，而应继续运转一段时间，以便将残余的喷雾和溶剂的挥发性气体排尽，防止对人体的伤害。

涂装施工人员感到气管干燥时，是吸入了少量漆雾和溶剂蒸气，应多喝温开水。清洗喷枪和工具时，应尽量不使皮肤接触溶剂。施工后应擦去皮肤上的凡士林或护肤品，再用温水和清洗剂进行淋浴。

此外，还应定期对涂装施工人员进行身体检查，对于有毒情况下的操作者，应及时给予相应的医疗，以维护操作者的身体健康。

具体规定可参阅 GB14444-2006《涂装作业安全规程》。

4.3 防爆安全技术

1. 爆炸危险等级

在国产涂料中有 90%以上的涂料含有有机溶剂。由于有机溶剂（包括稀释剂）有易燃性和易爆性，所以涂料应当用闪点确定其危险等级。但在涂料的存储、涂敷和干燥过程中，有机溶剂、稀释剂的气体会挥发到空气中组成混合气体。这些混合气体的特性数据，一般由涂料生产厂家提供。目前我国涂料生产厂家尚未具备条件，基本上没有提供这方面的数据，国外生产的涂料一般能提供闪点数据，并能确定其危险等级。闪点越低，危险性就越大。涂料的闪点见表 4.2。

表 4.2 涂料的闪点

涂料类型	丹麦老人牌涂料的闪点（℃）	开林厂涂料的闪点（℃）
氯化橡胶类漆	24～38	48
醇酸类漆	27～38	—
环氧沥青漆类	0～25	26
烯丙基醚类漆	—	38

根据化学危险品仓库管理安全的分类，涂料可分为一、二、三级易燃品。

- 闪点在 28℃以下的，为一级易燃品；
- 闪点在 28～45℃的，为二级易燃品；
- 闪点在 45℃以上的，为三级易燃品。

根据 GB50016—2006《建筑设计防火规范》，按照以上一、二、三级易燃品的分类，涂料的爆炸危险等级相应地分为甲、乙、丙三级。涂料除以闪点作为爆炸危险等级外，爆炸极限也是衡量爆炸危险程度的一个重要指标。爆炸极限就是指可燃气体与空气混合达到一定浓度范围，遇火源就会爆炸。其最低爆炸浓度称为爆炸下限，最高爆炸浓度称为爆炸上限。混合气体中可燃性气体过少时，过剩的空气吸收了爆炸点放出的热，使爆炸的热不再扩散到其他部分，所以并不引起其他部分气体的燃烧；过多的混合气体内含氧不足时，也不会引起爆炸。

国外的涂料生产厂家均能提供涂料的爆炸极限数据，例如，丹麦老人牌涂料的爆炸极限数据见表 4.3。

表 4.3 爆炸极限数据

涂料名称	爆炸极限（%）
氯化橡胶防锈底漆	0.77～8.0
氯化橡胶面漆	0.77～8.0
醇酸树脂面漆	0.77～0.67
环氧沥青漆	1.0～15.7
纯环氧面漆	1.0～15.7

国外涂料的爆炸下限，通常是给定的一个粗略的经验数据值，如丹麦的涂料厂商给定的常用涂料的爆炸下限均为1%。

国内的涂料还缺少这方面的数据，可参考涂料所含的主要溶剂（和稀释剂）的爆炸极限数据。常用的有机溶剂和稀释剂的爆炸极限数据见表4.4。

表 4.4 爆炸极限数据

序号	溶剂名称	闪点（℃）	爆炸极限（%）
1	苯	-12～-7	1.5～8
2	甲苯	4.4～5	1.3～6.8
3	二甲苯	17.1	1.0～5.3
4	醋酸乙酯	-4～-5	2.0～11.5
5	醋酸丁酯	21～25	1.7～15
6	丙酮	-20～-18	2.15～13
7	丁酮	-7	1.8～11.5
8	甲醇	0	6～36.5
9	乙醇	12.6	3.5～19
10	丁醇	47	1.7～10.9
11	溶剂汽油	32	1.1～6
12	松节油	35	0.8

2. 涂装作业场所的爆炸危险等级

涂装作业场所也可以根据涂料的使用状况及场地的有关条件，相应地发出爆炸危险等级。对不同的爆炸危险等级场所，采取相应的防爆安全措施。由于危险等级不同，所以对各种电气设备、仪表、线路都有严格的规定，其差别是很大的。

根据国家的有关规定，按爆炸危险程度的大小，将涂装作业场所划分为三级。

- 1—0级爆炸危险场所：在正常情况下，爆炸性混合气体连续地、经常地长时间存在的场所。
- 1—1级爆炸危险场所：在正常情况下，有可能积聚形成爆炸性混合气体的场所。
- 1—2级爆炸危险场所：在不正常情况下，有可能短时间内积聚形成爆炸性混合气体的场所。

根据爆炸危险场所划分的条件，结合涂装过程的实际情况，将涂装场所的爆炸危险等级划分如下。

① 对于连续喷涂的作业场所，未加安全措施者一般属于1—1级。

② 对于连续喷涂的作业场所，如果将喷涂作业限制在一个半密闭的操作室内，则操作

室属1—1级，而操作室外属1—2级。因为只有在不正常的情况下，易爆的漆雾和有机溶剂蒸气泄漏出操作室外才有可能引起爆炸危险。

③ 对于连续喷涂的作业场所，如果喷涂作业位置集中，则涂料中溶剂耗量集中，这样的涂装场所应属于1—0级。

对于喷涂作业场所，是可以有条件改变其危险等级的。例如，采取了一定的安全措施，加强了通风装置，或采取了新的工艺措施。

3．爆炸危险场所使用电气设备的安全要求

根据《爆炸危险场所电气安全规则》，必须严格执行规则要求，确保喷涂作业场所的安全生产。特别是对1—0级和1—1级喷涂作业场所，必须从严执行有关规定。如使用的电动机、变压器、白炽灯、荧光灯、空气开关、电磁铁、控制器、测温电阻、热电偶、流量计、压力传感器等均要求选用隔爆型或本安型的。电气线路，不仅铜铝芯最小允许截面有规定，而且不允许中间有接头。钢管配线，要求使用厚壁镀锌管。防爆电气设备、接线盒的进线口，电缆引入后要立即密封。电缆外径大于20mm者，应具有防止拔脱装置。对喷涂危险的作业场所，要求电气设备和线路必须整体防爆。为此，从工程设计上要明确电气整体防爆的配套要求，同时设备制造部门增加防爆设备的新品种，逐步形成综合配套。

4.4 安全防火技术

涂料产品绝大部分为易燃性和挥发性有机物质，在制造、涂装或成膜干燥过程中，其组分中的有机溶剂极易挥发，并能形成易燃性的蒸气。若与空气接触，积聚到一定的浓度极限时，一旦接触明火，就很容易引起火灾，甚至发生爆炸等事故。

涂料在干燥成膜过程中，溶剂将全部挥发到大气中，导致环境污染，如与太阳光中的紫外线接触，会产生一种“光化学反应性的有毒物质”。如果长期接触溶剂，还能引起食欲减退，损坏造血器官而引起慢性中毒。

在工业生产的发展过程中，人们在涂装场所发生的血的教训是很多的。因此，在吸取教训之后，人们不断总结经验教训，制定了很多防火安全的规章制度和安全操作规程，涂装技术也在不断改进和发展。

- 积极采用先进的技术、先进的工艺和新型的涂料，以无毒、无尘、低噪声、能防火、防爆的工艺代替有毒、有尘、高噪声、易燃、易爆的工艺，以安全可靠的工艺代替存在着不安全因素的工艺，逐步实现密闭化、半自动化、自动化。
- 采用隔离操作，将易燃、易爆部位隔离封闭，采取相应的防火、防爆措施，从而消除或降低其危险程度，控制事故的发生。
- 采用防火、防爆的自动化装置，控制喷涂作业场所的易燃、易爆混合气体的浓度，配备相应装置，将易燃易爆事故控制在发生前而消除。
- 加强作业场所的通风装置，严格控制作业场所的“三废”指标。

这样就能实现安全生产，达到防火、防爆、防毒的目的。

喷涂作业场所，除了在工艺、设备方面有足够的防火防爆条件之外，在具体作业过程中，必须注意以下几点。

（1）作业场所使用的涂料和溶剂均是易燃易爆物品，所以必须严格执行易燃易爆品的存储、运输、使用等操作管理规程。包装桶应随时盖紧密封，桶外表面及盖口周围应洁净、无涂料或溶剂。开包装桶时，严禁用锤子等铁器敲击，以免产生火花而导致火灾。

（2）在使用溶剂和涂料的过程中，严禁吸烟，严禁乱扔火柴和烟头。

（3）油存储保管库房周围，必须远离和隔绝火源，杜绝阳光曝晒；室内采用防爆照明，并配置足够能力的灭火消防设施。

4.5 “三废”处理技术

所谓“三废”，就是指涂装过程中产生的废水、废气和废渣。解决三废问题，是涂装安全技术中的重要课题。

1. 废水的来源

涂装车间废水的来源主要是对金属表面进行前处理过程中产生的和喷涂过程中产生的。涂装前处理时，为了去除工件表面上的油污和锈蚀，获得清洁的适合于涂装要求的工件表面，要产生大量的含有酸、碱和重金属离子的废水。仅前处理工序产生的废水量，每一道冲洗工序，每平方米的工作面积为 15～30L。

在喷涂过程中产生的废水，其中含有涂料中的颜料、有机树脂、溶剂，以及化学前处理过程中的油污、酸、碱及各种金属盐类，见表 4.5。

表 4.5　几种废水的成分

成分／种类	pH 值	SS（$\times10^{-6}$）	COD（$\times10^{-6}$）	BOD（$\times10^{-6}$）	n-H（$\times10^{-6}$）	Fe（$\times10^{-6}$）	Zn（$\times10^{-6}$）	Fe（$\times10^{-6}$）	Cr（$\times10^{-6}$）
磷化（锌盐）铬化	6.5～7.5	30～130	25～60	25～60	30～20	1～10	1～4	/	/
（铝金属）	2.5～5.5	100～1000	400～500	30～50	150～400	/	/	40～70	30～60
电泳冲洗水	6.8～8.2	500～1200	500～1800	/	/	/	/	/	5～20

2. 废水排放控制

对工业废水的排放控制，总的要求是向水体排放工业废水之后，应使水体满足规定的地面水质卫生要求。根据水源的不同用途，对工业废水的排放也有不同的要求。

工业废水中有害物质最高允许排放浓度分为两类，第一类工业废水最高允许排放浓度是指废水中含有的有害物质，能在环境或动物体内蓄积，对人体健康产生长久影响。对这类废水要求严格，不能用稀释的方法代替必要的处理。其车间排出口的浓度应该满足表 4.6 规定的要求。

表 4.6　第一类工业废水最高允许排放浓度

废水中有害物质名称	最高允许排放浓度（mg/L）	
汞及其无机化合物	0.05～0	（按 Hg 计）
镉及其无机化合物	0.10～0.02	（按 Cd 计）
六价铬化合物	0.50～0.1	（按 Cr^{+6} 计）
砷及其化合物	0.50～0.1	（按 As 计）
铅及其化合物	1.0～0.1	（按 Pb 计）

第二类工业废水最高允许排放浓度，是指废水中含有的有害物质对人体健康产生的长远影响小于第一类。其最高允许排放浓度见表4.7。

表4.7 第二类工业废水最高允许排放浓度

废水中有害物质名称	最高允许排放浓度（mg/L）
pH值	6～9
悬浮物	500
BOD（5天20℃）	60～160
COD	100～160
石油类	10
锌及其化合物	5～0.6（按Zn计）
氟的无机化合物	10～3（按F计）
苯胺类	3
氟化物（以游离氟计）	3

3. 废水的处理技术

（1）前处理工序中废水的处理。前处理工序是涂装场所废水产生的主要来源，按照废水的性质，可分为含酸的废水、含碱的废水、磷化废水和含铬的废水等。

含酸的废水来源于酸洗工序排出的废酸及工件酸洗后的冲洗水，所含酸的种类有硫酸、盐酸、硝酸、磷酸和氯氟酸等。含酸的废水若直接排放，将腐蚀下水管道和污染水质，必须采取适当的方法对废水进行处理，消除废水的危害。含酸废水的处理包括回收利用和净化处理两个方面。当酸的质量分数在4%以上和废水量较多时，可以采用回收综合利用；当酸的质量分数少于4%且废水量较少时，可采用中和方法净化处理。

含碱的废水主要来源于碱液的去油污处理和工件的清洗水。所含碱的种类由碱液的配制成分而定。前处理废水中含碱液的浓度较低，而且成分复杂，不便回收，一般作为酸洗废水中和处理剂处理。

磷化废水来源于磷化处理工序。在磷化过程中，磷化液只进行添加剂调整而不排放，所排放的磷化废水是磷化后的冲洗水。现以锌盐磷化液为例，它所排出的废水成分见表4.8。

表4.8 锌盐磷化液排出的废水成分

pH值	悬浮物（$\times10^{-6}$）	COD（$\times10^{-6}$）	BOD（$\times10^{-6}$）	己烷提取物（$\times10^{-6}$）	Fe（$\times10^{-6}$）	Zn（$\times10^{-6}$）
6.5～7.5	30～130	25～60	25～60	3～20	1～10	1～4

含铬的废水来源于钝化及有色金属铬酸阳极氧化处理工序。其主要成分是重铬酸盐类。杂质成分取决于溶液的配方，以铝系阳极氧化为例，它所排出的废水成分见表4.9。

表4.9 铝系阳极氧化排出的废水成分

pH值	悬浮物（$\times10^{-6}$）	COD（$\times10^{-6}$）	BOD（$\times10^{-6}$）	己烷提取物（$\times10^{-6}$）	含铬总量（$\times10^{-6}$）	Cr^{6+}（$\times10^{-6}$）
2.5～5.5	100～1000	400～500	30～50	150～400	40～70	30～60

（2）含酸废水的回收利用。含酸废水的回收利用，就是把含酸废水加以浓缩，将酸回收或将含酸的废水与金属反应生成盐类进行回收。

含酸废水常用的回收利用方法有蒸发法、溶剂萃取法和硫酸亚铁结晶法等。可根据废水含酸的性质和废水的处理量选用适当的方法进行。

① 蒸发法，是根据酸蒸气的平衡温度不同，使混合酸液中蒸气压力高的酸被蒸发冷凝回收。一般宜用于比水蒸气压力高的酸类，如硝酸、盐酸、氢氟酸等含酸废水的回收。

② 溶剂萃取法，是利用不同的萃取剂分别将含酸废水中的金属离子或酸萃取，再经反萃法将酸液回收。一般适用于硝酸、氯氟酸及盐酸的回收。

③ 硫酸亚铁结晶法，包括自然结晶法、浸没燃烧高温结晶法和真空浓缩冷冻结晶法等。

自然结晶法是将废水中的酸，用铁屑全部反应生成硫酸亚铁，再结晶回收。自然结晶法回收利用含硫酸废水的优点是，处理设备简单、投资少、管理简单。其缺点是只能回收硫酸亚铁，不能回收硫酸，劳动强度大。

浸没燃烧高温结晶法及真空浓缩冷冻结晶法，是利用硫酸亚铁的溶解特性，将含酸废水中的硫酸亚铁（酸洗钢铁件过程中产生的）在酸液中结晶，与酸分离，然后分别进行回收。

（3）含酸废水的中和处理。含酸废水的中和处理，是处理含酸废水的主要方法。其机理是添加中和剂，将废水中的酸值（pH 值）降到允许排放的指标范围（6～9）后，再将废水排放出去。

① 酸、碱废水相互中和法，是将在前处理过程中产生的含酸、含碱的废水注入中和槽内，使其相互混合而达到中和的目的。

酸、碱废水相互处理系统是由混合槽、中和槽、沉淀槽及碱槽、酸槽等组成的。进行处理时，首先将废酸液、废碱液导入混合槽中，搅拌混合后注入中和槽中。根据测定的废液的 pH 值大小，适当地注入酸液或碱液，把废液的 pH 值调整到一定的允许范围内，中和反应后，流入沉淀槽，沉淀后进行排放。

② 投药中和处理法，是向含酸的废水溶液中投加适当的碱性中和药剂，如碱、石灰、石灰石、白云石等，使含酸的废水得到中和处理。

4．废气的处理技术

（1）废气的特点。涂装溶剂型涂料时，涂料中含有的有机溶剂，平均 80%以上都将挥发成有机溶剂蒸气，成为废气的污染来源。

喷漆室的废气是在喷涂时的换气过程中产生的。因喷漆工作需要在 0.25～1.0m/s 的风速范围内进行换气，所以喷漆室排出的废气量大，溶剂蒸气浓度极低［约在（10～20）$\times 10^{-6}$ 范围内］。喷漆室废气除含有低浓度的溶剂蒸气外，还含有一部分由于过喷而形成的涂料烟雾，这些涂料烟雾的颗粒直径大约为 20～200μm。

烘干室的废气是在涂层固化过程中产生的，其中除含有残存在涂层中未挥发的溶剂外，还有在成膜过程中，涂料各单体成分热分解及反应生成物。当烘干室使用液体燃烧或气体燃烧作为热源时，还含有燃料燃烧所产生的废气。

通过上述分析，就能清楚地了解废气的主要成分，具体情况见表 4.10。

表 4.10　喷涂过程中废气的成分及浓度

设备 \ 浓度及成分			废气中溶剂浓度（$\times 10^{-6}$）					
			二甲苯	其他芳香族物质	乙醇	酯	醚	合计
喷漆室	型式	水幕式	61	6	35	9	6	117
	总排风量	5800m^3/min						

续表

设备	浓度及成分		废气中溶剂浓度（$\times10^{-6}$）					
			二甲苯	其他芳香族物质	乙醇	酯	醚	合计
烘干室	型式	液化气直火炉	4	11	48	0	1	64
	总排风量	800m³/min						
挥发室	型式	强制换气	6	4	67	0	1	78
	总排风量	250m³/min						

（2）废气的处理方法。喷漆室和烘干室废气处理的方法有直接燃烧法、催化燃烧法、吸收处理法和吸附处理法等。

① 直接燃烧法。直接燃烧法是将喷漆和烘干过程中产生的废气引入燃烧室，直接与火焰接触燃烧，把废气中的可燃成分燃烧分解，变成无臭无害的二氧化碳和水蒸气。

直接燃烧法管理容易、维护简单、可靠性高。但需要处理的温度高，耗费的燃料多，处理喷漆室这样的低温度、大风量的废气是不经济的。

② 催化燃烧法。催化燃烧法，是利用催化剂使废气中的有机溶剂蒸气，发生激烈的氧化燃烧，生成二氧化碳和水，从而除去废气中的有害物质的方法。

催化燃烧法的处理过程是，废气由风机经管道进入热交换器，将废气加热到燃烧所需要的起始温度，经过预热的废气催化剂层使之燃烧。燃烧生成的高温干净气体，可以用来干燥涂层和预热空气。

催化燃烧法与直接燃烧法相比，虽然可以节约50%的燃料，但投资多，结构系统复杂，一般用在烘干室的废气处理上。

③ 吸收处理法。吸收处理法是用液体作为吸收剂，使废气的有害成分在液体中被吸收的一种处理方法。通过吸收塔将液体作为吸收剂，将废气中的有机溶剂蒸气吸收掉。例如，甲苯、二甲苯类蒸气可选用柴油加水的乳化液作为吸收剂。吸收塔采用多层斜孔塔板组成。此法的优点是占地面积小，装置费用投资不大，维护也比较方便，是喷漆室排出废气净化处理的常用方法。

④ 吸附处理法。吸附处理法是选用高效的吸附剂，如活性炭、活性氧化铝、硅胶、分子筛等，将废气中的有机溶剂蒸气吸附掉，使废气达到允许的排放范围而排出的处理方法。这种处理方法，是利用物理变化过程进行处理的，其吸附材料的选用很关键，工业上常用的吸附剂有活性炭、活性铝、硅胶和分子筛等。不同的吸附剂具有不同的吸附特性和使用范围，见表4.11。

表4.11 几种吸附剂的吸附特性

吸附特性 \ 吸附剂	吸附剂种类			
	活性炭	硅胶	活性铝	分子筛
低浓度时的吸附能力	良	劣	中	优
热稳定性	良	劣	良	优
吸附速度	优	良	良	优
对水的吸附	低	高	高	高
对有机物的吸附	高	低	低	中
对极性分子的选择性	劣	中	劣	优

续表

吸附特性 \ 吸附剂	吸附剂种类			
	活性炭	硅胶	活性铝	分子筛
对分子尺寸的选择性	无	无	无	可能
氧化稳定性	劣	优	优	优
高温时的吸附能力	良	劣	劣	优

活性炭吸附系统由预处理设备、吸附设备、后处理设备及其相互联系的管道组成。其处理过程是：来自喷漆室和烘干室的废气，经过除尘器和冷却器，除去漆雾、灰尘，并降低到一定的温度后，通过风机，从吸附塔的下部送入吸附塔中；在吸附塔内，废气中所含有害成分被活性炭吸附，使废气得到净化，净化了的清洁空气通过引风机被排入大气。

（3）各种废气处理法的特点。上述四种喷漆室和烘干室废气处理方法的特点见表 4.12。

表 4.12　四种废气处理法的特点

处理方式	优　点	缺　点
直接燃烧法	1. 燃烧效率高，管理容易 2. 仅烧嘴需要维修，维修简单 3. 占地面积小 4. 不需预处理，稳定性好，可靠性高	1. 处理温度高，燃料费用大 2. 燃烧装置、燃烧室、热回收装置等设备造价高 3. 用于喷漆室低温废气处理，不经济
催化燃烧法	1. 与直接燃烧法相比，能在低温下氧化分解，燃料消耗少 2. 占地面积大	1. 催化剂成本高，要考虑催化剂的寿命 2. 需要进行前处理，以除去粉尘、烟雾等使催化剂中毒的物质
吸收处理法	当用水作为吸收剂吸收亲水性溶剂时： 1. 设备费用低，运转费用小 2. 无爆炸、火灾危险，安全性好 3. 适用于喷漆室废气处理	1. 需要对产生的废水进行第二次处理 2. 受涂料品种限制
活性炭吸附法	1. 可处理低浓度的含有石灰氢化合物的废气 2. 溶剂可以回收进行有效利用 3. 处理程度可以控制 4. 效率高，运转费用低	1. 活性炭的再生和补充，要花费较大的费用 2. 在处理烘干室废气时，要进行除尘冷却处理 3. 在处理喷漆室废气时，要进行除漆雾的预处理

5. 废渣的处理技术

在涂装生产过程中，根据不同的涂料和不同的施工方法，涂料的损耗占 20%～80%。在工业比较集中的地区，涂料施工过程中有机溶剂的挥发量，高达该地区碳氢化合物排出总量的 27.1%。例如，在空气喷涂时，“三废”产生量所占涂料使用量的比例见表 4.13。

表 4.13　空气喷涂时“三废”的产生量

		供给涂料量	干燥成膜量	淤　渣	循　环　水	通　风	
						喷　漆　室	烘　干　室
涂　料		100					
成分	颜　料	25	15	10			
	树　脂	25	14～14.5	10			
	溶　剂	50		约 10	2～5	17～20	18
	反应气体						0.5～1.0
合　计		100	29～29.5	30	2～5	30.5～39.0	

从表 4.13 中可看出，废渣量约占涂料的 1/3。

（1）废渣的来源。在涂装生产过程中，废渣主要来源于以下几方面。

① 前处理过程中产生的沉淀物，如化学成膜时产生的沉渣。

② 在清理涂料输送管道及容器时产生的废涂料和由于涂料变质而形成的废涂料。

③ 清理涂装设备时产生的涂料凝块。

④ 水性树脂涂料产生的淤渣。

⑤ 在涂装水处理过程中产生的沉渣。

前处理过程中所产生的废渣，主要是不溶于水的金属盐类。而涂料的废渣则是颜料、树脂及少量的溶剂。

（2）废渣排放的控制。废渣的排放控制，按国家颁布的《工业企业设计卫生标准》及废渣处置的规定进行处理。在处理过程中，若掩埋有毒废渣，则可以根据实际情况参照日本的标准进行控制，其具体内容见表 4.14。

表 4.14　工业有害废渣的检验标准

序　号	废渣中有害物质名称	根据溶解析出试验而制定的浓度标准
1	烷基水银化合物	不允许检出
2	水银及其化合物	不能检出水银
3	镉及其化合物	每升检液中镉在 0.3mg 以下
4	铅及其化合物	每升检液中铅在 3mg 以下
5	有机磷化合物	每升检液中有机磷化合物在 1mg 以下
6	砷及其化合物	每升检液中砷在 1.5mg 以下
7	六价铬化合物	每升检液中 Cr^{+6} 在 1.5mg 以下
8	氰化物	每升检液中氰化物在 1mg 以下

涂装产生的废渣是不能回收利用的，可按有关标准要求，在适当的场所以掩埋的方式进行处理。

习　题　4

1．填空题

（1）“三废”指涂装过程中产生的__________、__________、__________。

（2）喷漆室和烘干室废气处理的方法有__________、__________、__________、__________等。

2．简答题

喷涂安全技术包括哪些内容？

第 5 章　汽车的清洗

汽车经常在各种不同的环境中行驶，其工作条件比较恶劣。即使车身漆面质量再好，经过长时间的风吹日晒、酸雨浸蚀等，也会使车身漆面褪色，失去光泽，形成氧化层。车辆在行驶过程中由于摩擦而产生强烈的静电层，静电对灰尘和油污的吸附能力很强，时间久了会形成一层坚硬的薄膜，使原来艳丽的车身变得暗淡无光。此外，汽车在行驶时容易粘上灰尘、泥土、焦油、沥青等污物，尤其是下雨天，底盘部位很容易沾上泥水，若不及时清洁护理，容易形成锈渍，影响汽车的正常行驶。因此，汽车要定期进行车身美容。而汽车美容的首要任务就是汽车的清洗，汽车的清洗也可以说是汽车美容的基础工作，其质量好坏直接影响汽车美容的最佳效果。

车身的清洗不仅是美容的前期准备工作，也是汽车保养的最基本工作。经常洗车能减少外界有害物质的浸蚀，保持车身清洁亮丽、光彩如新，延长汽车的使用寿命。

5.1　汽车清洗概述

5.1.1　汽车清洗的概念与作用

1．我国洗车业发展简史

回顾我国洗车业的发展史，其发展成长过程大致可归结为 5 个阶段。

（1）第一阶段——原始阶段。20 世纪 80 年代前，是在车主对自有车辆清洗的基础上发展而成的，仅有简单的洗车工具，如水桶、毛巾、自来水管等，对车辆进行简单的外表清洗。营业场所大多为路边临时建筑或露天作业，开展对社会车辆的清洗服务。其特征为：设施简陋，人员素质低，对汽车美容养护的知识欠缺，没有专业的洗车用品，服务场所和人员流动性较大，服务项目单一，基本未纳入政府部门管理，部分洗车仅为停车、餐饮招揽生意的附属服务。

（2）第二阶段——成长阶段。20 世纪 90 年代初，使用基本的清洗工具材料，如高压水枪、蓄水池、洗衣粉等，有相对固定的营业场所和从业人员，已作为社会服务网点基本纳入了工商税务部门的管理。其特征为：没有统一的行业管理，服务项目单一，无技术要求和标准。但随着汽车工业的快速发展，洗车美容已逐渐成为一项社会所需要的服务业，同时又能接纳较多的农村劳动力，具备了以后发展壮大的市场和空间。

（3）第三阶段——垄断阶段。1991—1993 年，各地政府部门为创建卫生城市、提升城市综合形象而采取一项强制措施，即在城市要道口修建大型洗车场，配备成套的专用设备，如清洗机、高泡机或大型自动洗车机进行流水线作业，并普遍使用洗车液，有专门的工作人员，但服务项目仍停留在对汽车外表的清洗上。管理仍是靠行政命令推行，国家投资，按计划经济的体制运行，投入高、规模大、效益低，内部管理混乱，严重违背了市场经济规律。因此，面临的改革和淘汰在所难免。

（4）第四阶段——发展阶段。1993—2000 年，随着我国经济体制改革的逐步深化和国外汽车美容护理的理念影响，服务项目由简单的外表清洗进入到车内的美容护理，经济类型基本上变成了集体或个人所有。按照市场经济规律运行，讲求服务，讲求质量。有专业的汽车清洗设备，如高泡机、吸尘器、洗衣机、脚垫甩干机等，使用专业的洗车液；从业人员也具备了一定的专业汽车护理常识，用优质的服务和质量去吸引顾客，赢得市场和经济效益。

（5）第五阶段——专业阶段。2000 年以后，汽车清洗被赋予了全新的概念，不再只是简单的汽车清洗、打蜡、除渍、除臭、吸尘及车内外的清洁服务等常规保养护理，还包括利用专业美容系列产品和高科技设备，采用特殊的工艺和方法，对漆面增光、打蜡、镀膜及深浅划痕的处理，全车漆面美容，底盘防腐涂漆处理和发动机表面翻新等一系列养车技术。并开始研究顾客潜在的需求，统一汽车美容施工流程。从业人员专业素质较高，技术人员一般都是通过专业学校培训的。管理更加系统化、专业化，追求以人为本的个性化服务。既追求经济效益还讲求社会效益，使用绿色环保设备，如清洗机、空压机等设备的噪声处理，废水处理循环的再利用，绿色环保汽车护理用品的使用等。店面周围拥有优美的环境，从汽车美容店的店面设计到经营服务过程中的各个环节，都在追求一种统一的全国连锁经营模式。

2．汽车清洗的概念

汽车清洗与“传统洗车”有着本质上的不同。“传统洗车”没有任何规范性可言，作业时一根胶皮管与自来水一接，甚至一桶水、一块抹布即可，任何人都可操作。这样洗出来的车其效果不言而喻，更严重的是车身上清洗下的泥沙及污水到处流淌，不但影响城市形象，也造成了水资源的浪费。而专业的现代汽车清洗有经管理部门核批的固定经营场所，配套设备完善齐全，洗车水循环利用，不仅保证了汽车清洗的效果，而且还达到了节约用水、保护环境的目的。

汽车清洗是采用专用的清洗设备和清洗用品，对汽车车身及其附属部件进行清洁处理，使之保持及恢复汽车原有的车身效果的最基本的美容工序。其特点主要表现为以下内容。

（1）汽车清洗的系统性。所谓系统性，就是根据汽车自身的特点，由表及里地对汽车各部分进行全面而细致的清洗、保养。传统的洗车只是除去了汽车表面的泥土、灰尘等，洗去了汽车表面的浮落物，而对黏附在车漆上具有较强氧化性的沥青、树汁、鸟粪、虫尸及嵌入车漆深处的杂质等是无法去除的。上述这些物质不仅影响汽车的外观，还严重地氧化、腐蚀着车漆，时间一长，车漆就会被氧化失光，严重时还会造成车漆脱落，影响汽车的使用寿命。现代汽车清洗则是在传统洗车的基础上，扩大内涵到漆面清除氧化物和车漆保养的范畴，不仅洗去了汽车表面的浮尘，还用专业技术将黏附在汽车表面的有害物质统统除去。

（2）汽车清洗的专业性。所谓专业性，就是严格按照工艺要求，由经过培训的专业人员采用专用的设备、工具、用品及专业的手段进行汽车清洗的作业。现代汽车清洗应使用专业优质的清洗产品，针对汽车各部位材质进行有针对性的清洗和翻新，使汽车经过专业的清洗后外观洁亮如新。专用洗车液呈中性，选用非离子表面活性剂制成，能使污渍分子分解浮起而轻易被洗掉，其化学成分不会破坏车漆，有的还兼有上蜡功能，对车漆兼有保护作用，有效延长汽车寿命。传统洗车用的洗衣粉、肥皂水、洗洁精等，虽能分解一些油垢，但会造成车漆氧化、失光，严重时还会腐蚀金属和加速密封胶条的老化。

（3）汽车清洗的规范性。所谓规范性，就是每一道工序都有标准而规范的技术要求。传统洗车大多由非专业人员组成，无论从技术、手段还是从程序上都没有规范性可言，洗车的效果难以保证，而从事现代汽车清洗的操作人员都经过正规严格的训练，能熟练地借助于现代化的设备和高性能的清洗用品进行洗车作业，如用高压水枪或半自动清洗设备完成冲洗，由专业人员完成清洁和擦干等工序。这样不仅大大提高了清洗作业的效率，节约了能耗，降低了人力消耗，同时还有效地保护了汽车漆面。

3．汽车清洗的作用

（1）保持汽车外观整洁。汽车在行驶中经常置身于飞扬的尘土中，风吹日晒，雨雪交加，车身外表难免被泥土玷污，影响汽车外观的整洁和美观。为使汽车外观保持清洁亮丽，应根据汽车所处的环境状况，经常对汽车进行清洗保养。

（2）消除大气污染的侵害。大气中有多种能对车身表面产生危害的污染物，尤其是酸雨的危害性最大，它附着于车身表面，会使漆面形成网纹或斑点，如不及时清洗还会造成漆层老化。因此，在工业污染较严重的地区，汽车淋雨后应及时将汽车送到专业汽车美容店进行清洗。

（3）清除车身表面顽渍。当车身表面黏附树汁、鸟粪、虫尸、焦油、沥青、飞漆等顽渍时，若不及时清除就会腐蚀漆层，给护理增加难度。为此，要经常检查车身表面，一旦发现具有腐蚀性的顽渍应尽快清除，若已腐蚀则必须到专业汽车美容店进行处理。

5.1.2　汽车清洗的种类与时机

1．汽车清洗的种类

根据汽车车身漆面的含蜡情况，可以将现代汽车的清洗分为以下几种。

（1）一般性清洗。一般性清洗是指原车身表面有蜡且蜡的效果很好，对车漆仍有一定的保护作用，在洗车时不需要把它去掉。因此，这种洗车只是洗掉车身的灰尘、污迹等。清洗方法主要是通过清水和专用清洗剂，采用人工或机械的方法进行。汽车的一般性清洗是最常用的一种清洗方法，也是汽车最基本的保养项目之一。

（2）除蜡清洗。一般汽车车身的漆面都是要上蜡保护的，只是蜡的品种和时间不同。汽车经过一段时间的行驶后，漆面上的蜡就会逐渐老化或局部脱落，失去其应有的保护功能。在上新蜡之前必须要把车身上的残蜡清除干净，不然会因两次上蜡的品牌和时间的不同，出现局部新蜡附着不牢的现象。除蜡清洗是一种除掉车漆表面原有车蜡的清洗作业。清洗时要针对不同的车蜡选用不同的除蜡水，有效地去除车蜡。用除蜡水洗完之后，再用清水将车身表面冲洗干净。

（3）新车开蜡清洗。新车下线时，为了避免在露天停放或在运输中风吹雨淋、烈日曝晒、受烟雾及酸雨的浸蚀，必须进行喷蜡覆盖保护，以防漆面受蚀老化、生锈。但在新车交付正常使用运行后，这层下线时的保护蜡必须除去，这种对新车进行除蜡的过程称之为开蜡清洗。保护蜡的成分与日常的车蜡是不同的，因此在购买了新车后，应到专业美容店用新车开蜡剂去除保护蜡，然后对车漆做深层次的清洁养护，此工序称作“车漆还原”。然后再用高泡沫柔性洗车液清洗上光，最后用不含抛光剂的、柔和的新车专用蜡将清洁的车漆表层密封，使车漆底色充分展露。

（4）车表顽固污渍的清洗。汽车行驶时有可能粘上鸟粪、沥青、焦油、飞漆等难以清洗的顽渍，若没有及时清洗，长时间附着在漆面上，则会形成顽固的污渍，特别是此类附着物在短时间内就会对车漆产生腐蚀。顽固的污渍用一般的方法和清洗剂很难清除，必须用专门的清洗剂进行清洗，如焦油去除剂、有机溶剂等，也可根据情况用抛光的方法进行清除。

（5）车身静电去除清洗。车辆在行驶过程中由于摩擦而产生强烈的静电层，静电对灰尘和油污的吸附能力很强，一般用水不能彻底清除，必须要用专用的车身静电去除剂进行清洗。如果车身静电没有彻底清除掉就上蜡，则残留的车身静电荷被覆盖在车蜡下面，使车蜡的养护性能大大降低，并且其附着漆面的能力也会降低，车身对尘土的吸附能力增强，短时间内车蜡就会脱落，从而失去上蜡保护的意义。

汽车美容护理用品中有专门用于清除车身静电的产品，如汽车专用清洁香波，其 pH 值为 7.0，是一种绝对中性的车身清洁剂。它含有阴离子表面活性剂和其他有效清洁成分，在喷涂于车身表面后会与车身自带的静电荷发生作用，将电荷从漆面彻底清除掉。使用前先用高压水将沾在车身表面的污物冲净，再将汽车专用清洁香波按使用说明的要求进行稀释，然后喷涂在车身表面，或用海绵蘸上稀释的清洁香波擦到车身表面。擦洗时要注意全车的范围，不要有遗漏的地方。保持片刻后用高压水把泡沫冲掉。

（6）车身交通膜的去除清洗。汽车经过长时间的行驶，车身将产生静电而吸附灰尘、有害气体分子等，这些附着物会逐渐加厚，时间久了形成一层顽固的交通膜，持续损伤漆面。交通膜的产生，使原来艳丽的车身变得暗淡无光，还会对以后的上蜡质量产生严重的影响。而使用普通的清洁剂很难把它清除掉，必须用专用的交通膜去除剂进行清洗。清洗时按一定比例稀释后，将其喷到车身上，过一段时间后再用高压水冲干净就可以了。

（7）增艳清洗。增艳清洗的作业方式是在抛光或上镜面釉之后进行的，目的是除掉残留在车身表面的抛光剂和油分，为上蜡保护做好准备，使用的产品是“清洁上蜡二合一香波”。用这种产品进行深度增艳清洗后有很好的视觉效果，不但可以除去抛光剂、油分等污物，还可以留下一层薄薄的蜡膜，为接下来的上蜡保护打基础。

操作时先按产品说明书的要求稀释“清洁上蜡二合一香波”，然后直接用海绵将稀释液涂于车身，最后用水冲去泡沫，再用干净的软布擦干。清洗完成后，不但能增艳车身漆色，同时可增强蜡膜的光泽度，提高了汽车抗静电和抗氧化的能力。

2．汽车清洗的时机

一般汽车清洗的周期和时机没有一个固定的模式，主要应根据汽车所在地区的气候状况、工业污染的程度、经常行驶的路况和污垢的种类确定。

（1）根据天气情况判断。连续晴天时，车身表面的污渍以浮尘为主，平时只要用专用的汽车掸子将车身表面的灰尘清除即可，如有必要再用湿毛巾或湿布擦拭前后风窗玻璃及车窗与两旁的后视镜。一般先清除车顶，再清除前后风窗玻璃、左右车窗、车门，最后清除发动机盖及行李舱盖。如果一直为此种天气，则大约一周做一次全车清洗工作即可。

连续雨天时，车身表面污渍以泥土为主，先用清水将全车喷洒，使车上的泥土掉落。因为还会再下雨，所以接下来用湿布或湿毛巾擦拭全车所有的玻璃以保证良好的驾车视线。但当天晴之后，一定要及时到汽车专业美容店对全车进行彻底的清洗保养。

忽晴忽雨天气时，就得常常清洗车身表面，特别是在尘土路较多的地区更是如此。虽然很麻烦、累人，但为了使车容清洁、延长车漆的使用寿命，应经常对汽车进行清洗。

（2）根据汽车行驶的路况判断。经常在清洁的柏油或水泥路面上行驶的汽车，车身表面除了一些浮尘外，不易沾上顽固的污渍，一般每周进行一次全车清洗即可。平时可依据车身污染的情况，用汽车掸子简单地清扫一下即可。

如果汽车经常在沙土路面或建筑工地上行驶，则很容易受到污染，特别是在雨天，一些土路便成了泥泞路，工地上溅起的水泥等。在这样的道路上行驶时，汽车最好每天都进行清洗，以免形成顽渍，附着久了腐蚀车漆。

当汽车经常行驶在沿海地区或有露水及雾区的道路上时，由于沿海地区大气中的盐分含量和湿度较大，盐分与露水或雾气结合附着在汽车表面上会腐蚀车身。因此，要根据当地的天气情况及时对汽车进行清洗。

（3）特殊情形下的清洗。如露天停车或行驶在工地、大树旁、正在进行道路维修施工的柏油马路、天桥及路灯粉刷现场等，车身表面很容易黏附沥青、焦油、水泥、树汁、鸟粪及虫尸等污物，且沥青和焦油都是有机化合物，长时间附着于漆面会出现色斑，腐蚀漆层和金属车身。因此，遇到这些情况时，要根据污物的性质选用不同的专用清洗剂及时对汽车进行清洗。

5.1.3 汽车清洗的注意事项

（1）洗车时最好使用软水，尽量避免使用含矿物质较多的硬水，否则会在车身干燥后留下圈痕，影响洗车效果。

（2）洗车时要用专用洗车液，严禁使用肥皂、洗衣粉或洗洁精，因为这类用品碱性强，会导致漆面失光，局部产生色差，密封橡胶老化，还会加速局部漆面脱落部位的金属腐蚀。

（3）高压冲洗时，水压不宜太高，一般不高于 7MPa，喷嘴与车身不要离得太近，以避免高速水柱对漆面的过力冲刷损伤漆面。冲洗底盘时，水压可高一些，以便能够冲掉底盘上附着的污泥和其他附着物。车身清洗时，可将水压调低些，如果清洗车身的水压和水流过大，则污物颗粒会划伤漆层。另外，在冲洗水箱前面（通风孔处）时要注意控制水流的角度，水流要和水箱平面保持垂直，以免高压水流冲到水箱上的散热片影响其散热效果。

（4）清洗汽车油漆表面时，切莫使用刷子、粗布，以避免刮伤漆面留下痕迹。擦清洗剂时应使用软毛巾或海绵，最好使用海绵并随时将海绵在清水中洗涤，以免其中裹有硬质颗粒而划伤漆面。洗车时首先要将灰尘冲掉，不可一边冲水一边用海绵擦洗，否则，因为粗沙粒及灰尘尚未被冲除，容易造成细小的划痕。

（5）洗车时都应遵循由上到下的原则，即车顶→前后盖板→车身侧面→灯具→保险杠→车裙→车轮等。一般人不会注意到的后视镜座上也会积聚很多污垢，可以将后视镜折起后，用海绵擦拭掉。油箱盖、车门把手也要拉起来擦去里面的污垢，因为这些污垢在遇水流下来以后就会形成条状污渍。

（6）洗车时应注意天气。清洗汽车外表面时最好在室内或阴凉处清洗，夏天不要在阳光直射下洗车。如果阳光直射，则车表水分蒸发快，车身上的水滴干燥后会留下斑点，影响清洗效果。若发动机罩还有余热，则应待冷却后再进行清洗，防止温差太大伤及漆层。冬季不要在严寒中洗车，以防水滴在车身上结冰，造成漆层破裂。北方严寒季节洗车时应在室内进行，车辆进入工位后，停留 5～10min，然后冲洗。

（7）用洗车液洗车后，冲洗一定要干净，不可马虎了事。否则，残留的洗车液将会渗入漆表，造成污点。更严重的是灰尘等附着在车上，与水结合酸化之后造成生锈。因此车身与边框的间隙、油箱盖、铁板与铁板的接合处、后视镜与车门的填封处等洗车液会渗入的地方，都要仔细冲洗。积在车子零件接缝中的洗车液，应集中水压对着接缝喷洗，将其除去。

（8）注意密封和积水。清洗前应当将全部车门、车窗、锁孔、发动机罩、行李箱盖、通风孔、空气入口严密关闭，封严发动机电气系统，以防清洗时进水，造成短路、窜电、锈蚀和冰冻，影响机件的功能等。在没有干燥设备的场地清洗时，最好将汽车停在带有小坡度的空地或路边，以便清洗后清洗剂和水能自己流尽，防止积水污染或腐蚀。

（9）注意制动。清洗汽车轮毂内侧时，要防止进水而造成制动不灵，特别是鼓式制动器。如发现进水，可轻踩制动踏板，使车辆低速运行，造成摩擦，产生热量，使制动器干燥。

（10）注意锈迹。镀铬件清洗后如有锈迹，可将牙膏涂在软布上，蘸上氨水或松节油擦拭，擦完后再涂上防锈透明漆。

（11）清洗发动机时，注意不要将水溅到分电器、点火线圈、火花塞孔等电气系统的零件上，否则会使发动机不易起动。如果不小心溅到电气系统上，应用干布把水擦干，或用压缩空气把水吹净，并将水分擦净。

（12）洗完车后须用带有较长绒毛的毛巾抹干，长的绒毛能吸住脏物，使其不擦伤漆面。抹干时，也应遵循由上到下的原则，不要太用力擦拭。同样，擦干水滴时，也不要一次一大片，像海绵一样将水吸干较为理想，最好用洗车麂皮吸干，洗车麂皮质地柔软，且具有超强的吸水力，可迅速吸干水分。车身的缝隙之间的水滴可用吸水性强的纸插入吸干。同时车身、行李箱、发动机盖等，只要是能打开的部分都要打开擦洗，也不要遗漏了门边踏板、加油口周边。如果不仔细擦拭的话，时间久了将会形成顽固的水垢，难以去除。

5.2 汽车外部的清洗

汽车外部的清洗主要指车身外露表面及行走部分的清洗作业。车表的污垢主要有外部沉积物、锈蚀物，以及焦油、沥青、树汁、鸟粪、虫尸等附着物。这些污垢往往都具有很高的附着力，能牢固地附着在零件的表面，各有不同的性质，因此从零件表面清除它们的方法和难易程度也不同。如不及时清理，不仅影响车容的整洁，还会造成外表严重锈蚀、早期龟裂、松脱，并影响检修、拆装等。因此，隔一定时间或行驶一定里程，应该清洗一次。

5.2.1 车表污垢的组成和清洗工艺条件

1. 车表污垢的组成

（1）外部沉积物。外部沉积物可以分为尘埃沉积物和油腻沉积物。大气中经常含有一定数量的尘埃，漂浮在行驶的车辆附近，当尘埃颗粒的含量增加时，它在金属表面的凝聚和沉积也就加快。在潮湿的空气中，吸附的水膜会提高尘粒间的附着力，从而使尘粒加速凝聚。尘粒附着在表面上的牢固程度取决于表面的清洁程度、尘粒的大小和空气的湿度。油腻沉积物，是由于污泥和尘埃落到被机油污染了的车表或零件上而形成的，如果润滑油落到了污染了的表面上，则尘土被润滑油浸透也会形成油腻沉积物。

（2）锈蚀物。锈蚀物是由于金属和合金的化学或电化学保护层被破坏而形成的。钢铁零件表面如果失去保护层，长时间暴露在潮湿的空气中很容易形成红褐色的物质——铁锈。铁锈能溶于酸中，微溶于碱和水中。铝制零件同样会产生锈蚀，其锈蚀物是呈灰白色薄膜的氧化铝或氧化铝的水化物。

（3）附着物。汽车在行驶中，由于周围环境的不同而容易沾上一些附着物，如行驶在维修的道路上容易沾上焦油、沥青等，行驶在乡间道路上容易沾上树汁、鸟粪、虫尸等。这些附着物能牢固地粘在车身表面，一般很难用水清洗干净，要用有机溶剂进行清洗。

由此可见，针对车表上不同性质的污垢要用不同的方法和清洗剂进行清洗。

2. 清洗工艺条件

（1）清洗溶液的温度。清洗溶液的温度越高，去垢作用越显著；但温度过高不但造成能源浪费、成本增大，还会使汽车表面漆层发软、失去光泽。所以，一般在日常汽车冲洗时，清洗溶液的温度控制在35～50℃较合适。一般冬季的温度要高一些，夏季要低一些。在用清洗剂清洗汽车之前，先用温水冲洗一下被清洗表面，这样不仅会增加清洗效果，而且会减少清洗剂用量。

（2）清洗溶液的浓度。一般情况下，清洗溶液的浓度增加时，去垢效率亦增加。但当浓度过大时，去垢效率并不再显著增加，且浓度增加对漆层会有破坏作用，对有色金属也有不利影响。清洗溶液对漆层的影响可用清洗剂的 pH 值来确定。当溶液的碱性增大，即溶液的 pH 值增大时，其去垢能力增加，但对漆层有不利影响；中性溶液对漆层无害，但又缺乏足够的去垢能力。一般采用 pH 值为 7.5～8 的弱碱性清洗剂，这样既能保证去垢效果，又能使漆层不受影响。

（3）冲洗压力。一般冲洗车身的压力在 4MPa～6MPa 较为合适。个别情况下（如污垢多、清洗表面形状复杂等）压力可达 7MPa。冲洗汽车底盘时可将压力增大至 10MPa～25MPa，因为底盘形状复杂，且油污多、附着力强，压力过低则不易将污垢冲掉。

（4）清洗剂对污垢的作用时间。对汽车外表面一般只要 3～5s；底盘冲洗要 5～10s；个别地方，如一些形状复杂的深孔、拐角，冲洗时间可延长至 10s 以上。对外表面的冲洗，时间不宜过长，因为长时间冲洗会造成局部漆层发软，且易在汽车表面形成一层难以去除的痕迹。冲洗时应使各处冲洗的时间一致，并以一定方向和按一定顺序进行。

（5）气温对清洗质量的影响。冬季清洗汽车，会使水结冰而引起漆膜开裂。在这种情况下，一定要将水加热后再进行冲洗，汽车冲洗完毕立即用抹布擦干。夏季在天气炎热的阳光下进行冲洗时，水分蒸发较快，会在车身上留下圈状的污迹，洗车作业时应引起注意。

5.2.2 汽车外部的一般清洗和机械清洗

1. 一般清洗

汽车的一般清洗就是利用一些简单的设备，依靠具有一定压力的水、专用清洗剂及人工的擦洗，对车表的尘土和污垢进行清除。这种清洗方式主要由人工进行，操作简单、成本低，但清洗的效果不够稳定，其质量取决于操作人员的技术熟练程度。一般清洗的规范操作步骤应该包括清洗前的准备、冲车、擦洗、冲洗和擦车等五个步骤。为了保证洗车的速度和质量，操作应由两人配合进行。

（1）清洗前的准备。有客户来到时，操作人员应主动上前招呼，并引导车辆进入清洗工位。车辆停放平稳后，拉好手制动，车主离车。然后将车内脚垫撤出，关好车门。

调配清洗剂时，必须严格按照产品说明书上的要求进行，既要保证清洗剂的去污能力，又要减少不必要的浪费。

（2）冲车。用高压清洗机冲去车身污物，顺序自上而下。整个过程中应始终由一个方向向另一边的斜下方冲洗，尽量避免正向或反向冲洗，以免将泥沙冲回已经冲洗干净的部位。

冲洗时，尽可能用水流冲去车表附着的泥土，必要时要进行刷洗。不可忽视的部位是车身的下部及底部，因为大量的泥沙和污物一般都聚集在这些部位，如果稍有不慎就会遗留下泥沙等物质。在进行下面的工序——擦洗时就会因有泥沙而划伤漆面，因此必须彻底地冲洗掉车身下部及车底的大颗粒泥沙。

在冲车的同时，另一人应同时对脚垫进行清洗，并晾晒于支架上。一般该工序共需时间 2～5min。冲洗的质量标准为：车身通体用高压水枪打湿而无遗漏，车漆表面无大颗粒泥沙或污物，以确保以下步骤的顺利进行。

（3）擦洗。将配制好的洗车液均匀喷洒于浸湿的车身表面，如有泡沫清洗机，可先将泡沫喷洒在车身表面，然后两人各持大海绵一左一右呈“S”形、按照从上到下的顺序擦洗车身。擦洗时应注意全车的每个角落都要细致认真地进行擦洗，同时注意车身表面有些冲洗不掉的附着物，不可用力猛擦，以免损坏车身漆面。对于焦油、沥青等顽固污渍，应使用专用溶剂来清洗。

擦洗的质量标准为：无漏擦之处，车身漆面无划痕。

（4）冲洗。擦洗完毕之后，开始用高压清洗机冲洗车身，顺序与冲车时一样，但这时应以车身的顶部、上部和中部为重点。因为冲车时已经将车身下部冲洗得比较干净，并进行了一定的擦洗。且冲洗车身的中上部位时向下流动的水已基本能够将下部及底部冲洗干净，所以下部和底部一带而过即可。冲洗车身的同时另一人可进入车内用半湿性小毛巾擦洗内饰部件。

冲洗的质量要求为：车体无泥沙、无污垢、无漏擦之处。

（5）擦车。两人各用一块半湿性大毛巾将整个车身从前至后先预擦一遍，待车身中部及下部的大部分水分被吸干之后，再用麂皮细擦一遍，要求擦干所留下的水痕。最后用麂皮将棱角中残留的水分赶净，这样“一遍毛巾、两遍麂皮”之后，车身应不留水痕而且十分干净。

用麂皮擦完一遍后，一人应取出两块毛巾，一干一湿，用半湿性毛巾（有条件的也可用压缩空气吹干）擦净车门边、发动机盖、行李箱边沿及油箱盖内侧的泥沙后，再用干毛巾擦干所留下的水痕。用吸尘器将车内的尘土（仪表板、座椅缝隙处及地毯）由上至下吸干净，倒掉烟灰缸内的烟灰及杂物，垫好脚垫。然后用半湿性毛巾和抛光巾擦拭玻璃，用半湿性毛巾擦干轮辋及汽车底部（擦内饰及玻璃的毛巾应与擦洗门边、车身底部及轮辋的毛巾分开使用）。验车时应特别注意检查洗车工序中容易遗漏的部位，如发动机盖边沿及内侧、车门边缘内侧、车门把手内侧、后备箱边沿内侧、油箱盖内侧、车身底部、轮胎及排气管等。在交车之前还应记住在车内喷洒香水或空气清新剂，仪表板上擦拭一些液体仪表蜡，这样车主会感到更加满意。

验车标准为：外部饰件应无尘土、无污垢、无水痕；玻璃光亮如新，无划痕；内饰部件无灰尘，室内无异味，坐垫及脚垫摆放整齐。

2．机械清洗

汽车的机械清洗就是使用专用的洗车设备对汽车的外表进行清洗的过程。

专用汽车清洗设备一般可分为半自动和全自动两种。两者可统称为自动洗车，它们的相同之处为：驾驶员将待洗的汽车驶入洗车线的车道中，发动机熄火，拉起手制动，关好车门、车窗，驾驶员可留在车内也可离开。不同点是：半自动洗车需要根据洗车工序的要求，由人工操作洗车机上不同的功能按钮来完成；全自动洗车，只要按下机器上的起动按钮即可全程操作，直至洗车完毕。一般自动洗车的步骤如下。

（1）检查车身的污染情况，必要时应对污垢较重的部位进行人工清洗。

（2）检查设备，接通电源，做好洗车准备。

（3）做好准备，预检完成后，将车开至洗车台的停车位置，关好车窗和车门，关闭发动机，取下车顶天线，驾驶员离开。

（4）起动清洗机，对车表进行喷水浸湿。喷完水后，清洗机的滚刷开始运转刷洗车身的上侧、左侧和右侧，用喷头冲洗车轮和底盘的底部。车表全部洗刷完毕后，清洗机再重新喷一遍清水，冲洗汽车的各个部位。

（5）清洗完成后开始喷水蜡，并将水蜡抛光擦亮。

（6）最后用压缩空气或热蒸汽将车身吹干，一次洗车基本完成。

（7）对汽车进行清洗质量检查，发现有残留的污垢或水痕时，应用人工补充清洗去除，直到车身表面全部清洁、干净为止。

3．机械洗车的注意事项

（1）将汽车驶入洗车道，检查是否将车确实停放在洗车道中所要求的位置。

（2）无论半自动还是全自动洗车机，汽车在清洗前应将车门、车窗紧闭，车内最好不要有人滞留（因为有些车的防渗水功能不良，在清洗过程中容易将水渗入车内，溅湿车内乘员）。

（3）在未开始清洗前，应先询问车主，是否加水蜡一起清洗，这样可以使清洗、打蜡一次完成，节省时间。但水蜡在清洗过程中，同时也清洗了各处的玻璃，晴天不觉得，一旦下雨因水蜡附着在玻璃上，特别是前风窗玻璃，在刮水片的作用下会造成视线模糊。所以在汽车清洗时，如果不是时间关系，最好还是采用手工或机器打蜡。

（4）在对汽车进行清洗前，要根据车辆的大小、污垢的情况、清洗的内容等具体情况，和客户谈好收费标准，以免事后发生争议。

（5）自动洗车机洗完后的车，车身由洗车机上的压缩空气吹干。为避免汽车防水功能不良造成车门缝滴水，车主在进入车内要将汽车驶出洗车道时，最好先将车门与车顶间的接缝处所渗的水擦干，否则会滴在身上。

（6）因刚洗完车，车轮上还有水分，所以刚洗完的车子在刚起动时应慢速行驶，使水分被地面逐渐吸收后再高速行驶，以免使灰尘再度附着在车轮上。最好是用人工的方法将车轮上的水分擦干或让汽车自然风干，不要急着开走。

（7）自动洗车的清洗媒介物不是常见的布、棉等质软、不易刮伤的工具，而是一种类似塑胶的长丝条。由于长丝条滚动的速度较快，对车身的摩擦相对较大。因此，长期使用电动洗车机来洗车，易使车身漆面损伤。并且自动洗车总会有洗不到的死角处，往往还需要配合人工清洗。所以目前这种洗车方式渐渐少了，大多改用人工洗车，一来可清除一些电动洗车无法清除的地方，如车轮轮毂内及凹缘；二来可发现一些受损的小痕迹，可立即补救；再者是开店的投资少、使用成本低、操作简单灵活。

（8）使用自动洗车机时，因洗车机的清洗位置都与汽车的高度有关，所以像出租车车顶上的标牌、车身上的天线、后行李箱上的扰流板等，需要事先处理好。

5.2.3　几种新型的洗车方法

1．蒸汽洗车

从韩国引进的集清洗、打蜡、保养于一体的蒸汽洗车方法，旨在从根本上改变现有落后的洗车方式，从而给洗车行业带来一场新的变革。蒸汽洗车具有如下优点。

（1）无污染。洗车是在雾状下进行的，洗完后原地仍旧干净整洁，是绿色环保产品，对保护市容市貌、改善生态环境具有重要意义。

（2）节水、节能。蒸汽洗车每辆车仅用水 0.5L 左右，用水量是一般洗车时的百分之一，耗电 0.5 度左右。

（3）车容靓。采用特殊清洁剂、上光剂和高档车布，清洁、护理一次完成，避免用水洗车造成的车子磨花、车漆失去光泽、使汽车毁容等。

（4）体积小、质量轻，可流动作业，上门服务。

（5）无须专用店面，不受场地限制；快捷方便，劳动强度低，只需 10min 左右即可完成。

2. 无水洗车

无水洗车也称为干洗保护釉洗车，由于干洗保护釉内含有清洁剂、润滑剂及保护釉三大类物质，因此用干洗保护釉洗车可以同时完成清洗、润滑、上釉等功能。

呈雾状喷射到车表面的干洗保护釉，把所有能接触到的污物和车表面加以覆盖。在清洗剂的作用下，车表面污渍被软化，并在保护釉的包裹下变成无数小珠粒，保护釉同时把车表面加以覆盖，珠粒与车表面保护釉之间的润滑剂起到减少摩擦的作用。珠粒状的污渍在干毛巾的吸水引导下，被毛巾带离车表面。车表面只剩下凹凸不平的保护釉及少量润滑剂。用另一干毛巾擦拭后，除去润滑剂，留下的就是有相当硬度的耐磨、防水、防尘及防晒的保护釉了。

干洗保护釉不与污渍发生任何化学反应，它所含的高度润滑配方与高度反光因子不会破坏车漆，反而会使车身熠熠生辉。

无水洗车操作非常简单，只需把干洗保护釉用特制喷瓶，以雾状喷洒到未经任何清洗的干燥车表面上，无须等候即用一块干毛巾轻擦车表面，就可轻易地除去污渍，再用另一块毛巾加以抛光即可。完成一辆轿车的清洁、上光维护，只需 15～30min。同时，用干洗保护釉抛光后的车表面不但不会留下螺旋纹，而且由于坚硬、光滑的保护釉使沙、水、泥等脏物无法附着，因此只需用湿毛巾把留在车表面上的微粒轻轻抹去，再用干毛巾轻轻抛光，车表面就能恢复光亮，保护釉对车表面的保护期长达 30 天。可见，无水洗车具有如下特点。

（1）节水。无水洗车最大的优点就是节水，一般的洗车耗水非常严重，一辆车一年大约平均消耗洗车用水一吨左右。现在一般的中等城市都有上百万辆的汽车，可以想象每年的洗车耗水是十分惊人的。而各种无水洗车用品的出现，使汽车“干洗”成为现实。

（2）功能全。干洗保护釉具有洗车、打蜡、上光一次完成的功效，一辆脏车只需 10min 左右就能彻底清洁其表面，同时还能在车漆表面形成一层光亮的、不易蒸发的高分子保护膜。高分子保护膜具有洁净滑爽、气味芳香、抗紫外线辐射等特点，同时还可以防静电，防雨、雪的浸蚀，并能迅速掩盖车体漆面上的瑕疵，修复细小的划痕。

（3）安全环保。干洗保护釉具有无害、无毒、气味清香、不含任何有机溶剂等特点，对漆面无任何副作用。采用无水洗车除达到节水目的外，还可有效地解决废水排放问题，减少对环境的污染。

（4）使用范围广。干洗保护釉不仅可对车身漆面进行清洁、上光、打蜡，而且可对玻璃、车内仪表盘、座椅等进行清洁、上光、打蜡，兑水稀释后加入洗车机中，还可冲洗底盘部件。

（5）作业效率高。一般传统洗车作业，清洗与护理是分开进行的，既费时又费力，两个工人完成清洗、护理作业至少需要 30min。采用“无水洗车净”进行清洗作业，可将清洗、上光、打蜡合三为一，且只要 10min 左右便可完成一辆车的清洗护理作业，大大节省了作业时间。

（6）经济效益好。每位车主都想使自己的爱车经常保持洁净、亮丽，对于烦琐而又复杂的清洗、护理作业，若自己动手不仅费时、费力，而且因技术水平差，难以达到预期效果。若经常去汽车美容店则费用太高，很不经济。采用“无水洗车净”清洗汽车，操作方便、快捷，每次只要花 3 元钱就能使汽车焕然一新，并能对车漆起到良好的保护作用，可谓经济实惠。

（7）对漆面具有保护作用。传统洗车采用的清洗剂大多是碱性化工品，长期使用会严重腐蚀车漆，使车漆表面失去光泽。另外，汽车清洗后的打蜡、抛光工序中若使用的是硬蜡，则一般上蜡后需等待较长时间才能抛光，在这段时间里，附着在车漆上的蜡将吸附大气中的灰尘和微细沙粒，此时再进行抛光，就会使车漆受到伤害，在车漆表面留下无数细小的划痕，加快车漆失去光泽的速度。采用“无水洗车净”不仅不会对漆面产生任何副作用，而且对漆面具有很好的保护效果。

5.2.4 车表顽渍及其他部件的清洗

1．车表顽渍的清洗

被鸟粪、沥青、焦油、树胶等顽渍长时间附着的漆面，在有机化合物的作用下会出现污斑，应及时清除。但这些顽渍用一般的清洗很难去除，必须用专门的清洗剂和方法进行清洗，可以采取以下方法处理。

（1）清水刷洗。对于附着时间不长的污物，一般可以刷洗清除。在刷洗时，水温在常温或常温以下，刷子要选用鬃毛刷，以免划伤漆面。

（2）有机溶剂清除。如果刷洗难以清除污渍，则可选用有机溶剂，但选用时一定要注意不可选用对车漆产生溶解作用的有机溶剂（如含醇类、苯类的有机溶剂等）。一般可用汽油浸润后，再擦拭清除。

（3）用专用的清洗剂清除。焦油去除剂是汽车美容的常用产品，主要用于沥青及焦油等有机烃类化合物的清洁。树胶清洗剂是去除树胶和鸟粪的专用清洗剂，可以有效地去除车表的鸟粪和树胶。使用专用的清洗剂，既可有效去除污物，又不会对漆面造成损坏。建议在实际操作时，最好优先选用专用清洗产品，若无专用清洗产品，则可酌情考虑用前两种方法。

（4）抛光机清除。对附着时间太久的顽渍可以使用抛光机清除，操作时可加入适当的研磨剂，快速有效地去除附着在车表的沥青、焦油、鸟粪、树胶等顽渍。

2．车表其他部件的清洗

汽车除车身需要经常清洗外，车表其他部位不同材质的零部件也需要清洗，使用的清洗剂和清洗方法也有所不同。

（1）不锈钢饰件的清洗。汽车车身外部常装有保险杠、防撞杠、脚踏板、个性装饰件等，这些部件常用不锈钢材质制成且大部分装在汽车的下部，容易受到污染，需要经常清洗。可以使用不锈钢上光护理剂进行清洗，在迅速除去表面污物的同时还能有效上光。清洗时，可将不锈钢上光清洗剂喷涂在不锈钢饰件上，用软布直接擦拭，然后用水冲净擦干。

（2）镀铬件的清洗。有的汽车外部装有后镜架、车轮侧护板装饰件、天线杆等镀铬件，行车时由于空气中的水分和有害气体对其腐蚀而失去光泽，严重的可能生锈，影响美观。这些部件一般较易清洁护理，操作时可将镀铬件表面先用水洗净擦干，然后用干净抹布蘸上汽车镀铬抛光剂，对需要清洁的部位反复擦拭，直至光亮度满意为止。锈垢严重的镀铬件表面应使用除锈剂先进行除锈，然后再使用汽车镀铬抛光剂进行处理。注意，不要使用钢刷、腐蚀性清洗剂等。

（3）塑胶件的清洗。有些汽车的进气格栅、保险杠、后视镜外壳、车门把手等是塑胶件，在风吹日晒的情况下会失去光泽，甚至氧化龟裂，脏污的塑胶件若不及时清洗，也会影响美观。汽车前后组合灯具也多为塑料件，长久不清洗会影响灯光照射的亮度。塑胶护理上光剂不但能迅速除去污垢，而且还能有效上光。清洁时可先用水擦洗，再用干净的棉布蘸上塑胶护理上光剂反复擦拭，然后用清水冲洗。清洁组合灯具时注意不要用腐蚀性溶剂清洗车灯，否则易造成蚀痕；不要在干燥的情况下擦拭车灯，否则会造成刮痕。注意，不要用煤油、汽油或苛性钠等化学试剂清洗塑胶件，以免发胀变质或使车灯破裂。此外，对于有些采用隐藏式前照灯设计的车辆，别忘了要将前照灯开启后再进行清洗。

（4）车窗玻璃外表面的清洗。车窗玻璃要经常清洗，以保证其有足够的清晰度，一般情况下经常用水清洗就可以了。如果车窗玻璃久不清洗，会在玻璃的外表面形成一层交通膜，这时用水清洗不但费时费力，而且清洁不彻底，还会留下交通膜的花纹，所以要进行特殊的清洗处理。清洗玻璃前应先将上面黏附的污渍、焦油或沥青等用塑料刮片除去（注意：塑料刮片不能来回刮，应该向同一方向推，以免刮伤玻璃），然后用专用的玻璃清洁剂进行清洗。操作时可先用玻璃清洁剂进行擦洗，除去表面的灰尘及交通膜，然后涂上风窗玻璃抛光剂，稍待片刻，再用干净的棉布作直线运行擦拭，直到将玻璃擦亮为止。玻璃清洁剂兼具上光作用，不但能使玻璃表面洁净、光滑、防止灰尘二次沉降，同时还能改善刮水器的擦痕。

5.2.5　汽车底盘的一般清洗和免拆清洗

1．汽车底盘的一般清洗

汽车底盘由于与路面距离最近，工作环境比较恶劣，所以行驶中经常会沾上泥土、焦油、沥青等污物，特别是雨、雪天气，底盘部位更容易沾上泥水，如不及时清洗容易形成顽渍和锈斑；另外汽车底盘系统的油液渗漏，黏上灰尘后形成的油渍、油泥等，如不及时护理，就会影响到汽车的行驶性能。

（1）车身底板的清洗。车身底板是车身的最低部分，因此往往被人忽视。而且底板朝着行驶路面，行驶时最容易沾上泥水、焦油、沥青等污物，其污染情况一般不容易被发现，故常常因护理不及时而产生锈渍、锈斑等。对于泥土、焦油、沥青等可用发动机清洗剂或除油剂清洗，对于锈渍、锈斑等可用除锈剂进行擦洗。清洗完成后再用多功能防锈剂喷涂在底盘上即可。

（2）转向系统的清洗。转向系统的转向横拉杆、方向机、转向节臂等部件位于车底，汽车行驶时比较容易脏污，如不及时清洗，时间长了就会生锈而影响其应有的使用性能。一般的污渍可用多功能清洗剂进行清洗，如果发现有锈斑就必须用除锈剂进行擦洗。清洗后可喷上多功能防锈剂进行护理。此外，还可以在转向助力储液灌中添加转向助力调节密封剂，以恢复老化橡胶油封的密封性，防止转向液渗漏，消除因漏液而造成的转向迟钝、转向沉重等现象，还能清洗并润滑助力转向系统的内部机件，防止胶质、老化和油泥产生，减少机件磨损，延长使用寿命。

（3）传动系统的清洗。传动系统的变速箱、传动轴、主减速器壳体、半轴套管等部件也是容易粘上泥土、产生油泥而受到污染的地方，长时间不清洗会对部件产生锈蚀，一般可视污物的性质选用专用清洗剂进行清洗。

（4）制动系统的清洗。由于汽车制动器工作情况的特殊性，制动蹄片有可能会粘上油泥、制动液、烧蚀物、胶质等污物，容易产生制动噪声，影响制动性能，因此也必须定期进行清洁护理。可选专用的制动系统清洗剂进行喷洒清洗，以有效地清除制动蹄片上的污物，改善制动效能，消除制动噪声。使用时只要将清洁剂喷在需要清洁的部位即可，如有需要可重复清洁。

（5）轮胎的清洗。轮胎上除了粘有灰尘、泥土外，还有酸、碱性物质污染。清洗时要先将夹在轮胎花纹里的沙石清除，再用高压水冲去上面的泥土和灰尘。而对于一些酸、碱性物质，用水难以清除，普通清洁剂也只能除去尘土，因此，要想获得理想的轮胎清洗效果，应使用专用的轮胎清洗剂。轮胎清洁增黑剂除了具有清洁、翻新等作用外，同时还具有减少紫外线的辐射、减缓橡胶老化、增黑上光、延长轮胎使用寿命等功能。

（6）轮辋的清洗。现代汽车轮辋除了钢制的外，还有铝合金制品等。清洗时须特别小心，其表面有装饰保护层，因此应使用中性清洁剂清洗，不可用碱性清洗液、钢刷、腐蚀性溶剂、燃油或强烈清洁剂，否则会破坏保护层。此外，一定要用海绵等柔软的东西轻轻刷洗，不要用毛刷，否则将会严重损伤表面的光亮层。

根据轮辋材质的不同，使用不同的清洁剂，一次清洗一个。因为一次清洗一个轮辋可避免清洁剂在轮辋表面凝固。若清洁剂凝固，则清洁效果将降低，且在使用清水冲洗时将更加困难。

当轮辋的温度很高时，千万不可清洁轮辋，因为高温会促使清洁剂发生化学变化，导致轮辋表面受损或降低清洁效果。选择良好的清洁剂也可降低因温度升高而变质的风险，若轮辋温度仍高，最好让其自然冷却 1h 以上再清洁，千万不可用冷水冲洗冷却，此举易使轮辋受损，可能造成制动盘的变形而影响制动效果，甚至导致交通事故的发生。

对于长期附着在轮辋上的积垢，如沥青、摩擦片的黑粉等，当各种清洁剂皆无法清洁时，可试着使用刷子消除污垢，切勿使用过硬的刷子或铁质刷子，此举将会刮伤轮辋表面。车辆长期置放停车场，受其他车辆的排气污染，因排气化合物中含有酸性物质，因此也会导致轮辋表面的浸蚀。若车辆所在地区较为潮湿或接近海滨，也应勤加清洗，以免盐分浸蚀轮辋表面。轮辋清洗后，再用防酸清洁剂进行处理，一般应每两个星期一次彻底清洗轮辋上的盐分污垢和制动片上的残留物。

2．汽车底盘的免拆清洗

（1）自动变速器的免拆清洗。自动变速器结构复杂，精密部件多，在使用过程中一旦出现故障，维修将非常困难。自动变速器调节剂的出现解决了这个问题，它具有可改善自动变速器的工作性能、减少故障及延长使用寿命等功能。

自动变速器调节剂能使自动变速器中的部件减小摩擦、降低噪声、工作平顺；能清洁自动变速箱中的精密偶件及传动液的精密油道，保持传动液的正常动力传输，减少自动变速器的故障；防止传动液中生成胶质及沉积物，避免传动液受污染而导致传动效率下降及过热等故障发生；能防止自动变速器中的各密封元件老化的产生，从而减少了变速器中液体泄漏的可能性；可与任何种类的自动变速器中的传动液及润滑脂融合使用。

（2）制动系统的免拆清洗。制动液一般能耐 200℃左右的高温，适用于装配 ABS 系统的盘式、鼓式制动系统，如制动系统清洁喷雾剂（如 S-683、S-684、S-685）。该类产品采用特殊配方，不含氯化物，去污力强，对制动系统制动摩擦面有清洁作用，能去除制动部件工作时所留下的残留物，降低摩擦面的摩擦系数，防止摩擦片、制动盘、鼓等因过度磨损而影响制动性能；该产品还能立即清洁各种形式的制动总成、衬垫及制动部件上的油渍，防止打滑，提高制动效能；对制动摩擦片有保护作用，防止摩擦片在高强度的摩擦下焦化，延长制动摩擦片的使用寿命；能有效地润滑摩擦片与盘面的工作面，防止制动时盘与片的高强度摩擦、干涩，防止对摩擦片及盘的过度磨损而影响制动性能；能有效、及时地清除因制动而产生的残留物，防止并消除制动时产生的噪声。

（3）助力转向系统的免拆清洗。助力转向液（如 S-270、S-272）用于保持助力转向系统能平稳安静地操作，适用性强，功效时间长，适用于各种助力转向系统。使用本品可保证转向系统的灵活、轻便。可与各种品牌的助力转向液混用，降低转向系统磨损，减小噪声，具有防锈、防腐、抗氧化等功效。

助力转向密封剂（S251）可与各种转向液混合使用，适用于各种类型的液压助力转向器，可快速恢复转向器各密封件的弹性和功能，在转向器运行中，可自动封堵因密封件干燥硬化、裂缝、收缩而导致的泄漏。它含有预防性添加剂，可防止各密封件失效，并可自动维护、改进各种助力转向性能，保证转向操作轻松、平稳。使用时，可将密封剂加入到助力转向储液罐中，行驶中将自动堵漏。

5.2.6 发动机的一般清洗和免拆清洗

1．发动机的一般清洗

发动机是汽车的动力装置，是汽车的心脏部分，保持其清洁和正常工作是十分必要的，正确的保养和清洗可以减少发动机故障的发生，延长其使用寿命。

（1）发动机外表灰尘及油污的清洗。发动机外表可用刷子或压缩空气等先进行除尘，然后选用合适的发动机外部清洗剂进行擦洗处理。需要注意的是，发动机外表不能用汽油等有机溶剂来代替专用清洁剂进行清洗，以免损坏橡胶、塑料等部件。

（2）表面锈渍的清除。铸铁、铝合金等金属表面生锈是一个缓慢的氧化过程，开始时表面会出现一些细小的斑点，然后逐渐扩大，颜色变深，形成片状或一层层的锈渍，从而形成严重的锈蚀。对于锈斑，应早发现早处理，在生成小斑点时就进行清除，以免斑点扩大后较难处理。可用除锈剂喷在锈斑处，然后进行擦洗。

（3）发动机电器电路部分的清洗。发动机电器电路部分包括点火线圈、分电器、点火模块及各种电路线束等，清洗这些部件时必须采用专用的清洗剂进行清洗。如果长期用水和普通的清洗剂清洗，则会加速塑料壳体和线束橡胶的老化，影响汽车起动和正常行驶。

在进行发动机外部清洗时应注意选用碱性小、不腐蚀橡胶塑料件及外涂银粉的清洗剂；用清洗剂擦洗之前，先用刷子或压缩空气除掉灰尘或细沙等；清洗发动机室时，注意不要将清洗剂喷到电气系统的零件上，更不能用水直接去冲洗，以免造成电器短路、电气元件进水等，使发动机不能起动或不能正常工作；如果不小心将水溅到电气系统上，一定要用干布擦干，或用压缩空气把水吹干再起动发动机；清洗完后可擦上塑料橡胶件保护剂使其色泽重现，同时延缓机件的老化。

2．燃油系统的清洗

汽车发动机的燃油系统经过长时间的工作，其油箱、油管、喷油嘴等处易生成胶质和沉积物，火花塞、喷油嘴、燃烧室等处易生成积炭。这些现象会影响燃油的供给，影响混合气的正常燃烧，从而导致发动机怠速不稳、加速不良，甚至出现爆燃等情况，使发动机油耗增加、废气排放增加。因而必须对燃油系统进行定期的清洗，以保证发动机具有良好的工作状态。

汽车发动机燃油系统的清洗可以使用专业设备及专用清洗剂，在发动机不解体的情况下进行。因此，也称为发动机的免拆清洗。

（1）用专用清洗机对燃油系统进行免拆清洗。首先配制好清洗剂与燃油的混合液，将清洗机的进回油管接到汽车的燃油系统中，起动清洗机和发动机进行燃烧清洗。在发动机运转的同时，混合物经燃烧将分布在系统中的胶质和积炭溶解剥落，并随废气排出。

（2）用专用清洗剂对燃油系统进行免拆清洗。使用时将汽车燃油系统专用清洗剂按说明书要求直接加入到油箱里，专用清洗剂能随燃油流动，自动清除、溶解燃油系统中的胶质、积炭等有害物质。

3．润滑系统的清洗

发动机在运行过程中，润滑系统的润滑油处在高温高压的条件下工作，容易产生油泥、胶质等沉积物，这些物质黏附在润滑系统的油路之中，不但影响润滑油的流动，而且加速了润滑油的变质，使运动零件的表面磨损加剧。因此必须对润滑系统定期进行清洗，以保证润滑系统的正常工作，延长发动机的使用寿命。

（1）机器清洗。先排出发动机油底壳的润滑油，取下机油滤清器，接好发动机润滑系统清洗机的进出油管，起动开关进行定时清洗，到时间后清洗机会发出报警声，提示已经完成清洗。然后拆下进出油管，装好机油滤清器和放油塞，重新加注润滑油。

（2）专用清洗剂清洗。发动机内部高效清洗剂能有效地清洗润滑系统各部油道及运动部件表面，将油泥、胶质等沉积物溶解。这种清洗一般在更换润滑油时进行。清洗时先将清洗剂按说明书的要求加注到曲轴箱中，起动发动机运转 15～30min 后，将脏污的润滑油放掉，更换上新的机油滤清器，按要求加注新的润滑油。

4．冷却系统的清洗

汽车特别是小客车的冷却系统中用冷却液替代水进行冷却，但是冷却液中也不同程度地会含有碳酸钙、硫酸镁等盐类物质。冷却系统长时间工作后，这些物质会从冷却液中析出，一部分形成沉淀物，另一部分沉积在冷却系统的内表面形成水垢。

在发动机冷却水套及散热器壁上形成的水垢影响其热交换过程，冷却系统内若沉积过多的水垢，会减少冷却水的容量，影响冷却水的循环。由于水垢层的导热性能很差，发动机容易出现过热现象，使发动机润滑条件恶化，运动部件表面不能形成良好的润滑油膜，也使燃烧室内积炭增多，容易产生爆燃，造成功率下降、油耗增大。因此，当汽车行驶一段时间后，应及时对冷却系统进行清洗。

（1）清洗机清洗。可利用水箱清洗机来清洗。水箱清洗机是清除水垢的专业设备，它利用气压产生脉冲，在清洗剂的作用下快速清除冷却系统内的水垢。

（2）专用清洗剂清洗。冷却系统高效清洗剂具有超强的清洗能力和高效的溶解性，能在发动机运行中彻底清除冷却系统内的水垢，恢复冷却系各管道的流通能力，确保散热性能。使用时按说明书的要求将适量的清洗剂加入冷却液中，拧好散热器盖，起动发动机运行 7～10min 后，排出冷却液，清洗完毕后再重新加注冷却液即可。这种专用清洗剂对水垢的去除率至少在 85%以上，且不会对冷却系统造成腐蚀。

5．发动机的免拆清洗

电喷发动机汽车行驶了一定里程以后，汽缸内会出现积炭，润滑系统易发生堵塞，水箱内会产生大量水垢，从而导致动力性能下降等问题，因此及时对发动机燃油系统、润滑系统、冷却系统等部件进行清洗是非常必要的。对燃油系统的清洗包括对喷油嘴、进排气管、进排气门、燃烧室的清洗。

电喷发动机最好每行驶 15 000km 就清洗一次。免拆清洗是其中的一种方法，该方法除了可以减少拆卸零部件的劳动量外，还可适当改善空燃比，提高发动机的动力性和经济性，并且能适当降低有害气体的排放。

目前市场上的免拆清洗有三种：清洗剂清洗、免拆清洗机清洗和超声波清洗。

（1）清洗剂清洗。把清洗剂直接加入油箱中进行清洗的方法简便易行，只需将适量的清洗剂加入油箱即可。但是目前市场上的清洗剂品种繁多，且规格不一，质量差的清洗剂由于热值不同（一般都会偏大，燃烧时的温度和压力比汽油混合气燃烧时要高，部件承受的热负荷与机械负荷会增大），在清洗过程中容易对进排气门、活塞、缸壁产生损害。

在环保方面，因为要洗掉缸内的积炭，所以尾气排放肯定会暂时超标，清洗效果越明显，其排放的尾气越浓黑，同时说明缸内的积炭已被大部分清洗掉了。

（2）免拆清洗机清洗。免拆清洗机清洗的原理就是利用发动机本身系统的压力及循环系统，用清洗剂替代油料燃烧而对缸内的积炭进行清洗，然后借排放系统排出。免拆清洗机的优点在于方便快捷，而且对于喷油嘴的清洗效果明显。不足之处是进气道的前一段清洗不到，而且喷油嘴的好坏也检查不出来。对于新车而言，其清洗效果一般可以达到80%左右，在用车辆的效果稍差，但洗后百公里油耗的效果还是很明显的。

（3）超声波清洗。超声波清洗的费用一般较高，与清洗机不同，必须拆下喷油嘴。其优点在于可以用超声波对喷油嘴有无雾化、响应程度、开关灵敏度、是否漏油等进行检测。但其同样也存在缺点，由于在清洗过程中喷油嘴的电磁阀不动，所以阀芯的针孔不容易被清洗到。目前新款的超声波清洗机也可以给阀芯加上交流电，让其打开而使阀芯往复运动，对阀芯的清洗效果比较好。

免拆清洗时勿贪便宜，目前市场上普遍采用的是免拆清洗机清洗方式，对于电喷车而言，其清洗是按喷油嘴的数量进行收费的，一般一瓶清洗剂可以洗4个喷油嘴。需要注意的是，各种清洗剂的热值是不同的。另外，由于其中化学添加剂的差异，劣质清洗剂在清洗过程中，会对喷油器的密封圈、三元催化器造成一定损害，而且长时间清洗对发动机的相关零部件也不利。

5.2.7 汽车零件的清洗

在汽车维修过程中，对拆下来的零件进行清洗是极为重要的。因为它们大多沾有油污、积炭、水垢和铁锈等。零件的清洗方法决定着清洗质量和生产效率的高低，最终影响汽车维修质量的好坏。

1．汽车零件清洗的目的

（1）便于对零件进行检验分类，发现零件的缺陷，了解和掌握零件的磨损规律，确定修理方法。

（2）可以提高装配质量，减少运动副之间的摩擦，增加润滑效果，延长零件的使用寿命。

（3）提高维修效果，展现管理水平。

2．汽车零件清洗的工艺要求

汽车零件清洗不同于汽车外部清洗，它在清洗方法和清洗材料上呈现出了多样性。为了不致破坏零件的使用性能，提高清洗质量和工效，应注意以下几点。

（1）清洗程度要有针对性。汽车中不同的零件对清洁度要求的程度是不同的。例如，配合零件的清洗程度要高于非配合零件；间隙配合零件的高于过渡和过盈配合零件；精密配合零件的高于一般配合零件；对需要喷、镀、黏结的零件表面，清洗要干净、彻底等。清洗时应根据上述特点，正确选择清洗方法和清洗剂。

（2）避免零件的磕碰和划伤。零件在清洗过程中，应遵循轻拿轻放、排列有序的原则，尽量不要叠放。同时注意，在手工清除活塞、喷油嘴、汽缸等的积炭时，要用专门工具，运动副之间的配合顺序不可搞乱。

（3）防止零件腐蚀。轴承孔、光洁表面和轮齿、散热器等，若受到潮气或在清洗过程中受腐蚀性溶剂的作用，会产生斑痕或被腐蚀。清洗时要合理选择清洗剂，对清洗过的零件应用压缩空气吹干，并采取防腐和防氧化措施。

（4）确保操作安全，防止火灾或毒害、腐蚀人体的事故发生，避免环境污染。

（5）合理选择清洗方法和清洗材料。在保证清洗质量和效率的前提下，要兼顾设备造价和材料成本，讲究实用性和经济性。

3. 汽车零件清洗的工艺方法

（1）手工清洗。在汽车维修过程中，有时要用刮刀、手锯片或刷子等工具，手工清洗活塞、气门、气门导管、喷油嘴、燃烧室等零部件上的积炭、油漆、结胶、密封材料等。手工清洗过程中，可视需要利用清洗剂在清洗箱或盆中进行。

（2）高压喷射清洗。利用射流式高压喷射器提供的常温或热的高压清洗溶液，清洗汽缸体、汽缸盖、变速器壳体等体积较大的零部件。

（3）冷浸泡清洗。将需要清洗的金属零件放置在网状筐中或用铁丝悬吊住，置于盛有冷浸化学剂的清洗箱中，上下运动几次，即可清洗干净，然后用清水冲洗，并用压缩空气吹干。它适用于化油器类零件的清洗，可有效地清除胶质、油漆、积炭、油泥和其他沉积物。

（4）热溶液浸泡清洗。最常见的一般是将一定浓度的氢氧化钠溶液置于蒸煮池（俗称火碱锅）中，加热至80～90℃时，将零件放入浸泡。这种方法对清洗零件上的油漆、油泥及水道内表面的铁锈和沉积物等有效而且经济。如果利用旋转式清洗机对零件进行热喷洗，则效果更佳。

（5）蒸汽清洗。将含皂质的水由水泵泵入加热盘管，盘管中的水被火焰喷射器加热至约150℃左右，并经增压后由清洗轮的喷嘴喷射到零件上，在喷射摩擦力的作用下除掉零件上的脏物。

（6）超声波清洗。超声波是一种交变声压，当它在液体介质中振动传播时，能使液体介质形成疏密状态，产生超声空化效应。当超声振动的频率和强度达到一定程度时，则不断地形成足够数量的空腔，然后不断闭合，在无数个点上形成数百兆帕的爆炸力和冲击波，对油污、积炭产生极大的剥离作用，加上清洗液的热力和化学作用，可获得良好的清洗效果。清洗时，可根据零部件的大小选择不同型号的超声波清洗机，按使用说明书的要求严格操作。

5.2.8 汽车空调系统的免拆清洗

汽车空调蒸发器、风机等长期处于封闭阴暗的状态，内部环境高温而潮湿。空气中的杂质、灰尘、细菌、病毒进入空调内部后，将与冷凝水结合并堵塞在蒸发器等部件上。日积月累，黏附着大量污垢、油垢、胺、烟碱、病毒、细菌、真菌、螨虫等。

一般而言，人们在使用不洁的车内空调时会有如下感觉。

① 空调刚刚打开，吹出来的风还未制冷时，就闻到一股类似霉变、烟尘的气味。

② 制冷或制热时，从风口吹出的空气不清新，伴有酸臭味或其他怪味。

③ 制冷效果下降，加换冷媒后仍无改善，并有汽车油耗增加等现象。

④ 人在车内，鼻腔、气管、肺部感到不适，或者伴有咳嗽、胸闷等。

车辆使用一年以上仍未对空调系统进行清洗养护时，按不同程度均会产生以上四种现象中的至少一种。

对汽车空调内部进行定期清洗养护的必要性已显而易见。但传统的汽车部件拆除方法，是取出空调内部蒸发器、风机等部件进行清洗，再安装还原，但因耗费人工、浪费冷媒、操作等待时间长、所花费用昂贵等原因，一般难以被车主接受。

汽车空调免拆清洗是一种值得推广的好方法，如日本生产的“SA775”汽车空调免拆清洗剂，直接从汽车空调进风口喷入，约 20～30min 后，被清出的脏水污液会自动从汽车底盘的空调排水口排出。整个清洗过程只需半个小时，清洗之后，从空调出风口吹出来的空气就会变得十分清爽。

5.3 汽车内饰的清洗

汽车内饰件大多数由塑料、人造纤维、皮革、橡胶等材料制成。这些饰件在使用过程中难免被脏污和性能退化。例如，塑料件在风吹日晒的情况下会氧化而失去光泽，皮革件用久后易出现老化、褪色等。所有这些都会影响汽车的舒适性和美观，缩短其使用寿命。而汽车美容时往往只注重了汽车的外表清洗护理，忽视了车饰的清洗护理。特别是驾乘舱，它的舒适与否极大地影响着驾乘人员的情绪和健康。汽车的内部是驾乘人员接触最多的地方，最容易受到水渍、沙土、烟尘、汗渍等因素的影响，使得丝绒座椅、地毡、顶棚发霉，真皮老化，产生难闻异味，甚至产生大量的细菌，影响驾乘人员的身心健康。因此，每隔一定时间必须做一次全面的专业清洗护理。

驾乘舱的清洗护理一般可分车内顶棚的清洗、车侧立柱及车门内表面的清洗、仪表控制面板的清洗护理、车窗玻璃的清洗护理、座椅的清洗护理、安全带的清洗、地毯的清洗、方向盘的清洗及其他饰面的清洗等。

5.3.1 内饰清洗的工艺方法

1．内饰的除尘清理

（1）将车内杂物，如停车证、磁带、坐垫、脚垫等取出，然后按由上而下的顺序进行除尘操作，其中包括前仪表板、烟灰缸、前窗台、后窗台、车门杂物箱、座椅、地毯、行李箱等。

（2）用掸子、吸尘器清除内饰各部件上的灰尘，现在市面上常见的吸尘器主要有便携型、家用型和专业型三种。一般来说，专业型吸尘器的效果最好，使用较多，它具有较好的防水性，而且集吸尘、吸水、风干于一体，配有适于内饰结构的专用吸嘴，操作简单，吸力大，并可与内饰蒸汽机配套使用，但价格较贵。落在驾驶座底下的小石子，行车时会随着汽车的运动而产生滑动，给脚踩踏板造成阻碍，甚至打滑而危及行车安全，必须及时清除。清除的方法是首先用毛刷配合小垃圾铲将小石子、沙粒扫除，然后使用强力吸尘器将车内底部、座位、布制旁侧板、车尾箱托板架等各处的沙、尘、碎屑吸除干净。角落里的小沙粒、碎屑聚积，轻敲吸尘器的吸入口便可使之顺利吸除。

2．内饰的清洗

除尘结束后，应该进行清洗。

（1）机器清洗。机器清洗最大的特点就是使用内饰蒸汽清洗机。配合多功能强力清洁剂，内饰蒸汽清洗机可以清除内饰部件上很难清洗的污渍，利用温度极高的热蒸汽软化污渍，可用于丝绒、化纤、塑料、皮革等几乎所有内饰部件的清洗。

机器清洗操作起来比较方便省事，需要能正确使用清洗机。操作时应根据不同材料的部件选择不同的温度及不同的清洗剂，以免损伤部件，并用半湿性毛巾包裹适合内饰结构的蒸汽喷头。

（2）手工清洗。手工清洗要求配制合适的清洗剂，配合软布、毛刷等工具进行清洗。一般来说，清洗剂应使用负离子纯净水作为溶媒，采用 pH 值平衡配方。高效的去污配方主要由非离子活性剂、油脂性溶解剂、泡沫稳定剂和香料等组成，能迅速去除内饰表面的尘垢和各种污渍。汽车美容用品店里可以买到适用于不同材料的专用清洗剂，使用起来很方便。

3．内饰清洗后的护理

为了延长汽车内饰件的使用寿命，保持其光泽，一般在清洗结束后，还需要进行上光护理作业。传统的上光护理产品只有单一的上光功能，如皮革上光剂，它只能保持光亮，而没有太阳过滤网，因此起不到保护作用。新一代的上光剂除了具有增光的作用外，同时还有清洗功能，具有防止龟裂、硬化及脱色的作用，内含表面活性剂和软化剂，用后能迅速滋润表面，恢复弹性和光滑状态，是汽车内外饰部件常用的护理用品。上光护理产品有保护剂和上光剂两类。

（1）保护剂。保护剂采用硅聚合物乳化剂，集清洁、上光、保护于一体，内含高分子氟化物，用后在表面形成无黏附性的高透明保护层，无毒无害，环保性好，可用于真皮、人造革、塑料、橡胶等制品。

操作时，为避免将保护剂喷到难以触及的地方，首先应将其在车外喷洒于小块海绵上，然后有规则地来回擦拭已经清洁过的工作面，尽量不要中间停顿，以免涂抹不均匀，影响施工效果。

（2）上光剂。上光剂集保护、修复于一体，有较强的清洁作用。它含有防腐剂，可修复轻微磨损，并且效果持久，不含磷酸盐，环保性好，是皮革、人造革、塑料、橡胶等的理想护理产品。

操作时，将上光剂少许倒在小块海绵上，均匀涂抹于工作面，然后用干净的无纺棉布进行抛光，可视部件的脏污程度重复使用，直至将工作面清洗干净为止。

5.3.2　不同材料内饰的清洗方法

汽车内部的顶棚、侧壁、座椅套及地毯等部位主要由化纤、皮革、塑料及橡胶等材料制成，清洗时应根据不同材料选择不同的专用清洗剂和清洗方法。

1．化纤制品的清洗

若内饰材料是化纤制品，则应先将其表面上的灰尘用吸尘器吸净，然后将化纤专用清洗剂喷在需要清洁的化纤制品表面，润湿 5min，待污物充分溶解、软化，再用无纺软布擦拭即可。

2．皮革制品的清洗

车内座椅、仪表台、方向盘、车门内饰等很多地方都是由皮革制成的。清洁皮革制品时，可先用一块湿布擦去皮革上的污物。如果污物较重，可用一块蘸有稀释清洁剂的海绵擦拭，注意化学清洗剂是不能随便喷上去的，应选用碱性的清洗剂。但擦拭时不可将皮革弄得太湿，以免使水顺着缝合处渗入机件。用清洁剂擦洗后，再用一块干燥的软布或毛巾将其擦干，然后打开车门，让空气流通，彻底晾干皮革上的水分。必要时，可使用皮革保护剂，对即将晾干的皮革进行上光护理。仪表台在清洗后，可涂上一层液体水蜡，防止阳光照射后发生龟裂。

3．塑料制品的清洗

对仪表板、顶棚支架、座椅护围等处的塑料制品，在清洗时应首先将专用清洗剂喷洒于制品表面。然后用毛刷稍蘸清水刷洗表面，直至细纹中的污垢完全被清除，再用半湿性毛巾擦净刷掉的污垢，如果去污力不够强劲，可视油污轻重而定清洗剂的稀释比例，加大力度，反复清洗。但仍然应该由轻到重，以免出现失光白化现象。

4．橡胶制品的清洗

首先将专用清洗剂喷洒于半湿性毛巾，然后直接擦洗橡胶部件，切勿使用毛刷，以免使橡胶件失去亮度，再用干净的半湿性毛巾擦净表面的清洗剂。

进行上述物品清洗时，应注意不能用碱性较强的洗衣粉或洗洁精清洗，更不能使用汽油、机油、玻璃清洗剂或漂白粉，以免造成部件的变形、变色、失光等缺陷。

5．车内特殊材质的清洗

汽车内部为了更美观、舒适，大量运用了多种复杂的材料，其中较多的有乙烯塑料纤维等。对它们而言，直接喷洒清洗剂在上面，然后用抹布擦干净即可。最后不要忘记喷涂一层乙烯塑料式橡胶保护剂，可防止其过早老化而变脆变硬。

5.3.3 不同部位内饰的清洗方法

汽车内饰的清洗应遵循自上而下的原则进行，即从顶棚到仪表板、座椅、车门内饰板，最后是地毯。

1．车内顶棚的清洗

车内顶棚由于其位置的特殊性，所以基本上不会被其他脏物污染。但由于车内顶棚所用的材料一般都有较强的吸附性，因此上面的污垢主要是吸附的烟雾浮尘及人体的头部油脂。清洗时可以视其污染情况，采用专用吸尘器配合人工操作用专用清洗剂进行。通常先用大功率吸尘管和刷子在大面积上清洁干净，然后用中性的洗涤液着重清洗污垢，再全面均匀清洗。但必须注意的是，汽车顶棚内的填充物是隔热吸音的材质，吸收水分的能力较强，清洗时抹布一定要干一些，否则湿乎乎的抹布使洗涤剂浸湿车顶材料后是很难干燥的，容易造成装饰布和填充物分离，带来不必要的麻烦。

待车内顶棚全部清洗处理干净后，用另一块干净的绒布（抹布）顺着车顶的布纹绒毛方向抹平，使其恢复原有的装饰效果。

2．车窗内侧玻璃的清洗

车窗内侧日久天长会被蒙上一层雾状污垢，影响能见度，如果在车内吸烟，情况会更严重。清洗时可用专用的玻璃清洗剂和软硬适中的抹布来除污，注意，擦拭时用力不要过猛，以防损伤藏在玻璃内的电热丝。注意后风挡玻璃的除雾热线，一定要沿着线的方向左右擦拭，不可垂直擦拭，以免造成断线。前、后风挡玻璃的下端是用手不太容易擦得到的地方，可用木直尺等工具在前端包上纸巾或棉布后擦拭。

3．车内仪表板的清洗

仪表台多为塑胶制品，存在许多细条沟纹，其上沾染污物的成分简单，多为灰尘黏附，容易清除，直接使用塑胶清洁润光剂处理，只需轻轻擦拭，即可得到一个干净洁亮的表面。方向盘上方的仪表盘，是监控车辆运行的关键部位，使用清洁剂擦拭时，动作应轻柔，避免刮花、损伤，影响透明度。而仪表控制台的前面板控制按钮、空调出风口等各种格栅较多，边边角角多、凹凸不平，结构复杂，用抹布和海绵能够直接清洗的部位很少，清洗起来比较困难。清洗时要在擦上清洁剂后用非常柔软的尼龙刷子刷出污垢，也可以一边用刷子刷出污垢，一边用吸尘器来吸。对凹槽等难以清洁处，可在清洁之前根据各部位的不同特点，自制一些不同厚度的木片，将其头部分别削成三角形、矩形等，然后包在干净的毛巾里，用于清洗沟沟坎坎之处，不仅清洁效果好，而且不会损伤表面。例如，用较为宽口的木片或尺子，裹上抹布来清扫空调送风口的百叶部分，就很顺手而且效果理想。各部分清洗、打扫干净后，用专用的仪表蜡喷到干净的抹布上，把清洗过的仪表板轻轻擦拭一遍，使其光洁如新。为了防止光的漫射，要使用不会发亮耀眼的增亮剂。最好再涂一层清洁保护水蜡，以减少外界，如阳光紫外线和空气臭氧对它的损伤。

清洁作业中，还必须取下烟灰缸，用水冲洗，必要时用硬毛刷子将烟焦油刷掉，用空气清洁枪吹干水分后再装回原位置。

4．方向盘、换挡杆、驻车制动器手柄等部位的清洗

方向盘、换挡杆、驻车制动器是驾驶员经常用手触摸的地方，其外表材料有塑胶、人造革、真皮、桃木等，容易沾上人体的油脂和汗渍，很容易弄脏。对于它们的清洁，可针对其不同材质进行不同的处理。对于塑胶材质的，可用干净的抹布蘸上中性的清洁剂进行擦洗，然后用塑胶护理上光剂轻轻擦拭即可。对于人造革、真皮材质的，可用真皮清洁柔顺剂进行擦洗，然后用真皮保护上光剂轻轻擦拭即可。对于有桃木饰条的，可用中性的清洁剂进行擦洗，然后用塑料橡胶润光剂轻轻擦拭即可。清洁方式是，只要将干净的抹布湿水后拧干，以此湿抹布擦拭就可以了。如果确实很脏，则在清洁水中加入几滴洗洁剂，可增强去污效果，但要注意最后还需用清水漂洗过的抹布擦洗干净。若使用仪表喷蜡等增亮剂则会很滑，反而影响使用安全。

5．地毯脚垫的清洗

地毯脚垫取出车外后另行清洁。先用敲击法撣掉附在地毯上的沙粒、碎屑，然后用空气清洁枪吹灰尘。很脏时，去掉灰尘后用高压水枪喷洗干净，用空气清洁枪吹净积水后，在太阳下晒干或用专用的甩干机甩干。此外，还可用专用地毯清洗机配合专用地毯清洁剂来清洁地毯脚垫，效果很好。

6．座椅的清洗

（1）绒布座椅的清洗。绒布座椅的清洗应注意三个问题：清洁、保色及恢复绒毛（即纤维材料本身）的柔顺性。所以，绒布座椅必须使用专用的内饰清洁剂进行清洁维护。清洗分为机洗和手工操作两种。机洗是将内饰清洁剂装入喷吸式地毯清洗机中。喷吸式地毯清洗机可以循环使用清洁剂，直至其吸收污物油脂达到饱和再弃换。使用机器清洗存在清洁死角，对机器难以触及、清洗的地方，解决的办法是将专用清洁剂装入小喷雾罐中或直接使用带有喷雾头的专用产品，喷洒到污处稍停留片刻，然后将干净抹布压在污处，挤出有油污、脏物的液体，再从四周向中间仔细擦拭，直到除去污渍。对于特别严重的污染，可重复上述过程。有的座椅材质会起毛球，这时可使用衣物去毛球器进行整理。

（2）皮革座椅的清洁护理。人造革和真皮座椅的共同特点就是其表面都有许多细纹，这些细纹内容易吸附许多脏物污垢，一般方法很难去除干净。而且，人造革和真皮亦不可用水清洗，否则不但影响其美观，而且会因水洗变硬产生裂缝而影响其使用寿命。因此，清洁这类座椅时必须使用专门的皮革清洁护理剂。这些专门产品中有皮革清洁美容养护功能，不但能迅速清洁上光，更具有消除静电、增强保护的功能。对于较脏的皮革座椅，建议首先使用内饰清洁剂进行处理，因为有些污垢可能形成硬结黏附在皮革表面，使用内饰清洁剂能有效润湿和分解油污，使下一步的清洗工作更加彻底。方法是将内饰清洁剂喷洒到座椅表面，稍停片刻，如同处理绒布座椅一样，用软布仔细擦拭，从四周向污块中心逐渐进行。然后使用真皮清洁柔顺剂，用软布结合软毛刷，彻底清除细纹中的污垢，最后用真皮上光保护剂进行上光处理。如果皮革座椅不太脏，则可以直接用真皮上光保护剂进行清洁上光。

7. 车门、门柱、门框边缘及车门内衬板的清洗

车门、门柱、门框边缘都是喷漆表面，且位于驾乘人员上下汽车处，经常受到手的触摸，所以一般上面的油污较多。可使用防静电清洁除油剂清除表面附着的油污，然后再上蜡抛光处理。车门内衬板和拉扶手，因其材质的不同，按情形分别使用绒布清洁剂或真皮清洁护理剂进行清洁。对于车门锁、铰链部位，先喷上清洁除锈剂进行清洁，然后用抹布擦干净上面的污垢、油污，最后涂上润滑油脂，以确保运动良好。此外，还应检查车门内侧底部的排水孔是否畅通，以避免积水、生锈。

8. 踏板的清洗

踏板包括制动踏板、离合器踏板和加速踏板，其中制动踏板尤为重要，若其表面胶垫的凹槽内塞满沙石、泥土，则下雨天时很容易打滑，妨碍行车安全。清洁时，踏板胶槽内附着的泥土，应使用硬刷子刷掉或用尖细铲刀剔除。最后用抹布蘸上清洁剂水溶液进行擦抹。驾驶座下地板及其周围的脏污也一并擦拭干净。

9. 安全带的清洗

安全带是在危险关头保护乘客生命安全不可或缺的装置，其功效在所有安全试验中已被证明。清洁汽车内室时，也应顺便对安全带进行检验。先用手慢慢地将安全带匀速拉出，检查其拉出时是否顺畅；然后，再用手拉出一小段后突然加速抖出，检查其安全锁止功能是否完好。此外，安全带的一部分出现裂纹，或一部分产生脱出现象等都是危险信号，不要误以为还可以使用，有不良感觉时，应向车主报告并建议更换。

清洗时用中性的清洗剂进行清洗。先将清洗剂喷洒在干净的抹布上，然后对安全带进行擦拭即可。注意不可选用染色剂或漂白剂清洗安全带，以免影响安全带的使用强度。

10. 行李箱的清洗

行李箱是车辆放置大件物品的地方，由于车主的需要，装载的物品复杂，容易产生垃圾，也容易脏污，而汽车的备用轮胎及随车工具大多也都放在行李箱中。行李箱中通常有泥沙、油污、小杂物等垃圾，清理不够方便，不能用水直接冲洗。行李箱中铺设的材料有胶垫、丝绒地毯，要针对不同材质进行清洁处理。可先清理出行李箱中的纸屑、沙粒等垃圾，再用吸尘器进行吸尘处理。对于铺设胶垫的行李箱，可用抹布蘸上清洁液进行擦洗；对于铺设丝绒地毯的行李箱可按地毯的清洗方法进行。

5.3.4 内饰清洗的注意事项

1. 合理选用清洗剂

进行车饰清洁时，要根据不同材质使用专用的清洗剂或最相近的清洗剂。例如，用水性真皮清洁柔顺剂清洗真皮座椅，用化纤清洗剂清洗丝绒纤维制成的座椅、地毯等，用玻璃清洗液清洗车窗内侧的玻璃等。

2. 不要随意混合或加温使用车饰清洗用品

不同的车饰清洗用品混合后，有可能产生一些有害物质。例如，有些化学成分混合后可能会释放出有毒气体。若将清洗剂加温，放入蒸汽清洗机内使用，也容易产生有害气体。因此，除非产品包装上注明特别的混合比例或配合机械的使用方法，否则切勿随意混合或加温使用车饰清洗用品，以免发生化学反应，产生有害物质。

3．对不熟悉的产品应先测试使用

对于首次使用的清洗剂，应先找到相同材质的部件进行清洗测试，或在待清洗部件的不显眼处进行测试。例如，使用真皮清洁剂清洗车内座椅皮革时，可先在座椅底部或背面等不显眼的地方小面积使用，观察清洗效果如何，以防褪色或有其他损害。

4．不要用水清洗车身内部

车身内部不要用水直接清洗，因为驾驶室内地板胶垫的下面也是凹凸不平的，结构上因凹槽、各种通孔较多，故用水冲洗后，水容易沉积在凹槽内不易干燥，或从通孔处流到变速器等部件上产生锈蚀。特别是密封性能较好的轿车，更不能用水直接冲洗车身内部。

5．其他注意事项

（1）当车内饰件上有特殊污渍，如焦油、油漆、机油等时，不可用力擦洗，应选用专用清洁剂进行清洗。

（2）清洁作业时，喷上清洁剂稍停片刻后才进行擦拭。擦拭方向要求后期只能单向运动，以便保持光线漫射面一致。

（3）如有需要，可对清洗过的较难干燥的饰件进行烘干处理，以防止发霉。

（4）为防止儿童在行车中拉开车门而发生意外，在汽车两后门的门锁附近，都有一个可来回拨动的扳机，在车辆使用中，这一机关大多处于不作用（关闭）状态，但在车门的清洁美容作业中有可能被抹布拉动到“开启”位置，美容作业完毕必须恢复原位置。

（5）车门周围镶嵌的防水胶条及门框边胶条，很容易偏斜、松脱。作业中应注意观察用高压水冲洗时是否发生渗漏，开裂时用专用胶粘剂重新黏结。

（6）踏板的支点处必要时应喷涂清洁除锈剂进行清洁，擦抹干净后再涂上润滑油脂。这些部位长期不维护使用时会发出异响，听起来很不舒服。

（7）清洁汽车内室时大多应打开车门作业，这时必须注意防止车上存放的票据和文件等丢失。

（8）清洁汽车内室时必须将车内照明灯开关关闭，否则可能因长时间作业导致电池掉电而不能起动。

（9）为防止车钥匙被反锁在车内，进行美容作业时，最好将车钥匙统一存放在专用的保管箱内，确有需要时，请将驾驶室车门玻璃降下一部分。因为部分车辆自备和车用防盗器具有自动锁定功能。

（10）清洁仪表盘时，仪表指示灯亮度调节旋钮可能会意外地被旋转到最暗位置，故需在室内美容作业完毕后，打开汽车小灯，检查仪表指示灯的亮度是否合适。

（11）切忌将仪表喷蜡喷涂到皮革座椅及靠背上，以免乘坐人员的毛料或化纤衣裤因摩擦而变亮。

习　题　5

1．填空题

（1）汽车车表的污垢主要有__________、__________和__________。

（2）车身表面的抛光是通过__________、__________和抛光的作用原理来消除车身漆面的____________，改善车身漆面的缺陷。

（3）轮胎清洁增黑剂能清除轮胎上的酸、碱性污染物和其他有害物质，有助于降低____________，减缓____________，延长使用寿命，同时兼具增黑上光功能，用后能使轮胎光亮如新。

2．判断题

（1）洗车时最好使用含矿物质较多的硬水，以免车身干燥后留下痕迹。（　　）

（2）使用打蜡机上蜡时，可不按一定的顺序任意进行，以保证打蜡的效率。（　　）

（3）发动机外表可用汽油来代替专用清洁剂进行清洗。（　　）

3．选择题

（1）下列哪种方法不适合车表顽固污渍的清除？（　　）

A．抛光机清除　　B．有机溶剂清除

C．焦油去除剂清除　　D．清洁剂清除

（2）下列哪项不是车蜡的主要功能？（　　）

A．增加漆面的光洁度　　B．研磨抛光

C．保护漆面　　D．清洗漆面

4．简答题

（1）简述汽车车身清洗的工艺流程。

（2）车身打蜡应注意什么事项？

（3）发动机与底盘部分的清洁护理有哪些内容？

（4）洗车时应该注意什么？

（5）如何判断洗车的时机？

第6章　汽车漆面美容

汽车在使用过程中，由于自然浸蚀和人为因素，常导致漆面出现变色、老化、微浅划痕等现象。汽车护理通过打蜡、研磨、抛光等美容作业，既可预防上述变异现象的发生，还可对变异后的漆面采取必要的补救措施。若不进行必要的护理或护理不当，则表面涂层会过早损坏，不仅影响车容整洁，还会诱发锈蚀和损伤，甚至导致车壳腐烂。一辆汽车，特别是轿车，若钣金及漆面不好，即使发动机状况再好，也无法保证车辆的使用寿命，使汽车的使用价值大为降低。因此，汽车漆面的美容作业是非常重要的。

6.1　汽车涂料的分类及组成

1．涂料的分类

（1）根据涂料中的主要成膜物质进行分类，主要可分为油性涂料和合成树脂涂料两大类。根据国家标准，以涂料基料中主要成膜物质为基础的分类方法，若主要成膜物质为混合树脂，则按在涂膜中起主要作用的一种树脂为基础作为分类依据。据此分类方法，将涂料产品分为17大类，见表6.1。由于第17类为其他漆类，故一般认为分16大类。

表6.1　汽车涂料分类

序　号	代　号	类　别	主要成膜物质
1	Y	油脂漆类	天然植物油、清油（熟油）、合成油
2	T	天然树脂漆类	松香及衍生物、虫胶、乳酪素、动物胶、大漆及衍生物
3	F	酚醛树脂漆	改性酚醛树脂、纯酚醛树脂
4	L	沥青漆类	天然沥青、石油沥青、煤焦沥青
5	C	醇酸树脂漆	甘油醇酸树脂、季戊四醇酸树脂，其他改性醇酸树脂
6	A	氨基树脂漆	三聚氢胺甲醛树脂、聚酰亚胺树脂
7	Q	硝基漆类	硝基纤维素、改性硝基纤维素
8	M	纤维素漆类	乙基纤维、苄基纤维素、羟甲基纤维、醋酸纤维、醋酸丁酸纤维、其他纤维及醚类
9	G	过氧乙烯漆类	过氧乙烯树脂、改性过氧乙烯树脂
10	X	乙烯漆类	氯乙烯共聚树脂、聚醋酸乙烯及其共聚物、聚乙烯醇、聚二乙烯乙炔树脂，含氟树脂
11	B	丙烯酸漆类	丙烯酸树脂，丙烯酸共聚物及其改性树脂
12	Z	聚酯漆类	饱和聚酯树脂，不饱和聚酯树脂
13	H	环氧树脂漆类	环氧树脂、改性环氧树脂
14	S	聚氨酯漆类	聚氨酯甲酸酯
15	W	元素有机漆类	有机硅、有机钛、有机铝等元素有机聚合物
16	J	橡胶漆类	天然橡胶及其衍生物、合成橡胶及其衍生物
17	E	其他漆类	未包括在以上所列的其他成膜物质

（2）根据固化机理分类。

① 溶剂挥发型。该类涂料是靠溶剂的挥发而干燥成膜的，涂料自身不会发生化学反应。如硝基漆、过氯乙烯漆、乙烯树脂漆、纤维素漆、丙烯酸漆等。

② 氧化固化型。该类涂料的干燥主要是在常温空气中，靠自身的氧化和聚合反应而形成坚硬的涂膜的，如油脂漆、天然树脂漆、酚醛树脂漆、沥青漆、醇酸树脂漆等。

③ 热固化型。该类涂料的干燥是靠成膜物质在高温作用下起反应而固化成膜的，如氨基树脂漆、热固性丙烯酸漆、热固性环氧漆等。

④ 双组分固化型。该类涂料的两种活性组分分开包装，施工时将两种活性组分按比例混合，活性基团交互反应而固化成膜。一般以常温干燥为主，也可低温（60～70℃）烘烤固化成膜。双组分涂料的干燥速度及涂膜性能与环境温度和固化剂的加入量有关，若固化剂加入量过多，则某些涂料的干燥速度反而降低，而且涂膜脆性大，因此必须按规定比例配制。该类涂料有环氧漆、聚氨酯漆、有机硅漆和橡胶漆等。

⑤ 催化固化型。该类涂料主要依靠包括有机过氧化物、氨蒸气和湿气的催化物质固化成膜。该类涂料有湿固型有机硅改性丙烯酸树脂涂料、过氧化物引发固化丙烯酸树脂涂料、氨蒸气固化聚氨脂树脂涂料等。

（3）根据涂料的成分中是否含有颜料分类。

① 清漆。涂料成分中没有颜料或体制颜料的透明体。

② 色漆。涂料的成分中加有颜料和体制颜料的有色漆。

③ 腻子。加有大量体制颜料的稠厚浆状体。

（4）根据溶剂构成情况分类。

① 无溶剂涂料。涂料组成中没有挥发性稀释剂。其中，呈粉末状的称为粉末涂料。

② 溶剂涂料。涂料组成中以一般有机溶剂为稀释剂。

③ 水性涂料。涂料组成中以水作为稀释剂。

2．涂料的组成

汽车涂料一般由四种基本成分组成：成膜物质（树脂）、颜料（包括体制颜料）、溶剂和添加剂。

（1）树脂。树脂是涂料的基本成膜物质，是涂料的基础，因此称为基料或漆基。涂料的基本物理力学性能大都是由树脂自身的特性决定的。树脂的作用是使涂料具有一定的硬度、耐久性、弹性、附着力等，并具有一定的保护与装饰作用，如耐水、耐酸碱、耐各种介质、抗石击、抗划伤、光泽等。

树脂来源可分为三大类：第一类是自然界的天然树脂，如松香、虫胶、生漆等；第二类是用天然高分子化合物加工制得的人造树脂，如改性松香、纤维素衍生物、橡胶衍生物等；第三类是化工原料合成树脂，如丙烯酸树脂、醇酸树脂、聚氨酯树脂、环氧树脂等。成膜树脂通过物理、化学改性后，可以提高涂膜的耐久性、附着力、耐蚀性、耐磨性和韧性。

（2）颜料。颜料是涂料中不挥发物质之一，它赋予面漆色彩和耐久性，起着美观装饰作用，同时使涂料具有遮盖力，提高强度和附着力，改变光泽，改善流动性和涂装性能。颜料分为着色颜料、体制颜料和防锈颜料三类。

① 着色颜料是涂料中使用品种最多的一类，其作用主要是着色和遮盖物面。另外，它还能提高涂膜的耐久性、耐候性和耐磨性。其色彩还要鲜艳、美丽，具有良好的着色力和遮盖力，且对光和热有较好的稳定性，在一定时间内不变色。

② 体制颜料大多具有良好的耐化学性、耐候性和耐磨性。色漆中与其他颜料配合使用，可以增加涂膜的厚度，增强涂膜的机械强度，使涂膜经久耐磨，还可以改善涂料的流平性或增加涂膜的抗老化性等。大量体制颜料还用于厚漆、腻子中。在涂料工业中，使用较为普遍的体制颜料有碳酸钙、滑石粉、重晶石粉等。

③ 防锈颜料具有优良的防锈性能，可以防止金属锈蚀，延长机械的使用寿命。其品种有铝粉、红丹、锌粉、铬黄等。

（3）溶剂（稀释剂）。溶剂是涂料中的挥发成分，其主要作用是能够充分溶解涂料中的树脂，使之容易输送；降低涂料黏度，使之喷涂施工时具有良好的雾化性能；当涂料喷涂于基材表面凝聚成膜后具有适当的挥发速度，使之有足够的流平时间以形成平整光滑的涂层。常用的溶剂有：烃类溶剂，如松香水、汽油、苯、二甲苯等；醇类溶剂，如乙醇、丁醇等；酯类溶剂，如醋酸乙酯、醋酸丁酯等；酮类溶剂，如丙酮、环己酮、甲乙酮等；醇醚类溶剂，如乙二醇、单乙醚等；氯化烃类溶剂和水。

（4）添加剂。虽然添加剂在涂料中的质量不超过 5%，但它们起着各种作用：有能加速干燥并增强光泽的加速剂；有能减缓干燥速度的缓凝剂；还有能减弱光泽的消光剂。有些添加剂起的是综合作用，能减少起皱、加速干燥、防止发白、提高耐化学物质的能力等。

6.2 汽车漆面美容概述

汽车在日常的使用过程中大多数时间是处于露天环境中的，因此不可避免地遭受风吹雨淋、日晒及酸雨等具有氧化性物质的浸蚀，漆面逐渐粗糙失光，甚至开裂等。另外，许多人为因素也会使漆面受损，例如，行车当中不注意，与其他物体或车辆刮擦；停放在路边或生活区的车辆被人恶意划伤，造成漆面严重伤害等。这些，通过专业汽车美容师的漆面处理施工完全可以使漆面面目一新。因此，了解漆面美容的主要内容、作业项目及操作工艺是非常必要的。专业意义上的漆面美容是指：通过系统、规范及专业化的汽车漆面美容作业，使车辆亮丽增辉，恢复往日的风采，提高车辆防护外界有害物质的浸蚀能力，延长车辆使用寿命。

6.2.1 汽车漆面美容的目的

1．延长汽车的使用寿命

当汽车漆面出现失光、划痕及破损时，由于这些缺陷有的已经超出了涂层范围，伤及金属基材，如果不及时进行漆面处理将会使基材金属产生腐蚀，漆面破损恶化，影响汽车钣金的使用寿命。因此，要根据汽车的使用情况及环境状况，及时对汽车漆面进行美容护理。

2．保持车容整洁美观

随着汽车技术的发展及人们对汽车使用要求的提高，现代汽车特别是中高级轿车不仅要有良好的使用性能，还要追求线条流畅的车身、豪华亮丽的外表及装饰。当爱车在使用中出现失光或不同程度的划伤及破损时，会使汽车原有的亮丽车身受到影响，使汽车原有的漂亮外观失去应有的风采。经常对汽车漆面进行美容护理，就会使车身保持和恢复其应有的美观。

3．有利于创造良好的城市环境

人们已越来越多地关注自己的生存环境，如污染、噪声等。随着社会进步，在国内许多城市已着手环境美化工程，而汽车作为城市形象的移动广告，无疑是环境的重要支撑。保持良好的车表形象，可以使城市多一道亮丽的风景线，创造美好的生存环境。

6.2.2 影响漆面的主要因素

1．漆膜质量评价指标

（1）外观。不允许露底和漏涂。

（2）漆膜总强度。

（3）机械强度。

（4）耐水性。

（5）耐盐水浸泡时间。

（6）耐候性。

2．影响漆面的主要因素

（1）阳光照射。紫外线会使漆面褪色；红外线的热量会使车身钣金件和漆面受热膨胀，两者的膨胀系数不同而导致出现裂纹。

（2）酸碱腐蚀。雨水、露水及空气中含有的酸碱性物质的腐蚀作用使得漆面加速老化、失去光泽。

（3）风沙磨损。

（4）水珠的透镜作用。水珠在漆膜表面形成一个个小小的凸透镜，会聚焦阳光从而灼伤漆面。

6.2.3 漆面美容内容与分类

1．汽车漆面美容的主要内容

汽车漆面美容主要包括以下内容。

（1）漆面失光处理。汽车在使用过程中，风沙尘土的吹打、日晒、雨淋、透镜效应、空气中有害物质的浸蚀及人为因素等，会使漆面逐渐失去原有光泽，影响汽车的美观。在汽车美容作业中通过采用特殊处理工艺与方法，配合专门的护理用品，可以有效地去除失光，再现漆面的亮丽风采。

（2）漆面浅划痕处理。汽车在使用过程中，若车身与外界各种物质经常摩擦或日常保养护理不当，久而久之会在漆面上出现轻微划痕，这种划痕并未露出底漆，但在阳光下划痕显得尤为明显。对漆面上出现的浅划痕，一般采用抛光研磨的方法去除。

（3）漆面深划痕处理。所谓的深划痕是指划痕深至底漆层的划痕，当用手拭摸划痕表面时，会有明显的刮手感觉。汽车漆面深划痕多为硬性划伤所致，若不及时处理不但会影响汽车的美观，更重要的是容易使漆面产生腐蚀，缩短车身钣金的使用寿命。目前在汽车美容行业中，在对深划痕的处理上，基本上是采用喷涂修复的方法来完成的。

（4）局部或整车喷涂修复。喷涂修复是对汽车局部或整车进行的漆面喷涂作业，主要用在汽车车身损伤较重，采用一般的美容手段已经无法恢复时。漆面的喷涂作业对厂房、设备及技术的要求最为严格，因此，当汽车漆面出现严重划伤、破损及腐蚀失光等现象时，均可采用喷漆工艺来恢复汽车车身的亮丽风采。

2．汽车漆面美容的分类

在汽车美容作业中，根据对漆面美容护理的深度不同，可以将漆面美容分为修复美容、护理美容及翻新美容。

（1）漆面修复美容。汽车漆面修复美容指的是对喷涂后车身漆面存在的缺陷进行处理。

在没有专用喷烤设备的车间喷烤，或者虽有喷漆房但喷漆房的通风净化不洁净、空气湿度太大的情况下，过滤系统会失效或喷漆房内的空气压差不稳。用于喷漆的压缩空气或大或小，致使修补漆的接口边缘出现流挂、尘埃、橘皮和干喷等现象。这些现象需经修复才能达到高质量的漆面效果。一般漆面修复美容的施工工艺如下。

首先进行磨平。对新喷的漆面进行打磨时，必须在完全干燥后进行。所以施工时一定要遵循涂料的干燥时间、干燥温度及涂层可抛光的时间。

大面积的磨平处理可用电动偏心振动圆形细磨机或气动圆形细磨机两种磨机。细磨机的偏心振动直径均为3cm，并带有平滑起动、无级调速功能，运转平稳。配以1500号的专用美容打磨砂纸，打磨时适当加少许水。细磨机用中档速度均匀打磨时，要尽量使磨垫底盘平放于打磨部位。这样可获得更好的平稳性，并减少损坏涂料表面的机会，避免因高速打磨产生的热量，使磨削的粉尘粘在砂纸表面后造成漆面新的划痕。

小面积或点状颗粒的尘埃，可用手动小打磨头，配以自黏式 2500 号专用水砂纸平稳打磨。在打磨时应保持打磨头垂直于物体表面，磨头保持尽可能小的圆圈移动，并在砂纸表面涂一些肥皂，以减少砂纸的黏塞，使打磨的效果更好。

将有缺陷的漆面打磨平滑后进行抛光。抛光时将水溶性抛光蜡均匀涂在已处理好的表面，用中号抛光机配合抛光用软毛垫进行抛光。在抛光过程中使用喷雾瓶向工件表面及抛光毛毡喷水，以防发热后抛光剂和漆面黏着。先将抛光机转速调整为900～1600r/min进行扩散抛光，把磨过的砂纸痕磨平，然后再将转速调整为 1900～2500r/min 进行高光洁度抛光。经过抛光后的漆面还要打一层上光蜡保护，打蜡时用中号抛光机加细海绵球先将水溶性漆膜保护蜡中低速涂匀、封闭和保护 10min，使蜡中的高分子聚合物覆盖于漆膜表面后；再用中号抛光机配以洁净的羊毛球进行保护性抛光处理，达到最佳的漆面美容效果。

（2）漆面护理美容。护理美容是指对在用的汽车漆面所进行的日常保养护理，保护漆膜而使漆面光泽持久，避免粗糙、失去弹性和光泽。一般汽车漆面护理美容的施工工艺如下所述。

首先用中性清洁液清洗车身各部位的油污及脏点。注意不要用碱性或酸性的清洗剂，以免损伤车身表面漆层。

然后用中号抛光机及细海绵球配合水溶性漆膜保护蜡进行抛光护理，将漆膜保护蜡涂于抛光机的海绵球表面，中低速 900～1600r/min 均匀涂抹在车身表面。封闭 10min 后改用羊毛球进行抛光，以除去表面浮蜡。

（3）漆面翻新美容。漆面翻新美容是指对于受污染漆面造成的粗糙失光，不需重新喷漆，经过翻新美容后就能达到原来的漆面效果。

在日常的使用中，汽车油漆表面长时间未做任何漆膜保护，并且受空气中的有害气体、紫外光照射、酸雨、鸟粪等浸蚀，以及汽车在高速行驶时与空气摩擦产生静电，将有害气体的分子和灰尘吸附黏结于车身油漆表面，从而形成一种氧化膜（交通膜），使车身漆面变得暗淡无光，车身上蜡的质量也会受到严重影响。

汽车漆面翻新美容的施工工艺如下所述。

首先确认没有严重的刮伤后，对车身表面用清洗液进行彻底清洗。选用电动细磨机或气动细磨机配合专用超软磨头，用中低速将氧化膜除掉后用快干清洗剂清洗。

对于去掉氧化膜的车身，用抛光机和粗海绵球配水溶性抛光粗蜡，将抛光粗蜡涂于海绵球表面，用 1600r/min 的中速均匀研磨一遍，使漆膜的纹理更加细腻均匀。然后，抛光机调到 1900～2200r/min 的中高速，将水溶性抛光细蜡加少许水粉均匀涂抹在需抛光部位，用羊毛球、把砂纸纹抛掉使漆面产生光泽。注意，在抛光过程中应该尽量使羊毛球湿润，以防止过热而损伤漆面。

最后进行上光封闭保护，用水溶性漆膜上光保护蜡和细海绵球将蜡均匀涂在车身表面，保持 10min 后用干净的羊毛球抛光。

6.2.4 车身漆面类型及鉴别

了解汽车车身漆面的类型和掌握其鉴别方法，对于从事汽车车身漆面美容工作是十分必要的。

1．车身漆面的类型

（1）原厂漆面。新车漆膜经过 120℃的高温烘烤，在涂膜干燥过程中经过熔融和二次流平，漆膜干固后具有镜面光泽，并且膜质坚硬。此外，由于新车在全自动化生产线上完成涂装，环境洁净无粉尘污染，故保证了新车漆面洁净无瑕疵。

（2）修补漆面。汽车原厂漆面因意外碰撞受损坏后，为了恢复其外貌和装饰效果，采用压缩空气喷涂方法进行修补。因修补部位、修补面积、修补涂料、修补设备的选用及技工操作技术水平的不同，修补漆面的质量存在诸多变数，漆面质量或多或少存在缺陷，只要认真观察，就可以发现修补漆面纹理不均匀、有压缩空气喷涂时漆雾落点留下的痕迹（严重者呈橘纹状），以及局部漆面可能存在尘粒等，而且烘烤温度最高不能超过 60℃。

（3）新车漆面。新车下线之前必须进行漆面保护，即在车身漆面上易受磨损部位贴上塑料薄膜，然后全车涂上一层较厚、黏性大的保护蜡。所以目前汽车销售商在将汽车卖出、交给客户之前，要进行 PDS（新车检查验收）。PDS 将对需要开蜡的车辆进行“开蜡”操作，即将原来涂在新车漆面上黏糊糊的保护蜡，用专用开蜡水去除，然后再用抛光方法进行处理。通常来说，新车漆面一经“开蜡”处理投入使用，就必须按期进行汽车美容专业护理，而不规范、非专业的洗车和打蜡不但省不了钱，反而会加速车身漆面的老化或者造成漆面意外伤害。

（4）轻微损伤漆面。只要汽车在使用、在行走，就免不了受到外界各种环境的伤害，在漆面表层形成氧化层或失光、老化。这些轻微损伤包括紫外线对汽车漆面的伤害、有害气体对汽车漆面的伤害、酸雨及盐碱气候对汽车漆面的伤害、制动盘与蹄片磨损产生的粉尘及马路粉尘对汽车漆面的伤害等。这些有害因素对汽车漆面的早期损伤是轻微的，通过专业的美容护理，可以有效去除失光、氧化层和交通膜，恢复汽车漆面亮丽如新的效果。

（5）擦伤的漆面。一般擦伤仅仅伤及漆面的外观，而车身钣金并未变形，漆面也无划刮造成的划痕。被擦伤的漆面经修饰研磨或用砂蜡研磨后，可进行抛光处理来恢复原貌。

（6）划花的漆面。划花的漆面指漆面不但被外物擦伤，而且刮划的划痕深入漆膜。划花的漆面可采用点修补或笔修补的方法先修补，然后再抛光。若划痕深且长，或是大面积的划痕，则应采用喷涂修补的方法进行修补处理。

（7）劣质老化的漆面。指漆面因材质等原因，经日晒雨淋而严重老化、发白、褪色或龟裂。这种漆面必须先清除原有的损伤漆面，然后再进行重新涂装处理。

（8）单膜漆面。新车涂装和修补涂装的涂膜构成相似，由里及外分为底涂、中涂和面漆三部分。单膜漆面是指面漆由一种材质的涂料，按工艺规范分 2～3 次涂布，然后进行干燥处理而获得的涂膜。通常素色（又称实色），即黑、白、红、黄、奶白、浅黄等不掺和闪光材料（如铝粉、云母等）的各色涂料，多采用单膜喷涂技法。

（9）双膜或三膜漆面。金属底色面漆及珍珠幻彩面漆涂装成膜后，涂膜表面没有洁亮的光泽感，还必须另外涂装透明清漆罩光，才能显出其幻彩的着色效果。而有的珍珠底色漆由于其遮盖力差，在喷涂之前，还必须先喷涂材质相同、颜色相称、遮盖力好的素色漆，故称“三膜”。这类漆面的最外层是透明层，犹如彩色相片烫压了一层透明塑料薄膜，既能保持色彩鲜艳持久，又能耐磨不变花，即保色保光亮，性能又明显优于单膜漆面，其美容作业的操作性和效果较佳。

（10）局部修补的驳口处漆面。车身漆面进行局部修补时，为了减小新旧涂膜的颜色差异，均需采用驳口渐淡喷涂技法。驳口区域修补喷涂获得的新涂膜渐变稀薄地过渡到旧涂膜区域，因此，在进行美容护理时应特别仔细辨认，格外小心护理，以免意外造成漆面破损。

2．车身漆面的鉴别

使用材质不同，导致不同的汽车漆面性能各异。新车采用高温烘烤，其漆膜光亮、坚硬，性能最佳。其次是双组分低温烤漆，最差的要数挥发性单组分涂料，其漆面短则一周，长则不过一个月就要抛光一次才有光泽显现。

不同汽车漆面对其日常接触的物质，如汽油、有机溶剂、硅油、机油等的敏感程度亦有所不同。

总之，漆面性能影响车身的抛光效果，涉及抛光用材的取舍。因此，要想做好汽车美容操作就必须掌握鉴别漆面的方法。

在进行修补涂装时，首先要知道旧漆膜所用的涂料是什么类型，其劣化的程度如何等，这是进行漆面喷涂美容作业的一个重要环节。

对旧漆膜进行正确的区分后，挑选适当的涂料，以及正确安排作业计划来进行汽车美容作业，可以避免在漆面喷涂美容作业中施工不顺利或交车后客户投诉事件的发生。

旧漆膜的鉴别方法见表 6.2。

表 6.2　旧漆膜的鉴别方法

旧漆膜 \ 鉴别法	外观法	溶剂法	加热法	漆膜硬度法	硝化棉检定液法
氨基醇酸系	橘皮面	不溶	无变化	H～2H	无变化
聚丙烯酸酯系	橘皮面	不溶	变化	H～2H	无变化
喷漆系	抛光后的表面状态	溶	稍微软化	F～H	变青紫色
NC 变性丙烯酸酯喷漆系	抛光后的表面状态	溶	稍微软化	F～H	变青紫色
CAB 变性丙烯酸酯喷漆系	抛光后的表面状态	溶	软化	F～H	无变化
双组分丙烯酸酯漆系	抛光后的表面状态	难溶	无变化	H～2H	稍微变青紫色
丙烯酸氨基甲酸酯系	橘皮面	不溶	无变化	H～2H	无变化

（1）溶剂法。取白碎布蘸满喷漆用的稀释剂后，擦拭漆膜，查看布团是否沾上溶解后的颜色来判断。如果漆膜溶解，并在布上留下印记，则是自干漆。如果没有溶解则可能是烤漆或双组分漆。有时外观上辨别出是烤漆或双组分漆涂膜，但由于烘干不良也会出现漆膜溶解的现象，最好多用几种方法认真地确认一下。

（2）加热法。用 1000～1500 号砂纸蘸水打磨旧漆膜，去除漆面光泽，然后加热到 80℃

以上观察漆膜的变化，如果钝化的表面重新出现光泽，则说明是丙烯酸喷漆。

（3）漆膜硬度法。各种油漆干燥后的漆膜硬度是不一样的。一般来说，双组分漆和烤漆的硬度比自干漆高。比较漆膜硬度时，可用不同硬度的铅笔削好后，用铅芯对漆膜进行推压，当漆膜出现损伤时，涂膜硬度应降一级。

（4）硝化棉检定液法。用 JIS 规格（Japanese Industrial Standards 日本工业规格）的硝化棉检定液（二苯胺 1g＋浓硫酸 100mL）滴 1 滴在旧漆膜上，观察是否会变色。检定液中含有硫酸，具有一定的危险性，市面上没有销售，自行配制时应特别小心。

3．旧漆膜与修补用涂料的适应性

旧漆膜与修补用涂料的适应性见表 6.3。

表 6.3　旧漆膜与修补用涂料的适应性

旧漆膜 \ 面漆涂料	硝基喷漆	NC 变性丙烯酸酯喷漆系	CAB 变性丙烯酸酯喷漆系	双组分丙烯酸酯漆系	丙烯酸氨基甲酸酯系	烤漆
硝基纤维喷漆	●	●	▲	▲	▲	×
NC 变性丙烯酸酯喷漆系	●	●	▲	▲	▲	×
CAB 变性丙烯酸酯喷漆系	●	●	●	▲	▲	×
双组分丙烯酸酯漆系	●	●	●	●	●	×
丙烯酸氨基甲酸酯系	●	●	●	●	●	●
烤漆	●	●	●	●	●	●

说明：1.“●”表示适应；“▲”表示使用中涂上即可；“×”表示不适应。

2.“双组分”是指漆料须加固化剂才能干燥，也可在 60℃以下低温烘烤。

由旧漆膜的鉴别法可以看出，修补用涂料的性质有所不同。如果选错修补用涂料，则有可能产生收缩及破损等漆膜缺陷，因此在操作时，要根据要求合理地选择修补用涂料。

6.2.5　喷涂前的表面预处理

1．车身旧漆的清除

在汽车喷涂修复前，旧漆层的清除是不可缺少的一道工序。旧漆层的清除程度可根据旧漆膜的损坏程度和重新涂装后的要求，进行全部和部分清除。如果需要部分清除，则可将损坏部位及四周损伤的旧漆膜用铲刀除去，旧漆膜豁口四周要铲成坡口，便于刮涂腻子时的接口过渡。旧漆膜清除的方法主要有以下几种。

（1）手工清除法。这是最简单、最常用的方法，特别是在没有专用设备的小型维修厂。主要用铲刀或刮刀把旧漆膜铲掉，然后用砂纸、钢丝刷等工具将旧漆膜粗糙口打磨干净。这种方法适应性强，但劳动强度大，工作效率低。

（2）机械清除法。该方法使用电动或气动工具，如钢刷打磨机、专用剥漆机或除漆机等，利用人工操作，将车身旧漆膜除掉。这种方法比手工清除法效率高，是车身维修作业中应用较广泛的一种方法，但操作时，易产生强烈的气味和漆尘飞扬，所以要求工作间有良好的通风设施。

（3）喷砂、喷丸清除法。这种方法是利用压缩空气、高压水流或机械离心力，将磨料、沙粒、金属弹丸喷射到旧漆膜上，借冲击和摩擦作用来清除旧漆膜。喷砂及喷丸可大大提高清除全部旧漆层的效率，不仅可清除掉旧漆层，使表面光滑平整，而且还可清除金属表面的锈蚀。因此，被广泛应用于大修车辆中。

（4）碱液清除法。碱液清除法利用强碱溶液对旧漆层进行浸泡，使旧漆膜软化、浮胀后，再用铲刀或钢丝刷将旧漆膜清除，然后用清水冲洗。这种方法虽然脱漆效果好，但会对金属底材产生腐蚀，尤其是对铝镁合金等的腐蚀更为严重。另外由于配套设备的投资较大，因此，在应用上受到了一定的限制。

（5）火焰清除法。火焰清除法采用喷灯或焊枪对旧漆膜进行加热，使其软化，然后再用铲刀将旧漆膜铲除。这种方法调整和操作简便，适用于旧漆膜中腻子较厚，且需要清除的旧漆膜较多的工件表面。但这种方法在使用时要注意，火焰在工件表面的停留时间不能过长，否则，容易造成底材烧穿而引起附近的装饰件变形，甚至造成火灾。

（6）化学清除法。化学清除法是用脱漆剂清除旧漆膜，主要用于无腻子层或腻子层较薄的漆面去旧漆及轻金属表面去旧漆，腻子层较厚时，溶剂不易渗透进漆层。

使用时只需将去漆剂用漆刷涂于旧漆膜表面，等其渗透进漆层，使旧漆膜完全膨胀软化后，再用铲刀将漆膜清除。若一次清除不掉，可再涂刷脱漆剂，直至旧漆膜、腻子层完全清除为止。常用脱漆剂为 T-1、T-2 脱漆剂。T-1 脱漆剂为乳白色糊状液，T-2 脱漆剂是无色透明溶液。利用脱漆剂清除漆面后，必须清除彻底，不能留下点滴旧漆痕迹（包括脱漆剂溶液），因为脱漆剂残留在金属表面将会使新涂底漆腻子及面漆干燥不良，漆膜有“回黏”现象。清除方法是：先用 2 或 3 号砂布把残留旧涂膜打磨干净，使整个金属表面呈银白色，最后用汽油或其他溶剂将整个金属表面擦干净（包括流淌到物体反面的脱漆剂残液）。在操作中要避免脱漆剂与皮肤接触，以免溶剂刺激皮肤。

2. 除锈

汽车在使用过程中，会不断受到大气中各种物质的腐蚀而锈蚀，锈蚀可表现为表面锈蚀及大面积锈蚀等形式。当发现锈蚀后，应及时采取相应的措施进行除锈处理。金属表面除锈方法有手工除锈、机械除锈、化学除锈和喷砂除锈、喷丸除锈等。

（1）手工除锈。手工除锈主要用铲刀、钢丝刷、砂布、钢锯条等工具，靠手工敲、铲、刮、刷、砂的方法来清除铁锈，这是漆工传统的除锈方法，也是最简便的方法，没有任何环境及施工条件限制，但由于效率及效果太差，故只能适用于小范围的除锈处理。

（2）机械除锈。机械除锈法和机械清除旧漆法相同，也是利用一些电动、气动工具来达到清除铁锈的目的。常用电动工具有电动刷、电动砂轮，气动工具有气动刷。电动刷和气动刷是利用特制圆形钢丝刷的转动，靠冲击和摩擦把铁锈或氧化皮清除干净的，特别对表面铁锈的效果较好，但对较深锈斑很难除去。电动砂轮实际是手提砂轮机，可以随着手随意移动，利用砂轮的高速旋转除去铁锈，效果较好，特别对较深的锈斑，其工作效率高，施工质量也较好，使用方便，是一种较理想的除锈工具。但在操作中须注意，不要把金属表皮打穿。

（3）喷砂、喷丸除锈。喷砂、喷丸除锈法与清除旧涂膜时的方法相同。

（4）化学除锈。化学除锈法实际是酸洗除锈法，利用酸性溶液与金属氧化物（铁锈）发生化学反应生成盐类，从而达到除锈的目的。常用的酸性溶液有硫酸、盐酸、硝酸、磷酸、醋酸、柠檬酸等。操作中将酸性溶液涂于金属铁锈部位，让其慢慢与铁锈发生化学反应而去掉。铁锈去除后应用清水冲洗，并用弱碱溶液进行中和反应，再用清水冲洗后揩干、烘干，以防很快生锈。

对酸洗过的金属表面须经粗糙处理或磷化处理，主要是增加金属表面与底漆的附着力。酸洗法只适用于黑色金属的除锈处理。

（5）电化学除锈。电化学除锈法是在浸渍法酸洗中结合电化学作用进行除锈的方法，有阳极浸蚀法和阴极浸蚀法，即如果用零件作为阳极，则称为阳极浸蚀法；若用零件作为阴极，则称为阴极浸蚀法。电源可采用交流电，也可用直流电，但以直流电为好。与普通化学除锈法相比，电化学除锈法可加快除锈速度，并且能节约用酸量。

3．除油处理

汽车车身表面虽然经过清洗、除油、清除旧漆膜、除锈、修补等工序，但钣金修复后残留的污物、工具上的油污及原旧涂膜未去除部分的油污等，若在涂底漆前不清除干净，则必将影响底漆的附着力，甚至影响面漆的喷涂质量，因此在涂装前要进行除油处理。除油处理的主要方法有溶剂除油法、碱液清洗法。

4．磷化处理

金属表面经锰、铁、锌的磷酸盐溶液处理后，将生成一层不溶性磷酸盐的保护膜，称为磷化处理。磷化处理的目的在于提高金属的耐蚀性和绝缘性，并可作为涂装的良好底层，增加金属表面与底漆之间的附着力。

5．钝化处理

钝化处理是采用化学方法，在金属表面生成一层结构致密的钝化薄膜。这样可提高磷化膜的耐蚀性能，防止金属在磷化处理后再次出现腐蚀生锈，并能提高金属表面的涂装质量。钝化处理一般均与磷化处理配套使用。当磷化处理后，工件若能及时进行涂装施工，则不必进行钝化处理。常用的钝化剂有重铬酸钾、亚硝酸钠和铬酸酐等。

6.2.6 汽车漆面处理工序

随着汽车保有量的不断增加，汽车喷涂及划痕修补工作也日益重要，汽车划痕修复美容的发展也日新月异。

1．汽车面漆的构成

汽车面漆一般可分为普通漆和金属漆。普通漆的涂层为四层结构，总厚度约为 80μm，莫氏硬度约为 0.4～0.5。金属漆的涂层为五层结构，总厚度约为 10μm ，莫氏硬度约在 0.5 以上。

无论普通漆还是金属漆轿车，其装饰性、硬度、抗崩裂性、耐候性、耐潮性和防腐蚀性、耐药性及抗老化性等，都要靠面漆层来实现。现代轿车漆膜护理的根本目的和意义不仅是为了提高轿车的装饰性和保护漆膜而涂一层蜡，而是利用现代科技所能提供的新技术和新产品，进一步提高面漆的理化指标。

2．造成轿车面漆损伤、老化和失光的原因

（1）自然因素。风沙尘土的吹打，雨季泥水的冲击；柏油路面飞溅起的沥青、树胶、虫尸、鸟粪和油污的侵害；大气中的各种工业排放物、酸、碱及阳光中紫外线的浸蚀等。

（2）人为因素。新车开蜡水选择不当或操作方法不正确、冲洗车辆水压大于 7MPa；清洗程序不正确；日常随意用干布擦拭车辆；选用上光蜡等车漆护理用品质量太差及经常使用抛光蜡等。

3．新车面漆初步护理程序

一般来说，新购的轿车表面往往积存不少灰尘，很多人都是在现场条件较差的情况下，仅用一桶清水、一块棉纱就将灰尘除去的，而往往此刻正是人为因素对油漆表面造成第一次伤害的时候。正确的操作程序如下。

（1）尽可能利用高压清洗机（压力小于 5MPa）冲掉灰尘，然后再仔细检查油漆表面有无划痕、流挂、漆坑、锈斑、色差及漆面下的腐蚀等。这样就能保证轿车出厂时表面涂漆的原有品质。

（2）买来新车后不应急于打蜡。目前许多美容店采用的上蜡方式一般有两种：一种是机械打蜡，将车身洗净擦干，然后将车蜡涂在旋转的打蜡机布轮上，在车漆表面打磨；另一种是手工打蜡，也是将车身洗净擦干后，涂上或喷上车蜡及增光液，最后持干棉布在车身上用力地反复涂擦。看起来是在做轿车表面涂漆的护理工作，实际上油漆表面从此出现了细的划痕。伴随如此“护理”次数的增加，抛光色泽越来越显著，直到最后漆膜出现失光、老化和填料层外露等情况。

4．轿车表面油漆的日常护理程序

在条件允许的情况下，轿车应存放在专用车库中，平时应停放在阴凉避风处或加盖车罩，也就是说应避免阳光长时间的曝晒。因为阳光中的紫外线是造成漆膜老化、龟裂及失光的重要因素。如果不具备上述条件，则了解有关车漆护理的一些常识，进行科学的护理，也可以弥补车辆存放条件不足带来的损失。在对轿车表面油漆进行日常护理时应注意以下几点。

（1）在雨中或泥泞道路上行驶后的车辆，应尽可能在漆面的泥水干燥之前用清水冲洗干净。尤其是在北方严冬多雪季节，为了融雪，一般要在道路上洒融雪剂，在这种道路上行驶过的车辆，隔一两天就要用高压清洗机清洗一下车辆表面，并认真清洗车辆底盘部位。在清洗车辆时，若车辆过脏，则可选用非离子表面活性剂制成的专用汽车清洗液，不要用洗衣粉、肥皂水作清洗液。因为这些产品碱性太强，会使漆膜失光、局部产生色差，使密封橡胶条老化，也容易加速局部油漆脱落部位的金属锈蚀和洞穿等。

（2）一辆没有在泥泞路面上行驶过的轿车表面，如果缺少大量的水清洗，则一般只需两桶清水就能将其清洗干净。清洗的程序是：先清洗发动机盖，后洗车顶、行李舱盖和车门两侧。展开毛巾放在水桶中，提起毛巾一端在水中上下投洗，提出毛巾不拧，直接放在车辆欲清洗部位，做单方向一次擦拭，然后重复上述步骤。

（3）冲洗过的车辆需要擦拭干净时，应选择干净的棉布、毛巾或麂皮一类的材料。擦车时，向车表面按下的力量不要太重，不要在漆膜表面作反复或旋转擦拭，应尽可能以车头—车尾为纵方向直线一次擦拭到底。

（4）清洗过的车辆可以通过涂增光乳液、自发光乳液一类的产品来增加漆膜表面的光泽度，增添装饰效果。同时还具有保洁作用，有防红外线、防酸、防碱及防腐等功能。

5．轿车表面漆膜的特殊护理程序

轿车有时需要进行特殊护理，如抛光、深度划痕处理、开蜡等。轿车表面漆膜的特殊护理程序如下。

（1）抛光。轿车在使用一段时间以后，由于自然因素和人为的护理不当，漆膜表面会产生氧化和轻微的失光现象。这时要在专家或专业技术人员的指导下，选用含有研磨剂的车蜡或直接采用车漆抛光膏进行处理，但这种处理方法不宜过多过频。抛光手法是选择机械还是手工，是在漆面上做旋转式抛光还是做纵向往复式抛光，要视具体情况而定，切不能过于随意，否则不如放弃汽车美容，而只做一般性的打蜡保护。另外，在抛光时要注意，不要在新车上打沙蜡并做旋转式的抛光涂蜡，那样将会对面漆产生严重影响。

（2）深度划痕处理。汽车表面的深划痕或浅划痕总是相伴产生的，划痕深浅的区分以划伤部位是否露出底漆为标准，露出底漆的称为深划痕，否则称为浅划痕。深划痕的治理至关重要，当出现深划痕时，如果不及时修复，则深划痕的金属裸露处就会很快地产生锈蚀并向划痕边缘扩散，从而增加修复难度。目前，汽车美容店的油漆划痕的治理主要有以下几种方法。

（1）漆笔修复法。漆笔修复法就是用相近颜色的漆笔涂在划伤处，这种方法处理快，但过于简单，工艺不规范，重新修复处漆膜的附着力不够，难以持久，达不到根治的目的。

（2）喷漆法。喷漆法是将汽车修理厂那种传统的补漆方法用于深划痕的修复上。这样做的缺点是对原漆的伤害面积过大，修补时间过长，效果难尽如人意。

（3）电脑调漆并采用较新工艺方法的修补技术。这是一种快速的技术性工作，但要求颜色调配准确，修补面积尽可能缩小，再经过特殊溶剂的处理后才能使新旧面漆更好地融合，达到最佳附着力。

6.3 新车漆面美容护理

新车下线时，为了避免露天停放或在运输中风吹雨淋、烈日曝晒、烟雾及酸雨浸蚀，必须进行喷蜡（封漆蜡，也称下线保护蜡）覆盖保护，以防漆面受蚀老化、生锈。但在新车交付正常使用运行后，这层下线时的保护蜡必须除去，即必须对新车进行开蜡和美容养护处理。因此，当购买新车后，为使车辆焕发出应有的亮丽风采及保持其长久的寿命，首先要做好新车的美容护理工作。

6.3.1 新车的开蜡

1. 新车开蜡的目的

（1）下线保护蜡影响汽车漆面光泽。下线保护蜡一般属于低档蜡，其透明度低，加之覆盖层较厚，原车的光泽有 80%左右被遮盖。因此，这种状况的汽车无法正常使用，必须进行开蜡作业。

（2）下线保护蜡若不除去，当汽车运行时，尘埃极易附着车身表面，且不易清洗。这是因为下线保护蜡含油脂成分较多，黏附灰尘的缘故。使用未经开蜡的新车时，会给日常清洗作业带来麻烦。下线保护蜡的黏附作用，使车表的尘埃及污物不易清除。

综上所述，新车在使用前一定要进行开蜡。

2. 新车开蜡的操作方法

（1）选择开蜡水。开蜡水是开蜡作业最重要的用品，亦称去蜡水。开蜡水对车蜡具有极强的溶解能力及油污分解能力。一般短在 3～5 min，长在 7～8 min 内，就可以将车表蜡层完全溶解，而且对漆面及塑料、橡胶件无腐蚀。常用的开蜡水有英特使 H.D.D 强力开蜡水及冈底斯汽车除蜡护理液。前者可用于新车开蜡和旧车美容前除蜡，具有很强的油污分解及除蜡功能，除蜡彻底，对硅蜡去除特别有效，也可用于清除车表的沥青、昆虫及其他顽固污渍、污垢；还可用于发动机表面的清洁。后者专用于清除车漆表面的各种蜡质、油渍等，不伤漆面，适宜车漆开蜡或旧蜡清除。

（2）在环境温度 20℃以上时，准备好高压清洗机、喷雾器等，选择阴凉无风地段，远离草木植被。

（3）对车身进行高压冲洗。使用清洗机去除车身表面的尘埃及其他附着物。

（4）将开蜡用品（水）按说明书中的比例进行混合，然后装入手动和电动喷雾器中待用。

（5）用喷雾器按自上而下的顺序将开蜡用品（水）喷于车身表面，确保每个部位都被溶液覆盖，保持湿润4～5min，使开蜡用品完全渗透于蜡层。

（6）用毛巾或无纺布擦拭车表，然后用高压水枪冲洗，注意缝隙处不留残液，并用棕毛刷刷洗缝口、裙边及轮胎等处。

（7）检查车辆表面是否残留有未洗净的蜡迹，若存在，则应将其洗净，最后将车擦干。

3. 新车开蜡注意事项

（1）进行高压冲洗时，压力不要高于7MPa。

（2）高压冲洗只需冲掉车表的灰尘及泥沙等可能影响除蜡效果的杂质，因此在开蜡前冲洗时可以不使用洗车液，以免造成无谓的浪费。

（3）开蜡水喷施一定要均匀，边角缝隙处千万不可忽视。

（4）喷施开蜡水后，要待开蜡水完全渗透蜡层并使其开始溶解后，才能用毛巾擦拭。

（5）最后的清洁及擦干，要按洗车作业规程实施。因为经开蜡水清洗开蜡后，仍会有部分蜡质及杂质留在车表。

（6）有些用户为了图省事，用棉纱蘸汽油、煤油开蜡，此种方法虽然能除掉封漆蜡，但汽车漆膜也同时受到损害。一是棉纱虽然柔软，但其中很容易混入铁屑、沙粒及其他坚硬的细小颗粒，且很难发现，极易造成漆膜表面划痕；二是汽油或煤油也会伤害漆膜。因此，建议最好到正规的汽车美容场所，选用开蜡用品进行新车开蜡。

（7）冬季开蜡比较困难，因气温低，开蜡液不能与车身上的封漆蜡很快地发生化学反应，从而导致开蜡失效。所以开蜡工作最好选择气温在20℃以上时进行。

6.3.2 新车的上蜡

一旦汽车表面的封漆保护蜡被除去后，就要立即涂抹新车上光蜡，以保证汽车正常使用后漆膜得到有效的保护。新车上光蜡主要有两种，一种叫“新车保护蜡”，另一种叫“新车蜡”。

新车保护蜡含有大量的高分子聚合物成分，常见的是特氟隆，它有很强的抗氧化、抗腐蚀功能，这种蜡在正常洗车情况下是不会被洗掉的，涂抹一次一般能保持一年之久。国内目前普遍使用的是一种叫“隐形车衣”的新车保护蜡。它是美国龟牌蜡公司引用特氟隆高分子聚合物配制而成的，很受国内用户的欢迎。在国内许多购物中心的汽车用品部及汽车养护品网点都可买到。

新车蜡是一种柔和性的蜡，汽车蜡生产厂家认为，用新车蜡涂车身是完美无缺的。因为，所使用的上光蜡中未加入任何含有研磨功能的抛光剂，这种不含抛光剂的、柔和的蜡就是新车蜡，该蜡一般保持不了12个月。

可见，新车保护蜡和新车蜡是两种完全不同的蜡，新车除去封漆保护蜡后首先要使用的是新车保护蜡，在日常洗车后可使用新车蜡。

6.4 汽车漆膜的修复

汽车在使用中，由于日晒、雨淋及受到各种酸、碱、化学物品的腐蚀，车身漆膜会逐渐老化，出现开裂、锈蚀、变色等现象。另外，因车辆事故等原因漆膜也会出现局部损坏。当车身漆膜已失去原有的保护和装饰作用时，应进行车身漆膜修复。

轿车普遍采用色漆与清漆相结合的面漆系统，包括钢板及底漆腻子、色漆及最表面的清漆。

当强氧化性物质与车漆相互作用时，将在漆表面形成氧化层，造成漆面失光。这种现象可采用特殊处理工艺，配合专门的护理品予以清除。

涉及清漆和部分色漆层的浅划痕，一般采用抛光研磨来消除。

伤及到底漆甚至钢板的深划痕，当用手拭划痕表面时有明显的刮手感觉，可采用喷涂施工来完成。

若漆面出现划伤、破损及严重腐蚀失光等缺陷，且采用一般的美容护理手段难以修复时，就必须采用喷漆工艺来恢复汽车的昔日风采。

6.4.1 漆面失光的处理

1．漆面失光的原因

造成漆面损伤、老化和失光的因素主要有以下四个方面。

（1）自然因素。风沙尘土的吹打；雨雪季泥水的冲击；沥青路面飞溅起的沥青；树胶、虫屎、鸟粪和油污；大气中的各种工业排放物；酸、碱及阳光中的紫外线等。

（2）人为因素。新车开蜡用品选择不当或操作方式不当；洗车时选用了碱性的清洗剂；冲洗车辆时水枪压力过大，清洗程序或手法不正确；表面附有尘埃时，用抹布或毛巾擦拭，使汽车漆面出现微小划痕；不注意日常打蜡保护，使漆面出现紫外线、酸雨等不应有的浸蚀；汽车所用的涂装材料的质量不符合要求等。但即使再好的涂料都有一定的使用寿命，随着使用时间的延长，漆膜受氧化腐蚀难以避免，从而使漆膜逐步老化。褪色和失光只是漆膜老化的一种外在表现，做好漆膜护理工作可以大大延缓漆面的老化速度。

（3）透镜效应。所谓透镜效应，是指当车表漆面上存有小水滴时，由于水滴呈扁平凸透镜状，所以在阳光的照射下，对日光有聚焦作用，焦点处的温度高达 800～1000℃，从而导致漆面被灼蚀，出现用肉眼看不见的小孔洞，有些深达金属基材。若灼伤范围较大，分布密度较高，漆面就会出现严重程度的失光。

（4）交通膜的影响。交通膜是汽车在运行时车身漆面与空气摩擦而在其表面形成的静电层。静电层极易吸附灰尘和有害气体等腐蚀性物质，从而导致车身漆面褪色、失光。

2．漆膜褪色、失光的种类

根据漆膜褪色、失光所表现出来的症状不同，可将褪色和失光分为以下几种。

（1）有害物质导致的褪色、失光。

用放大镜观察车身漆膜，当漆膜表面有大小不规则的空洞时，这类褪色、失光原因大多是有害物质所致。漆膜在没有任何保护措施的情况下长时间暴露在外，致使各种有害物质附着于漆膜表面，并逐渐渗透，便形成了肉眼看不到而又大小不规则的空洞，这些空洞极易藏污纳垢，所以势必会影响到漆面的通透性。犹如在透明的玻璃上刷上一层薄薄的油漆，使玻璃面出现了失光的现象，随之底色漆层的颜色也被这层氧化物遮盖，失去了原有的鲜艳色泽。

（2）氧化导致的褪色、失光。

用放大镜观察车身漆膜，当漆膜表面无明显划痕、斑点较少时，这类褪色、失光原因大多是氧化还原反应所致。

（3）划痕导致的失光。

当漆膜上分布较多的微细划痕，而未伤及底漆层，特别是在强光照射下更明显时，这类失光为浅划痕所致。

（4）透镜效应导致的褪色、失光。

用放大镜仔细观察清洁后的漆膜，漆膜上出现较多的斑点，这些斑点实际上是灼蚀的小孔洞，这种褪色、失光为透镜效应所致。

3．漆膜褪色、失光的防治

对漆膜进行及时、科学的维护是延缓漆膜褪色、失光速度的重要措施。其维护作业主要有如下内容。

（1）采用优质清洗剂和正确的清洗方法对汽车进行清洗，从而及时清除漆膜表面的有害物质。

（2）雨、雾天过后，要及时擦净漆膜表面的水滴，防止透镜效应的产生。

（3）采用优质车蜡，及时对漆膜表面上光打蜡，从而在漆膜表面形成上层保护层，隔绝漆膜与空气接触，防止氧化腐蚀。

（4）改善汽车停放环境，防止自然浸蚀。

（5）加装汽车防静电装置，防止交通膜的产生。

4．漆面失光的处理方法

（1）打磨、抛光。对于轻度自然老化及浅划痕导致的褪色、失光、漆面无明显划痕，用放大镜可观察到漆面斑点较小。由于上述原因导致的漆面失光，可先清洗打磨，消除表层的褪色、失光，然后上蜡抛光。

（2）上有色蜡。有色蜡又称为彩蜡。这类蜡品的主要作用是增色，属于单种聚合蜡，内含少量的彩釉，可使同色系车漆的车辆更加艳丽。由于彩蜡具有增色、添补及遮盖等功能，所以可使褪色、失光漆膜表面还原。

（3）漆膜翻新。对于严重自然老化及透镜效应引起的褪色、失光，用放大镜仔细观察漆面，若发现漆面有较多的斑点，则说明漆面受浸蚀严重。由于上述原因导致的漆面失光，要求对漆膜进行重新涂装翻新施工。

6.4.2 漆面划痕的处理

1．漆面划痕产生的原因

汽车漆面划痕是漆面表面出现的线条痕迹。其产生原因主要有以下几项。

（1）擦洗不当。汽车在擦洗中，若清洗剂、水或擦洗工具（海绵、毛巾等）中有硬质颗粒，则会使漆面产生划痕。

（2）护理方法不当。在给漆面抛光时，若选择的打磨盘粒较大，打磨用力较重或打磨失手，则会在漆膜表面留下不同程度的划痕。还有在打蜡时，若蜡的品种选择错误，误把砂蜡用在新车上，也会打出一圈圈的划痕。

（3）意外刮擦。汽车在行驶中与其他汽车产生刮擦，与路边树枝产生刮擦，以及暴风、沙尘天气时与大气中的尘土、沙石等产生刮擦，都会造成漆面划痕。

2．汽车漆膜深浅划痕的鉴别

汽车漆面结构一般为色漆+清漆系统。轿车普遍采用色漆与清漆结合的面漆系统，汽车表面深的或浅的划痕总是相伴而生的，划痕深浅的鉴别是根据划伤部位是否露出底漆而区分的。

浅度划痕指表层面漆轻微刮伤，划痕穿过清漆层已伤及色漆层，但色漆层未刮透，不涉及底漆；深度划痕指底漆层已刮透，可见车身的金属表面。

3. 浅划痕的处理工艺

对表层漆面轻微刮伤的车身，经检查未刮透面漆层时，可采用下列修补工艺进行修复。

（1）洗车。洗车的目的是清除汽车车身表面的污染物、泥土等，避免造成意外的伤害。

（2）开蜡。开蜡的目的是为了保证抛光效果。开蜡作业要求使用专用开蜡水，去除漆面原有的蜡质层，在对蜡质层进行彻底分解的同时，不损伤漆面及塑料部件。开蜡要经过车身高压冲洗、喷施开蜡水、擦拭、清洁、擦干等步骤。

（3）漆面研磨抛光。在漆面研磨抛光作业前，要根据漆面的状况及质量，如厚度、硬度、耐磨性等，选择合适的抛光剂。对于色漆遭受部分划伤的浅痕，其研磨抛光过程可分以下步骤进行。

① 深切研磨。目的是去除漆面较深的划痕，提高作业效率，保证抛光质量。深切用研磨剂粒度的选择应以能保证抛去漆面95%左右的划痕为宜，其粒度一般应在320～400目。具体操作时，首先用小块毛巾将研磨剂均匀涂抹在待抛漆面上，涂抹面积以操作人员不需移动脚步且能自如抛光为宜。将海绵抛光轮安装在抛光机上，蘸满水，保持抛光轮平面与待抛漆面基本平行（局部抛光除外），起动抛光机，设置其转速在1500～1800r/min。抛光时为保持海绵抛光盘湿润，应边抛光边喷洒洁净清水，以降低摩擦表面温度，避免由于摩擦升温过高使抛光轮焦化和损坏面漆。研磨抛光作业在清除95%左右划痕时即可停止，然后用洁净清水冲洗抛光表面，擦去残余物，检查抛光效果。

② 中切研磨。中切研磨的主要目的是清除深切留下的砂痕。中切研磨剂的粒度应在400～600目。具体操作方法与深切相同，要注意的是使用一定时间后要更换中切抛光轮。

③ 微切研磨。微切研磨的主要目的是清除中切留下的细微砂痕，进行表面磨光处理，以进一步提高漆面光泽度。微切所用研磨剂的粒度一般在600目以上。具体操作方法与前述相同，使用一定时间后仍需更换微切用抛光轮。

④ 抛光。抛光的作用是清除研磨留下的细微划痕。具体操作方法与研磨施工时基本相同。

⑤ 漆面还原增艳。抛光作业结束后，漆面浅划痕已基本消除，对于抛光作业中残留的一些发丝划痕、旋印等可通过漆面还原进行处理。漆面还原时，用小块无纺布将还原剂均匀涂抹于漆表，然后用无纺布毛巾抛光即可。经还原处理后的漆面亮丽如新，恢复了车身原有的风采。

⑥ 漆面保护。漆面保护通过对漆面上保护剂来实现，漆面保护剂有蜡质和釉质两大类。

（4）漆面浅划痕处理时应注意的问题。

① 在进行漆面浅划痕处理施工前，待处理表面必须进行清洁和开蜡。

② 抛光剂不可涂在抛光轮上，应用小块毛巾均匀涂抹于漆面待处理部位。

③ 抛光剂涂抹面积要适当，既要便于抛光操作，又要避免未及时抛光而出现干燥现象。

④ 抛光时要掌握好轻重缓急，漆面瑕疵多的地方要重，要缓慢，用力要去时重、回时轻，棱角边处抛光要轻，来回抛光速度要快。

⑤ 抛光时及时喷洒清水，最好以雾状喷洒，防止因水流过大，冲去抛光剂。

⑥ 欧美汽车的面漆涂层一般较厚，而日本、韩国及国产车辆的面漆涂层一般较薄。在抛光时要注意把握好分寸，千万别抛露面漆。

⑦ 抛光作业可以手工完成，在手工抛光时应注意抛光运动路线不可胡乱刮擦、环形运动，应该以车身纵向平行线为准往复运动。

总之，抛光作业是面漆划痕处理的核心技术，抛光剂的选择、抛光剂的用量、抛光机的正确使用，以及抛光程度的鉴定等事宜要在操作实践中不断探索，不断总结经验，以提高自身的技术水平。

现在还可以用漆笔对浅划痕进行快速修补，使用时选择与车身颜色相近的漆笔均匀地将颜色涂在划伤处。此法简单易行，但修复处的色漆附着力差，易剥落，美观性差。

4．深划痕的处理工艺

所谓深划痕，即划痕深至底漆层甚至露出钣金的划痕。这种划痕若不进行及时处理，不但对汽车美观影响大，更重要的是极易对漆面产生腐蚀，缩短钣金使用寿命，为此，要予以及时修补处理。

深度划痕包括创伤划痕，是汽车因碰撞、刮擦等原因造成车身局部损坏、板面变形、破裂等创伤，涂层严重损坏。对深度划痕首先应清除损伤板面的旧漆层，用钣金或焊装等方法，修复好已损伤车身的板面，达到与原来的形状尺寸轮廓相等的要求，然后进行修补涂装。其工艺方法如下。

（1）表面处理。

① 用铲刀、钢丝刷等清除表面涂层、铁锈、焊渣，焊口较大处用砂轮打磨平整，再用砂布打磨，清除底层表面锈蚀物和杂物。

② 用溶剂将划痕处洗净，晾干。

③ 涂上一层薄薄的底漆。

④ 在底漆膜上涂一层防锈漆。

（2）刮涂腻子。

① 将速干原子灰覆盖在金属层上。

② 原子灰干燥后，用 400 号干砂纸将原子灰打平。

③ 用脱蜡清洗剂将划痕处擦净。

（3）喷涂中涂层。

① 将不喷漆的地方用专用胶纸遮盖。

② 先用喷枪轻轻地喷上两道底漆，然后再喷第二层较厚的底漆，并使其干燥。

③ 用 600 号砂纸将底漆磨平。

④ 如果划痕处仍低于漆面，可再喷涂 3～5 层底漆，并重复清洁步骤。

⑤ 用 1500～2000 号砂纸将周围部分打平，再用溶剂擦净。

（4）喷涂面漆。

① 喷漆。选用与原车色漆配套的面漆，按原车颜色调配，并调至符合施工要求的黏度，经过滤后再进行喷涂施工。每喷涂一遍之后，应留有涂膜需要的流平时间，然后再一遍一遍地进行喷涂。使第一次面漆涂层达到 30～40μm 厚度。涂料在涂覆后应有足够的流平和晾干时间，常温干燥一般 2h 以上。

② 湿磨。用 280～320 号水磨砂纸在喷涂的四层涂膜基础上将涂膜打磨平整光滑。用抹布、压缩空气边吹边擦干净。并使之表面干燥，可加热干燥，也可自然晾干。但自然晾干时，时间较长，应注意防止粉尘污染涂膜表面。

③ 罩光。在原有面漆内，加清漆 20%以下，再适当加入稀释剂混合使用，以增加光泽度。其黏度以 15s/25℃为宜。经过滤后再喷涂。喷后流平性要好，以便第二天易于抛光上蜡。总厚度为 80～110μm。

（5）抛光上蜡。

① 将喷涂完并干燥后的车身，拆除遮盖物。

② 用400～500号水磨砂纸带水将车身表面满磨至涂膜表面光滑平整为止，打磨长度来回在100mm以内。

③ 用抛光剂打磨时，先用抹布将涂层表面擦净，再用呢绒、海绵等浸润抛光剂进行抛光。

④ 抛光之后再用上光蜡抛出光泽，使其表面光亮如新。

6.4.3 面漆的镜面处理

如果说洗车是车体护理的基础，研磨是漆面翻新的关键，那么抛光则是漆面护理的艺术创作。用砂纸与“粗蜡”的方式来抛光漆面，是难以使车漆达到镜面效果的。所以在对汽车漆面进行镜面处理时，必须使用汽车漆面护理材料。目前一般采用的是原子灰或抛光剂，最佳镜面效果的材料是抛光剂。

其实，抛光剂也是一种研磨剂，是一种含颗粒更细的摩擦材料的研磨剂。抛光剂按摩擦材料颗粒或功效的大小分为微抛、中抛和深抛三种。微抛用于去除极轻微的漆损伤，一般指刚刚发生的环境污染及酸性浸蚀（鸟粪、落叶等），但这类的轻微损伤目前可使用含抛光剂的蜡来取代微抛；中抛和深抛主要用来处理不同程度的发丝划痕。另外，中抛对透明漆的效果更好些；而深抛则对普通漆较为合适。

一般来说，就所含的摩擦材料来看，抛光剂与还原剂是同一类别的材料。两者的主要区别是，还原剂含上光材料（上光剂或蜡），而抛光剂不含上光材料。上光材料对汽车漆面产生“镜面效果”是很重要的。

提高汽车漆面的光泽度，为达到“镜面效果”而进行抛光的途径主要有：

（1）靠研磨和摩擦材料的力量，硬性地把细微划痕去掉。

（2）靠蜡的功效，抛光到一定程度后靠蜡的光泽来弥补抛光的缺陷。

（3）靠化学反应，即靠抛光机转速的调整而使抛光剂产生的化学反应。

前两种方法一般人使用得较多，主要原因是一般人对抛光机的转速、抛光头的材料（全毛材料、混纺材料、海绵材料及全棉材料等）、漆的结构及抛光剂的功效之间的关系了解不够，经验不足，因此对抛光的要求也不高。因为即使不太光也没有关系，涂上蜡后就非常光亮了。但这种光是虚光，它达不到最终的镜面效果，光泽也没有深度。而且保持时间很短，因为它的光泽不是来自漆，而是蜡。再好的蜡，其光泽充其量也只能保持三个月的时间，蜡的光泽没了，汽车漆的光泽也就没有了。

所以，真正能产生良好“镜面效果”的方法应是第三种，即用抛光机转速带来的热量使汽车漆与抛光剂之间产生一种能量、一种化学反应，来消除细微划痕，让汽车漆显示出其自身的光泽，然后再施以上光蜡让汽车锦上添花。汽车漆越亮，蜡的光泽也就保持得越长。但在运用此种方法时，其难度和技巧在于要摸索出用何种漆、用何种抛光剂、配何种抛光头、使用何种速度、给予多大压力、机器应来回走几遍等。

6.4.4 旧漆面“皮肤病”的处理

汽车的漆面也像其他部件一样，随着使用时间的增加会逐渐变旧老化。旧车漆常出现的“皮肤病”主要有氧化、龟裂、褪色、水痕（纹）、蚀痕、斑点等。这些缺陷不仅影响到汽车的美观，而且还会腐蚀漆膜逐渐向深层渗透，甚至伤及钣金，因此，当发现汽车漆面出现缺陷时应及时清除。

1. 氧化的处理

阳光的常年照射是缩短车漆寿命的主要原因，这个过程叫“氧化”。用肉眼观察到的是车漆发乌、发白、无光泽现象。如果看不出任何异样，在洗车时可向专业人员要些“还原剂”涂一块在车上；涂过的地方看上去像新漆，而未涂的地方就逊色多了。

常用专业不脱蜡洗车液来洗车可减缓车漆的氧化，但不能阻止氧化。轻微氧化时，可用蜡来除去，一旦严重则必须研磨、抛光。

2. 龟裂的处理

金属漆可能会产生一种非常细微的裂纹，它会不断地渗透车漆，直至“击穿”整个色漆层，这种现象称为“龟裂”。龟裂的初期肉眼很难发现，当肉眼能觉察到时已经比较严重了。由于裂缝中存有车蜡，所以会发现车身有条纹状的龟裂现象。重喷的金属漆有时也可能产生龟裂，这是由于喷漆的质量问题（车漆中的树脂会因“萎缩”而产生龟裂）。这时只能用重新喷漆的方法来治愈。

经常打蜡可减少龟裂，当龟裂还在“萌芽”期时，用专用的车蜡可将其除掉。

3. 褪色的处理

大气中的油烟和污染物是造成车漆褪色、变色的主要原因，褪色与氧化不同，发生褪色时，车漆将出现不均匀的色差。

勤洗车和勤打蜡可预防和减轻褪色。轻微褪色可通过抛光打蜡来处理，中度褪色可用研磨治理，严重时必须重新喷漆。

4. 水痕的处理

水痕纹呈环状，是水滴蒸发后留下的痕迹。氧化的车、常用洗涤剂的车、有龟裂的车更容易染上水痕病。这些车漆本身很脆弱。一般的水滴蒸发也会造成水痕。

水痕比较轻微时，用抛光打蜡即可进行处理，严重时只好进行研磨或喷漆。

5. 蚀痕的处理

蚀痕是“面状磨蚀”，鸟粪、昆虫、树叶、焦油、沥青等都有可能引起蚀痕。

很轻微的蚀痕可用研磨抛光打蜡的方法解决。但蚀痕一般对漆面的损伤都比较严重，因此蚀痕通常都是通过喷漆来处理的。常用高级蜡对漆面进行抛光护理，有助于防止蚀痕的出现。

6. 斑点的处理

汽车漆膜斑点主要有污斑、雨斑、霉斑、锈斑等种类。这些斑点大部分是在汽车使用过程中产生的，但产生的原因与漆膜涂装密切相关。例如，涂装中选用涂料不当，违反涂装操作规程等都会导致漆面产生斑点。

漆面出现雨斑或污斑，若没有向深层渗透，则清除比较容易。若斑点已渗透到深层或出现斑点及锈斑，则清除难度较大。根据斑点的种类及渗透深度的不同，其清除方法也有所不同。

（1）轻微斑点的去除。当漆膜出现很浅的雨斑或污斑印迹，漆已变色，但斑点尚未向深层渗透时，去除方法比较简单：

① 先用水进行清洗，然后再用除蜡溶剂进行清洗；

② 用碳酸氢钠溶液进行中和处理，然后彻底漂净；

③ 擦干后用车蜡上光。

（2）表层斑点的去除。漆膜斑点呈环状，环的中心已呈暗色，表明斑点已进入表层。此时的去除方法是：

① 先按前面所述进行清洗及中和处理；

② 用手工抛光斑点部位，根据斑点深度，如果需要再用抛光机抛光，则抛光中要经常检查，以使磨掉的面漆尽可能少些；

③ 若斑点较深，可用 1500 号或 2000 号砂纸湿磨；如果斑点仍可见，再用 1200 号砂纸打磨；

④ 清洁干净后打蜡上光。

（3）深层斑点的去除。若斑点已渗透到涂膜深层，或出现严重的霉斑及锈斑时，首先应彻底清除斑点，然后再进行修补。

① 清洗。在斑点及其周围部分先用水清洗，再用溶剂清洗。

② 薄边。以斑点为中心，将周围漆膜加工成由薄逐渐变厚的平滑过渡状态。过渡部分的漆膜称为“薄边”。

“薄边”的加工方法是：

- 选择合适的砂纸，采用手工或机械打磨；
- 如果修补面积较小，直径只有 15～20cm，则建议采用橡胶打磨块或其他体积较大的打磨块垫砂纸进行打磨；
- 采用水砂纸由内向外磨，也可由外向内磨（当面积较小时应画圆圈磨，面积较大时应走直线磨，打磨过程中要经常用海绵蘸水湿润表面）；
- 经打磨形成“薄边”后，换成细砂纸继续打磨，以除去采用粗砂纸打磨时留下的痕迹。

③ 除锈。斑点中心裸露出金属底材的部分如有锈蚀，应进行除锈。除锈方法如下。

- 对锈蚀处进行打磨，直到显露出金属光泽为止；
- 采用双组分金属表面调整剂，清除有可能遗留在缝隙里的铁锈；
- 用水清洗，然后采用压缩空气吹干表面。
- 斑点彻底清除后就可进行底层的修补了。

④ 将底漆直接刷涂到裸露的金属表面上。

⑤ 喷涂 3～4 道中间涂层。

⑥ 中间涂层干燥后进行打磨。

⑦ 对中间涂层和相邻原装面漆进行加工，方法如下。

- 用 400 号砂纸蘸水打磨中间涂层的中心部位；
- 采用手工抛光的办法清除相邻原装面漆上的过喷涂层，擦拭打磨中间涂层的边缘；
- 对于本色漆上整个润色区域进行抛光；
- 用蘸有少量水和清洗剂的抹布把已抛光的表面擦拭干净。
- 底层处理好后即可进行面层的修补。

面层喷涂施工前首先要准备好涂料和喷枪。

- 涂料准备：一是要将涂料颜色调配成与原车颜色一致；二是要采用指定稀释剂对涂料进行稀释，稀释时涂料要搅拌均匀，并检查黏度。
- 喷枪准备：两个，一个用于喷涂色漆，在喷杯上做好记号“色漆”；另一个用于喷涂消雾圈涂料，喷杯里配有 1 份慢速稀释剂、1 份中速稀释剂，以及大约 5%的清漆，在喷杯上做好记号“消雾圈涂料”。

⑧ 试喷。把喷枪上所有的可调整参数都暂时设定在中间位置，先在样板上喷涂几道，为了与原装车面漆的颜色相比较，应以全遮盖的方式喷涂样板，层间要有适当的晾干时间。如果发现颜色不对，应进行调色，直到满意为止。

⑨ 喷涂。在中间涂层的表面上喷涂第 1 道面漆。每道走枪开始和结尾时都采用收边施工法，然后喷涂消雾圈涂料于斑点的边缘。以同样的方式喷涂第 2 道，每一道枪都要比前一道范围大一点；直到全遮盖为止。喷涂后，在正常的温度下至少干燥 1h。然后喷涂第 3 道清漆于整个修补的面积上，最后采用消雾圈剂喷涂清漆的边缘。

⑩ 干燥。采用自然干燥或烘干使漆膜干燥。自然干燥需一整天，最好一周。若为烘干则要在 80℃的温度下烘烤 30min。

在整个施工过程中应注意以下几方面事项。

① 注意喷枪的使用。喷涂前要对喷枪进行认真检查和调整。如果喷涂的是金属闪光漆，则调整喷枪上的压力为 0.2MPa 左右。每喷一道底色漆，压力升高 0.035MPa，直到颜色符合标准。

② 注意边缘施工。采用收边工艺喷色漆，每喷一道色漆，对其边缘做一次润色施工。

③ 注意金属闪光底色漆的施工。在新喷的金属闪光底色漆上不要喷消雾圈涂料，不要急于喷清漆。

④ 注意干燥。每作一次喷涂施工，都要留有一定的晾干时间。如果所有的喷涂施工结束后需要快速烘干，则一定要留出晾干时间，至少 30min，干透后才可进行抛光上蜡处理。

6.4.5 漆面修复工艺

根据漆面的老化、破损程度，漆面的修复大致可分为局部喷涂修复、区间喷涂修复、全车翻新喷涂修复、彩色漆笔修复等。

在实际操作时应根据修复部位及缺陷状况，分别使用最简单、最容易的修复方法。在众多的修复方法中，除漆笔修复最简单之外，要数全车翻新喷涂修复较易操作了，因为它不存在对面漆进行调色时有对色差异的问题。

1．清除旧漆层

（1）机械方法。机械方法是当前应用比较广泛的一种除漆方法，其工作效率高，旧涂膜清除彻底，锈蚀也同时被清除掉，能一步达到除旧涂膜、除锈的目的。

机械除漆常用的是喷射处理方法。喷射处理是利用压缩空气、高压水流、机械离心力将砂粒、水流、金属弹丸颗粒喷射到车身表面，以沙粒、水流、金属弹丸颗粒的冲击与摩擦，将旧漆膜清除干净的。喷射处理主要有干喷砂和湿喷砂两种。

① 干喷砂。干喷砂利用压缩空气将砂粒通过喷嘴，以高速喷射在车身表面上，在砂粒的冲击和摩擦作用下，将旧漆膜除掉。干喷砂处理的质量与砂粒的质量、压缩空气的压力及纯度等因素有关。砂粒应选用黄砂和石英砂，河砂也可以，但要清洁，不能混有泥土、石灰质及其他杂质，要有足够的强度，不至于在喷射时粉碎，砂粒大小要均匀，并要有棱角，砂粒要干燥，其大小为 1～2mm，否则不能使用。若使用不符合要求的砂粒，则质量得不到保证。喷射用的压缩空气必须清洁干净，不能含有水分和油，一般压缩空气压力为 0.4MPa～0.6MPa，其压力大小应根据被喷射物体的表面情况而定，若材质较薄，则压力不能太太，以免由于冲击力太大而把材料击穿或变形，同时要注意喷距、喷射角度及移动速度，一般喷距应在 0.5m 以内，喷射角度为 45°～80°。

干喷砂清除旧漆膜尽管质量好、效率高，但在喷砂时产生大量的沙尘，严重危害人体健康，因此又产生了湿喷砂处理的方法。

② 湿喷砂。湿喷砂主要用压缩空气将沙子和水的混合体从喷嘴高速喷出。高速水流的冲击形成一道严密地包围砂流的环形水罩，使沙尘飞扬得到控制，保障了人体健康。

湿喷砂中的砂与水的比例为2∶1，压缩空气的压力为0.4MPa～0.6MPa。由于使用了水，所以金属物面经喷射后易产生锈蚀，为防止涂底漆前产生锈迹，可在湿喷砂时在水中加入1%～1.5%的防锈剂，如磷酸三钠、亚硝酸钠，使金属表面钝化，使其在湿喷砂后到涂底漆前的时间段内不会生锈。

湿喷砂克服了干喷砂时产生的大量沙尘，喷出的水能将旧漆膜冲洗掉，并且表面处理良好。但由于砂粒经喷砂后被打湿，再使用时要进行烘干，所以有时还会受到客观条件的限制。

机械清除法用于大面积表面的旧漆清除。

（2）手工方法。对于凹槽、凸棱、拐角等形状复杂的表面，使用机械方法清除旧涂膜效果较差，这时可采用手工方法进行清除。手工清除旧涂膜使用的工具有铲刀、锤凿、砂布及钢丝刷等，靠敲、铲、刮、磨等手段把旧涂膜清除掉。当旧涂膜完全清除后，应把被清除表面打磨干净，使其达到无旧涂膜、无锈迹，并有涂底漆所需的粗糙度，再用压缩空气吹净浮尘，并用溶剂对物面进行脱脂后，即可涂底漆。

用手工方法清除旧涂膜不需要任何设备，施工操作简单方便，但工作效率低，劳动量大，适用于小面积局部旧涂膜的清除。

（3）火焰方法。火焰方法利用火焰的高温，清除车身表面的旧漆层。它比手工方法速度快，特别对一些腻子层较厚、清除旧涂膜较多的表面，是一种行之有效的方法。该方法所使用的设备主要是喷灯或气焊枪，利用其喷发的火焰把旧涂膜烧软，随后用铲刀把旧涂膜铲除。经火焰处理后留下的碳化物及疏松的部分旧底漆、腻子应清除干净，以防新涂膜产生起泡、脱落。

火焰方法清除旧涂膜设备简单，经济实用，能在任何状态下工作，对金属结构和机械强度无影响。但对一些汽车大平面的表面，由于加热的原因会引起变形，因此在用喷灯加热大平面旧漆膜时，加热的温度要适当控制，不要为了追求清除速度和方便而过分地加热，以免造成壳体变形。

（4）化学方法。化学方法清除旧涂膜具有工艺简单、工作效率高、旧涂膜清除彻底等优点，但也存在有毒、易燃、易挥发等不足之处。化学清除旧漆膜有碱性脱漆和有机溶剂脱漆两种方法。

① 用碱性溶液清除旧涂膜。碱性脱漆法成本低、生产安全，对人体伤害不大。所需设备主要有脱漆槽、清洗槽和蒸汽加热装置等。若不用脱漆槽和清洗槽，则也可将碱性溶液涂于旧涂层表面，等溶液被旧涂膜吸收，表面稍干燥时再涂一次碱性溶液，一般要涂刷多次，经数十分钟后，旧漆膜就会膨胀软化，这时可用铲刀铲除。若一次不能铲净，可再涂刷碱性溶液进行第二次铲除，直至铲净。然后用热水彻底清洗，直至被涂表面的剩余碱质全部冲洗干净为止，最后进行干燥处理。

使用此法时要注意以下几点：

- 对于塑料、皮革、有机玻璃、铝合金等材料制成的表面，不要使用强碱性溶液，防止损伤被洗表面；
- 脱漆后的表面一定要冲洗干净，缝隙、凹孔处要特别注意，必要时应用压力冲洗，缝隙易积水处在喷底漆前要用压缩空气吹干；

- 对于有窄缝隙及小孔的表面，考虑到碱液难以清洗干净，故不宜使用碱液脱漆；
- 尽量避免碱溶液与皮肤接触，若皮肤上沾上碱液，应立即用清水冲洗干净，以免烧伤皮肤。

② 用碱性脱漆膏清除旧涂膜。这种方法也属于碱性脱漆范畴。当车身表面比较平整时，采用该方法比较合适。

用脱漆膏清除旧漆时，一般是将其涂于旧漆表面2～5层，用量为1.5～1.6kg/m²，经过2～5h后旧漆层即可被破坏，然后用刀铲除旧漆，再用水冲洗干净即可。对厚漆层，可先用铲刀刮破后再浸入碱液，使碱液浸入内层。如果旧漆脱除不彻底，可再涂1～2层脱漆膏，直至全部除掉为止。

为了保证脱漆效果，使脱漆膏温度上升和保持湿度，在涂完脱漆膏后，应用潮湿物件覆盖其表面，待涂层破坏后用高压水冲洗干净。值得注意的是，使用这种方法脱漆时一定要避开阳光，以防止水分蒸发影响脱漆效果。

③ 有机溶剂清除旧涂膜。这种方法的特点是：对金属腐蚀性小、施工简单、效率高，但有机溶剂挥发的气体对人体有害，且易燃烧；另外成本较高。

有机溶剂脱漆在使用时，将脱漆剂涂抹在旧漆上，一般涂抹2～3层，静置5～15min，使其渗透到旧漆层，待脱漆剂充分渗透使旧漆膜完全膨胀、软化后，可用铲刀将旧漆膜铲除。若旧漆膜较厚或有腻子层，一次不能清除干净，则可再涂抹脱漆剂，重复上述办法，直至旧漆膜、腻子层完全铲除干净。旧漆膜铲除后，再把表面上留下的残余、零星的旧涂膜打磨干净，使表面呈银白色，最后用汽油类的溶剂把被清除表面彻底擦洗干净。

使用有机溶剂进行脱漆时应注意以下事项：

- 脱漆剂涂于旧漆膜，一定要待其膨胀、软化后才能铲除，否则不能发挥其脱漆作用；
- 旧漆膜必须清除彻底，不能有渗透过脱漆剂的旧涂膜留于被清除表面；
- 脱漆后，应将表面上的脱漆剂擦洗干净，特别是缝隙及形状复杂的物面，以防脱漆剂中的蜡质留于物面，使涂于物面的底漆或面漆不干或回黏；
- 要注意劳动保护，工作中要尽量避免脱漆剂与皮肤接触，以免溶剂刺激皮肤。

2．金属表面除锈

车身表面涂膜损坏处极易产生锈蚀，涂膜清除后应仔细检查车身金属表面，若发现有锈蚀应清除干净，避免重新涂装后产生涂膜缺陷，并提高表面抗腐蚀能力，增强涂膜在表面上的附着力，延长涂膜使用寿命。

金属表面除锈方法大致可分为手工除锈法、机械除锈法、化学除锈法3种。施工时，应根据被涂物的材质、形状、厚度、大小、表面形状、涂料品种、施工条件及质量要求等因素，确定采用何种方法。

（1）手工除锈法。手工除锈是一种最简单的除锈方法，主要使用锤、凿、铲刀、钢丝刷及砂布、砂轮等工具，进行手工敲、铲、刮、刷等操作，从而除去锈垢。手工除锈劳动强度大、生产效率低、质量差，但该方法对被涂物的形状、施工条件限制较小，能适应任何结构和施工条件，且简便易行，因此目前仍在广泛使用。

（2）机械除锈法。机械除锈是利用机械产生的冲击、摩擦作用对车身表面进行除锈的一种方法。该方法具有效率高、质量好、可减轻劳动强度等特点，故应用较广。

① 气动刷、电动刷除锈。这两种工具的工作原理是一样的，都是利用特制圆形的钢丝

刷的转动，靠冲击与摩擦把铁锈或氧化皮清除干净的。所不同的是，气动刷以空气压缩机的压缩空气为动力，而电动刷以电机为动力。

② 电动砂轮除锈。电动砂轮一般都较小，可以拿在手中随意移动。形象地说，就是把砂轮机改进成手提式砂轮机。它以电机为动力，使小砂轮高速转动摩擦除去锈迹，其工作效率高，施工质量也较好，使用方便，设备简单，是一种较为理想的除锈工具。

（3）化学除锈法。化学除锈法又称酸洗法，就是用酸性溶液与金属氧化物（铁锈、氧化皮）发生化学反应，使铁锈、氧化皮被酸性溶液溶解，而达到清除金属表面氧化物的目的。

酸洗中所使用的酸有两种，即无机酸（硫酸、盐酸、硝酸、磷酸等）和有机酸（醋酸、柠檬酸等）。在实际使用中，由于无机酸作用力强，除锈速度快，原料来源广，价格便宜，故应用较广。

为防止除锈过程中发生酸洗烧损（酸与金属作用产生大量氢气，使金属表面充氢而导致金属变脆）现象，可在酸液中加入少量缓蚀剂，以减缓酸对金属基体的溶解和氢气的生成扩散。使用无机酸除锈后的物面一定要清洗干净，并进行钝化处理，或用碱性中和，否则其残酸腐蚀性很强，涂漆后腐蚀仍在涂层下发展，从而破坏涂膜，使涂膜失去保护作用。在无机酸中，磷酸能与金属表面产生一层不溶于水的磷酸盐保护层，可防止锈蚀的作用。

对车身中可拆卸且体积较小的部件一般采用浸渍酸洗法除锈，浸渍酸洗通过酸性溶液与金属氧化皮及锈蚀起化学反应，将氧化皮及锈蚀浸蚀掉，然后取出物件，用水冲洗干净，再以碱溶液进行中和处理后，用清水把碱冲洗干净，尽快烘干后，立即用铁砂布打磨被处理表面，以增加其表面附着力，并尽快涂上底漆或作磷化处理。

浸渍酸洗的工艺过程一般为：酸洗除锈→冷水冲洗→热水冲洗→中和处理→冷水冲洗→热水冲洗→干燥后砂磨→磷化处理。

对车身中体积较大的部件，采用浸渍酸洗有一定困难，所以一般对锈蚀较多或较严重部位采用涂刷酸溶液的方法，涂刷时产生的有害气体对人体健康有害，应采取相应的防护措施。其方法是用非金属容器盛酸溶液，用漆刷把酸溶液刷涂于锈蚀的物面上（一般物面上应首先清除旧涂膜后进行），要刷涂多次，直至锈蚀完全被酸溶液溶解，将锈蚀彻底除净为止。为加速除锈的速度，刷涂一两次酸溶液后，可用热水或温水冲洗涂面的酸溶液，再刷涂酸溶液，当锈蚀被完全除净后，用水把酸溶液冲洗，立即用石灰水进行中和处理，再用冷、热水把石灰水冲洗干净，晒干或烘干，用砂布磨砂后，立即涂底漆或作磷化处理。这里应注意的是，在稀释硫酸时，必须把硫酸徐徐倒入水中，并不断加以搅拌。

3．底漆、腻子施工

（1）底漆的施工。底漆的作用主要是填平金属或基材表面缺陷，防止金属表面生锈与腐蚀，同时增强腻子和面漆间的附着力。根据使用先后，底漆有头道底漆、二道底漆及封闭底漆。常用的底漆有醇酸类底漆、硝基类底漆、环氧类底漆、丙烯酸类底漆等四大类。其中醇酸类底漆在逐步被淘汰；硝基类底漆主要用于快喷漆的底层打底；环氧类底漆主要用于轿车基层表面的打底防锈；丙烯酸类底漆耐热、防锈、防霉、防腐，常用于轿车、豪华客车的金属制品打底防锈。

底漆涂膜的强度和附着力除与其主要成膜物质有关外，施工方法是否正确也有相当大的关系，如涂膜的厚薄、均匀度、干燥程度、流痕、稀释剂的正确使用与否及涂料的黏度、施工环境（温度、相对湿度）、涂装前的处理等。

① 第一道底漆的喷涂方法。

● 检查待涂金属表面质量，应达到无锈、无尘、无水、无油、无其他污物，并具有一定的粗糙度；

● 稀释底漆，可按照底漆产品说明书的要求进行调整；

● 在金属表面上均匀喷涂一层薄薄的头道底漆。

因为头道底漆很薄，故一般不能打磨，如果底漆上确有疵点需要处理，则只能用 400 号或更细的砂纸轻轻地砂光。另外，底漆喷涂后，不要用手、抹布之类物品接触新喷的底漆表面。待第一道底漆干燥后再进行第二道底漆的喷涂。

② 第二道底漆的喷涂方法。

● 检查头道底漆是否按产品说明书所规定的干燥时间干透；使用指定的稀释剂稀释第二道底漆；按施工要求检查和调整喷枪；先在平板上进行试喷，观察扇幅形状、大小。做好以上准备工作后，就可以进行喷涂了。

● 先薄薄地均匀喷涂一层第二道底漆，并使其自然干燥。

● 接着再喷 3～4 道，每道涂层的厚度为 15μm 左右，每道之间都要留出一定的晾干时间。

● 放置，使其自然干燥。

● 打磨。手工打磨时采用 400 号水砂纸，机械打磨时采用 320 号、360 号砂纸。通常情况下，水砂纸打磨比干砂纸打磨好，但是干砂纸打磨快、省时。在打磨边角、脊背、折边等突出部位时务必小心，打磨时用力要适度。如果打磨时不小心将部分二道底漆甚至头道底漆都磨掉了，则必须把上述工艺过程重复一遍，补上被磨掉的底漆。

● 用橡皮刮刀检查涂装质量。

③ 最后是封闭底漆的施工。其施工工艺如下：

● 在已涂二道底漆的表面，用清洗溶剂彻底清洗；

● 按照产品说明书的要求稀释封闭底漆；

● 按要求在适当的压力下喷 1～2 遍封闭底漆，涂层的厚度不要超过产品说明书的指标；

● 在喷涂面漆之前应使封闭底漆自干 30min。

（2）腻子的施工。刮涂腻子主要是为了填补已涂过底漆物体表面的缺陷，如凹坑、裂纹、焊接缝、锈眼等，以取得平整光滑的表面，增强物体外观美。常用的腻子有酯胶、酚醛腻子、醇酸腻子、硝基腻子、环氧腻子、聚酯腻子和原子灰等。其中原子灰是 20 世纪 90 年代以来汽车涂装施工中使用较多的一种新型腻子，具有刮涂性好、常温干燥快、干后涂层附着力强、耐腐蚀性好、易打磨、刮涂效率高等特点。腻子一般用刮具涂刮，涂刮次数（层数）视物面状况及施工要求而定，一般刮 1～5 层，直至达到涂漆要求。刮涂腻子的程序如下所述。

① 在表面处理过的物体表面喷涂底漆，进行干燥。

② 第一道腻子的刮涂和打磨。

腻子施工中，第一道腻子的目的是为了填刮较大凹坑，故用硬刮具刮涂。当使用自制油性腻子时要调制得较硬些，分若干次将构件表面凹坑填平，施工时只求刮平，不求光滑。操作中不能来回刮涂，以免腻子中的孔隙被堵死，造成长期不干。原子灰可用粗灰，是聚酯腻子加固化剂调和而成的，刮涂时可以较厚，不会出现不干现象。刮涂时，应使刮刀与构件表面成 60°，并略成弧形涂刮。

用手指甲检查腻子的软硬程度，自制腻子一般隔夜后才干透，原子灰约 1～2h。当腻子干透后，再进行打磨、干燥及涂底漆（注意：打磨太早腻子会继续收缩，打磨太迟则因腻子过硬而不易打磨）。

③ 第二道腻子的刮涂和打磨。

第二道腻子的刮涂目的，仍是以填平低处为主。自制油性腻子调制时要比第一道腻子的油性略大些，刮涂厚度应小于第一道。若是局部补刮，则面积要略大于第一道。平面用硬刮刀，圆弯处可用橡皮刮刀。刮涂时应注意顺着汽车造型水平方向，从右到左，从上到下。为减少刮涂接头，刮涂时尽可能拉长一些。原子灰刮涂施工要求用自制腻子。

第二道腻子的打磨，一般采用湿磨，根据腻子层的厚薄可选用 120～180 号水砂纸。打磨时用木块或橡胶块衬平水砂纸蘸水，对满刮腻子的打磨以汽车流线形方向为主、横向打磨为辅，来回幅度要长些。打磨动作要均匀平稳，并经常用手摸纵横面的平整性；要注意磨平腻子与旧漆交接处的“口子”，同时对构件边缘的残余腻子用砂纸将其打磨光滑。

打磨完后，等腻子干燥后再涂底漆，方法与第一道工序涂底漆相同。

④ 第三、四道腻子的刮涂和打磨。

第三、四道腻子主要是补缺，直至表面达到平整光滑无缺陷，符合喷涂前的底层要求。其刮涂方法可参照前两道工序。

刮腻子时常用的刮涂工具有油灰刀、牛角板、钢片刮板与橡胶刮板等。刮涂腻子的层数根据物面情况而定，涂层精度的等级标准要求视操作人员的技术水平而定。腻子刮涂技术性很强，具体操作方法如下。

① 右手握刮刀，左手持托板，用刮刀从腻子桶中取出腻子，在托板上调匀。

② 用刮刀从托板上刮出少许腻子，刮在表面上，刮刀与表面倾斜角以50°～60°为适宜。

③ 刮腻子时先填坑再普遍刮，先上后下，对孔隙要填满、压实，表面要平整。

④ 第一层腻子要稠些，要用较宽的硬刮具，对车身表面较大的凹坑先刮平整，此层腻子只求平整，不需光滑。

⑤ 第二层腻子再稀些，最后一层腻子更稀并加入少许漆，腻子调制时不能太松散，要有一定韧性。刮涂时以手的压力与刮具弹性相配合，使刮涂的腻子层光滑。

⑥ 刮涂时第一刀的往返次数不宜过多，尽量一下刮成或允许有一个往返。各层腻子的接口应错开，即不要使各层腻子的接口都在同一部位，以免产生缺陷。

⑦ 腻子层的打磨，打磨的目的是为了取得光滑平整的表面。打磨腻子层时，可用手工打磨，也可用机械打磨；可干磨，也可湿磨。主要的打磨方法介绍如下。

- 手工打磨：手工打磨适用于对小面积腻子的粗磨、大面积细磨，以及有些精细工作，如对形线、曲面、转角、圆弧、弯曲部位的修整。手工打磨就是用磨块（木块或橡胶块）包 2～3 号铁砂布对物体表面进行打磨。这种方法主要用于干磨腻子，并借助木块的平度，将不平整的腻子层打磨平整。用水砂纸包橡胶块，主要用水磨细腻子。

除此以外，对桐油腻子或原子灰，也可用油磨石或水磨石进行打磨。用油磨石打磨时，可蘸汽油进行油磨，水磨石可直接在表面上淋水进行水磨。

手工打磨通常需配合灰刀、毛刷、棉纱或棉布等工具。如干磨腻子，可先用灰刀将腻子层表面的毛刺、粗糙划痕等清理平整，再进行打磨。在打磨过程中，对打磨掉的浮灰，应随时用毛刷清扫干净。每遍打磨合格后，先用毛刷清扫或压缩空气吹光，再用棉纱或破布擦净。

打磨时首先选用与磨块大小相配的砂纸或者把砂纸裁剪好，使之与磨块尺寸相配；然后将砂纸固定在磨块上，把磨块平放在打磨面上，沿磨块的长度方向均匀施加中等程度的压力，不得急于求成而用力过猛，否则，如果腻子磨穿或磨出凹坑都将使前功尽弃。

打磨时磨块做前后往复的摩擦运动，打磨行程为较长的直线。不要使磨块做圆周运动，那样会在漆面上留下明显可见的磨痕。要想达到最佳效果，应始终沿车身外形线方向打磨。打磨过程中应充分注意露出的最高点，并以此最高点为准，多次用手摸出平整度加以修整。

对于波浪形平面，可选用长一些的木块作衬块，打磨动作幅度可长些；对于局部补刮的腻子，打磨时要注意腻子层边缘的平整性，即腻子口要磨平，以防产生腻子层痕迹，并为第二道腻子的刮、磨带来方便；打磨形线或圆弧时，则应使用与其形状相近的仿形块打磨。

干磨时，砂纸会使填料的粉末腻住。经常抖动、拍拍砂纸可以去掉一些粉末，也可使用涂有滑石粉的砂纸，这样可减少粉末的堵塞。湿磨时减少砂纸堵塞的方法基本同干磨，但还要用水湿润。

- 机械打磨：常用的机械打磨机有圆盘式打磨机和双作用打磨机，还有轨迹式打磨机和往复式打磨机。把没有黏性的砂纸粘贴在打磨机衬盘上。将其均匀涂开，把砂纸的中心与衬盘中心对正后，将砂纸紧压到衬盘上。如果用的是自粘贴砂纸片，则只要将二者中心对正压紧即可，但在压紧前一定要把中心对准。打磨操作完成后立即把砂纸从衬盘上取下来，否则黏合剂凝固后砂纸与衬盘就会粘贴得很牢固。要取下时，需用抹布蘸溶剂将黏合剂溶解。

打磨时用双手把持打磨机手柄，先用粗砂纸打磨。当腻子表面的刮痕基本消除后，应及时更换细砂纸磨至腻子表面与周围高度相近，以留出足够的手工细磨余量。为使机械打磨的腻子表面均匀、平整，应注意打磨机的走向。机械打磨时，如果出现了结球现象就应及时更换砂纸，否则会堆积在一起划伤表面，并降低磨具的打磨效果。

用机械打磨可降低劳动强度，提高工效，节省打磨材料，但对于弯角、边棱及弯曲等部位不适用，往往需配合手工打磨，以较完整地完成打磨作业。

4．面漆的种类

（1）按面漆的类型分，目前可以分为以下三种。

① 挥发性面漆类。主要有硝基外用磁漆和改性热塑性丙烯酸树脂漆类两种，后者性能较佳。

② 双组分低温烤漆。常用的是双组分丙烯酸树脂漆，此外还有氨基类双组分低温烘烤型涂料。

③ 底色漆类。目前常用的底色漆的基料（主要成膜物质）是丙烯酸树脂，这类漆的涂膜无光泽，其表面还必须罩以清烘漆（亦属双组分涂料）后才能获得良好的效果。

底色漆属于目前使用最广的面漆涂料，其涂装方法又分双膜（金属漆）和三膜（珍珠漆和玛瑙漆等）两种。

（2）按涂料颜色分，目前可以分为以下两种。

① 实色漆。目前汽车涂料的实色漆有两种：挥发型和双组分型。基于涂装效果和效率等方面综合考虑，目前绝大部分场合，都选择使用双组分低温烘烤类，因为挥发型的虽然省却了固化剂（一般用量为面漆料分量的一半），但喷涂时需多喷涂 1～2 层，并且其漆面光亮度较差，还需经常打蜡抛光。

② 底色漆。底色漆是目前使用最广泛的汽车面漆。首先因为其操作容易，底色漆喷涂后的“指触干燥”时间很短，一般在喷涂后 10～20min，即可对漆膜进行填补砂眼和打磨等处理，以及进行套色（如在车身喷涂彩色饰条时的放线和贴防涂胶纸带等工作）。其次，目前

绝大部分轿车都是金属漆面，对该类车进行修补时，只能采用底色漆来处理。

另外，目前不少实色漆面轿车在制造时就采用了底色漆双膜涂装技术，而且绝大部分涂料生产厂家，如新劲、杜邦、鹦鹉、施必快、银箭、保利来等，都开发出了实色漆采用底色双膜涂装的底色漆的配方技术，极大地提高了实色漆轿车的漆面亮丽效果。

至于珍珠色、玛瑙色等面漆，需采用打底色—珍珠或玛瑙漆—清烘漆这种“三膜”涂装技术，工序复杂，而漆膜最后展现的是一种色的效果，此类面漆多用于高级轿车，施工时对技工的操作技术要求较高。

5．汽车面漆的调色

如果是对汽车进行全车的面漆喷涂，则面漆的颜色调整相对来说简单一点。一般只需根据原车的漆码或经验进行调整即可。下面着重介绍汽车漆面修补面漆的调色过程。

（1）调色前的准备。调色是汽车修补漆配色的一个重要环节，如果弄懂了调色理论，了解周围环境对颜色的影响，拟定完整的调色程序，就可以为喷涂工艺作出一个常规的程序。一般调色的基本目的是：调节修补色漆与汽车原漆之间的细微差别，使两者相配；使修补色漆与褪色的汽车面漆相匹配；在无配方或无漆码的情况下，调配汽车修补色漆。

调配汽车修补面漆的油漆工，必须正确地认真识别颜色，辨别出它真正的颜色。特别是应能辨别要处理的色漆，还要能辨别色漆中这种颜色范围内的主色调，包括暗度或亮度级、色彩的明艳或饱和度。

如果修补面漆的颜色与原汽车面漆的颜色不同，则在决定是否进行调色前，一定要先检查一下是否由于以下原因造成颜色失配。

① 汽车原面漆是否褪色？如果确实已褪色，可以适当扩大抛光修复部位。

② 是否用错颜色？对照检查汽车生产厂的漆码和油漆厂的色漆原料号码，确定是否用错。

③ 色漆中的颜料或金属光片是否充分均匀混合？修补色漆因搅拌不匀，罐底残留的颜料、金属光片或珠光粉都可能引起颜色失配，所以一定要彻底搅拌均匀。

④ 稀释剂的用量是否准确？稀释过度会使颜色变浅或降低饱和度。

⑤ 在作颜色对比之前一定要清洗、抛光，去除汽车旧面漆上的粉尘和氧化层。

⑥ 使用试板时一定要留出充裕的干燥时间。试板一般要喷涂几次，每次喷涂后一定要干透，因为油漆干燥后的颜色要深些。

⑦ 在喷涂金属漆或珠光漆时最好使用搅拌杯。因为金属屑片或环光片容易沉入漆膜深处，影响色光。

⑧ 要等油漆干燥后再调整颜色。可用加热灯、加热枪或其他干燥方法缩短干燥时间。

⑨ 调整颜色时每次只许加少量调色剂。

⑩ 喷涂方法的不同可造成颜色的不同。喷枪靠近试板的油漆颜色，比喷枪离得较远的要深，特别是喷涂金属漆时，差异更为明显。同样，降低喷枪速度比增加喷枪速度的要深；各涂层间隔时间短，比间隔时间长的要深。

⑪ 在设备上，采用较大的液体喷嘴比较小的液体喷嘴深；减小喷束宽度比加大喷束宽度要深；减小喷束压力比增大喷束压力深；增大流量比减小流量深。

⑫ 在车间环境温度方面，车间温度低比温度高的颜色要深。

另外必须注意的是，整板整修中出现颜色失配的情况比小面积整修时要多。因为板件（如车门、翼子板等）都有明确的边缘，如前门和后门紧挨着，从而形成鲜明的对照。而小面积整修时，修理部位却与周围区域掺和在一起，头道涂层只涂在修理部位内，以后的涂层一层比一层涂得范围大，最终混合涂层超出原来涂层的范围。这样，虽然有些颜色失配，新旧面漆之间会有过渡，不会形成强烈的色差。

（2）调色的基本程序。在汽车面漆的调色过程中，应借助不同的喷涂方法对亮度、色调、色度进行调整，以达到最佳的颜色。调色的一般程序如下。

① 颜色分析。主要从如下三个方面进行颜色分析：

● 从正面或某一角度观察面漆，看颜色是否太深或太浅；

● 检查色调，看色漆是否比原面漆更红、更蓝、更绿或更黄；

● 检查刚喷过的色漆的色度是否比原面漆高或低。

② 亮度调整。影响亮度的主要因素有车间环境、喷涂方法、溶剂的使用、油漆的用量、喷枪压力和混合料中的颜料用量等，在亮度调整时必须综合考虑各种因素，才能得到合适的油漆亮度。

③ 色调调整。在亮度调整好后才能进行色调调整。每种颜色的色调只可能沿两个方向变化：

● 色调会发绿或发红的颜色有蓝色、紫色、黄色、米黄色和棕色；

● 色调会发黄或发蓝的颜色有绿色、黑色、褐红色、灰色或银色、白色；

● 色调会发黄或发红的颜色有青铜色、红色和橘红色；

● 色调会发蓝或发绿的颜色有海蓝色和青绿色。

可以根据油漆厂提供的资料选定能调出正确色调的调色剂，按最低限量计算调色剂用量。经充分搅拌均匀后，喷涂一小块试板，待干燥后与原面漆作颜色对比。

④ 色度调整。调整好亮度和色调后开始调整色度。如果要想把颜色调得明亮些，那必须重新调整前两项项目；如果要使面漆灰些，就要喷一层湿涂层，再以较远的距离和较低的气压喷一层用少量白色与微量黑色混起来的涂层。

⑤ 检查及校正。最后可以从如下三个角度检查：

● 垂直于汽车表面；

● 从刚好超过光源反射线角度；

● 以小于45°的角度，观察汽车面漆。

检查维修喷涂后的面漆颜色是否与其他部位一致，如不一致则校正，直至满意为止。

（3）电脑调漆。由于科学技术的飞速发展，特别是计算机技术的发展，电脑在涂装技术中也得到了一定的应用。使用电脑调漆，可把极其复杂的调漆工作，改变为很正规、工作起来极容易而又很准确的工作。

① 电脑调漆的基本原理。电脑实际上就是一个大型的色漆配方资料库，存储了各种色漆的标准配方。各种色漆均由数码进行标记，不仅多色漆由数码标记，而且单色漆也由数码标记。各类色漆品种数量达数千种规格，因此利用电脑调色系统可直接获得原车面漆的有关资料。这是目前涂装行业中普遍使用的检测方法。因为此方法方便快捷，只需将原车车身的油箱盖拿来，利用仪器就能很快准确无误地判别面漆的类型，以满足汽车制造和轿车维修的需求。

当送修的轿车到修理厂之后，有的轿车车身面漆在一定部位涂有漆的标号，如果修理厂有同样标号的色漆，就可以直接选用；若没有，就可将此标号输入电脑。从荧光屏上可显示出此种标号的复色漆组成中各单色漆的组分及质量。按其组分和质量进行调配，就可得出所需要标号的色漆了。

电脑调色系统一般由计算机、汽车颜色资料库、电子天平、阅读器和混漆机等五大部分组成。

电脑调色系统存储了调漆程序，只要将所需修补车身油漆的漆码（颜色编号）输入，就可以得到所需配方。

同时，由于电脑软件不断更新，用户可以及时得到世界上各汽车制造厂、油漆厂的最新原料配方。阅读器是用于找出油漆配方的一部仪器，它可以利用探头在待修补车身上读取数据，数据经调色系统处理后就可获得按色浆配漆的精确配方了。

② 电脑调漆的操作过程。首先确认所修轿车面漆的漆色品种，一般有两种方法：高级轿车的面漆有的有漆号标志，找到其漆号标志即可；有的可从维修手册上找到面漆的使用材料和品种规格。若都无记载，则用最后一种方法——用色标卡进行测定。

色标卡是一种专门印制的涂料颜色卡片，按其颜色的品种和同一品种的不同色度而制定。在卡片上标注其数码编号，每一个色卡编号就是一种色漆的标志。

在色标卡上，每一个方块色中间有一个圆孔，在认定汽车面漆时，首先目测出近似轿车面漆的色标卡。然后将色标卡平铺在车身表面，从色标卡方块的圆孔中露出轿车车身面漆的颜色，从色调、明度和彩度三个方面进行对比，挑选出相对接近的颜色。作为优秀调漆人员关键的一步是从不同的角度去对比。需要注意的是在配色前，应该用细蜡进行清洁处理，以免配色标准板（如油箱盖、车身部件）上的污染物对车身造成颜色差异。对比时应用水把板子打湿，这样会有光泽，尤其是银粉珍珠色。要记录色标卡和车子的差异，做到心中有数。通过对比找出与车身面漆颜色一样的方块，方块所代表的编码就是被测出的面漆颜色。将此编码输入到电脑中，从电脑荧光屏中即可显示出该面漆的配方，根据配方，用电子秤量出各组分的质量，按比例量出所需用量，放入一定的调配容器中。用手工或机械搅拌均匀，按施工要求调到所需浓度，色漆的调配就完成了。

调配完成后要进行试色：准备好一块4cm×5cm的调色试验板，各种试验板大小应一致，不能对车漆有吸附作用，以免影响对颜色的判断；使用刮刀把未稀释过的涂料用力涂抹在一块试板上，待板完全干燥后，与车身的色调做比较，如发现有色差应进行微调修正；最后将微调好的涂料加相应比例的固化剂、稀释剂，按正确的施工程序进行涂装。

使用电脑调漆，可使轿车面漆的调配工作简便而准确。采购的各种数码的色漆必须严格保证其质量。另外，所用色漆品种规格虽多，但是每种规格的数量较少，因为对汽车漆面的维修护理不同于大批量生产。

（4）调配颜色时的注意事项。

① 配色时所采用的色漆的基料必须相同，以保证互溶性。如硝基漆只能调硝基漆，不能与醇酸漆、聚氨酯漆混合，否则会产生树脂析出、浮色、沉淀甚至报废等现象。

② 使用同一类型品种的涂料时，也应注意各生产厂和生产日期及批次的区别，这些不同也有可能造成颜色差异，要根据实际情况进行具体分析、比较和调整。

③ 每次先取少量油漆配制，待配出的色漆完全匹配，再根据需要量按比例扩大，以免造成油漆浪费。

④ 在容器中先加入在配色中用量大、着色力小的色漆或近似所需色的色漆，然后再加入其他颜色的漆，边加入边搅拌均匀，在颜料调配快接近一样时，应缓慢加入，以防止过量。

⑤ 在调配颜色时，应在晴天或光线充足的地方进行观察，不能在灯光或阴暗的地方调

对，以免产生颜色误差。

⑥ 比色时，应将新调涂料颜色喷涂在干样板上，进行干样对照，因为各种涂料的颜色在湿时要比干时浅一些。

⑦ 要注意颜料本身的上浮下沉现象、粒度与干燥速度等因素。一般色漆较稠时，浮色较慢，故在样板对比时，应按施工黏度和干燥条件进行。另外，如果配色用的色漆贮存时间过长，颜色沉底，则使用时必须先进行搅拌。

⑧ 调配色漆若需加快干剂、固化剂等，则应在配色前加入搅拌均匀，以免影响色相。

⑨ 色漆调制人员必须具有正常的视觉分辨能力，有色盲者不得担任此工作，以防产生视觉误差而导致调配的色漆出现问题。

6. 汽车面漆的喷涂

（1）喷涂技术简介。喷漆是一项技术性很强的工作，过去汽车喷涂以色漆为主（白、蓝、黑、红等单色及相关复色等），相对来讲对修补漆的喷涂要求不高。然而随着金属闪光漆及珠光漆种类的迅速增多，甚至过去比较少见的浅色金属闪光漆也越来越多，而且随着汽车漆档次越来越高，汽车修补漆的性能不断提高，对喷漆工的要求也提高了。例如，对喷涂浅色金属漆的施工稳定性、色差等质量控制，都存在不同程度的难点，尤其是其“视角闪色效应”（从正面、侧面观察其明度、色相及彩度等的不相同）上比深色漆要敏感得多。所以在喷涂浅色金属闪光漆时，更应该按照所采用的汽车修补漆的施工要求，严格控制涂装条件及工艺。

总之，在汽车漆喷涂时，不仅要认真选择所有的材料、施工工具，而且对施工环境（温度、湿度）的控制、冬夏季节稀释剂的选择及喷枪的调整等都必须认真对待，如果忽视任何一个环节都可能造成灾难性的后果。

一般来说，影响喷漆质量的主要因素有黏度、温度和喷枪。

① 黏度。黏度是液体分子间相互作用并由此产生阻碍分子间相对运动能力的量度，也称为液体流动的阻力（内摩擦力）。通常所说漆料的稀与稠，实际上就是指其黏度的大小，溶剂、稀释剂及温度的变化对液体流动性都有影响。同样，也正是流动性决定着漆料的雾化质量、在构件表面的流动性及喷涂设备的类型。

制备漆料时，要严格按照油漆供应商提供的技术要求，用最适合修理美容车间温度和条件的稀释剂，把油漆稀释至适当的黏度。否则，黏度过高将会使表面粗糙不匀，产生针孔和气孔等缺陷，黏度过低会造成流挂、失光，使漆膜不丰满。所以，车身涂漆中应根据技术要求调整黏度，并养成使用黏度计进行测试的习惯，以积累总结经验。

稀释剂的用量应与温度无关。温度较高时，稀释后的漆料实际黏度可能稍低一些，但被从喷出到抵达构件表面的过程中，稀释剂挥发较快，结果油漆抵达被涂构件表面时的黏度正好适合。相反，室温较低时，稀释后的漆料黏度较高，但挥发慢，抵达构件表面时黏度正好，一般把温度控制在 20℃左右为好。

② 温度。汽车漆喷涂和干燥时的温度对漆面的光洁度影响很大。这里的“温度”既指喷漆室的温度，也指被喷物件的表面温度。把热漆喷涂到冷表面或把冷漆喷到热表面上都会破坏流动性。

③ 喷枪。要使喷漆获得平整光滑、厚薄均匀、光照如镜的漆面，除了涂料的品种质量和喷涂构件的底层基础外，更重要的是有丰富的喷涂经验和正确的操作技术。在使用喷枪喷涂时，操作人员必须掌握好最基本的喷枪调整和使用方法。

● 喷枪的调整。雾形的好坏取决于空气与漆滴混合得好坏，漆料应该在构件表面形成平滑的中湿涂层，不能出现流挂。如果做好气压、雾形大小和滚流量的调整，就可以在正常条件下获得合适的雾形、漆膜湿度和气压了。

首先调整气压。由于有摩擦，所以空气从干燥器到调压阀再流到喷枪时，压力有所损失，其差别取决于输气管的长度和直径。测量这一压降的方法是在软管接头和喷枪之间接一个调压阀，用来检查和控制喷枪压力。然后用雾形控制阀控制雾形的大小。把控制阀全拧进去可得到最小的圆形喷束，全拧出来得到的雾形最大。最后用滚流控制阀按选定雾形调整滚流量。注意在操作时应结合自身的经验，按具体要求进行调整。

另外，在操作时应注意，最佳喷雾压力是指能获得理想的雾化程度、流速和喷束宽度的最小压力。压力太高会因飞漆而浪费大量油漆，抵达物件表面前溶剂挥发快而导致流动性差；压力太低会因溶剂保留得多而造成干燥性能差，漆膜容易起泡和流挂。气压值应随喷涂漆料的不同而不同。

● 喷枪的使用方法

要掌握好喷枪在移动过程中与被喷表面的角度。操作时操作人员应以一字步或丁字步站立，在喷枪移动过程中，不论是横形的喷雾还是纵形的喷雾，在上下或左右移动时，均要保持喷枪与工作表面成 90° 直角，并以与被喷表面相同的距离和稳定的速度移动，否则漆膜可能不均匀。绝不可由手腕或手肘作弧形的摆动，否则被涂表面的漆多、厚薄不匀，厚处可能出现“流挂”，薄处可能出现“露底”，一部分漆在空气中流失。只有在小面积喷涂时才允许喷枪作扇形摆动，因为这时要求漆膜中间厚、两边薄。

➢ 要掌握好喷枪嘴与被喷表面之间的距离。一般喷涂距离为 20cm 左右，如果距离太近，则会因速度太高而使湿漆膜起“橘皮纹”或“流挂”；如果距离太远，则稀释剂挥发太多，会形成沙状表面，还会使飞漆增多。而正常的喷涂距离应与喷枪的气压、喷枪的扇面调整大小及涂料的种类相配合。
➢ 要掌握好被喷涂料的喷涂气压。选择正确的喷涂气压与多种因素有关，如涂料的种类、稀释剂的种类、稀释后的黏度等。在喷涂操作时尽量使液体物料雾化，同时又要求液体物料中所含溶剂尽可能少地蒸发。一般调节气压为 0.35MPa～0.5MPa，或进行试喷而定。合适的喷涂气压能获得适当的喷雾、散发率和喷幅的最低需要。压力过低时可能会雾化不好，油漆像雨淋一样喷涂到物件的表面，容易产生“流痕”、“针孔”、“起泡”等现象。而压力过高时溶剂可能会过度蒸发，严重时形成所谓干喷现象。
➢ 要掌握好雾形。喷涂前必须在遮盖纸上测量雾形，这一点很重要，是对喷枪的距离、气压的综合性的测定。试验时喷嘴与墙面相距约 10cm 左右，把扳机扳到底再立刻放开，喷出的漆会在试纸上留下细长形状的印迹。然后测试雾形内油漆分布的均匀性。放松气帽卡环，拧动气帽，使气帽角处在垂直上下的位置，这时气帽产生的雾形是水平方向。再次喷涂。这次一直扳住扳机，直到漆液开始往下流。然后检查各段流挂的长度，如果各项调整正确，则各段流挂的长度近似相等。如果喷束太宽或气压太低，则流挂呈分开的形状，可把雾形控制阀拧紧半圈，或把气压适当提高，交替进行这两项调试，直到流挂长度均匀。如果流挂中间长两边短，则为喷出的漆太多，应把控漆阀拧紧，直到流挂长度均匀。
➢ 要掌握好喷枪移动的速度。喷枪移动的速度与涂料干燥速度、环境温度和涂料的黏度有关。行进速度约为 0.3m/s。移动速度过快，会使漆膜粗糙无光，漆膜流平性差；移动速度过慢，会使漆膜过厚，发生流挂现象。移动速度必须一致，否则漆膜厚薄不匀。

喷涂过程中绝对不能让喷枪停住不走，否则会产生流挂。使用干燥较慢的涂料时，可适当提高移动速度至0.4～0.8m/s。

➢ 要掌握好喷涂方法、路线。喷涂方法有纵行重叠法、横行重叠法和纵横交替喷涂法。喷涂路线应从高到低、从左到右、从上到下、先里后外。应按计划好的行程稳定地移动喷枪，在抵达单方向行程的终点时放开扳机，然后再扳扳机，开始相反方向仍按原线喷涂。在行程终点关闭喷枪，可以避免出现流挂，并把飞漆减少到最低。对于难喷部位，如拐角或边缘要先喷，要正对被喷涂部位，这样拐角或边缘的两边各得到一半喷漆。喷枪距离要比正常距离近2.5～5.0cm，所有边缘和拐角都喷好后再喷水平表面。对竖直面板通常从板的最上端开始，喷嘴与上边缘平齐。喷枪第二次单方向移动的行程与第一次相反，喷嘴与第一次行程的下边缘平齐，雾形的上半部与第一次雾形的下半部重叠，重叠幅度应是第二层与上一层重叠的约1/3或1/2。雾形的下半部喷涂在未喷涂过的区域，应一直与前次喷涂部分的“湿边”混涂，开始喷涂的搭接处选择要合适，这样可避免出现双涂层和流挂。各涂层之间要留出几分钟的晾干时间。

（2）面漆喷涂前的准备。

① 全面检查各部位的底漆层，如发现底漆层不平整、不光滑，应进行打磨；对残留腻子和其他污物应清除干净。然后用压缩空气吹除灰尘并晾干。潮湿或不干净的表面，遮盖胶带是粘贴不上去的。

② 对不需要喷涂的部位，应用遮盖纸和胶带遮盖封闭。遮盖是面漆喷涂前准备工作中很重要的一步，其作用是防止漆雾喷到不应该喷的地方。

常规的基本遮盖材料是遮盖纸和胶带。遮盖纸的宽度从7～90cm不等，其耐热、耐湿度好，可在烘房中安全使用，并可防止溶剂渗透。遮盖纸和胶带可按需要铺贴在不需要喷涂的部位，贴胶带时要用力压，让它在汽车表面上粘牢，否则油漆会流进胶带。特别是使用双色漆时，如果颜色分界线不在装饰嵌条下，那么必须把胶带的边缘压紧、贴牢。

不易贴胶带的部位，如车轮，可用遮盖罩罩上（遮盖罩有塑料轮胎罩、车身罩、底盘罩、前后车灯罩等）。纸边上的胶带要与嵌条上的胶带相重叠，上面的那张纸要与下面的那张纸重叠，如果需要，把纸上有褶的地方折起来并贴上胶带，以防灰尘和飞漆渗入。

喷涂水平表面（如发动机罩、行李箱）时，要用两层遮盖纸，以防渗色或溶剂使面漆倒光。防止渗色的另一个方法是反贴，即把胶带贴在遮盖纸的反面，并吹入少许空气，使遮盖纸稍稍离开汽车表面。

③ 必须根据车主的要求调配好相应的色漆料。如果是斑点修补，则首先要根据汽车生产厂家的漆码获得原色，以减少修补漆配方与原汽车生产厂家所用的面漆配方的差异。几乎所有品牌汽车的漆码都可以在各种汽车牌号漆码位置图上找到。最好把色卡与汽车本身的颜色对比一下。如果车主需要将整车重喷，则首先确定原漆的类型。在调配色漆时必须充分搅拌，使所有沉淀的颜料搅拌起来混入漆液中。不同颜料的密度差异很大，有些颜料密度高达漆液的7～8倍，因此它总是沉淀，无法始终保持悬浮状态；有些则轻而不易沉淀。所以必须充分搅拌均匀，以免造成色差。

④ 按照施工资料的要求调整好喷涂压力，一般取0.4MPa～0.5MPa，也可根据在喷涂过程中漆膜的具体情况进行调整。

（3）整车涂装顺序。

整车修补涂装是汽车美容修补施工中最有代表性、最为全面的涂装工艺。其关键是要保持有湿边，同时应尽量减少水平表面上的飞漆，以防止漆沉积到已干的部位而造成沙状表面。

在整车涂装程序中，面漆喷涂的一般顺序是：车顶—后盖—左侧面—发动机前盖—右侧面。这样有利于各板面的喷涂衔接，并可尽量减少水平表面上的飞漆，防止漆雾沉积到已干的部位而造成沙状表面。气流从车顶流向车底，雾形有所不同。漆工还可以根据需要喷涂后面涂层，而在层间不会因等待前一层晾干而浪费太多的时间。具体操作方法如下。

① 车顶的喷涂。在车顶与风挡玻璃、后窗交界处采用带状涂装法进行涂装。首先从靠近漆工的车顶边缘的地方开始喷涂。尽可能保持枪与车顶表面为15～20cm等距，从左到右，再从右到左进行喷涂，喷成中等湿度（每层走枪都是从车顶的边缘开始）。由于修补施工时多采用重力式或虹吸式喷枪，所以受喷枪涂料杯的影响，喷枪的俯角受到一定的限制（要尽可能保持垂直，不要把喷枪拿歪）。以每层扇幅重叠覆盖70%～80%的方法从边缘向中心喷涂，一直喷涂到可以看见明显柔和的光泽时为止。

② 发动机前盖的喷涂。首先用黏性抹布把表面擦拭干净（注意：不得采用气枪来清除表面，以免前盖上的灰尘吹到刚刚喷过涂料的车顶上）。采用带状喷涂法喷涂风挡玻璃与前盖交界处（在前盖边缘最好不要采用带状喷涂法），扇幅重叠覆盖70%～80%。每层都从边缘到中心进行喷涂，随后在另外一边，从中心开始往边缘移动进行喷涂，每层扇幅的覆盖约10cm。

③ 后盖的喷涂。用黏性抹布擦干净表面，要准备足够的涂料，避免喷涂过程中涂料用完而造成色差。采用带状喷涂法，沿后窗玻璃的底边喷涂一遍，两层扇幅之间覆盖约70%～80%。随后换到另一边，从中心开始向边缘移动进行喷涂。在整个喷涂过程中，涂层要湿，走枪速度要快，每层扇幅的覆盖约10cm。

④ 侧面的喷涂。用黏性抹布擦拭表面，备足涂料，由于汽车侧面较长，故需要采用分段喷涂法。在适合于漆工走枪的距离处采用带状喷涂法垂直向下喷涂一层，以此分隔成段。在这一段内从底部或顶部开始走两道枪，先从左到右，再从右到左，采用一道喷涂法继续喷涂下去。每一道枪之间扇幅覆盖50%，直到这一段表面全部被喷涂覆盖完毕。接着转移到下一段，也是先采用带状喷涂法垂直向下喷一枪，划出第二段。重复上述操作，喷涂第二段，如此重复直到该侧面全部喷涂完毕。

（4）整板修补喷涂。汽车车身的某一部分，如前盖、车门、后盖、翼子板等整板大面积的涂层遭到破坏时，要进行整板修补涂装。一般可能出现两种情况：其一是在板面上没有大的变形或裂痕，只需对整块板面进行面漆涂装；其二就是板面被破坏，需要整修后再安装到车身上。前者可以在车身清洗后，涂抹封闭隔离漆，再直接喷涂面漆；后者必须在车身清洗后进行除锈、防腐、涂底漆、刮腻子填补凹凸不平之处，喷涂中间漆、封闭隔离漆后，才能喷面漆。

整板修补与整车修补不同。整车修补时，面漆的颜色不作重点考虑，因为只要保持整车颜色的一致性，与客户指定的颜色色号相符即可。而整板修补必须考虑该处的颜色与车身上其他部位原厂漆的色差问题，所以，在进行整板修补之前，必须将修补漆的样板与车身上其他原厂漆的部位进行严格比色，待正确无误才能正式开始涂装。

（5）喷涂工艺。汽车常用的面漆根据其颜色不同可分为金属色彩漆（金、银粉漆）、普通单色漆（素色漆、纯色漆）、清漆3种。每种颜色的漆都有许多类型，如单组分涂料、双组分涂料、烘干型涂料等。一般的喷涂工艺如下所述。

① 薄层预喷。使涂层形成连片的一张涂膜，轻度薄薄地喷涂，确认有无缩孔，对小缩孔可用喷雾法喷涂修正，对大的缩孔部位，干燥后用600号砂纸打磨，用喷雾法修正。

② 着色喷涂。为避免涂膜颜色不均匀，每道喷幅应重叠 3/4，均匀地喷涂，注意保持适当的喷枪距离。

③ 修整不匀部位。着色工序时如无不匀，可省去这道工序。产生不匀时应充分间隔一段时间，降低涂料黏度，以小于着色工序的喷涂量并以较快的速度，喷幅重叠 3/4，均匀地喷涂。

④ 清漆稳定涂层喷涂。喷涂时涂层不要厚，均匀地进行喷涂，此工序中清漆使用量大约为清漆总量的 40%。

⑤ 清漆罩光喷涂。喷涂时要注意涂面情况，均匀地喷涂，清漆使用量为清漆总量的 60%。

7. 喷涂后的补漆修饰

汽车喷漆后，如发现因喷涂或安装不慎，造成局部漆膜产生流淌、流挂、粗糙无光、咬底起皱、碰擦损坏等质量缺陷，应通过补漆进行修饰。其方法有手工补漆和喷涂补漆两种。

（1）手工补漆法。当漆膜损坏面积较小时可用手工补漆法进行修饰。其操作方法如下。

① 补漆前，先选择与整车漆膜颜色一致并且性能相同的面漆，然后将其加适量的配套稀料调至施工黏度，经过滤后待用。

② 用干净的毛笔，蘸少许漆液，先轻点涂一次，待漆膜表面干燥后，再轻而细致地补涂一次，使补后的漆膜颜色与整车漆膜颜色一致，并无明显的补痕。

③ 如果补后的漆膜颜色与大面漆膜颜色出现色差，则应在最后一次补涂时，将该漆加少许稀料调匀，重新补涂，直至与大面颜色一致为止。

④ 如果补后的部位出现明显的补痕，则应用毛笔蘸少许稀料，将补痕轻轻描涂至补痕消失。

⑤ 当补后的漆膜产生流淌、流挂时，应及时用干净布蘸稀料擦净。

⑥ 当损坏的漆膜部位出现明显的凹坑时，应先用原子灰等腻子补平，干后磨光擦净，再用毛笔蘸该漆补涂平整。

（2）喷涂补漆法。喷涂补漆对操作技术要求很高，只有具备丰富施工经验和熟练喷涂技巧的专业人员，才能获得理想的喷涂效果。

① 当局部漆膜产生流淌、流挂或咬底起皱时应按下列方法喷涂补漆。

- 待漆膜彻底干透后，用水砂纸将缺陷反复水磨平整，然后擦净晾干。
- 刮一道薄薄的原子灰快干腻子，干后再水磨平滑，擦净并彻底晾干。
- 若腻子的颜色与大面漆膜颜色的色差较大，应先薄喷一道该色面漆，干后再水磨平滑，使基层的漆膜颜色基本能遮盖腻子层后，再精心补喷 1～2 次该色面漆。

② 当局部漆膜粗糙无光或颗粒杂质较多时应按下列方法喷涂补漆。

- 待漆膜彻底干燥后，用细水砂纸或水砂纸包橡胶块，将该部位的漆膜水磨至平整光滑，擦净并彻底晾干后，再用干净布进行一次擦净。
- 根据面漆种类将黏度适当调稀，如醇酸面漆，黏度以 16～18s 为宜，聚氨酯漆黏度以 14～16s 为宜。应注意黏度不能过稠，否则喷补后易产生明显的补痕，影响补漆质量。黏度调好后，用细筛网过滤洁净，再进行喷补。
- 喷涂时的空气压力应尽量小些，喷涂间距也应尽量远些；反之，由于漆料较稀，喷涂时易产生流淌、流挂，造成二次返工。
- 补漆部位的漆膜喷涂均匀后，其补喷后的漆膜会出现明显的补痕（即残漆雾），这时可顺残漆雾的边缘，将喷枪倾斜朝补漆部位轻轻喷涂一次，再用驳口水向周围雾痕薄喷一次，即可基本消除明显的补痕。其原理是，喷后漆膜能重新将残漆雾溶解，使补后的漆膜边缘的平度、颜色与补漆部位一致，基本无明显的补痕。

上述两种补漆方法，仅适于一种颜色汽车的局部补漆，而对于多种颜色汽车的局部补漆，还必须视实际情况而定。若补漆部位产生在彩带漆膜上，则应先按部位进行贴纸覆盖，然后再进行补喷，以防漆雾污染其他颜色的漆膜。对于高级轿车的补漆，为获得整车质量一样的漆膜，最好进行整块喷补。

6.4.6 漆面喷涂的缺陷及治理

汽车在涂装过程中涂膜常会出现各种各样的缺陷，对车身表面的美观有很大影响。因此应对漆膜缺陷的产生原因认真分析，并采取必要的预防和治理措施，使车身表面保持光洁亮丽。

导致涂膜缺陷的因素是多方面的，为预防和尽量减少涂膜缺陷的发生，除正确合理地使用合格的涂料外，还应严格执行正确的涂装工艺，干燥固化、施工操作方法，选择良好的涂装施工环境，同时还必须注意使用条件及使用中的维护。当发现涂膜出现缺陷时，必须首先找出产生的原因，并及时采取相应的措施予以解决。

1．橘皮

喷涂涂料时，湿膜不能充分流动，未形成平滑的干漆膜面，出现似橘皮状凹凸不平的痕迹。

（1）形成橘皮的原因。

① 喷涂施工时，涂料黏度过大或喷涂厚度不足；

② 喷枪口径大小不适，压缩空气压力低，出漆量过大，导致雾化不良；

③ 喷枪离被涂面的距离过远；

④ 空气及被涂物面的温度偏高，喷涂室内通风量过大，溶剂挥发过快；

⑤ 晾干时间过短。

（2）治理措施。

① 调整涂料黏度，在涂料中添加挥发速度较慢的溶剂，延长湿膜的流动时间，改善涂料的流平性；

② 选择出漆量和雾化性能良好的喷涂工具，适宜调整压缩空气压力，使涂料达到良好的雾化；

③ 调整喷涂距离，控制漆膜厚度，一次喷涂到规定厚度（以不流挂为限度）；

④ 保持被涂物面温度在50℃以下，喷漆室内气温应维持在25℃左右；

⑤ 适当延长晾干时间，不过早进行高温烘干；

⑥ 待色漆完全干固后，视橘皮的情况，用水砂纸或粗研磨剂磨去橘皮，进行补涂。如果情况严重，用水砂纸整平，并重新喷涂。

2．收缩

喷涂后的漆膜不均匀，表面局部收缩形成露底的麻点、花脸等，漆膜失去平滑状。

（1）形成收缩的原因。

① 被涂物面不净，有水、油、灰尘、肥皂、石蜡等异物附着；

② 溶剂挥发速度与烘烤温度不适当，如烘干漆用慢干溶剂；

③ 沾有不同涂料的喷雾或底漆过于平滑；

④ 残存遮蔽胶带或修补涂装中旧漆层产生吸漆；

⑤ 涂装环境、涂装工具、工作服、手套等不干净。

（2）治理措施。

① 确保被涂面洁净，严禁裸手、脏手套和脏抹布等接触被涂物面；

② 用涂料稀释剂彻底擦底材表面，使之清洁，或用砂纸打磨；

③ 在旧涂层上喷漆时，应用砂纸充分打磨，并擦干净；

④ 确保压缩空气清洁，涂装环境清洁，空气中无尘埃、油雾和漆雾等飘浮；

⑤ 出现收缩现象时，待干燥后用砂纸打磨，再用溶剂擦净后涂装。

3. 缩边

在喷涂和干燥过程中漆膜收缩，使被涂物的边缘、拐角等部位的漆膜变薄。

（1）形成缩边的原因。

① 涂料的黏度偏低；

② 漆基的内聚力大或所用溶剂挥发较慢。

（2）治理措施。

① 调整涂料黏度；

② 添加阻流剂，降低内聚力或选择适当的溶剂。

4. 起粒

涂装后漆膜整个表面或局部出现颗粒状凸起物的现象。

（1）形成起粒的原因。

① 颜料分散不良，色漆所用漆基中有不溶的聚合物软颗粒或析出不溶的金属盐，小块漆皮被分散混合在漆中；

② 涂装施工环境不清洁，调漆室、喷室、晾干室和烘干室内有灰尘；

③ 被涂物表面不洁净；

④ 施工操作人员的工作服、手套及漆前用材料掉纤维；

⑤ 易沉淀的涂料未充分搅拌和过滤；

⑥ 喷漆室温度过高或溶剂挥发太快；

⑦ 漆雾过多（干喷涂），漆的黏度过高或供漆压力太高。

（2）治理措施。

① 涂料应充分净化，不使用变质或分散不良的涂料，供漆管路上应安装过滤器；

② 调漆室、喷涂室、晾干室和烘干室的空气除尘要充分，确保涂装环境洁净；

③ 用黏性抹布擦净或用离子化空气吹净被涂面上静电吸附的尘埃，确保被涂面清洁；

④ 操作人员要穿戴不掉纤维的工作服和手套；

⑤ 喷漆室温度、风速调整适当；

⑥ 油漆黏度、输漆压力调整适当；

⑦ 注意喷涂顺序从上到下，从里到外；

⑧ 出现严重的起粒现象时，应用砂纸打磨后重新涂装。

5. 拉丝

涂料在喷涂时雾化不良，喷涂于底材上的漆多呈丝状，使漆膜形成不能流平的丝状膜的现象。

（1）形成拉丝的原因。

① 涂料的黏度高；

② 稀释剂的溶解力不足，漆从喷枪中喷出时，有大量溶剂挥发；

③ 易拉丝的树脂含量超过无丝喷涂量含量。

（2）治理措施。

① 涂料的施工黏度选择适宜，硝基漆为 18～20s，烘干涂料为 20～30s；

② 选用溶解力适当的（或较强的）溶剂；

③ 调整涂料配方，减少易拉丝树脂的含量；

④ 出现拉丝现象时，应待干燥后进行打磨再重新涂装。

6．起皱

在面漆的干燥过程中，形成局部或全部的皱纹状涂膜现象。

（1）形成起皱的原因。

① 含有干性油的油性漆或醇酸漆，干燥剂选用不当；

② 面漆的溶剂把底漆漆膜溶解；

③ 漆膜过厚；

④ 氨基漆晾干过度；

⑤ 烘干升温过急，表面干燥过快。

（2）治理措施。

① 合理选用催干剂；

② 选用桐油为成膜物时，应注意漆基的熬炼程度，并控制桐油的使用量；

③ 用溶解力小的面漆涂料；

④ 按规定漆膜厚度涂覆；

⑤ 采用防起皱剂。若油改性的醇酸树脂漆稍涂厚，则在烘干时易起皱，而添加少量（5%以下）氨基树脂作为防起皱剂，一次喷到 40μm 以上厚度时也不起皱；

⑥ 氨基面漆在按规定时间晾干后就进行烘干；

⑦ 执行晾干和烘干的工艺规范；

⑧ 对已起皱的涂层，待漆层干透后用水砂纸打磨平滑后重新喷涂。如涂层起皱严重，应将起皱表面铲除后，刮一层腻子，干后打磨重新喷涂。

7．针孔

涂膜干燥后，在涂膜表面形成针状小孔的现象，严重时针孔的大小近似于皮革的毛孔。

（1）形成针孔的原因。

① 被涂物有污物或底层上已经有针孔存在；

② 喷涂施工时，湿漆膜中溶剂挥发速度快；

③ 涂料的流动性不良，流平性差，释放气泡性差；

④ 涂料变质或黏度高；

⑤ 涂料中混入不纯物，如溶剂型涂料中混入水分等；

⑥ 涂装后晾干不充分，烘干时升温急，表面干燥过快；

⑦ 被涂物的温度过高；

⑧ 喷涂空气中存在水分、油类等杂质。

（2）治理措施。

① 选用挥发速度较慢的稀释剂，以改善表面流平性；

② 施工时注意防止水分及其他杂物混入；

③ 严格检查存漆容器、喷涂工具及被涂物表面的清洁程度；

④ 使用双组分涂料时，应在配漆后放置一段时间再用；

⑤ 选择适宜的涂料黏度；

⑥ 用清洁的空气喷涂；

⑦ 出现针孔现象时，若情况较轻，可采用抛光打蜡予以补救；情况严重时，应填补腻子，重新磨光后喷涂面漆。

8．气泡

在涂装过程中，由于搅拌、泵料输送或施工中混入空气，且不易消散，故施工后漆膜表面呈泡状鼓起的现象。

（1）形成气泡的原因。

① 溶剂挥发快，涂料的黏度偏高；

② 烘干时加热过急，晾干时间过短；

③ 底材、底涂层或被涂面含有（或残留有）溶剂、水分或气体；

④ 搅拌混入涂料中的气体未释放尽就涂装，或在刷涂时刷子走动过急而混入空气。

（2）治理措施。

① 使用指定溶剂，黏度应按涂装方法选择，不宜偏高；

② 涂层烘干时升温不宜过急；

③ 底材、底涂层或被涂面应干燥清洁，不含水分和溶剂；

④ 添加醇类溶剂或消泡剂；

⑤ 若涂装后涂膜出现气泡，则视气泡的大小，决定是局部修补还是全部返工重新涂装。

9．遮盖痕迹

局部修补涂装中，非涂装表面用胶带遮盖，涂装后，胶带遮盖痕迹残留在表面上，或分色线呈锯齿形的现象。

（1）形成遮盖痕迹的原因。

① 胶带的质量差；

② 遮盖工序执行不认真；

③ 漆膜未干就撕下胶带或其他遮盖物。

（2）治理措施。

① 选用涂装专用胶带，在烘干场合胶带应耐热；

② 按工艺要求认真遮盖，为确保分色线无锯齿，选用边缘整齐的胶带；

③ 漆膜干（至少表干）后才撕下胶带或其他遮盖物。

10．流挂

涂料涂于垂直表面，在漆膜形成过程中湿膜受到重力的影响向下流动，使漆膜厚薄不均匀，成流滴或挂幕下垂的现象。

（1）形成流挂的原因。

① 涂料中使用重质颜料或研磨不均匀；

② 涂料黏度过低；

③ 所用溶剂挥发过慢或与涂料不配套；

④ 喷枪的喷嘴直径过大，气压过小；

⑤ 喷涂操作不当，喷涂距离和角度不正确，喷枪移动速度过慢，造成一次喷涂重叠，漆膜过厚；

⑥ 喷涂环境温度过低和周围空气中溶剂蒸汽含量过高；

⑦ 在光滑的旧漆膜上涂布新漆时，也易产生流挂。

（2）治理措施。

① 调整涂料配方或添加阻流剂；

② 正确选择溶剂，注意溶剂的溶解能力和挥发速度；

③ 涂料的黏度要适中（硝基漆为18～20s，烘干涂料为20～30s）；

④ 喷硝基漆用的喷枪的喷嘴直径应略小一点，气压以0.4MPa～0.5MPa为宜；

⑤ 提高喷涂操作的熟练程度，喷涂均匀，注意正确的行枪距离和角度，一次不宜喷涂太厚（一般控制在2μm左右为宜）；

⑥ 加强换气，施工场所的环境温度保持在15℃以上；

⑦ 在旧漆膜上涂新漆时要预先打磨；

⑧ 施工中出现流挂时，一般应在涂膜未干前予以修平。若涂膜已干，可用水砂纸轻轻打磨平整，不得磨穿其他部位。

11．沾污

沾污指涂膜表面由于沾上污物（铁粉、水泥粉、沙尘、漆雾等）而产生异色斑点的现象。

（1）形成沾污的原因。

① 在干燥过程中，涂膜中侵入和附着铁粉、水泥粉、沙尘、干漆雾等污物；

② 涂层未干透前就将被涂物包装；

③ 涂层接触化学或有色素的物质，如沥青、焦油、酸性物质、树脂、昆虫、鸟粪等；

④ 涂层在使用过程中发霉。

（2）治理措施。

① 确保涂层干燥场所的清洁，消除污染物；

② 包装被涂物时涂层应完全干透；

③ 防止涂层与污染介质接触，选用耐沾污性好的涂料；

④ 选用防霉性强的涂料或在涂料中添加防霉剂。

12．吸收

吸收指在涂装时涂料被底材过度吸收，出现无光或如同未涂漆的现象。

（1）形成吸收的原因。

① 被涂物为多孔材质，如松木板、纤维板等；

② 腻子层涂刮疏松。

（2）治理措施。

① 多孔材质的被涂物在涂漆前应涂堵孔涂料，进行涂前处理（或表面调整）；

② 刮过腻子的表面，在打磨后应补涂底漆或中间涂料，以消除腻子层对面层涂料的吸收；

③ 增加涂层的道数。

13．咬起

咬起是指当涂装施工的第一道面漆涂于底漆表面时，底层涂膜过分变软而产生的起皱、胀起、起泡等现象。

（1）形成咬起的原因。

① 色漆中含有较强的溶剂，穿透底层涂膜；

② 涂料不配套、底涂层的耐溶剂性差；

③ 涂层未干透，就涂下一道漆；

④ 涂得过厚。

（2）治理措施。

① 改变涂料体系，另选用合适的底漆；

② 底涂层干透后再涂面漆；

③ 在易产生咬起的配套涂层场合，应先在底涂层上薄薄涂一层面漆，等稍干后再喷涂。

14．露底

露底是指在色漆施涂时，因漏涂、涂得薄或涂料遮盖力差而未盖住底面，产生了显露底材的现象。

（1）形成露底的原因。

① 色漆贮存期过久，颜料沉底，使用前未搅拌均匀；

② 所用涂料本身颜料量不足，遮盖力差；

③ 涂料的施工黏度偏低，涂得过薄；

④ 底漆和面漆的色差过大，如在深色漆面上涂亮度高的浅色漆。

（2）治理措施。

① 涂料在使用前，先进行色漆遮盖力质量指标的检测，合格后再施工；

② 涂料在使用前和涂装过程中应充分搅拌；

③ 增加涂层厚度或增加喷涂道数；

④ 适当提高涂料的施工黏度或选用施工固体成分高的涂料；

⑤ 底涂层的颜色尽可能与面漆的颜色相近。

15．气体裂纹

气体裂纹指由于酸性气体的影响，涂层在干燥时，涂面产生皱纹、浅裂纹的现象。

（1）形成气体裂纹的原因。

① 所用涂料的耐污气性能差；

② 在涂层干燥场所（或烘干室）的空气中，含有酸性气体（如二氧化硫、二氧化碳、一氧化碳等）；

③ 在采用烟道气直接烘干的场合，易产生该缺陷。

（2）治理措施。

① 选用耐污气性能好的涂料；

② 查清原因，消除干燥场所（或烘干室）中的酸性气体或降低其浓度；

③ 在采用烟道气直接烘干的场合，应通过试验后才能施工。

16．发白

发白是指漆膜表面呈乳白色，且无光泽的现象。

（1）形成发白的原因。

① 空气湿度过高（80%以上）；
② 溶剂挥发过快；
③ 被涂物温度过低；
④ 稀释剂或压缩空气有水分。

（2）治理措施。

① 涂装场地的相对湿度不高于 70%，环境温度最好在 15～25℃；
② 选用挥发速度较低的有机溶剂，如添加防白剂或防潮剂；
③ 涂装前先将被涂物加热，使其比环境温度略高；
④ 防止通过溶剂和压缩空气带入水分；
⑤ 对已发白的涂膜可待涂膜干燥后进行抛光打蜡处理。发白严重时，可在稀料中加入10%～20%的防潮剂，加入少许涂料再喷 1～2 道。

17. 发花

发花是指涂膜中的颜色与整个颜色不一致，出现斑印和条纹的现象。

（1）形成发花的原因。

① 涂料中的颜料分散性差；
② 多种颜料相互混合不均匀；
③ 涂料黏度不合适；
④ 溶剂的溶解能力差或涂膜过厚。

（2）治理措施。

① 更换涂料品种，选用分散性和互溶性良好的颜料；
② 选择适当的溶剂，采用符合工艺要求的涂装黏度及膜厚；
③ 调配复色漆时应使用同类型的涂料，最好用同一厂家生产的同一类型的涂料。

18. 浮色

浮色是指漆膜表面与内部的色调不一致的现象，与发花的差别是漆膜外观色调一样，但湿膜和干膜的色相差异大。

（1）形成浮色的原因。

① 涂料的配方及制漆工艺不合理；
② 在涂装含两种以上颜料的复色涂料时，溶剂在涂层中挥发不一；
③ 涂料中颜料的密度相差悬殊；
④ 涂装方法及设备选用不合适。

（2）治理措施。

① 改进涂料配方及制漆工艺（如选用不易浮色的、易分散的颜料，改进颜料的分散工艺等）；
② 添加防浮色剂，如硅油对防止浮色有显著效果；
③ 选用合适的涂装方法及设备。

19. 金属光泽不匀

金属光泽不匀是指含有铝粉及珠光颜料的涂料，施喷后出现铝粉或珠光颜料分布不均匀，不能形成均匀的定向排列，导致涂膜外观颜色不匀的现象。

（1）形成金属光泽不匀的原因。

① 涂料配方不当；

② 涂料黏度过高或过低；
③ 喷涂压力过低，喷枪的雾化差，喷涂操作不熟练；
④ 一次漆膜过厚，漆膜厚薄不匀；
⑤ 喷涂环境温度低。
（2）治理措施。
① 选择合理的涂料配方；
② 选择合适的喷涂黏度；
③ 使用专用喷枪，调整喷涂压力，提高喷涂操作的熟练程度；
④ 调整好喷涂时的环境温度。

20. 渗色

渗色是指面漆把底漆溶解，使底漆的颜色渗透到面漆上来，使面漆颜色不均匀的现象。
（1）形成渗色的原因。
①底层涂料中含有机物；
②底层漆膜中的溶剂能溶解的色素渗入表面涂层中；
③底层漆膜未完全干透就涂面漆；
④面漆中含有溶解力强的溶剂。
（2）治理措施
①底层涂料中含有机物时，不宜涂异种颜料的面漆（尤其是浅色面漆）；
②为防止渗色，需增涂一层“封闭漆”后再涂覆面漆；
③选用挥发快的面漆，用对底层漆膜溶解力差的溶剂调配面漆。

21. 光泽不良

光泽不良是指具有光泽的涂料在施涂后，涂膜光泽未能达到规定的质量指标或涂装后2～3天后涂层出现光泽下降、雾状朦胧的现象。
（1）形成光泽不良的原因。
① 漆基与颜料配比不当，配方中颜料体积浓度过高；
② 颜料湿润分散不佳或颜料产生严重絮凝，所用溶剂不当或其中含有水分、杂物；
③ 被涂表面对涂料的吸收量大，且不均匀；
④ 被涂表面粗糙，且不均匀；
⑤ 过烘干或烘干时换气不充分；
⑥ 喷涂漆雾附着或由补漆造成；
⑦ 涂层未干透就进行抛光作业；
⑧ 涂装环境温度及湿度不适宜。
（2）治理措施。
① 严格控制涂料质量，选择油漆厂指定的溶剂；
② 涂相应的封底涂料，以消除涂面对面漆的吸收或不均匀的吸收；
③ 应细心打磨（注意打磨方向和砂纸牌号的选择），消除被涂面的粗糙度；
④ 严格遵守规定的烘干条件，烘干室换气要适当；
⑤ 注意喷涂程序，确保厚度均匀，减少喷涂漆雾的附着；
⑥ 抛光作业要在涂层彻底干透后进行；
⑦ 控制涂装环境温度和湿度。

22. 丰满度差

丰满度差指涂料施涂后，涂膜外观不丰满，表现为涂膜厚度虽然达标，但从外表看仍然很薄而显得干瘪的现象。

（1）形成丰满度差的原因。

① 涂料本身丰满度差（漆基组分的结构及对颜料的湿润性不好）；

② 漆膜薄，颜料含量少或涂料过稀；

③ 底漆打磨不好，被涂面不平滑且吸收涂料。

（2）治理措施。

① 选用丰满度高的涂料；

② 提高涂料施工时的固体含量，在涂料中加入适量的流平助剂，使涂料施工时涂膜容易起厚；

③ 少用挥发快的溶剂，适量用溶解力强的高沸点溶剂；

④ 按要求漆膜厚度涂装；

⑤ 打磨以消除被涂面的粗糙度，涂封底涂料以消除底材对面层涂料的吸收。

23. 色差

色差指修补部位漆膜的色相、纯度、明度与原漆色有差异的现象。

（1）形成色差的原因。

①不同批次的涂料有较大的色差；

②在换色喷涂时，输漆管路及设备清洗不净；

③烘干时间及温度控制不规范，局部过烘。

（2）治理措施。

① 不同批次的涂料应加强检验；

② 换色时输漆管路及设备一定要清洗干净；

③ 烘干时间及温度应严格控制在工艺规定的范围内。

24. 鲜映性不良

鲜映性不良指汽车面漆表面出现反射影像不够鲜明，像有一层雾气遮盖着的现象。

（1）形成鲜映性不良的原因。

① 涂料的流平性差，细度不够，光泽不良；

② 底材表面不平整；

③ 涂层厚度不足，丰满度差；

④ 涂装环境差，涂层表面产生颗粒；

⑤ 喷涂工具不好，施工黏度及溶剂选用不当，喷涂时涂料雾化不良，涂面的橘皮现象严重。

（2）治理措施。

① 控制涂料质量，选用展平性好、细度和光泽优良的涂料；

② 对底材不平整的被涂表面，涂装前应进行修整，保证被涂件表面质量达到技术要求；

③ 改善涂装环境，高装饰性涂料的涂装宜在有空调除尘的喷漆室中进行，涂层干燥场所（或烘干室）的空气应干净无尘；

④ 选用雾化性能好的工具和方法及合适的施工黏度，使涂料达到最佳的雾化；

⑤ 高装饰性涂层一般多采用多层涂装体系，增加涂层厚度，以提高涂层的丰满度和平

滑性。

25. 砂纸纹

砂纸纹指面漆涂装和干燥后仍能清楚地见到砂纸打磨纹的现象。

（1）形成砂纸纹的原因。

① 砂纸选用不当，打磨砂纸太粗或质量差；

② 打磨时机不当，涂层未干透（或未冷却）就打磨；

③ 被涂物表面状态不良，有极深的锉刀纹或打磨纹；

④ 涂膜厚度不足。

（2）治理措施。

① 正确选用打磨砂纸；

② 打磨工序应在涂层干透和冷却后进行；

③ 对装饰性要求较高的部位，以湿打磨取代干打磨；

④ 被涂物表面状态不良，应刮腻子填平；

⑤ 提高喷涂层的厚度。

26. 干燥不良

干燥不良指涂料施涂后，漆膜按产品规定的技术指标及工艺干燥后，出现涂膜表面干燥或实际干燥时间延长，或涂膜表面干燥而里面不干燥、涂膜硬度低的现象。

（1）形成干燥不良的原因。

① 涂料中的催干剂或固化剂配比不当；

② 自干型涂料所含干燥剂失效或表干型干燥剂用量过多；

③ 涂料中含有抗干的颜料；

④ 自干或烘干的温度和时间未达到工艺规范；

⑤ 自干场所换气不良，温度高或温度偏低；

⑥ 一次涂装太厚；

⑦ 不同热容量的工件同时在一个烘干室中烘干；

⑧ 被涂物表面残存有石蜡、硅油、油水等。

（2）治理措施。

① 在实验室标准条件下严格检查涂料；

② 在漆中加入抗橘皮助剂时，要注意用量正确，防止超量而影响涂膜干燥性；

③ 严格执行干燥工艺规范；

④ 自干场所和烘干室的技术状态达到工艺要求；

⑤ 氧化固化型涂料一次不宜涂得太厚，若厚度超过 2μm，则应分几次涂装；

⑥ 添加干燥剂和调整表干型干燥剂的用量；

⑦ 热容量不同的工件应有不同的烘干规范，烘干室的装载量应控制在一定范围内；

⑧ 严防被涂物和压缩空气中的油污、蜡、水等带入涂层中。

27. 腻子残痕

腻子残痕指在刮腻子的部位喷涂后，涂膜表面出现腻子痕的现象。

（1）形成腻子残痕的原因。

① 腻子刮涂后，打磨不充分；

② 对刮涂腻子部位未涂封底漆，腻子层的吸漆量大或颜色与底漆层不同；

③ 所用腻子的收缩性大，固化后变形。

（2）治理措施。

① 对刮腻子部位充分打磨；

② 在刮腻子部位涂封底漆；

③ 选用收缩性小的腻子。

28．打磨痕迹

打磨痕迹指基底打磨痕迹较重，上层面漆盖不住而出现的涂膜缺陷现象。

（1）形成打磨痕迹的原因。

① 打磨操作不规范、不认真；

② 打磨工具技术状况不良；

③ 砂纸质量差，有掉砂现象；

④ 在打磨平面时未采用磨块，局部用力过猛等。

（2）治理措施。

① 按操作规范认真打磨；

② 确保打磨工具的技术状态良好；

③ 选用优质砂纸，在用新砂纸之前，应将砂纸互相对磨一下，以消除掉砂现象；

④ 在打磨平面时应采用磨块，并注意打磨方向。

29．过烘干

过烘干指因过度烘干（烘干温度过高或时间过长），导致涂层出现失光、变色、变脆、开裂和剥落等现象。

（1）形成过烘干的原因。

① 烘干规范选择不当；

② 烘干温度调得过高或烘干设备温度失控；

③ 烘干时间过长，例如，被涂物在烘干室内烘干后没有及时取出，导致烘干时间过长。

（2）治理措施。

① 烘干操作应符合工艺规定，面漆层的烘干温度应高于底涂层的烘干温度；

② 确保烘干设备的技术状态良好，防止烘干温度失控；

③ 烘干时间不得过长，如被涂物因故在烘干室中停留时间过长，则应设法紧急降温，在高温烘干场合，涂物不宜放在烘干室内过夜。

30．伤痕

伤痕指涂层受外界作用而产生痕迹的现象。

（1）形成伤痕的原因。

① 涂膜未干前因胶管、手等接触而留下痕迹；

② 干漆膜在装配和储运过程中因刮碰而造成损伤；

③ 作标记的笔不符合要求，在涂面上留下痕迹。

（2）治理措施。

① 湿膜严禁外物接触；

② 被涂物在装配、储运过程中应加强保护，严禁刮碰；

③ 涂层上严禁用普通的笔或粉笔作标记，在喷漆前的被涂物上作的标记，在预清理时一定要除净。

31．修补斑痕

修补斑痕指修补涂装的部位与原涂面的光泽、色相有差别的现象。

（1）形成修补斑痕的原因。

① 修补涂料与原涂料差异较大，如光泽和颜色不同、耐老化性差等；

② 修补操作不规范，如被修补部位打磨不良而产生光泽不均等。

（2）治理措施。

① 正确选用修补涂料，尽可能使修补的颜色、光泽和耐老化性与原涂料接近，最好仍采用原工艺和原涂料；

② 被修补部位应仔细打磨；

③ 修补面应扩大到明显的几何分界线。

32．刷痕

刷痕指修补涂装采用刷涂施工时，涂膜干燥后产生未能流平的痕迹，使涂膜表面不平整、不光滑的现象。

（1）形成刷痕的原因。

① 涂料的流平性差；

② 涂料的施工黏度高；

③ 刷涂技术不佳，操作不当，漆刷质量差；

④ 涂装环境温度低。

（2）治理措施。

① 严格控制涂料质量，调整好最佳施工黏度；

② 用合适工具，正确地进行施工；

③ 必要时可酌量添加少量的高沸点溶剂；

④ 涂膜出现刷痕现象时，应打磨后重新涂装。

6.5 汽车漆面打蜡

汽车漆面打蜡就是给清洗后的车身表面涂上一层保护蜡后，再将蜡抛出光泽，其目的主要是为了保持车身漆面亮丽整洁，保护车漆。因汽车在行驶过程中，空气中的尘埃与车身金属表面相互摩擦产生静电，而车蜡可隔断尘埃与车表金属摩擦。通过打蜡，不仅可有效地防止车身表面静电的产生，还可大大降低带电尘埃在车身表面的附着。

1．打蜡的基本程序

为了保证汽车良好的打蜡效果，选择正确的打蜡程序是非常必要的，其具体操作步骤如下。

（1）汽车清洗。在打蜡前，必须对车辆进行彻底清洗。注意不能盲目使用洗洁精和肥皂水，如无专用的洗车水，可用清水清洗车辆，将车体擦干后再上蜡。如果车身表面的油漆已经褪色或氧化，则必须在清除掉旧的和氧化了的油漆后，才能打蜡。

（2）研磨。研磨也称打底，即将老化的烤漆磨去。不磨不亮，打蜡成败取决于事前的打底工作。因为烤漆表面若凹凸不平，则不容易上蜡，蜡也无法形成均匀的膜，要磨亮也很困难。使用含有研磨剂的复合蜡打底处理时，在烤漆膜较薄的部分，最好用遮蔽用胶带贴起来保护。磨光时以 30～40cm^2 为单位来研磨，或将车身分成一片一片仔细来研磨，如果研磨的面积太太，会造成涂抹不均匀。

（3）上蜡。上蜡可分手工上蜡和机械上蜡两种，手工上蜡简单易行，机械上蜡效率高。无论手工上蜡还是机械上蜡，都要保证漆面均匀涂布。不要涂太多的蜡，太多的蜡只能增加抛光工作量，而且还容易粘上灰尘，摩擦时产生刮痕。

① 手工上蜡。首先将适量的车蜡涂在海绵上（专用打蜡海绵，最好不用附赠海绵），然后按一定顺序往复直线或环形均匀涂布。涂布也要分段、分块进行，涂布时手感力度一定要掌握好，不必使劲擦。每道涂布应与上道涂布区域有1/5～1/4的重叠，防止漏涂及保证均匀涂布。

② 机械上蜡。将车蜡涂在打蜡机海绵上，具体涂布过程与手工相似，值得注意的是在边、角、棱处的涂布应避免超出漆面，而在这方面手工涂布更容易把握。

上蜡到底上几层较为合适，要视车漆状况而定，并不是愈多愈好，太多的蜡反而会使抛光产生困难，而上得太薄，又无法填补车身的缝隙。通常新车需要上蜡1～2层，旧车可上3～4层。

（4）抛光。根据使用说明，一般上蜡后5～10min即可进行抛光。抛光时遵循先上蜡先抛光的原则，然后用手工抛光或用抛光机将其打亮。手工抛光时应先用手背感觉车蜡的干燥程度，以刚刚干燥而不黏手为度。手工抛光作业通常使用无纺棉布按一定的顺序作往复直线运动，适当用力挤压，以清除剩余车蜡。使用抛光机进行处理时，应等车蜡完全干燥后才能进行，抛光机转速应设置较低，一般控制在1000r/min以下，抛光时要注意用力均匀及抛光方向的一致性，以保证抛光后光线漫射面的一致，体现出深度的光泽。

（5）检查整理。抛光后要检查整个车身的护理质量，特别是车身较显眼的地方，如果发现蜡上得不均匀，产生无序的反光现象，可用干净的无纺棉布轻轻地擦，也可以用抛光机重新进行抛光，直到光线反射一致。此外，要仔细检查、清除厂牌、车标内空隙及油箱盖周围、纤细的边缘或转角部分，以及车门车窗密封橡胶的边条缝、车牌、车灯、门边等处残存的车蜡。不要认为这些地方不显眼而有所忽视，因为它们影响整车的护理效果。打蜡结束后，设备及用品要作适当的清洁处理，妥善保存。

如果想使车蜡保留的时间长些，可以在打完蜡的车身上喷抹一层护车素，既可保护车蜡，又可提高车身表面的光泽度，还可以起到一定的防晒、防酸雨的作用。

2．汽车打蜡注意事项

汽车打蜡的质量好坏，不但与车蜡的品质有关，而且与打蜡作业方法关系密切。要做到正确打蜡，在汽车打蜡时应注意以下几点。

（1）要掌握好上蜡的频率。由于汽车行驶的环境与停放场所不同，各种车蜡的保持时间也不同，因而打蜡的间隔时间也应有所区别。一般可以通过目视感觉漆面发乌、光泽性差或用手触摸车身漆面，若感觉发涩、无光滑感，就应该进行再次打蜡。正常时2～4个月打一次蜡即可。

（2）要注意打蜡的环境。打蜡作业应在室内进行，周围环境要清洁，要有良好的通风，以免沙尘附着在车身，影响打蜡质量，甚至产生划痕。

（3）要注意选择打蜡时机。打蜡应选择天气晴朗的日子，雨天一般不应进行。打蜡应避免车表温度高时进行，否则车蜡附着能力下降，影响打蜡效果。

（4）要注意打蜡的方法。在上蜡作业时，要穿好工作服，摘下手表、戒指之类的装饰品，以防漆面划伤。上蜡时尽量采用质地柔软的海绵或柔质的干净棉布进行均匀涂抹，应遵循先上后下的原则，即先涂抹车顶、前后盖板、车身侧面等，一次作业要连续完成，不可涂涂停停。打蜡时手工海绵及打蜡机海绵的运行路线应该按一定的顺序进行，防止出现光线漫射的不一致。

（5）要注意打蜡的范围。上蜡时要注意涂抹的地方，小心不要涂在车窗和风窗玻璃上，否则玻璃上形成的油膜很难擦干净。

（6）要掌握好力度和转速。上完蜡采用机械抛光时，应控制抛光的力度和转速，避免力度过大、转速过高，从而抛到车漆。若海绵上出现与车漆相同的颜色，则可能是漆面已经破损，应立即停止抛光，先进行修复处理。

（7）要注意检查整理。抛光结束后，要仔细检查，清除厂牌、车标内空隙及油箱盖钥匙孔周围、纤细的边缘或转角部分，以及车门车窗密封橡胶的边条缝、车牌、车灯、门边等处残存的车蜡，防止产生腐蚀。打蜡结束后，设备及用品要作适当的清洁处理，妥善保存。

6.6 汽车封釉与镀膜

6.6.1 封釉

1. 封釉的作用

车辆在自然状态下会遭遇风沙、石子、尘土、泥水的冲击，被沥青、树胶、鸟粪、虫尸及油污等沾污，受海风、露水、酸雨、汽车尾气等侵害，受强烈的紫外线照射等。而车漆封釉（也称为车漆镜面镀膜）后在车漆表面形成一层透明光滑的保护膜。该保护膜具有硬度高、耐高温、抗静电、抗紫外线、防酸碱、抗油脂等特征。

2. 封釉的原理

通常所说的釉，实际上是一种从石油副产品中提炼出来的抗氧化剂，其特点是防酸、抗腐、耐高温、耐磨、耐水洗、渗透力强、附着力强、光泽度好等。

封釉就是用柔软的羊毛或海绵通过振抛机的高速振动和摩擦，利用釉特有的渗透性和黏附性把釉分子强力渗透到汽车表面油漆的缝隙中，使油漆也具备釉的上述特点，从而起到美观和保护车漆的作用。

3. 封釉的特点

车辆经过封釉后，漆面能够达到甚至超过原车漆效果，使旧车更新，新车更亮。并同时具备抗高温、密封、抗氧化、增光、耐水洗、防酸雨、抗腐蚀等特点。还为以后的汽车美容、烤漆、翻新奠定了良好的基础。

封釉处理以后可以减少洗车次数，但是封釉也不是一劳永逸的，它基本上需要每年对车辆处理一次。旧车同样也可以做封釉处理，只不过先要处理掉已被氧化的车漆表面，一般美容店还会使用增艳剂，恢复已褪色的车漆后再进行封釉。

4. 封釉的工序

封釉美容的工序有 5 道，作业时间一般为 4～5 小时。

（1）中性清洗。使用中性清洗剂，因为碱性清洁剂会腐蚀车漆，如果残存在车体缝隙中，腐蚀性就会更大。

（2）黏土打磨。由于长期积存的尘土、胶质、飞漆等脏污很难靠清洗来去除，因此经过清洗的车漆表面仍然有灰尘、黏土等，这就需要用一种从细腻火山灰中提炼出来的“去污黏土”进行全面的打磨处理。

（3）深度清理。就像人皮肤上的毛孔需要清理一样，车漆的毛孔也需要清洁。使用静电抛光轮，配以增艳剂，在旋转的同时产生静电，将毛孔内的脏物吸出。同时，增艳剂渗透到车漆内部，发生还原反应，可以达到车漆增艳如新的效果。抛磨的另外一个功效是可将车漆表面细小的划痕磨平。

（4）振抛封釉。振抛封釉是封釉美容的关键步骤。在专用振抛机的挤压下，类似釉的保护剂被深深压入车漆的毛孔之内，形成牢固的网状保护层，附着在车漆表面。保护剂中富含紫外线防护剂，可以大大降低日晒辐射，并可抵御酸碱等化学成分的浸蚀。

（5）无尘打磨。最后用无尘纸打磨一遍车身，可让车漆如镜面般光亮。

5．封釉后的注意事项

（1）封釉后 8 小时之内不要用水冲洗汽车，因为在这段时间内，釉层还未完全凝结，而是在继续渗透，冲洗将会冲掉未凝结的釉。

（2）做完封釉美容后应尽量避免洗车，因为釉防静电，因此一般灰尘用干净柔软的布条擦去即可。

（3）做了封釉美容后不要再打蜡，因为蜡层可能会黏附在釉层表面，再追加上釉时会因蜡层的隔离而影响封釉效果。

（4）由于釉的不同，以及路况和环境的影响，一般是半年或一年封釉一次即可。

6.6.2 镀膜

汽车漆面镀膜是在车漆表面镀一层保护膜，使漆面在物理上得到一层隐形防护罩，从而达到保护漆面的目的。车漆的主要成分是树脂，分子间隙比较大，镀膜后膜液中的硅素、二氧化硅、纳米无机硅等小分子元素可以充分渗透到车漆分子间隙里和微孔中，在其表面形成一层透明结晶膜层。大大提高车漆表面的硬度和抗划痕能力，对车漆起到长期封闭保护作用，保持车漆长久光亮如新。

镀膜是在总结了打蜡及封釉的优点及不足后，以新的环保原料和新的车漆养护理念制造的车漆养护换代产品。

1．镀膜与封釉的区别

（1）原料不同。“釉”与蜡都是从石油中提炼，再加上一些辅助原料制成的，受原料所限，容易氧化、不持久的问题无法解决。而“镀膜”是采用植物及硅等既环保又稳定的原料来提炼合成的，避免了在车漆表面造成“连带氧化”的问题，并可长期保持效果。

（2）养护理念不同。封釉与打蜡的养护理念是将“釉”或“蜡”加压封入车漆的空隙中，与车漆结合到一起。其优点是与车漆融为一体，增亮效果明显。不过因为它们本身的易氧化性，所以会连带周围的漆面共同氧化（漆面发污，失去光泽）。为避免这种缺陷，镀膜可采取以下两个措施。

1）采用不氧化原料及稳定的合成方式（氟碳树脂）。

2）变结合为“敷”。以透明的“膜”的形式敷在漆面上，避免漆面受外界损伤。同时也避免了保护剂本身对车漆的影响，长期保持车漆的原厂色泽。而且由于膜本身结构紧密，很难破坏，所以使得它可以大幅度降低外力对漆面的损伤。

（3）操作工艺不同。原料及养护理念的差异必然造成工艺上的区别。“釉”和“蜡”因为要与漆面充分结合，所以其附着方式要用高转速的研磨机把药剂加压封入漆面（所以称封釉）。但这种压力同时作用在漆面上，经常会造成漆面损伤。而“镀膜”采用了温和的涂抹及擦拭的附着方式，靠膜本身的分子结合力附着在漆面上，从而避免损伤车漆。

以上几种不同还造成了两种养护法对车身划痕的处理上的区别：为了便于“釉”的附着，封釉店对划痕以研磨为主，用高转速电动机把划痕磨平；镀膜店采用填充，以低转速电动机配合海绵轮，将透明的填充剂填入划痕中，再抹平。因此，在处理划痕时，镀膜大大降低了对漆面的损耗。

2．汽车镀膜产品的分类

（1）玻璃质镀膜；

（2）玻璃纤维素镀膜；

（3）氟素镀膜；

（4）树脂类镀膜。

如图 6.1 所示为镀膜产品的硬度和持续期对比。

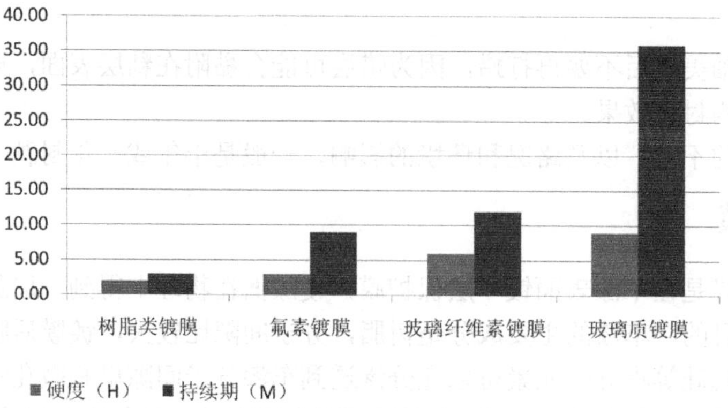

图 6.1　镀膜产品及持续期对比

3．汽车镀膜的分类

（1）漆面镀膜；

（2）玻璃镀膜；

（3）轮毂镀膜；

（4）塑料件镀膜。

如图 6.2 所示为车漆镀膜的三种水流状态效果。

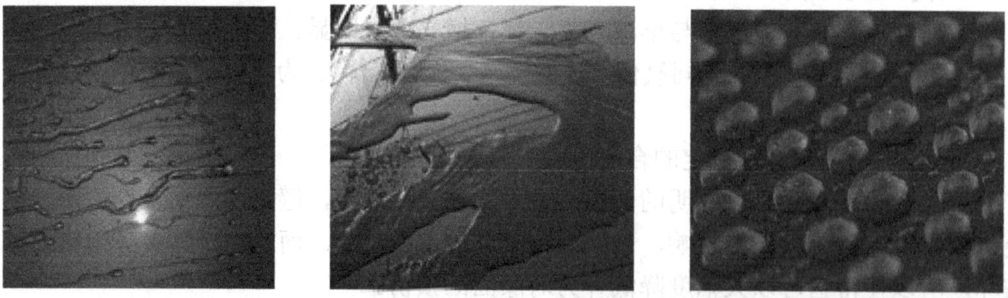

（a）滑水效果　（b）亲水效果　（c）疏水效果

图 6.2　车漆镀膜水流状态

4．车漆镀膜的施工

车漆镀膜的施工过程如图 6.3 所示。

图 6.3　车漆镀膜施工流程

5．玻璃滑水镀膜

玻璃滑水镀膜就是在汽车前风挡玻璃及后视镜玻璃处涂抹一层镀膜液，从而增加挡风玻璃的疏水性能，使玻璃在雨中不挂水，特别是高速行驶的时候，可增加安全性，减少雨刮器的使用。另外使玻璃不易粘土，保护玻璃的清洁与透亮性。

如图 6.4 所示为玻璃滑水镀膜施工过程。

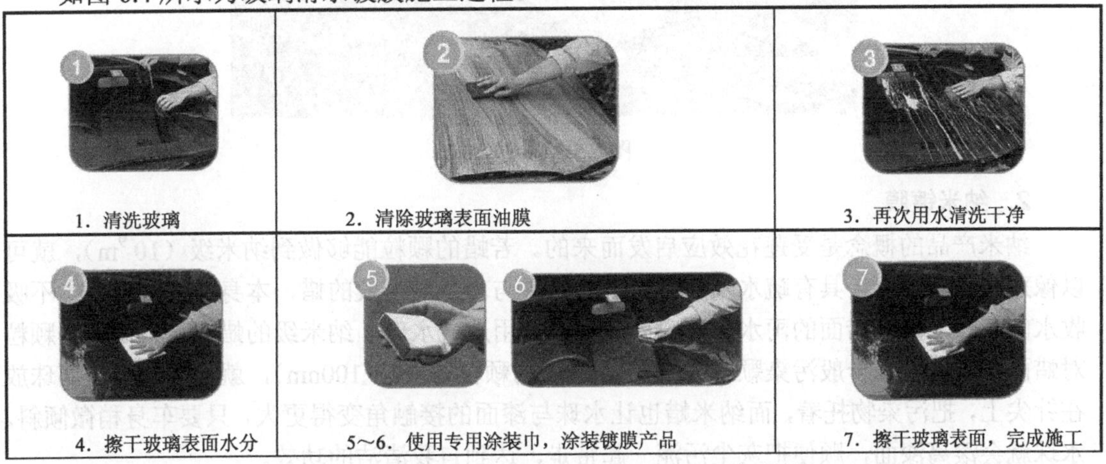

图 6.4　玻璃滑水镀膜施工

6.6.3 纳米镀膜

1．莲花效应（Lotus Effect）

莲花效应，指莲花的自洁现象。20 世纪 70 年代，波恩大学植物学家巴特洛特在研究植物叶子表面时发现，光滑的叶子表面有灰尘，要先清洗才能在显微镜下观察，而莲叶等可以防水的叶子表面却总是干干净净。他们发现，莲叶表面的特殊结构有自我清洁功能。

1997 年，巴特洛特教授针对莲花叶片不亲水的特性（图 6.5），做了一系列的研究。他发现莲叶表面有大小约 5～15μm 的表皮细胞，在表皮细胞上又覆盖一层直径约 100nm 的蜡质结晶，这层蜡质结晶本身具有疏水性。当水与这类表面接触时，会因为表面张力而形成水珠，再加上叶面上细微结构的帮助，使水珠与叶面的接触面积变小，而接触角变大。当接触角（接触角是指固体表面与液体之间的夹角）小于 90° 时，称为亲水性表面，大于 90° 时，称为疏水性表面，若大于 140°，则称为超疏水性表面，这种表面疏水性更强，同时也会降低污染颗粒对莲叶的附着力。

巴特洛特在显微镜下发现，莲叶的表面有一层茸毛和一些微小的蜡质颗粒，水在这些纳米级的微小颗粒上不会向莲叶表面其他方向蔓延，而是形成一个个球体，就是我们看到莲叶上滚动的雨水或者露珠，这些滚动的水珠会带走叶子表面的灰尘，从而清洁了叶子表面。

莲花效应主要就是指这种莲叶表面具有超疏水以及自洁的特性。由于莲叶具有疏水、不吸水的表面，落在叶面上的雨水会因表面张力的作用形成水珠，换言之，水与叶面的接触角会大于 150°，只要叶面稍微倾斜，水珠就会滚离叶面。因此，即使经过一场倾盆大雨，莲叶的表面总是能保持干燥。此外，滚动的水珠会顺便把一些灰尘污泥的颗粒一起带走，达到自我洁净的效果，这就是莲叶总是能一尘不染的原因。

图 6.5 莲花效应

2．纳米镀膜

纳米产品的概念是受莲花效应启发而来的。若蜡的颗粒能够做到纳米级（10^{-9}m），就可以像莲叶表面一样，具有疏水及自我清洁的效果与功能。一般的蜡，本身就具有疏水、不吸收水的特性，落在蜡面的雨水会因表面张力的作用形成水珠，纳米级的蜡更会降低污染颗粒对蜡面的附着力（一般污染颗粒大约 lmm，蜡的颗粒约 10～100nm），就如同一颗玻璃珠放在针尖上，把污染物托着，而纳米蜡也让水珠与漆面的接触角变得更大，只要车身稍微倾斜，水珠就会滚离漆面，顺便把灰尘污泥一起带走，达到自我清洁的功效。

纳米是长度单位，lnm=10^{-9}m，1nm 相当于一个金属原子直径的 2～3 倍，或者是一根头发直径的三万分之一，任何东西只要能做到接近 10^{-9}m 大小就可以称纳米级。纳米结构具有尺寸小、高表面、高体积、高密度堆积等特性，纳米科技运用人类对纳米系统的了解，将原子或分子制作成新的纳米结构，组装成新的材料、组件或系统。很多电子组件做到纳米级时，就可以把东西越做越小；若食品、药品、化妆品做到纳米级，就很容易被人体吸收。而浴室、马桶、洗手台、涂料、汽车蜡、玻璃等，当达到纳米级的时候，就不容易留下灰尘，用水一冲洗就非常干净了。一些常见物质的大小见表 6.4。

表 6.4　一些常见物质的大小

物质名称	沙粒	微生物	细胞	细菌	病毒	高分子	分子	原子
大　小	1mm	100μm	10μm	1μm	100nm	10nm	1nm	0.1nm

在现代生活中，有许多的领域需要这种应用，如衣料的外表面、房顶、自动喷漆器等。如果可以使得自清洁功能在这类人造产品上得以实现，可以大大节省清洁的费用，节能环保。

纳米镀膜产品的原理便是来自莲花效应。它可以使车身提高 3～4H 的硬度，使汽车不会被树枝、雨中夹杂的沙粒和不正确的洗车方式刮伤，蚊蝇尸体滞留于车体表面也变得容易清洗，并且不留痕迹，镀膜还可以使玻璃在下雨时保持清晰不雾化，水会自行凝结成小水珠滑落，车速达到 70km/h 的时候，水珠会自己往上跑开，减少了刮水器的使用次数。

汽车纳米镀膜产品如图 6.6 所示。

图 6.6　纳米水晶镀膜产品

纳米镀膜的主要成分是有机溶剂、二氧化硅及蜡。其原理是将二氧化硅及蜡加入有机溶剂中溶解，形成粒径 100nm 以下的胶体，用喷枪将胶体均匀喷或涂抹在汽车车漆表面，当溶剂挥发后，漆面会长出纳米级的微细绒毛，此种镀膜具备 2H 以上的高硬度，不怕磨损及刮伤。此外，纳米镀膜疏水性极佳，雨水不易黏附且会形成水珠状将车漆表面的灰尘带走，去除污染物就变得容易。纳米蜡（莲花蜡）、纳米镀膜类产品，比一般美容蜡的疏水性及自洁性好。

3．纳米镀膜的特点

汽车美容所说的镀膜，主要有以下三类：

（1）玻璃纤维素镀膜。玻璃纤维素是一种化学高分子材料，因为具有高密度的化学特性，所以被应用在汽车美容领域。玻璃纤维素镀膜，具有光泽度高、抗氧化、耐酸碱、抗紫外线的特点，用来给漆面镀膜后，漆面光泽度很好，并把漆面与外界隔绝开来，起到了较好的保护作用。其缺点是不能提高漆面硬度，不能抵御物理性损伤。

（2）汽车蜡膜。汽车蜡也是一种很传统的漆面养护产品，它的主要成分是天然蜡、硅、油脂等。通常说的打蜡，其实也是汽车镀膜的一种，目的也是在漆面附着一层蜡膜，起到隔绝外界的作用，防水、防高温、防紫外线、防酸碱、上光等。蜡膜的优点是成本低廉、上光效果显著，因此，至今还被广泛地应用。但其缺点也显而易见，保持时间短；另外，目前劣质的石油制品蜡很多，加入的天然蜡成分少，使蜡的镀膜性能大打折扣。

（3）无机纳米镀膜。这是近几年出现的镀膜新材料，它采用进口原料和先进的纳米交联反应新技术，由纳米无机材料配制而成，纳米材料独有的特性能给车漆提供完美的保护。它的主要成分为纳米氧化铝、纳米氧化硅。纳米级别的粒子为球形，润滑性极高，因此施工后漆面手感极其润滑。而氧化铝、氧化硅是天然宝石、水晶的主要成分，因此膜层的硬度、耐磨性极高，而且本身非常稳定，不易氧化，能长效保持漆面的镜面效果。该镀膜最大的特点就是不但能隔绝漆面与外界的直接接触，起到防氧化、防水、防高温、防紫外线、防静电、防酸碱等基本作用，还能大大提升漆面的硬度和光泽度，在正常的使用中，诸如洗车、行驶的时候也能有效地防止坚硬的沙粒对漆面的划伤，有效减少漆面螺旋纹（又称太阳纹）等，使车漆持久如新。纳米镀膜主要有以下特点：

① 硬度高。纳米镀膜硬度高，能在车漆上形成坚固的保护层，令车漆不易被划伤。

② 渗透力强。纳米镀膜能非常容易融入车漆，有助于清除车漆上脏污，令车漆光洁如新。

③ 附着力较强。纳米镀膜层非常坚固，很难被洗掉，能起到长效保护车漆的作用。

④ 防紫外线较强。一般的蜡膜在紫外线照射下，蜡的养分流失得比较快，使车漆很容易出现干燥和光泽度降低的情况；而纳米镀膜特有的防紫外线成分，能持久保护车漆里的养分不易流失，使车漆持久鲜艳、明亮。

⑤ 立体感明显。一般蜡膜的光亮度和鲜艳度是无法和纳米镀膜相比的。车漆使用一般的蜡膜，看上去只是比较光亮，而使用纳米镀膜后，不但能使车漆光亮、鲜艳，而且立体感明显，车漆看上去耀眼夺目。

⑥ 疏水自洁。纳米镀膜具有超强的疏水性、耐候性，能够防酸雨、防油污、防锈蚀、防风蚀、防辐射、防静电和各类细菌浸蚀，且不易氧化、不易褪色、抗高温（可达燃点）。

⑦ 易清洁维护保养。纳米镀膜产品具有超强的疏水、自洁功能，易清洗保养，各种灰尘和各类污物直接使用清水（不加任何洗涤剂）冲洗后，车体表面就可恢复和保持晶莹透亮，即使物体表面沾有油污或飞虫浆液，也只需用湿毛巾直接擦拭物体表面就可去除，可节省50%以上的洗车用水量。

4．纳米镀膜的施工

（1）洗车。彻底去除漆面污染物，如油污、水泥等。

（2）研磨处理。视车况及每一区域的情况确定是否需要研磨，以去除划痕，整平漆面，如橘皮、垂流等。

（3）抛光处理。填补细微缝隙，达到镜面增光的目的，使漆面更加平滑亮丽。

（4）上保护剂。也可以上棕榈蜡做一层保护膜，接着再上纳米莲花蜡。再以细纤维蜡布下蜡。最后再喷上纳米疏水镀膜，20～30min 后，待漆面长出白色细绒毛状结晶体后，再以细纤维蜡布做下蜡的动作，完成纳米镀膜。

在镀膜完成后的一两个月内一定要再喷上一层喷蜡或上一次莲花蜡，才能保持疏水效果。另外施工人员在施工当中一定要戴上 N95 防护口罩甚至防护眼镜，以形成良好的劳动保护习惯。

6.6.4 漆面镀晶

真正的漆面保护、养护产品只有两类：一种是不透明、不结晶的车蜡类产品；另一种是结成晶体保护膜的漆面密封剂，即通常所说的镀晶产品。

漆面镀晶就是在汽车漆表面形成一层多种强大保护晶体和紫外线过滤层，可提高漆面镜面亮度和硬度防止划痕，防紫外线、酸雨、盐、沥青、飞漆、昆虫斑、黄沙、鸟粪等有害物质对车表的侵害，犹如给车漆穿上了一件高科技防护外衣，完全隔绝了灰尘、油污、霉菌、水分子等微粒对车漆本身的任何浸蚀，并具有抗紫外线、抗氧化、抗摩擦、不褪色、增加漆面硬度的作用，使漆面长期保持其原有光亮艳丽的色泽。它是由一种结构紧密、性能稳定的高分子无机物组成，不会在温度剧烈变化的情况下发生物质的变化，用后能迅速形成光滑透亮且持久坚硬的保护层。同时具备以下特性：能隔绝空气和车漆的结合，就像一层隐形车衣，为车漆提供可靠的漆面密封技术，高效持久地保护车漆，防止环境对车漆的颜色带来坏的影响。是世界领先的汽车漆面养护技术。

1．镀晶产品种类

镀晶产品主要有以下三类。

（1）无机结晶体。

优点：结晶体品质好、耐酸碱。

缺点：纯度低时不能发挥效果，纯度高时开裂。

（2）有机聚合结晶。

优点：表干速度快，疏水性好。

缺点：固体含量普遍低于30%，在碱性环境下保持不超过1个月。正常使用3个月左右。

（3）纳米渗透性结晶。

优点：疏水性好、亮度高。

缺点：对漆面无保护效果。

2．镀晶施工

（1）清洗车辆，并将车辆停放到没有阳光照射的地方；

（2）脱脂处理。将脱脂剂喷到毛巾上，用毛巾来回擦拭车漆，漆面干燥后，即可进行镀晶施工；

（3）用涂抹布包住涂抹海绵作为施工工具，将镀晶产品滴到涂抹布表层（因为涂抹布前期干燥，可以多滴几滴，后期建议3～5滴可施工40×40cm^{2}区域）；

（4）按照发动机盖→车顶→后备箱盖→前车门→后车门→前保险杠→后保险杠的顺序进行施工作业；

（5）涂抹 5min 左右开始擦拭。准备两条干净、干燥毛巾，一条先轻轻来回擦拭，直到漆面光亮，第二条毛巾用来检查是否有残留，检查完毕后再进行下一部分镀晶施工。最佳擦拭时间是用毛巾擦拭时，漆面有涩涩的感觉；如果擦拭时感觉很光滑，说明擦拭过早，需要再等几分钟。

（6）50min 后进行第二次镀晶施工。

6.6.5　镀晶与打蜡、镀膜、封釉之间的区别

1．打蜡

打蜡属于漆面养护，即给车身表面涂上一层保护蜡后，再将蜡抛出光泽，是传统的第一代漆面美容方案。汽车蜡的主要成分是从石油中提取的，具有黏性，很容易黏附漆面。车蜡可将车漆与有害气体、有害灰尘有效地隔离，防止车身表面静电的产生，降低带电尘埃在车表面的附着，并改善漆面的光亮程度。

不同环境应选择不同的汽车蜡。沿海地区应选用防盐雾功能较强的车蜡；化学工业区应

选用防酸雨功能较强的车蜡；多雨地区应选用防水性能优良的车蜡；夏天应选用防紫外线、抗高温性能优良的车蜡；行驶环境较差应选用保护作用突出的树脂车蜡。

用手触摸车身感觉不光滑时，或者发现车身颜色暗淡时，就应该对车身进行打蜡处理。应在阴凉处给车打蜡，不要在高温下进行，因为随着温度的升高，车蜡的附着性变差，会影响打蜡质量。特别注意不要将车蜡涂抹在塑料装饰条、前后塑料保险杠及车体其他塑料件上，因蜡中的石油成分有腐蚀性，并且干燥后的蜡剂会粘在塑胶上难以清洗。

优点：价格便宜，施工简单。专业美容店施工价格一般为80~180元。

缺点：蜡分子结构大于车漆分子结构，很难渗透车漆，保护性能差，保持时间短，一般只在车身停留15~20天左右，需要重复多次施工，一年需打蜡近20次。

2．封釉

封釉是第二代漆面美容项目。釉的主要成分也来自于石油，是亚纳米级漆面保养产品，分子结构一般小于漆孔，很容易填充并渗透到车漆内表面。封釉就是通过专用的振抛机把釉压入车漆内部、形成一层网状保护膜。

封釉必须由专业美容店进行施工服务，价格一般在400~600元左右。

优点：能够提高漆面硬度、耐高温能力、耐酸碱能力以及抗紫外线能力。

缺点：由于其主要成分是有机物或酸化物，易被酸化、氧化，耐久性一般，一般3~6个月就会逐渐瓦解，需要再做一次施工。经过封釉处理后的汽车，不能改为打蜡或者其他方式进行漆面美容，只能继续进行封釉处理。

3．镀膜

镀膜是第三代漆面美容工艺，核心技术是运用玻璃纤维素、硅素聚合物、氟素聚合物和高纯水等非石油环保材料，在车漆表面形成一层保护层，与车漆的结合更紧密，持续时间更长。

镀膜技术复杂，对施工工艺和工具有着苛刻的要求，故其相对打蜡和封釉价格不菲，一般在1300~2300元左右。

优点：不含石油成分，效果好于打蜡和封釉。

缺点：并不能结晶硬化，经过一段时间后同样会与空气中的酸素、水分等产生酸化反应，从而劣化、分解并且被雨水冲走，最后慢慢地脱落，一般情况下可维持3~6个月，通过多层膜叠加，保持时间可在1年左右。

4．镀晶

镀晶是目前最尖端的汽车漆面保护解决方案，将汽车美容养护理念上升到“保护”层面，因为保护才是汽车美容的最高水准。

镀晶的特点主要有如下8个。

（1）耐划痕。钻石晶体硬度达6H，相比较普通车漆2H的硬度而言，能防止大多数轻微的划痕，并且自身有弹性恢复功能，保护车辆免受日常轻微划痕的侵扰，使漆面划痕较一般镀膜减少70%以上。当外力超出晶体弹性保护范围时，一般也只是在晶体上留下划痕，不会损伤到漆面。

（2）耐腐蚀。钻石晶体超细的纳米晶体层将漆面与外界隔绝，能有效防氧化，耐鸟粪、飞虫浆液、酸雨等的腐蚀。

（3）不龟裂。钻石晶体抗紫外线，抗高温、严寒，耐温范围达-50~300℃，适应温度变化范围宽，不会产生龟裂、脱落。

（4）易清洗。钻石晶体强大的纤维网会填补车身漆面看不见的细小毛孔，使漆面达到镜面状态，使车身易清洗保养，各种灰尘和各类污物仅使用清水（不加任何洗涤剂）冲洗，车体表面就可恢复和保持晶莹剔透，即使粘有油污或虫尸，只需将湿毛巾直接擦拭物体表面就可轻松去除，同时节省洗车水量达50%以上，同时具有超强的疏水自洁功能。

（5）抗静电。钻石晶体含抗静电剂，使漆面不易吸附粉尘，减少交通膜对漆面的影响。

（6）更光亮。钻石晶体具有与钻石相类似的晶体结构，增加光的折射，使车面亮度更高，漆面晶莹绚丽，光亮度达95%以上（新车只有70%左右）。

（7）时效长。钻石晶体寿命长，性能持久稳定，使用可长达3年，而一般镀膜最长一年。

（8）超保值。钻石晶体先进的漆面保护技术，不仅可减少洗车、打蜡费用，还可使原车漆得到更好保护。在二手车转让中，做过镀晶的车较未做过镀晶的同类车转让价格高出8%～10%，真正体现了保值作用。

市场上有些产品是用镀膜假冒镀晶，要选择专业品牌和信誉高的汽车美容店。

优点：在车漆表面形成一层牢固的晶体，对漆面能起到真正保护作用。

缺点：价格高，施工复杂、要求严格，必须由经过专业培训的镀晶工艺师施工，工时长，镀膜耗时2～6小时，镀晶则需要2天左右。

习　题　6

1．填空题

（1）漆面处理包括__________、__________和__________。

（2）漆面失光的处理方法有__________和__________。

（3）漆面浅划痕处理的一般程序是__________、__________、__________、__________、__________。

（4）漆面划痕处理的核心技术是__________。

2．判断题

（1）在对漆面进行深切研磨时，应选用400～600目的研磨剂。（　）

（2）漆面划痕过深伤及底材时，仍可采用抛光方式进行修复。（　）

3．简答题

（1）漆面美容的主要目的是什么？

（2）漆面美容包括哪些主要内容？

（3）漆面翻新美容中需要注意的问题有哪些？

（4）说出漆面深划痕处理的一般工序。

（5）汽车打蜡时应注意什么？

（6）简述汽车打蜡、封釉、镀膜、镀晶之间的区别。

第7章　汽车外部装饰与美容

7.1　汽车面漆的特种喷涂装饰

7.1.1　车身漆膜装饰要求

1．车身漆膜喷涂的目的

（1）延长使用寿命。车身漆膜喷涂主要是防止车身腐蚀，从而延长车身使用寿命。

（2）提高装饰性和商品价值。汽车不仅应具有必需的使用功能，而且还是一件艺术品，在车身造型和装饰上体现出很高的艺术内涵。车身的艺术风格和装饰风格越好，越受人们的欢迎，越能激起人们的购车欲望。特别是在目前，市场竞争达到火热的程度，汽车商家们争相提高产品的装饰性能，以提高商品的价值，这也成为市场竞争力的一个亮点。

2．作为市场竞争的一种手段

在世界汽车市场上，早已是产大于销，生产能力过剩，市场的竞争已达到“你死我活”的程度。为了争得一席之地，世界各国厂商均使出浑身解数，使产品性能、新奇结构、内外装饰不断创新。目前，汽车以其艳丽华贵的外表，极大地提高了自身的商品价值，并以此作为市场竞争的一种手段，提高其市场的竞争能力。正因如此，厂商投入了极大的人力、物力对喷涂技术进行研究，尤其是将彩色画面等喷漆或印刷在汽车上的技术，恰恰满足了公众对强烈的“与众不同”要求的欲望，使多色花纹喷涂技术具有强大的生命力和竞争力，展现其远大“前途”。

7.1.2　多色花纹喷漆技术

1．多色花纹喷涂技术的概念及方法

（1）概念。多色花纹喷涂技术是在汽车车身外侧部位的复杂曲面上，按某种构思粘贴或喷涂彩色画面和花纹的一种装饰技术。

（2）方法。主要施工方法有4种。

① 粘贴胶片：制成彩色胶片贴在车身上。

② 胶片转印复制：将胶片在被涂装面上加热、复制、转印。

③ 气流涂装：采用气流喷漆直接进行涂装。

④ 喷射式印刷涂装：直接采用印刷喷漆。

上述4种方法的评价结果见表7.1。

表 7.1　4 种涂装方法评价表

评价项目 / 技术名称	商品力						成本	环境	备　注
	与曲面对应性	质量	涂膜性能	大面积适应性	多品种适应性	作业性	制造成本	地球环境	
粘贴胶片	○	◎	○	△	△	○	×	△	◎：多量多种
胶片转印复制	○	◎	△	×	○	△	△	△	△：少量多种
气流涂装	○	△	△	×	×	×	×	△	×：少量少种
喷射式印刷涂装	△	△	△	○	◎	○	◎	○	○：多量少种

最终结果表明，对于汽车车身外板这样大面积的涂装，从成本方面考虑，喷射式印刷涂装的方法为佳。其基本条件是：

① 相应的曲面形状改造，即要求喷涂设备不仅能喷涂在平面上，而且还能在曲面上进行正常喷涂；

② 进一步提高了表面质量，主要是提高了色彩的鲜明度；

③ 提高了漆膜性能，主要是提高了涂料的耐候性水平。

2. 多色花纹喷漆材料及设备

（1）喷涂着色原理。原色采用了蓝、红、黄三种喷墨基色及调色修正用的墨色喷墨，共计四色涂料颜色。将这四种透过性涂料进行反复喷涂，即将需要的色彩体现出来。这主要是利用了一种减法混色涂装法来实现的。

减法混色涂装法原理如图 7.1 所示。

色彩的浓淡程度由调整漆的喷出量来确定，用于涂装的数据（CMYK 数据）取决于各色漆的喷出量。

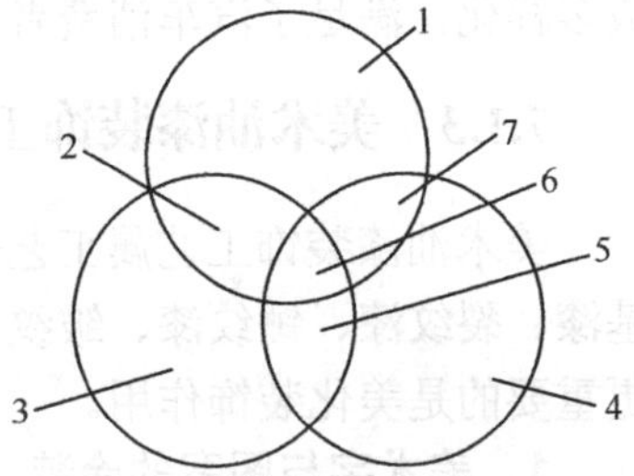

1—蓝；2—绿；3—黄；4—红；5—橙；6—黑；7—紫

图 7.1　减法混色涂装法原理

（2）喷涂材料。为了使多色花纹图案达到要求的效果，对所用的涂料有较高的要求，主要要求涂料微粒化和高浓度化，使色彩达到平衡。目前使用晶莹透明的 UV 类涂料，使耐候性有了很大的提高，漆膜较薄，达到了漆膜色彩的再现性，使色彩复印机再现了与原画面同等水平的色调。

（3）喷涂设备及方法。通过高压气流将涂料喷射到被涂物表面上，喷射器如图 7.2 所示。

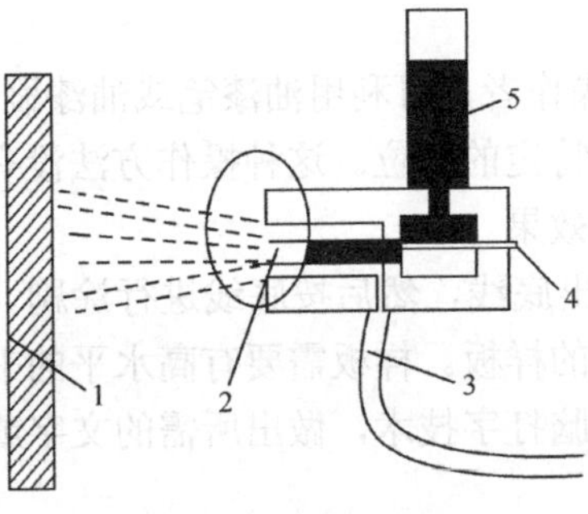

1—被喷涂物；2—喷嘴；3—高压空气；4—涂料控制阀；5—涂料

图 7.2　喷射器

喷涂设备将原画面（彩图、照片）用扫描仪读入并通过电脑进行记录和编辑，以达到与原画面一致的最完美的涂装画面，然后通过控制器将印刷执行指令传输到涂装装置中，涂装装置按指令程序进行四种颜色的气流喷射，通过水平方向和垂直方向的移动，在被涂物表面进行涂装。

为保证汽车曲面部位涂装的鲜明度，使用了与曲面形状对应的装置。这种装置是在水平方向（X 轴）与垂直方向（Y 轴）的基础上增设了（Z 轴）随动机构，以保证喷嘴与曲面对应的运动轨迹。该三维涂装装置，可进行最大角度为 30° 的曲面随动涂装。如图 7.3 所示为涂装系统示意图。

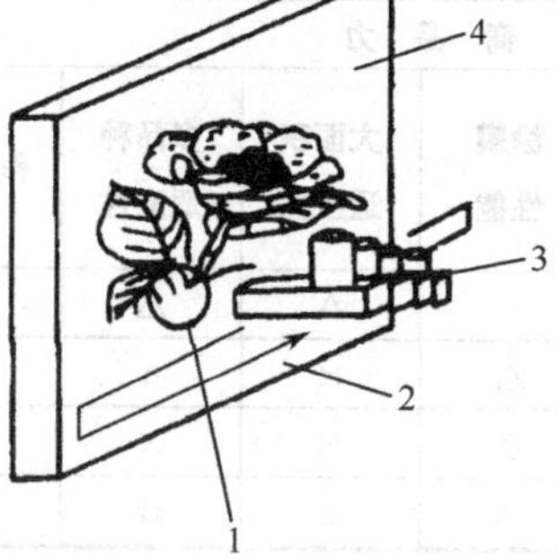

1—2～3mm 线状涂装；2—喷枪运动方向；3—喷枪组；4—被喷涂物

图 7.3　涂装系统示意图

在宽幅为 2～3mm（呈线状）范围进行喷涂。为提高喷涂质量，防止粉尘和振幅的影响，必须选择适合的喷嘴口径和喷嘴前端形状，以减少气流喷射枪在喷漆时特有的粉尘和振幅，提高装饰质量。粉尘幅度与喷嘴距喷涂物的距离与气流压力有着密切的关系。当气压为 0.5MPa、喷嘴距离为 20mm 时，即能达到很高的装饰质量水平了。

丰田公司采用这种多色花纹喷漆技术，使轿车外观装饰极其美观，令人叹为观止。该装饰技术摒弃了过去汽车业采用的喷漆方法，在新标准的花纹喷漆技术上得到了开拓发展，形成多样化，满足了汽车消费者的高标准装饰要求。

7.1.3　美术油漆装饰工艺

美术油漆装饰工艺属工艺美术的一种，它包括涂制美术字、图案、石纹漆、木纹漆、花基漆、裂纹漆、锤纹漆、皱纹漆、彩纹漆等美术油漆工艺，不仅对被涂物有保护作用，而且更重要的是美化装饰作用。

1. 美术字与图案的涂装

（1）涂装的应用。在汽车的外表面，经常需要用文字或图案进行涂装，以表达特殊装饰的需求。几乎在每辆车上都有文字的标识，如表示该车的所属，是某某单位，或某某人的；以特殊的语言，表示个人对某些“明星”或体育活动的支持，以显示自己的“个性”等。所以，以文字与图案在汽车外表进行装饰是非常普遍和实用的。

（2）涂装方法。

① 直接书法或绘画涂装。具有相当书法和绘画水平的操作者，可利用油漆笔或油漆刷，选择适当的色漆，直接将文字或图案书写或绘画到汽车外表特定的部位。这种操作方法没有相当的水平是办不到的，否则容易出现质量问题，影响装饰效果。

② 刷涂法涂装。将需要的文字或图案在车身表面描绘出底线，然后按底线进行涂刷。这种做法比较简便，容易操作，但需要事先做出文字或图案的样板。样板需要有高水平的书法和绘画人员事先做好。现在计算机技术发展很快，可用电脑打字技术，做出所需的文字或图案，作为涂装的样板。

③ 漏板喷涂法。事先将需要的文字用薄纸板或薄铁板刻成漏板，把漏板紧贴在需要喷涂的车身表面上，用微型喷枪或前面介绍的喷漆器进行喷涂，使漆雾穿过有缝隙的漏板喷射到车身表面，形成需要的文字或图案。

（3）注意事项。

① 选择适合的相关工具和材料。在绘画时需选用大小规格适当的排笔、漆刷、油画笔、毛笔、粉笔、铅笔、直尺等有关工具。此外还应准备一些辅助材料，如纸张、颜料和必需的涂料。材料和工具的选用原则上是以方便和保证绘画质量为依据，与装饰的具体要求有关。例如，装饰文字或图案较大时，所选用的油画笔和漆刷就要大一些，反之则应小一些。

② 涂料质量及施工黏度。涂料必须是适合车辆原漆膜的配套涂料。施工黏度应适当，黏度过大，不易流平，也不易施工，影响装饰效果；黏度过小或蘸漆过多，易产生流挂，不能保证装饰质量。

③ 涂料颜色选择要适当。因装饰的车辆原漆膜有一定的颜色，故在其上面涂装文字或图案时，要求装饰后的文字或图案颜色鲜艳并与原车颜色协调，给人以舒适的感觉。一般常用颜色的相配关系是：大红底配白字、黄字；枣红底配黄字；黄底配红字、黑字；正蓝底配白字、黄字；淡粉红底配大红字；肉红底配黑字；粉红底配酱色字；水绿底配黑字；蛋壳青底配黑字（即鸭蛋清底配黑字）；浅绿底配黄字；正绿底配白字；橘红底配白字；橘黄底配黑字；玫瑰红底配黄字；朱红底配白字等。一般忌用的是正蓝底配红字、正绿底配红字、大红底配黑字等。

美术油漆工艺要求是，不但色彩搭配好看，而且还要求耐久不褪色，特别是汽车外部装饰更是如此。所以，必须选择适合的涂料及颜色。

2. 花基漆涂装

花基漆涂装也是美术油漆装饰的一种。根据用作花基的材料或方式可分为三种：用油漆做花基的、用广告色做花基的和用溶解法做花基的。

（1）用油漆做花基漆的涂装。

① 适用范围。适用于涂装面积不大、工作量也不大的面漆装饰。

② 具体做法。在已干燥的浅色漆膜上做深色花纹图案，或在深色漆膜上做浅色花纹图案装饰时，先涂上一层深蓝或大红、紫红油性调和漆，尽量涂薄，在其未干时，随即用棉花拧成一团在蓝漆上反复旋过，旋成满花为止。用的漆色不同时，其方法一样。使用的旋拧材料，如果是棉花，则花纹较细；如果用丝瓜瓤子，则花纹较粗；如果用废布旋花，则花纹适中。采用不同的旋拧材料、不同的油漆及不同的旋拧方式，可做成千变万化的花纹图案，提高装饰效果。

当花纹干透之后（可以自然风干，也可用远红外干燥器或小型热风机吹干），罩上酯胶清漆或其他油性清漆即可。

（2）用广告色做花基漆的涂装。

① 适用范围。适用于较大面积和较大工作量的装饰涂装。

② 具体做法。施工方法基本上与用油漆做花基漆涂装一样，不同的只是做花基的材料是广告颜料。涂上广告颜料后，在其未干之时，用布捆成的布把印花，印花时手法、距离要均匀且密。如果需要换花形，则可将布捆口翻动一下，翻动一次，花样就变动一次，可以随心所欲变动。花纹干燥后，罩上酯胶清漆即可。

（3）溶解法做花基漆的涂装。

① 适用范围。一般装饰均可，大小面积不限，工作量不限。

② 具体做法。也是在干燥的白底漆膜上，涂满紫红色或棕黄色油漆，待其未干时，用漆刷或长毛刷刷掉溶剂汽油后，在未干的漆膜表面上即形成密密麻麻大小不规则的斑纹花基。

待花纹干透后，罩上酯胶清漆或其他无色油性漆即可。

3. 彩纹漆涂装

彩纹漆涂装是一种新型的美术油漆工艺方法。将黏度适合、密度小的调和漆少量陆续滴在水中，至漆液散开漂浮水面，漆膜面积占水面积的50%左右，将已涂好白漆而又干燥好的被涂物轻轻浸渍在水中时，即蘸上漆膜，浸后吹去水面多余的漆，立刻取出，待漆膜干燥后，用酯胶清漆罩光即可。

彩纹漆的涂装方法又叫水面浮漆浸渍法。漆膜纹形既像彩云又像大理石，成纹自然，色彩缤纷，美观醒目。

（1）工艺特点。

① 材料来源广泛，使用的设备及工具简便。

② 不论平面装饰或立体装饰均可。

③ 只有不受水浸渍影响的饰件才能使用此法进行装饰，因此受到一定的限制。

（2）使用材料。

① 清漆：酯胶清漆或醇酸磁漆。

② 调和漆：颜料密度小的各色调和漆。

③ 醇酸磁漆：长油度醇酯磁漆。

④ 辅助材料：溶剂汽油、抹布。

（3）设备及工具。

① 搅拌片：木制或铁片，小型的搅拌片为 300mm×20mm×lmm；大型的搅拌片为600mm×30mm×2mm 。

② 盛水容器：涂小型物件时，可用铁桶或铁盆；涂大型物件时可用水池，其水容量视所涂物件的面积和体积而定。

③ 盛漆容器：洁净的瓷杯或小瓷碗均可。

④ 其他工具：手腻板、小型漆刮、油漆刷、旧口罩或棉纱、适合容器大小的搅拌漆液用的木棒等。

（4）涂漆前的准备。

① 被涂物件不论是金属件还是木制件，必须预先涂有干燥好的白色硝基磁漆（其色泽应均匀洁白、光滑），只有这样才能涂制彩纹美术漆。

② 木制件涂漆时，浸渍水中取出后对所涂物件不应有副作用，也可先进行防水处理。

③ 如果涂立体物件，则水的深度必须超过物件的高度。如果涂板状或框架物件，水的面积必须超过物件的面积范围。

④ 被涂物件以轻便灵活为宜，冬天的水温应在10℃以上。

（5）彩纹漆涂装工艺。

① 将盛水容器放满水。如水温低于10℃，应将容器中的水加热至10℃以上，与室内温度保持一致。

② 将需用的油性调和漆放置在小型容器中，每个容器内放小木棒一根，作为稀释漆液调色搅拌及取滴漆液用。

③ 涂装彩纹漆的色彩调配。

- 黑色一般不单独使用，可用少量黑色与大红色混合均匀成紫红色，滴放水面为一色涂装。

● 用少许黑色与中绿色混合均匀作墨绿色为一色涂装。

● 紫红色、墨绿色不要混合，应同时滴放水面作二色涂装。

● 大红色与中蓝色混合均匀作一色涂装。

● 中蓝色可作单一色涂装。

● 中蓝色、大红色不要混合，两者同时滴放水面为二色涂装。

● 中蓝色与大红色混合均匀后，再与中蓝色、大红色（不混合）三者同时滴放水面作三色涂装。

● 黄色、中蓝色、大红色（不混合）三者同时滴放水面为三色涂装。

④ 试滴漆液。漆液的黏度以滴到水面后立即散开为宜。一般新开桶的漆可不用稀释；若为存放较久的漆，则需适当稀释后滴放水面，以立即散开为宜。

待漆液散开时，选择或搅拌纹形，选择纹形时可用口吹气促使纹形自然，吹得若不理想，可用搅拌片以接触面小的侧面轻轻卷动，待纹形可观时，将物件轻轻浸渍水中，并将水面浮飘的余漆膜吹至旁边，或用废纸将余漆膜沾尽。若是用水池涂装，则可开放自来水让飘浮的余漆从溢水口放出，随即将被涂物件取出。在取出物件时，不能让水面的残余漆膜再沾上被涂物件，以免影响此时彩纹漆在物件表面形成的图形。

这时操作人员用棉纱、汽油将手擦净后，随即将口罩用汽油润湿，再将已涂彩纹漆物件的边缘周围揩净，露出直线白边，使作为边缘的白色图案线较清晰可观。待彩纹漆干燥后，罩上酯胶清漆或醇酸清漆即可。

（6）注意事项。

① 涂彩纹漆盛水容器的水以静置为宜，只允许轻微转动，否则将影响纹形的形成。

② 滴漆量不宜过多，否则将无纹形成而是一板块，需擦净后重新涂装。

③ 如果涂立体物件，则漆液的滴放占水面的50%以上（涂二色以上的物件时），待漆膜交错散开后再涂装。涂装时，将水面漂浮的漆膜从中心吹开，随即将立体物件在中心点以100mm/s 的速度全部浸入水中。水面多余的漆膜必须除尽后再将物件取出。否则残余漆膜会影响涂装质量。

④ 如果一次涂装效果不佳，则需将被涂物表面擦净后，重新进行第二次涂装。

⑤ 漆液滴在水面上若有气泡时，一定要用废纸将水泡除尽，否则会影响涂装质量。

⑥ 漆液滴放水面后以 5min 内涂装一次完毕为宜。时间过长，会造成漆膜成纹不自然，影响涂装质量。

⑦ 涂装彩纹漆时，白漆必须干透，涂完彩纹漆，彩纹漆也必须干透后才能罩光清漆。

⑧ 漆液黏度过大时成纹粗糙，黏度过小时颜色不鲜艳。可用样板进行调试，调试合格后再进行涂装。

⑨ 涂装一次物件后，若需继续涂装，则需将水更换，即涂一次换一次水。

⑩ 冬天水温低，应将水温提高到 10℃以上。罩光时，室温在 15℃以上为宜。

7.1.4 珍珠汽车漆装饰

珍珠汽车漆具有很高的镜面光泽，珠光细腻柔和，装饰性极佳，同时还具有随视角而变化的闪色效应。所以，目前美、欧、日等地区和国家的各大汽车公司，几乎所有的高级豪华轿车均采用珍珠汽车漆涂装。

1. 珍珠汽车漆的组成

珍珠汽车漆是以各种天然或合成树脂为基料，按一定比例加入云母钛珠光颜料制成的新型涂料，属金属闪光涂料的一种特殊品种。

2. 珍珠汽车漆的特性

（1）具有细腻柔和的“珍珠光泽效应”。珍珠汽车漆在施工中珠光颜料能在漆膜中获得有规则的定向排列，入射光线照射在漆膜表面时，漆膜能显示出类似丝绸和软缎般细腻柔和的珍珠光泽，这就是所谓的“珍珠光泽效应”。珍珠光泽效应是珍珠漆独有的特色，是区别于一般金属漆的重要标志。

（2）具有明亮闪烁的“金属闪光效应”。一般金属漆是依靠金属颜料片具有对光的镜面反射作用而在人们眼里产生“金属闪光效应”的，但漆膜却缺乏三维空间的立体感。而采用经过着色处理的珠光颜料，不但同样可获得一系列不同色泽的金属色珠光涂料，且珠光漆总是只反射部分入射光，而把大部分入射光透射到下一层晶片上，又重复一次反射和透射，使漆膜的丰满度优于常规金属漆。

（3）具有随视角变化的“视角闪色效应”。当透明片状颜料平行地分布在涂料中时，入射光将在拆光指数不同的透明层界面发生光的多次折射和反射，在部分吸收和部分透过的作用下，平行的各种反射光之间必然会发生光的干涉现象。这种随观察者角度不同而看到不同干涉色的现象，被称为“视角闪色效应”或“多色效应”。正是这种效应，才能使我们感受到珍珠汽车漆的全新色彩艺术的风韵。

（4）具有随曲率变化而变化的“色彩转移效应”。采用干涉色幻彩云母钛珠光颜料制成的连续漆膜，能同时显示出两种截然不同的颜色。这种颜色的变化称为“色彩转移效应”。该漆色彩会随轿车车身曲率的改变而发生变化，其色彩转移效应表现为从蓝到橙、从黄到紫、从红到绿等，即从一种原色变到其互补色。正是这种“色彩转移效应”，人们才能根据不同的需要设计出不同涂料的配方，创造出各种奇妙和梦幻般的珍珠汽车漆。

（5）全新的环保型产品。以水作溶剂替代有机溶剂的水溶性混合色漆系统，是全新的环保型产品。例如：施得乐银底漆（C 型）总共有 58 种混合色漆，色调有 13 000 种以上的配方，并能调配出世界上所有汽车漆系列的色调。它在市场上被认为是使用最方便的水溶性漆，只要经水（完全除盐的水）稀释，即可喷涂施工，覆盖力强，且符合全世界现行的所有法规。

3. 喷涂施工

由于珍珠汽车漆具有上述特性，同时有极高的装饰性和便捷的使用性，所以用它装饰车身外表，可取得事半功倍的效果，真不愧为当今世界汽车业高装饰用漆的主流。

由于各公司的珍珠汽车漆有不同的配方，具有不同的特性，施工环境和条件也不一样。所以，在以珍珠汽车漆装饰施工时，应按各自的珍珠汽车漆产品使用说明要求，按实际施工条件，综合考虑，制定出具体的施工工艺进行施工。

7.1.5 车身漆面的“镜面装饰”

车身漆面的“镜面装饰”，一般可采取两种方法实现：一是选用能达到“镜面装饰”效果的涂料进行涂装；二是采取美容装饰的方法，实现漆膜的镜面装饰效果。

1. 选用能达到“镜面装饰”效果的涂料

科技不断发展，新型的高性能涂料不断出现，选用适当的高性能涂料进行涂装，便可实现漆膜的“镜面装饰”效果。现举例如下。

（1）达壮 DG 双组分高光泽低温烘漆。

① 特性。为高光泽、高膜厚、耐酸碱、抗化学性高的双组分面漆。漆料中的高固体适合于高级轿车、巴士及广告车等使用。

② 镜面效果的施工。当温度在 18℃以上时，建议使用超级催干剂来做全车大喷，以达到最佳的镜面效果。

- 施工中 MS 调配比。DG 色漆三份，超级催干剂一份，稀释剂一份。
- 超级催干剂与稀释剂的选择。催干剂与稀释剂的选择与施工环境温度有着密切的关系，见表 7.2。

表 7.2　超级催干剂与稀释剂的选择

施工温度	超级催干剂	稀释剂
18℃以下	D803（快干）	D808（快干）
18～25℃	D841（标准）	D807（标准）
25℃以上	D861（慢干）	D812（慢干）

- 施工黏度。黏度为 17～18s（DIN-4/20℃），涂料可使用 6h（20℃）。
- 喷涂压力。0.3MPa～0.4MPa。
- 喷涂施工。先用一般喷法喷一次，间隔为 10min；再湿喷一次，静置 15min；待部分溶剂挥发，再加温 60℃烘烤 45min；或 70℃烘烤 30min，自干时，20℃需 20h。

若是小面积维修喷涂施工，则在修补的邻接处，总会留下喷漆的痕迹，可用 DG 接口剂 D868 处理，只要在边缘（新漆与旧漆交接处）喷上一道，即可将修补痕迹消除。

（2）达壮 BC 双工序色漆。

① 特性。达壮 BC 系列色漆系单组分磁漆，在施工中需 2 层涂装，先喷完素色漆与银粉漆后，再喷清漆。干燥后漆膜具有高光泽的镜面效果和优越的耐候性，适用于高级轿车、巴士和商用广告车等涂装使用。

② 喷涂施工。BC 色漆在施工中的稀释比例为：BC 色漆 1 份，稀释剂 1 份（不要加入催干剂，部分塑料制品的施工除外）。

2．进行漆膜美容装饰达到镜面效果

（1）采用至尊专业漆膜处理达到镜面效果。

① 主要优点。适用于所有类型漆膜的光洁美容处理，可产生完全光亮的镜面效果；采用波浪状的海绵轮，操作简便，有效散热，不伤漆膜。

② 施工步骤。

- 水磨。使用 3M 美纹砂纸（1200 号、1500 号、2000 号），以同向磨平漆膜橘纹等缺陷。去除尘粒。并使用 2000 号美纹砂纸交叉方向细磨，可提高细磨效果，完全不产生深砂痕，操作简便轻松。使用 3M260L 漆膜美容干砂纸（1000 号、1200 号、1500 号）配合 PN05774 3M 干磨软垫与低速干磨机进行处理，能节省研磨时间，达到更佳的研磨效果。
- 粗磨。使用 3MPN05973 美容粗蜡，配合 PN05723 白色波浪海绵轮、PN05717 托盘与气动或电动抛光机，以 1500～2500r/min 的转速打磨，可一次轻易去除细小划痕、垂流、氧化膜、美纹纸细砂痕等漆膜瑕疵，操作简易快捷，无任何过度切削的风险。
- 抛光（镜面处理）。使用 3M 镜面处理剂能迅速去除粗蜡所产生的旋纹，如深色车所产生的圈状纹。深色车使用 PN05996、浅色车使用 PN05995，配合 PN05725 黑色波浪海绵轮、PN05717 托盘及气动或电动抛光机，以 1500～2500r/min 的转速打磨抛光，可使漆膜完全光亮而呈镜面效果。

● 手抛光。使用 PN05997 3M 至尊美容手蜡，配合 PN01013 多功能擦拭纸，于交车前使用，可有效清除细部污垢，其持久性与强反光度可使漆膜保持长久的镜面效果。

（2）封釉美容实现镜面装饰。

① 封釉美容的作用。依靠振抛原理（实际操作中使用抛光机），将镜面釉压入漆膜纹理中，在漆膜表面形成一层保护膜，可抗高温，抗紫外线照射，抗酸碱氧化物等的腐蚀，提高漆膜硬度，防止出现小划痕，提高漆膜光洁度，使之达到镜面效果。

陈旧漆膜在封釉过程中，不仅提高了漆膜光洁度，还可去除已形成的浅划痕。

② 封釉美容处理的工艺过程。视车况除尽旧漆膜缺陷和表面污物→手工上瓷釉→第一次燃气烘烤→红外线灯具照射→手工清洁表面→第二次上瓷釉增加瓷釉厚度→第二次燃气烘烤→红外线烘烤→手工清洁表面，完成全部封瓷釉装饰工作，使漆膜达到镜面装饰效果。其施工质量，可保证五年不变。

③ 封釉美容的优点。封釉处理后的日常保养简便，可用煤油去除釉面上的油污，用洗衣粉溶液清洗车身，再用抹布擦净车身表面，不用打蜡、抛光，即可达到晶亮美丽的镜面效果，而且比打蜡、抛光更靓丽，更省钱、省时、省力，更经济实用。

（3）用久洁超级汽车美容实现漆膜镜面装饰效果。具体操作方法如下：

① 当喷烤涂装或原漆膜出现缺陷时，使用 2000 号水砂纸进行打磨，消除漆膜缺陷，降低漆膜表面粗糙度值，为高质量的美容打好基础。

② 使用高压清洁水冲洗表面，根据汽车的具体情况，选用中性洗车液去除漆膜油污、污垢和异物等。

③ 擦干水迹，使车身表面干燥清洁。

④ 使用抛光机配上粗羊毛盘和 B003 中度研磨剂，进行漆膜第一次研磨抛光。

⑤ 配上细羊毛盘和 B010 抛光剂，对漆膜进行第二次研磨抛光。

⑥ 配上细海绵盘和 A001 光滑及色泽还原剂，进行第三次研磨抛光。

经过上述三次研磨抛光，可达到一般的镜面效果。若要求达到更高的质量，确保漆膜一年光亮，则需进行超级美容。

⑦ 配上细海绵盘和 A022 亮光强化剂，进行第四次研磨抛光。

⑧ 使用加压式振动盘和 A021 珐琅釉，进行第五次研磨抛光，可使漆膜质量进一步提高，能确保漆膜一年光亮如镜。

3. 用研磨抛光方法实现汽车漆膜的镜面装饰效果

根据汽车漆膜状况，对汽车漆膜进行相应的研磨抛光处理，可达到镜面装饰效果。常用的研磨抛光方法有以下三种。

（1）靠研磨抛光实现漆膜镜面装饰。

① 面涂层的结构。采用研磨抛光实现漆膜镜面装饰时，其涂层结构如图 7.4 所示。

② 使用的研磨材料。一般研磨剂中都含有坚硬的浮石做的摩擦材料。根据其颗粒的大小，分为深切、中切和微切三类，主要用于治理色漆层出现的不同程度的氧化、划痕、褪色等缺陷。用微切型研磨剂进行处理，可使色漆漆膜达到镜面效果。

常用的研磨剂有 701-116 普通漆微切型、701-138 普通漆中切型、701-151 普通漆深切型。

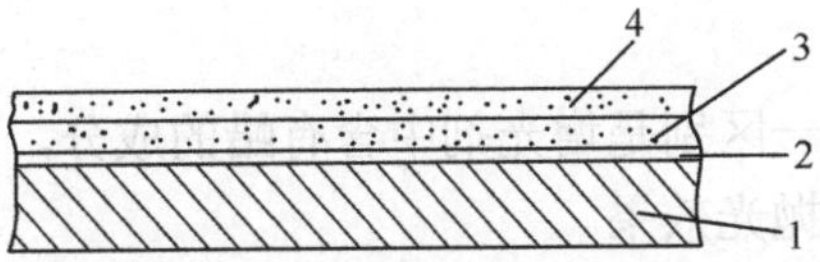

1—车身基材（钢板）；2—电泳漆；3—底漆；4—面层色漆

图 7.4　普通车涂层结构

③ 效果。采用研磨抛光方法虽然简单，但是影响漆膜寿命。在研磨时，以磨掉色漆表面的缺陷层为代价，若缺陷严重，就无法处理而实现镜面装饰，需采用修复美容来实现。

在研磨时，浮石颗粒坚硬，研磨速度快，且不发生质的变化，不能用于透明面漆漆膜的研磨镜面装饰。否则，会很快将透明漆膜除掉。

（2）打蜡抛光法镜面装饰。在普通色漆表面罩上一层透明清漆，可以实现镜面装饰。但透明清漆易出现发丝划痕、易受环境污染浸蚀变色，采用打蜡抛光可实现修复镜面装饰。

① 透明清漆层的作用主要有两个：

● 增加色漆的亮度和反光度；

● 保护色漆漆膜。

② 适用于透明清漆的研磨材料。以微晶物、合成磨料及陶土代替浮石颗粒而配成的新的研磨剂，依然有切割功能，但不像浮石颗粒那样坚硬。在一定的温度条件下，该新型研磨材料可通过化学反应变小或变无。目前国内常见的新型研磨剂有 701-101 透明漆微切型、701-104 透明漆中切型、701-108 透明漆深切型。

这类新型透明漆研磨剂，也适用于普通色漆漆膜的研磨，但研磨速度较普通漆研磨剂低。

用研磨剂对透明漆膜进行研磨抛光，去除表面缺陷，可以提高透明漆的光泽。为了使光泽更高，实现镜面装饰，往往采用打蜡抛光法。打蜡抛光可以掩饰一些研磨抛光不彻底而存在的轻微缺陷，这是一般小型美容企业经常采用的方法。

③ 打蜡抛光的效果。刚刚打蜡抛光后，漆膜非常光亮，但这是一种虚光，不久便会黯然失色，不能达到最终的镜面效果。最好的车蜡，其光泽可保持两三个月，蜡的光泽没了，汽车漆膜的光泽也没了。

（3）靠化学反应实现研磨抛光镜面装饰。

① 抛光剂的组成。在研磨剂的基础上，加入一些其他功能材料而组成。

② 抛光剂的分类和使用。抛光剂也分为微切型、中切型和深切型。

● 微切型：用于抛光处理极轻微的漆膜损伤。

● 中切型：用于处理漆膜中度缺陷及发丝划痕。

● 深切型：用于处理较深的漆膜发丝划痕及缺陷。

③ 抛光剂的作用。

● 消除研磨造成的细微划痕，如发丝划痕。

● 消除漆膜表面缺陷，如印痕、油污、异物、斑点、尘土等。

● 为还原、打蜡做好准备。

在研磨抛光时，抛光机在一定的转速下所产生的热量，使汽车漆膜与抛光剂之间产生一种能量并发生化学反应，以消除漆膜的细微划痕，使漆膜显示出本身的光泽，然后再打蜡抛光，使漆膜更加光亮夺目，达到镜面装饰效果。

目前市场上的抛光剂有 701-213 专业深色抛光剂和 701-215 专业浅色抛光剂。

（4）增光剂的使用。

① 增光剂与抛光剂的唯一区别是增光剂中含有蜡的成分，而抛光剂中没有。

② 增光剂可进一步完善抛光效果。

③ 增光剂的处理效果保持时间不长，接触几次水后蜡便会流失，光泽变暗。要获得长久的光亮效果，应采用还原剂处理。

④ 增光剂实际上是一种抛光打蜡的二合一产品，可缩短处理时间。国外汽车拍卖行广泛采用此产品处理漆膜，既省钱又可获得短时极佳效果。

常用的增光剂产品有 701-217 密封剂（防水）。

（5）还原剂的使用。使用还原剂，可使研磨抛光的效果得到进一步提高。目前常用的还原剂产品有 701-211 通用型（无硅、无蜡型）还原剂、701-231 超级还原剂。

在研磨材料中，硅化物合成树脂能起到抗水、抗高温和增光的作用，能较好地防止汽车漆膜氧化。但硅化物合成树脂未清洗干净或空气中有此物飘落，喷漆时就会出现浮漆（漆黏不上车体），也叫“鱼眼”。这就要求使用含硅的还原剂时，要特别注意施工环境条件，防止“鱼眼”的出现。

7.2 彩条及保护膜装饰

7.2.1 彩条装饰

目前，用彩条装饰车身已非常普遍，几乎所有的汽车，都有色彩不一、大小不同的彩条装饰。

1. 彩条装饰的特点

（1）彩条的种类。一般的装饰彩条，均是由汽车制造厂家向有关配套厂家提出设计要求，配套厂家按设计要求向汽车制造厂家提供彩条的。所以，不同的厂家、不同的车型，各有特定的装饰彩条，彩条的品种非常繁多。

（2）彩条的材质。市场上彩条所用的材料，绝大部分是塑料制品和金属制品，以塑料制品居多。由于汽车工业的飞速发展，装饰配套件厂也如雨后春笋般发展起来了，配套装饰产品也层出不穷，为选购装饰件提供了方便条件。

2. 彩条装饰步骤

（1）选择彩条。在众多的装饰彩条中，应选择适合本车型需求又优质鲜艳的彩条作为装饰条，这种选择既是艺术水平和欣赏水平的体现，也是装饰者个性的体现。

（2）装饰前的清洗。在车身外表需要装饰的部位，用专用清洗剂进行手工清洗，消除油污、尘垢，使之清洁和干燥，为装饰彩条施工做好准备，以便保证施工质量。

（3）装饰彩条的施工。将彩条的衬纸撕掉，在要求的部位把彩条粘贴上。在粘贴过程中，边贴彩条，边用手对彩条进行贴压，排尽彩条与车身表面间的空气，不允许有气泡，要求贴实、贴牢。

粘贴彩条的要点：

① 彩条粘贴后，必须平整、光滑，不允许有褶皱产生；

② 彩条与车身漆膜之间不允许有空隙、气泡及异物存在。否则，会影响粘贴质量。当出现空隙、气泡时，需压实排除。有褶皱或异物时，应返工重贴。

3. 彩条装饰效果（图 7.5）

图 7.5　彩条装饰效果

7.2.2　汽车彩艺贴膜和车身贴膜装饰

1. 汽车彩艺贴膜装饰

（1）汽车彩艺贴膜的特点。

① 作用。汽车彩艺贴膜，主要起装饰作用。有时，特制的彩艺贴膜还可起到宣传广告的作用。例如，在一般的公交车上，经常可见到利用彩艺贴膜制作的产品宣传广告；还有一些大型的文体活动，用彩艺贴膜制成“海报”形式，粘贴到车身上，既起宣传作用又起装饰作用，一举两得。

例如，在拉力赛车上，有的车用彩艺贴膜为德国福斯机油做产品广告；在前门板面上用彩艺贴膜制作的汽车拉力赛活动及编号，都起到了宣传和装饰双重作用。

② 彩艺贴膜的材质。汽车彩艺贴膜，绝大部分都是用塑料膜经过彩色印刷或彩色涂装加工而成的，粘贴面上有优质的黏胶涂层，有足够的粘贴强度。

优质的彩艺贴膜不收缩、不变形、不易脱胶，五年保证不褪色，并有多种图案和色彩可供选用。

③ 彩艺贴膜品种规格多，大小差异大。大型公交车上用大的彩艺贴膜，轿车上用的是

中小型的。有的已制成系列产品，与对应车型产品配套。有的是通用产品，可供多种车型选用。例如，立体电子冷光汽车贴饰，是一种小型的多品种的贴饰，同类产品数量有1000多种。

④ 施工简便。彩艺贴膜实际上是常见的不干胶特种产品，可以简便地粘贴在需要装饰的部位。立体电子冷光汽车贴饰产品技术精度高，装饰性强，可随心所欲贴到任何想贴的地方。

（2）汽车彩艺贴膜装饰施工。

① 贴膜选择。在众多的贴膜产品中，选择质量好、自己喜爱的图案进行装饰。

② 清洗处理。将需要贴饰的部位进行清洗，除去油污、尘土、异物等，使之清洁干燥。

③ 饰膜贴装。撕掉贴膜内衬，将贴膜平整地粘贴在车身表面上。

2．汽车车身贴膜装饰

车身贴膜是通过高分子聚合材料贴附于车漆表面，达到保护原漆、装饰车身的目的，并可随时轻易揭除，与传统封釉、镀膜、喷漆等漆面化学改变形成鲜明对比。汽车车身贴膜是专为汽车车身贴膜而设计的高性能低黏度聚氯乙烯薄膜，具有充分贴合车身漆面及内饰各种基材表面的属性，具备更加便于施工，柔韧性、耐久性、抗化学腐蚀性、不透光性更强等诸多优点。可有效保证施工过程中面对曲折车身表面时进行准确、无缝隙、无气泡贴敷，不会对车漆造成损害，相反，会充分保护车辆的原漆。

（1）车身贴膜的发展。从简单的洗车—打蜡—封釉—镀膜，汽车美容装饰行业在成熟的国际市场带动下，已迅速走过起步阶段，正进入一个不断升级的过程，并日趋多样化、高端化。伴随潮流兴起，政策放行，车身改色、彩绘备受推崇。全球汽车美容装饰业发展历程证明，车身贴膜，是汽车美容装饰产业升级的必然趋势。世界领先的贴膜产品，不伤原漆的车身保护装饰技术，无与伦比的绚丽感受，已经彻底颠覆传统喷漆美容装饰概念。

全球汽车车身贴膜 20 年前就已起步，创造的财富价值席卷整个欧洲。这种技术最早应用于军事，经汽车商及各类汽车赛事活动广泛应用后逐渐普及。中国市场的车身贴膜近几年才从国外引进，并迅速在中国市场兴起，与汽车玻璃贴膜是完全不同的概念。随着车身贴膜项目的普及与推广，越来越多的车主认识到车身贴膜的作用，车身贴膜将成为汽车美容或者汽车改装的一个必修项目。

（2）车身贴膜的作用。

① 不破坏原车车漆，增强原车车漆保护作用。传统的汽车美容喷漆工艺是在牺牲原车漆基础上达到个性与爱好的彰显。车身贴膜可以达到喷漆的效果且解决了可恢复原车漆的可能性，不喜欢了，随时可以撕掉，还原成原来的车漆。杜绝因为喷漆改色对原车漆造成的伤害。喷漆改色，需要磨掉原车漆，一般的喷漆改色永远做不到原车漆的效果。喷漆改色后若出现擦碰，则需要重新喷漆，会造成色差。而保护膜只需要对既定的钣金面重贴即可。

② 可以长期保护原车车漆，免除封釉镀膜等费用，节约美容成本。贴过膜的车辆不用抛光打蜡封釉镀膜，日常养护只需要洗车就可以满足。因此，贴膜的车辆明显可以节约美容成本。

③ 更换自己喜爱的颜色，创造个性化汽车。一般的原厂车漆单调，可选颜色较少，而汽车贴膜有很多颜色可选，另外可以任意搭配组合，甚至通过打印写真个性化图案，车身贴膜达到了随心所欲的程度，车身颜色想怎么变就怎么变，在追求时尚、崇尚个性自由的今天，车主已不再仅仅是追求车辆的性能和舒适，车身贴膜已经成为车主追求的一种时尚。

④ 耐化学腐蚀及酸雨、虫尸、鸟粪、树脂等的浸蚀。贴膜为高分子聚合材料，可以有

效防止弱酸、弱碱等的腐蚀。

⑤ 抗高温，降低汽车自燃的危害。防止紫外线对漆面的直接损伤，还可防止冰雪、树枝刮伤、钥匙痕迹、太阳纹、凹痕等。

⑥ 旧车翻新。旧车翻新不仅可以使用传统的喷漆方式，同时，车身贴膜更有希望替代喷漆成为一种潮流。全车贴膜改色一般2～3天，喷漆则需要5～7天。整车喷漆需要全车钣金面拆卸，有时容易造成零件丢失或损坏，特别是一次性的塑料件。喷漆的过程会造成环境的污染，而贴膜材料、施工都不会造成环境的破坏，是完全环保的施工。更重要的是越来越多的车主已不希望对自己的爱车进行大拆大解，需求决定了市场行情转向车身贴膜。

（3）车身贴膜施工工艺。

车身改色贴膜有两种：干贴法和湿贴法。在贴膜之前，要根据不同的车型选择不同的贴膜方式。

干贴法适用于摩托车或小面积贴膜。贴膜前需彻底清洗需要贴膜的位置，等清洗部位全干后即可进行贴膜施工。贴膜施工时，先贴好一头，固定后，用工具刮平的同时边揭边贴。若贴膜不是很大的话，可以全部揭开来贴。要注意的是，贴膜不能粘到灰粒，也不要使其意外粘连。贴膜完成后，可能会出现气泡，可以用干净的布或刮片在膜上反复擦拭，直到气泡消失为止。

湿贴法适用于汽车贴膜，或大面积的贴膜，操作时最好能两人协助着做。

车身改色贴膜后，需要到车辆管理所进行登记。

车身贴膜效果如图7.6所示。

亚光玫瑰红车身贴膜

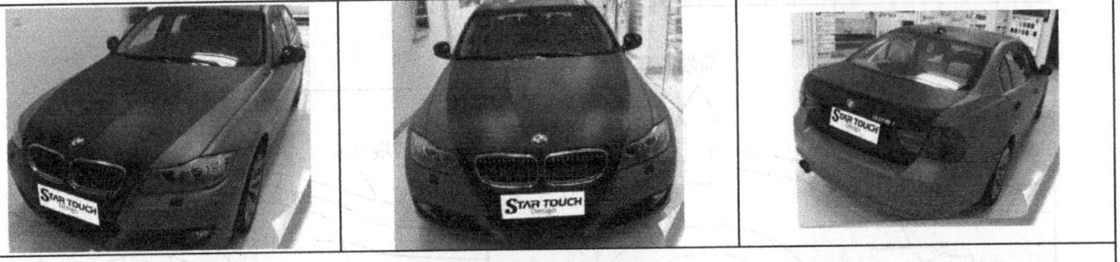

亚光蓝+碳纤黑车身贴膜

亚光橙车身贴膜

图7.6　车身贴膜装饰效果

7.3 前阻风板和后翼板装饰

为了提高汽车的性能和装饰水平，现在逐步流行安装前阻风板和后翼板。

1．前阻风板的安装

（1）安装前阻风板的目的。

在行车过程中，特别是在高速行车时，伴随着汽车的前进，原来路面上的空气被搅得四处流溢，从而产生了阻力。

在轿车底盘下的气流会钻进车体底部不同形状的漏口里，由此而产生阻力，阻碍轿车行进。当气流通过轿车底部时，可对车体前部和发动机底部产生压力，这种压力使车体前端产生略为向上抬起的提升力，导致轮胎抓地能力降低，从而影响汽车操纵稳定性。

轿车前端在气流作用下的受力状态如图 7.7 所示。

解决前端阻力和提升力，使之尽可能降低，提高行车安全性——这就是安装前阻风板的目的。

（2）降低前端提升力的措施。

轿车在行车时，受到前端气流的作用而影响行车安全性。为减小前端阻力，降低提升力，目前可采取如下两种措施。

① 提高轿车底盘下面的平顺光滑性。为减小轿车底部空气的压力和阻力，可以使发动机下部及底盘下表面尽量平顺、光滑，减少凸凹变形的部位。这种方法已在昂贵的中置和后置发动机的轿车上采用。该措施增加了轿车重量，提高了制造和运行成本，制造安装不方便，但却提高了操纵稳定性，即行车安全性提高了。

② 安装前阻风板。在前保险杠的下部，安装一个前阻风板。这是普遍采用的措施。前阻风板是一块坚固的、裙幅式的板。安装前阻风板后，前阻风板对前端气流起到导流作用，减少前端气流从发动机下部和底盘下部通过，从而减少其阻力、压力和前端提升力。使前端气流比较通顺地从前端上部和两侧通过。安装前阻风板后，轿车前部受力状态如图 7.8 所示。

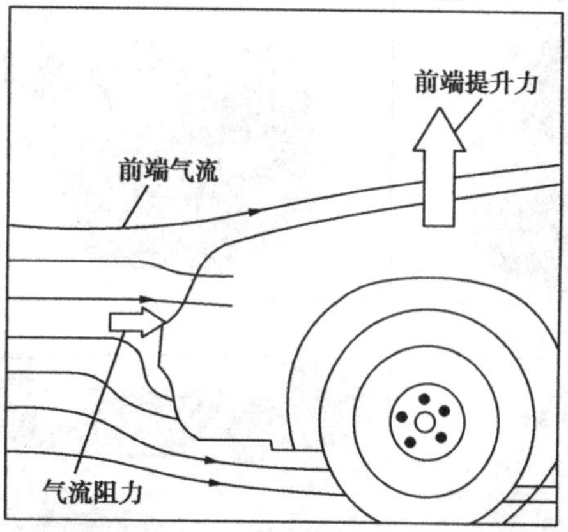

图 7.7　轿车前端无阻风板时的受力状态

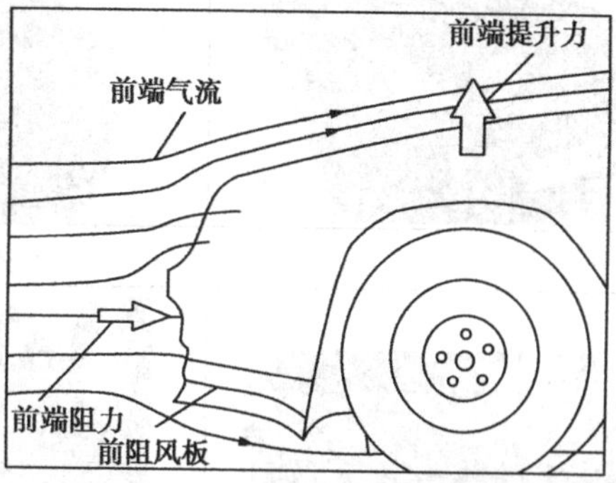

图 7.8　有阻风板时前端气流提升力状态

（3）前阻风板的安装施工。

① 选择前阻风板。目前，在汽车配件市场上，有同系列、多品种的前阻风板产品可供选择。尽量选择同车型的规格产品，对质量保证和方便安装都有好处。若不是同车型的阻风

板，则必须仔细阅读产品说明书，是否可通用安装，再仔细查对外形、安装位置和安装尺寸，以防安装时装不上。同时，还要检查配件质量，因为必须是合格产品。

② 安装施工。仔细阅读产品说明书，特别要弄懂安装条件和施工要求，做好安装前的准备工作。

前阻风板的安装，一般都是用螺钉连接，固定在车体前端的保险杠下部。所以，应准备好有关连接件和相关工具。

在安装前，要对保险杠的相关部位进行清洗处理，并擦拭干净，为安装做好准备。

一般在安装前阻风板时，常常需要钻相应的安装孔，可用手电钻钻孔。

2．后翼板的安装

（1）安装后翼板的目的。

轿车在行驶时，空气流对行车影响很大，有相当大的阻力。气流产生的阻力会在轿车压过的路面上产生刮起纸屑、沙尘等现象，并能看到纸屑、沙尘跟随汽车后面飘浮一阵。这种现象可证明空气对前进中的汽车所产生的阻力的存在。

在汽车行驶中，后端气流从顶部、两侧及底部流过，使轿车受到阻力和提升力的作用，因此影响轿车行驶的安全性，使操纵不稳定，也对轿车起到破坏作用。

无后翼板时，轿车后端气流及受力状态如图 7.9 所示。

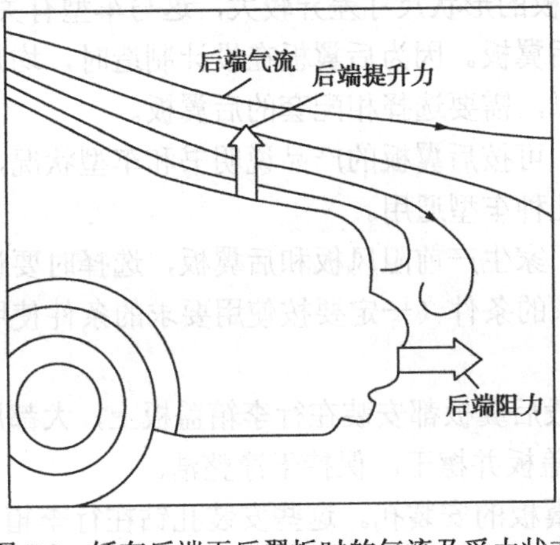

图 7.9　轿车后端无后翼板时的气流及受力状态

为减小后端气流对行车的影响，减小后端提升力及阻力，提高行车的安全性，可采取安装后翼板的措施。

（2）减小后端提升力和阻力的措施。

① 车型设计时应考虑气流的影响。汽车在行驶时，紧贴车身轮廓的气流，称为层流。层流也对汽车造成阻力和提升力，影响行车的安全性，特别是对后窗影响较大。经过实验确定，后窗与水平线保持 25° 角左右时，其阻力和提升力较小。所以，许多两厢式车就是在此原理的基础上设计后窗的。

② 紧闭车的门窗。在行车时，如果车门窗开着，室内就会有大量的气流从前端进入，随后又从后端排出，在车内形成散乱的涡流，这时气流对车的阻力和提升力将显著增加。所以，高速行车时关闭车的门窗是非常必要的。

③ 安装后翼板。人们针对汽车后端的阻力和提升力问题，研制出后翼板（又叫扰流板）。后翼板有不同的形状尺寸，但它们的共同特点是狭长，表面平滑，安装在车上且翘出车体，

用以去除和扰乱气流，改变后端气流的流动状态，从而减少后端气流对车的阻力和提升力，如图 7.10 所示。

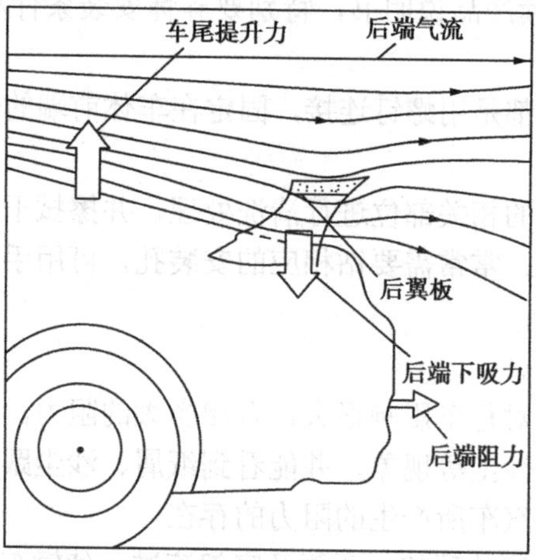

图 7.10　有后翼板时轿车后端的气流及受力状态

（3）后翼板的安装施工。

① 选择后翼板。后翼板的形状尺寸差异较大，这与车型有关。选择时，应按车型要求，尽量选用与车型相配套的后翼板。因为后翼板在设计制造时，均是经过一定的研究试验而确定的，绝非随意所为。所以，需要选择相配套的后翼板。

若无配套的后翼板时，可按后翼板的产品说明书和车型状况，尽量选用近似车型的后翼板。因为有的后翼板可为几种车型通用。

目前市场上，有专门厂家生产前阻风板和后翼板，选择时要认真阅读产品使用说明书，注意是否符合产品使用要求的条件（一定要按使用要求的条件使用）。

② 安装施工方法。

- 清洗安装部位。一般后翼板都安装在行李箱盖板上，大都用螺钉连接。所以，可应用清洗剂擦洗行李箱盖板并擦干，保持干净整洁。
- 按安装要求，钻后翼板的安装孔。这些安装孔钻在行李箱盖板的相应位置上。
- 在行李箱盖的安装孔与后翼板的接合处涂上硅胶，以防漏水。
- 将固定螺钉由行李箱内侧往外再固定锁紧。
- 为了提高防漏水的可靠性，固定后，在固定架周围注入透明硅胶。

以上所述安装方法稳定可靠，效果好。

- 有的后翼板可采用黏结法安装。这种方法不在行李箱盖板上钻孔，不会发生漏水现象。但是，其稳固性和可靠性要差一些。使用一段时间后，可能有剥落掉下的现象发生。这可能与黏结质量欠佳或黏胶质量不良有关。

3．安装前阻风板和后翼板时注意事项

（1）要特别强调与车型配套。

前阻风板和后翼板在设计制造时，均是以特定的车型为依据的。若更换了车型安装，则外部条件发生变化时，有可能导致相反的结果，会加大阻力和提升力，使操纵性能更加恶化。

（2）选用适合的材质产品。

前阻风板和后翼板使用的材质，有合成纤维、塑料及金属。

使用塑料材质的前阻风板和后翼板时，应注意使用环境。由于塑料容易产生热变形，所以必须保证有足够的强度和使用寿命。

铝合金和不锈钢等材质制作的前阻风板和后翼板，有足够的强度和刚度，不易变形，使用寿命长，但成本较高。

（3）安装位置应符合要求。

阻风板和后翼板的安装位置要合理，不得随意改变，最好是按产品使用安装要求的位置安装。若位置改变了，如上、下改变，前、后改变，则均会导致使用效果改变，甚至使性能恶化。

综上所述，所有的轿车由于有了阻风板而减小了阻力，如旁蒂克（Grand Prix）的前阻力减少为该车总阻力的5%～10%。前阻风板还能帮助冷却发动机，可作为安装雾灯的底板等。

后翼板的观赏价值大于功能价值。有的汽车公司竟把后翼板当成开拓市场的要素和竞争的手段，从而可见其装饰功能的不一般。

福特公司 Tauraus SHO 车安装后翼板后风阻系数有所下降，这证明后翼板既有使用功能又有装饰功能，有流行发展的趋势。

7.4 开天窗装饰

1．轿车开天窗的必要性

（1）轿车开天窗的优点。

① 增加轿车的美观，提高轿车的档次和装饰效果。

② 能改善车内空气的交换状况，保持车内新鲜空气充足。

③ 天窗换气是利用负压原理，换气柔和，所以对空调影响小，且不易灌入尘土，车外噪声影响小（在高速公路上不宜开侧窗，开侧窗会增加行车阻力，增大车辆提升力，影响操纵稳定性）。

④ 开阔了视野，有投入大自然的感觉；沐浴着阳光，去除了被封闭在车内的压抑感。

⑤ 经试验测得，在阳光曝晒下车内温度可高达 60℃左右，特别是在车辆暂时露天停放时，温度更高。但当汽车开动后，开天窗对车内降温可比开空调降温速度快 2～3 倍，可降低行车能耗。

（2）汽车装饰发展的需求。

基于上述原因，开天窗既有使用功能又有装饰功能。这就是轿车开天窗装饰发展的必然性，也是人们对汽车性能和装饰发展的需求。

2．天窗的分类

（1）按动力形式分类。

① 手动式。用手的力量开启和关闭的天窗，称为手动式天窗。

② 电动式。以电力为动力而进行开启和关闭的天窗，称为电动式天窗。

（2）按结构形式分类。

① 手推式天窗。用手的力量推开或关闭的天窗，如图 7.11 所示。

② 上掀外滑式天窗。这种天窗也是手动的，先推起然后滑动，将天窗全部打开。关闭时，先滑动到原起动位置，然后拉下关闭。

③ 敞篷式天窗。这种天窗在开启时分段折叠在一起，敞开的空间大，结构紧凑。

图 7.11　手推式天窗

④ 电动全开式智慧型天窗。这种天窗结构复杂，但使用方便。使用动力是电力，采用自动控制，具有自动关闭防盗系统，当发动机熄火后 3s 自动关闭天窗，具有防盗功能。该天窗具有防夹功能，能确保使用者不被天窗机构夹着，只要轻触按键，便可轻易打开或关闭天窗。当不需要强烈阳光照射时，还有卷帘式太阳挡板。天窗的玻璃还具有防紫外线功能和隔热功能。这种天窗功能齐全，使用方便，为豪华装饰精品，如图 7.12 所示。

图 7.12　电动全开式智慧型天窗

⑤ 滑动式机舱型天窗。这种天窗结构特殊，采用战斗机机舱式结构，用滑动方式进行开启或关闭，非常新颖，如图 7.13 所示。

图 7.13　滑动式机舱型天窗

⑥ 方格型天窗。在天窗设计时，设计师们都尽显其能，设计风格独特。例如，五十铃汽车的天窗，表现出日本文化对方格的情有独钟，两排方格式天窗布置在车顶的两边。

3．汽车天窗的选装方法

汽车天窗的品种较多，但都是生产厂家按车型配套设计制造的，目前国内外都有天窗的生产厂家和产品供应，可供装饰选择。

（1）选择天窗的依据。

① 按车型选择天窗。目前市场上的天窗基本上都是按车型而配套的，所以首先应按车型进行选择。

② 在同类中应选需要的型号。一般在同类天窗中，有标准型、经济型及豪华型等区分。在条件允许时，一般都选用操作简便、功能齐全的豪华型天窗。当然，经济实用型的天窗也有一定的市场。

（2）天窗安装方法。

① 详细阅读天窗安装使用说明书。当选购到天窗后，安装前要认真阅读天窗的安装和使用说明书，必要时应再重新检查一下是否完全符合配套安装使用要求。若发现不当，应及时调换。

② 按天窗的安装要求进行施工。在天窗安装使用说明书中，对安装的要求、安装的步骤和方法都有明确的规定，应按上述规定进行安装施工。

4．天窗的使用与保养

（1）天窗的使用。

① 遇到下雨时不要开启天窗，等雨停后风把天窗上的水吹干之后再开启天窗。

② 玻璃板的使用。天窗的玻璃板有的是用绿水晶玻璃板制作的，有的镀制了防热层。对此，不能用黏性的玻璃清洁剂清洗玻璃。当开车时，若玻璃板很潮湿，则需行车一段时间，直至玻璃上的所有潮气散尽之后，才可开启天窗。

（2）天窗的密封与润滑。

① 天窗的密封。天窗玻璃板是由高弹性、防磨损的橡胶密封垫圈密封的，可用浸湿的海绵对密封垫圈进行清洗，保持其干净。

② 对密封圈的保养。使用细腻的滑石粉，经常涂抹一些在橡胶密封圈上进行保养，可延长密封圈的使用寿命。

③ 天窗活动部分的润滑。天窗活动部分虽然是由低保养材料制成的，但在使用一段时间后，还需要用润滑油或润滑剂进行适当的润滑。但不能使用黄油之类的润滑脂进行润滑。

5．天窗装饰时注意事项

（1）认真选择天窗的类型、规格和品种。

天窗的类型规格繁多，必须按车型要求和天窗安装使用条件，综合考虑而选定。

（2）天窗必须与车型配套协调。

在选择天窗的种类、规格时，应与具体车辆配套协调。高档车应选用豪华型天窗。若低档车选用豪华天窗，则天窗会体现许多多余的功能，既不协调也不经济。

（3）天窗装饰应不影响车辆寿命。

在设计制造天窗时，是按具体车型精心设计制造的，从结构、材料和制作工艺上都有科学依据，并经过一定的试验检测。只要选择合理，安装、使用正确，就不会影响车辆寿命。

（4）天窗装饰应不影响车辆的安全性。

天窗的主体材料是玻璃和框架系统等，其性能与风窗和侧窗等相似，玻璃应采用强化安全玻璃，有防盗和安全系统。这些都说明，在安全性方面天窗不低于风窗和侧窗，而只会高于风窗和侧窗。所以，天窗装饰应不影响车辆的安全性。

（5）天窗新产品的推广应用。

天窗的结构和材质不断推陈出新，新产品层出不穷。例如，具有特殊变色功能的玻璃材料，能有效过滤紫外线和其他有害辐射物，并使车内保持一定的亮度；另外，乘客在车内还可以调节玻璃的透明度，既能清楚地看到车外的景色，又能使车内有良好的光线氛围。这些新产品，为提高天窗的功能创造了条件。天窗装饰发展很快，在国产合资和自主车型上都已大量装配天窗。

（6）确保天窗安装质量的措施。

① 选择能保证天窗安装质量的专业企业。安装天窗时必须有封闭的安装车间，有必需的安装设备和手段，天窗的安装不是一般简单的维修点所能办到的。

② 所选择的安装企业应有厂家授权的安装资格证书，以保证天窗的安装质量。

③ 选择水平高、服务质量好、有良好信誉的装饰企业。天窗安装后，还需保修、保养及零配件的更换等服务保障。天窗不仅要求精细安装，而且还要有定期保养，应定期对天窗的密封结构、滑动机构、泄水机构、驱动机构进行有效的保养。

④ 天窗安装后，应进行质量检验和试运行，例如，做淋雨试验，以检验天窗的性能及安装质量。

⑤ 安装检验合格后，一定要开具保修单。天窗的保修期一般为1～3年，随产品和安装单位而定。

7.5 汽车玻璃装饰

1. 选用特种功能的玻璃装饰车窗

汽车车窗要为驾驶员及乘员提供清晰的视野，防止异物侵入，并保护乘员的安全。因此，要求车窗玻璃必须具有必要的光学性能、机械强度、环境稳定性和耐久性。在此基础上，近年来为满足汽车对玻璃的特殊需要，又研制出多种特种功能的玻璃，供汽车的车窗使用，以提高汽车的使用和装饰功能。

（1）防污玻璃。

利用TiO_2与光媒进行作用，在玻璃表面上涂敷TiO_2薄膜，通过太阳光（紫外线）激发，TiO_2中产生电子和空穴，使水和氧通过，将玻璃表面上黏附着的有机污水分解。利用这种玻璃制作汽车车窗，可使玻璃防污和清洁。

（2）憎水性玻璃。

由憎水性玻璃制成的汽车车窗，可提高驾驶员在雨天对车外信息的可见度。在驾驶室前面的风窗玻璃外侧表面，采用有机氟树脂作为憎水剂进行涂敷，涂膜由几纳米至几十纳米厚，当汽车以 50～60km/h 的速度行驶时，玻璃表面的雨滴即可飞溅离开。憎水剂有机氟树脂不能永久保持，需定期涂敷。

（3）电热风窗玻璃。

电热风窗玻璃，是在组合玻璃的车内侧玻璃表面涂敷透明的导电膜构成的。由于是在透明导电膜上通电对玻璃进行加热，所以可将玻璃上面的冰霜熔化或防止玻璃模糊，这对高寒地区的冬季行车非常适用。

（4）紫外线阻断玻璃。

大气臭氧层空洞逐渐扩大，为防止紫外线将汽车玻璃烤晒老化、变形破碎而研制出紫外线阻断玻璃。这类玻璃有两种类型。

① 紫外线吸收剂涂敷型。在汽车玻璃表面上，涂敷一层紫外线吸收剂——氧化铈层，这样，紫外线对玻璃的浸蚀将极为困难，而且还可保持玻璃对可见光线的透过率在70%以上。

② 紫外线吸收剂本体型。将紫外线吸收剂熔化在基体中可构成玻璃的本体型，还可将红外线吸收剂熔入玻璃中，使玻璃具有防紫外线和隔热的双重功能。这类玻璃可将400nm以下的紫外线光和1100nm附近的红外线光大幅度阻断。利用该类玻璃做成的汽车车窗，乘员在车内有凉意感觉，从而可减少汽车空调的负荷，具有多功能的效果。

（5）隐蔽玻璃。

隐蔽玻璃是休闲车后门常用的着色玻璃的总称。这类玻璃有涂敷型和本体型之分。

涂敷型因反射率高，故呈现反射镜调谐外观。

此玻璃中熔有着色剂组分，其反射率与普通玻璃相同。隐蔽型玻璃的可见光透过率为30%左右，这种玻璃不仅具有隐蔽功能而且还可降低太阳光的入射，兼有控制车厢内温度的效果。

（6）组合玻璃。

组合玻璃属安全玻璃，是为了防止汽车遭到意外冲撞破碎而分散的一种玻璃。它是在车内侧玻璃的表面，贴一层1mm厚度的聚氨酯薄膜，一旦汽车受冲击、玻璃破碎时，被薄膜黏着的玻璃不易飞散，从而可降低对乘员的伤害程度。利用夹层材料生产夹层玻璃，一旦玻璃破碎后仍可保持整形碎块，可对乘员的人身安全提供有效的保护。根据其夹层材料的不同，可制成防弹玻璃，此玻璃还具有隔音和过滤紫外线的功能，其过滤效率可达99%，耐光的彩色中间膜还能减弱阳光的透射，从而可减少车内空调的负荷。

（7）双层窗玻璃。

双层窗玻璃是在2mm厚度的玻璃两表面伏贴一层1mm厚的聚氨酯薄膜而制成的，可使玻璃的使用安全性更好。

2. 用隔热防爆膜装饰车窗

（1）用隔热防爆膜装饰车窗的必要性。

① 高温影响驾驶员正常操作。阳光的强烈照射将使驾驶室和车内温度升高，会使驾驶员的反应减慢20%，驾驶员的操作失误率增加50%。

② 紫外线照射强度大影响人体健康。在阳光照射下，阳光中的紫外线易使驾驶员和乘员受到紫外线的照射而引起皮肤病症，如产生雀斑、黑斑、白内障及皮肤癌。

③ 使车内饰物受损加重。在强烈阳光照射下，车内温度过高，易使车的内饰件、音响设备、仪表等材质变色、变脆、加速老化，影响其使用寿命。

④ 加重车内空调设备的负荷。车内温度高，增加了空调运行负荷，加大了能源消耗。

如何减少阳光的照射，降低车内温度，减少由此而造成的损失，最有效的方法之一就是用隔热防爆膜装饰车窗。这就是用隔热防爆膜装饰车窗的必要性。

（2）用隔热防爆膜装饰的效果。

① 热天隔热，隔紫外线，防止紫外线对人伤害，并节省空调设备的能源。

② 降低刺眼眩光，有利于驾车安全，并使驾驶员和乘员感到舒适。

③ 车内的装饰物不受阳光直射照射，可减轻老化程度，延长使用寿命，能较长时间保持装饰物的色泽和品质。

④ 使用安全，可防止玻璃爆裂时飞落伤人、损物。

⑤ 隔热防爆膜表层超级耐磨，可保护车窗，使之美观。

⑥ 感压式黏胶层与“易施工”胶膜可使施工方便、省时，而且可保证施工质量。

⑦ 可调节车内光线，适合任何天气的阴晴变化，可保持视野清晰，并可防止眩光。

⑧ 在夏天隔热，在冬季保温，可起到冬暖夏凉的作用。

(3) 隔热防爆膜的结构及特性。

① 隔热防爆膜的结构。隔热防爆膜的一般结构，如图 7.14 所示。

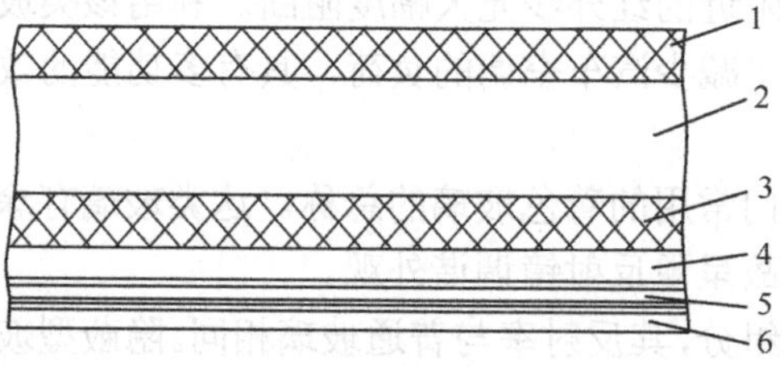

1—耐磨外层；2—安全基层；3—隔热膜层；4—感压式黏胶层；5—“易施工”胶膜层；6—衬纸

图 7.14　隔热防爆膜的一般结构

② 隔热防爆膜的特性。隔热防爆膜的结构和材料组成，因各生产企业的技术差异而有所不同，所以使用效果也有所不同。以 3M 隔热防爆膜为例，其特性见表 7.3。

表 7.3　3M 隔热防爆膜的特性

结构特点	优　点	效　果
专用抗撕裂、抗穿透的聚酯薄膜	是玻璃的坚固安全屏障，提高了玻璃窗的抗穿透性，强度超过标准薄膜	减少破碎玻璃的伤害，可保障人身、财产安全
强力清澈的黏胶	能将破碎玻璃粘在一起，黏结力大，经久耐用	减少破碎玻璃的伤害，可保障人身、财产安全，具有持久的透明度及保护性能
坚固的丙烯酸耐磨涂层	耐擦洗	久用如新
独特的“易施工”黏胶层	施工更容易，更清洁	保持车窗良好的透明度，视觉性好
隔断紫外线层	阻挡紫外线光，薄膜不受紫外线破坏	大大减少车内物品、装饰物褪色，薄膜经久耐用，经常保持清洁透明
超薄金属涂层	阻断太阳光热能，减小眩光	大大减少车内物品、装饰物褪色，降低能耗，节省成本，改善乘车舒适性

(4) 隔热防爆膜产品介绍。

① 3M 隔热防爆膜的型号及技术参数见表 7.4。

表 7.4　3M 隔热防爆膜的型号及技术参数

产品型号及名称	隔热率（%）	透光率（%）	隔紫外线率（%）
7710 超级沙龙	68	16	99
9010 防爆装甲	59	39	99
6330 魔幻大师	51	37	99
8383 蓝天卫士	52	60	99

续表

产品型号及名称	隔热率（%）	透光率（%）	隔紫外线率（%）
2600 黑郁金香	46	34	99
3535 自然风光	34	72	98
6868 世纪风光	43	51	99
7070 无限风光	50	81	99

② 威固隔热防爆膜的技术参数见表 7.5。

表 7.5　威固隔热防爆膜的技术参数

技术参数＼产品	威固隔热膜	一般透明隔热膜	一般深色隔热膜	一般透明玻璃
可见光穿透率（%）	73.2	71.2	0.74	89.8
红外线穿透率（%）	0.60	88.8	92.0	92.0
紫外线穿透率（%）	0.20	0.50	0.50	67.0
屏蔽系数（%）	0.05	0.88	0.66	0.10

③ 法拉特隔热防爆膜产品简介见表 7.6。

表 7.6　法拉特隔热防爆膜的技术参数及特点

产品型号	透光率（%）	隔热率（%）	隔紫外线率（%）	特　点
K-300	72	96	99.99	同级评比总冠军，隔热效果一流
KN-400	41	96	99.99	奔驰玻璃色，无金属氧化，无内外反光
KN-500	53	97	99.99	环保色系，透视清晰，无反光，不氧化
K-200	74	94	99.99	前挡首选，清晰透明，无反光，不氧化
TK-900	23	97	99.99	光谱色泽，迷彩可塑，顶级隔热
V-300	34	96	99.99	前卫艺术，变光变色，隔热超凡
XO-400	36	91	99.99	极光色彩，随光变色，隔热优越
SA-300	20	96	99.99	自然色彩，至尊首选，绝对隔热

（5）隔热防爆膜的选择。

目前市场上的隔热防爆膜可分为以下三类。

① 染色膜。一般称为普通膜。这种膜用起来就像是糊灯笼的玻璃纸，没有一点隔热效果，而且视线非常差，时间稍长，就会慢慢褪色。

② 半反光膜。这种隔热膜就是一般汽车销售公司赠送用户的那种“赠品”，隔热率为40%～50%。使用一两年后，表面会因氧化而变质。所以，在买车时要引起注意。

③ 隔热防爆膜。这是真正的具有隔热防爆功能的膜，万一遇到玻璃破碎时，可以防止破碎的玻璃飞散而伤及驾驶员和乘客，安全性高；隔热防爆膜还具有隔热效果，能防止紫外线穿透，保护驾驶员和乘客免受紫外线伤害。

选择隔热防爆膜时，主要应考虑以下几点。

① 视车况而定。根据被装饰车辆的档次，选择相匹配的隔热防爆膜。高档次的车，宜选用国际知名公司的名牌产品。

② 视需求而定。确定汽车有无私密性的需求，若有的话，最好选择全反光系或半反光

深色系的产品。反之，可选择半反光浅色系的产品。

③ 对隔热效果的选择。这主要根据地域和自己的需求而定。若为热带或亚热带地区，则应以隔热效果为主。隔热效果与反光有关，隔热效果好的属于全反光色系，其次是半反光色系。同时，还要根据产品的品质而定。优质产品才能达到隔热指标的要求，否则很难保证其隔热效果了。

④ 视装饰部位而定。用隔热防爆膜装饰时，视装饰部位的需求而选用产品。例如，装饰前风挡玻璃时，必须重视透光度，保证驾驶员的视野清晰，所以应选用反光度低、色系较浅的隔热防爆膜。对其他部位玻璃窗的装饰，可不受此限制。

（6）隔热防爆膜的鉴别方法。

隔热防爆膜品质的鉴别，主要是从清晰程度、手感体验、颜色差异、气泡及隔热性方面着手。当然，要精确地检测产品质量，还应有适当的检测设备和手段。

① 清晰程度鉴别。不论隔热防爆膜颜色的深浅，优质膜在夜间的清晰度应在 6m 以上，而劣质膜则不清晰，总给人一种雾蒙蒙的感觉。

② 手感体验鉴别。好的隔热防爆膜，用手触摸时给人以厚实平滑的感觉。而劣质膜使人感到薄而脆。

③ 颜色差异鉴别。优质膜的颜料在生产时混合在隔热防爆膜的原材料之中，是一种高科技产品，不易变色。而劣质膜的颜料是在胶中，撕开膜的内衬，用指甲戳一下，颜色就掉了，膜片被戳过的地方会变得透明。而且在粘贴膜的过程中，有时颜色会自行脱落，这种膜用不到一年就会变色，一年以后褪色将更加明显。

④ 气泡法鉴别。当撕开隔热防爆膜的塑料内衬后，再重新复合时，劣质膜会起泡，而优质膜复合后完好如初。前风挡玻璃用的隔热防爆膜，是由金融、国防及高级别墅所用的防弹膜演变过来的，其透光率应在 70%以上。

⑤ 隔热性的鉴别。隔热性是隔热防爆膜质量的关键指标。对于该指标的鉴别，只凭肉眼和手感是不易确定的，可以用下面简单的方法进行测试比较：在一个碘钨灯上，放一块贴着隔热防爆膜的玻璃，把一只手放到玻璃另一面而手感觉不到一丝热的是优质膜，立即有烫手感觉的就是劣质膜。

（7）隔热防爆膜的粘贴施工。

① 清洁玻璃。用干净的抹布（不起毛的），蘸上玻璃清洁剂，从上到下进行彻底的擦拭，然后用湿的不起毛的干净抹布再擦拭一遍，清除玻璃上的所有污垢，并使之洁净、干燥，为贴膜做好准备。

② 贴膜施工。

- 备好与玻璃匹配的隔热防爆膜，膜的大小尺寸必须与玻璃匹配，一般贴膜要与车窗框有 0.2～2mm 的间隙，以便于玻璃的热胀冷缩不影响贴膜。
- 贴膜前，撕掉膜胶面上的塑料内衬，同时用纯净水喷湿膜的胶面和玻璃的贴膜面，这样可以减小胶在贴膜时的黏性，方便施工，并易于去掉因静电而引起的吸附物。
- 将膜贴在玻璃上，左右适当滑动，使其不碰着窗框，再往膜上稍微喷点水，从中心到边缘、从上到下再到底边顺序刮膜，这样可使多余的水从窗框边排出。刮完第一遍之后，用 103mm 的超级刮板再重复刮一遍。这样可清除多余的水分，并使膜贴得更牢。最后用毛巾擦干玻璃边缘的水分和碎片。由于隔热防爆膜用的是压敏胶，刚贴上去时的黏度不大，所以建议在两周内不要摇窗或用力擦拭。要特别记住，膜干得越快，贴的效果越好。

③ 贴膜时的注意事项。

- 前风挡玻璃贴膜尤其要慎重，一是对膜的质量要求严格，透光性要高，隔热性要好，防爆性要强；二是由于前风挡玻璃的弧度大，面积大，施工难度大，所以必须用整张膜贴。
- 贴膜，不仅要求膜的质量好，而且贴膜施工质量也应该好，否则影响贴膜使用效果。所以，要选择技术高、设备全和信誉好的装饰单位施工。
- 在选择隔热防爆膜时，要特别注意有无防伪标志，正规产品的背面一般都印有防伪标志。
- 贴膜后，坐在车内目测检查隔热防爆膜和粘贴的质量：颜色是否均匀，是否有沙粒、尘垢，是否影响向车外观察。真正的隔热防爆膜有极高的单向透光性，若贴的质量好，则贴膜无沙粒、气泡、划痕等疵病，毫不影响向车外观察。隔热防爆膜若是劣质产品时，应更换；若贴的质量不好时，则应返工。
- 检查贴膜合格后，向装饰单位索要贴膜保证卡以便保修。隔热防爆膜可保证使用5～6年。

3. 汽车玻璃镀膜操作流程

（1）准备工作。

① 工具的准备。海绵涂垫、纯棉干毛巾、麂皮擦巾、遮蔽胶纸、专用擦纸。

② 产品的准备。四季长效玻璃水、黏胶去除剂、万能泡沫清洗剂、磨泥、玻璃驱水镀膜王等。

（2）步骤。

① 检查玻璃是否有裂纹，用清水冲洗车身玻璃，有不干胶的使用黏胶去除剂清理干净，并用四季长效玻璃水配合万能泡沫清洗剂去除表面污渍。

② 用磨泥缓慢去除玻璃表面的氧化层，并不时加水湿润。

③ 清洗干净车身玻璃，用清洁毛巾擦拭，并用洁净压缩空气完全风干凹槽内的水，再用麂皮擦干残余水渍。

④ 用遮蔽胶纸将玻璃周围的金属条、塑胶条进行完全封闭。

⑤ 用海绵涂垫蘸适量玻璃驱水镀膜王从风挡玻璃一边沿车辆行驶方向均匀涂抹，不要过厚，避免遗漏；用纯棉毛巾擦拭干净后，再重新薄抹一遍，力求均匀；再用新的纯棉毛巾擦拭干净，并用专用擦纸擦除玻璃表面多余的油膜。

⑥ 车身的其他玻璃也采用上述方法镀膜，但不能一次性将所有玻璃上完一遍镀膜王再开始擦拭，因为玻璃驱水镀膜王干燥得很快。为避免镀膜王干燥后无法完全擦拭干净，应当每一块单独做完后再做下一块玻璃。

⑦ 待镀膜王完全干燥后，拆除封闭贴纸，用仪表皮革保护剂给金属条、胶条均匀上光，最好先将保护剂喷在干净纯棉白巾上擦拭，避免仪表皮革保护剂喷在车身玻璃上。

（3）质量检验。玻璃表面清洁，触摸光滑；内外无污渍、水渍，驱水效果明显。

7.6 车身大包围装饰

1. 车身大包围装饰的特点

（1）车身大包围装饰产生的背景。

车身大包围装饰是在高水准的汽车文化中诞生的。随着人们生活水平的提高，对汽车的认识和需求也在不断提高，对汽车的装饰、包装会更加讲究。追求时尚，讲究个性，这些就是车身大包围装饰产生的背景。

（2）小批量、多品种。

车身大包围装饰件的制造特点是小批量、多品种。这是人们讲究个性、追求时尚的结果，正如人们常说的那样“穿衣戴帽，各有所好”。

（3）制作材料多样化。

车身大包围制件在制作时，使用的材料主要是塑料、金属。塑料中以玻璃钢材料为最多。有的采用新型碳纤维材料和铝碳合金复合的制作方式，与蜂巢式铸造工艺相互配合制成。还有的采用铝合金、不锈钢等材质制作，各有其特性。

2．大包围装饰施工

（1）选择大包围装饰件。

① 按车型选择。目前装饰件生产厂家生产的大包围装饰件，基本上都是以特定的车型为准而设计制作的。在制作中，又根据制作的材质和工艺分为标准型、豪华型；在为车型配套时，还要考虑车身的颜色，所以有多种类型和色泽可供选择。

② 选择的标准。选择大包围装饰件的标准，主要是达到装饰后好看、总体平衡协调、外形美观大方、前后包围和侧包围融为一体及简练、赏心悦目等目的。

（2）安装大包围。

大包围由前包围、侧包围和后包围组成。

① 安装前包围。

- 将安装前包围的部位进行擦拭，将油污、污垢等去除，使装饰部位清洁、干燥，做好安装准备。
- 准备好安装工具和材料。常用的安装工具有手电钻、锤子、旋具、活扳手、钳子等。准备好大包围总成的各种零件，按安装说明书的要求做好相应准备。
- 按前包围安装位置的要求，在车的前端钻好安装孔，并去掉孔边周围的毛刺。
- 将前包围从保险杠下部插入，对准安装孔，用螺钉从侧面固定拧紧。

前包围零件和安装前包围零件后的状态，如图 7.14 和图 7.15 所示。

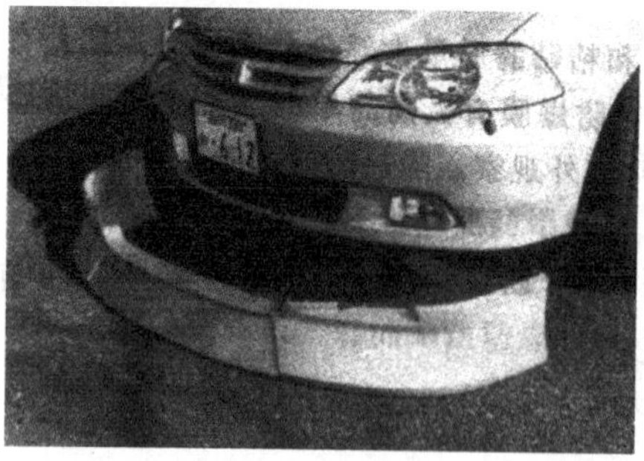

图 7.14　前包围零件

图 7.15　安装前包围零件后的状态

② 安装侧包围。侧包围分左、右两部分，安装方法一样。

- 清洗安装部位，准备好安装用的工具和材料，做好安装前的一切准备工作。
- 按安装要求，钻好安装孔。把车门打开，将右侧围的包围件放在安装位置，钻好安装孔，并用螺钉固定好。

左侧围包围件，如图 7.16 所示。

图 7.16　左侧围包围件

安装左侧围包围件后的状态，如图 7.17 所示。

图 7.17　安装左侧围包围件后的状态

右侧围包围件的安装方法与左侧围的一样。对车而言，左右侧围是对称的，包围件也是对称的。

安装时，打开车门，对正包围件的安装位置，钻好固定孔，如图 7.18 所示。

图 7.18　安装包围件时的状态

安装右侧围包围件后的状态，如图 7.19 所示。

图 7.19　安装右侧围包围件后的状态

③ 安装后包围。后包围的安装方法与前包围一样。但后包围上有一个消声器的排气口，制作时将排气口变大，会显得更漂亮。后包围件和大的排气口如图 7.20 所示。

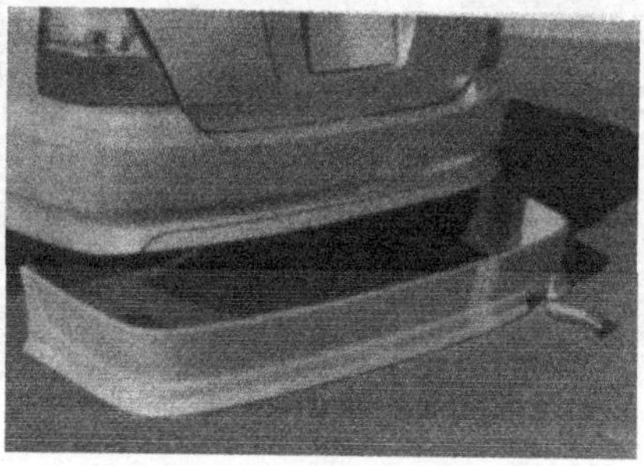

图 7.20　后包围件和大的排气口

安装后包围件后的状态如图 7.21 所示。

（a）宝马运动型后包围　　（b）途锐后包围

图 7.21　安装后包围件后的状态

④ 安装大包围装饰时的注意事项。

- 大包围总成选择是关键。只要选好了大包围总成的型号和颜色，能与原车配套、协调，达到整体和谐，就为大包围装饰的成功奠定了基础。因为安装比较简便，所以安装质量也容易保证。
- 选好安装企业。所选择的安装大包围的装饰企业，必须是正规的，有必要的设备和技术，有装饰件厂家或汽车厂家特许资格的经销和安装资格，能保证大包围总成件是正品，能保证产品的品质，有能力进行装饰和维修。
- 安装后注意索要并保存好保修卡，以备万一在使用中出现问题时协商保修。

7.7　车轮装饰

1．汽车轮胎总成

（1）汽车轮胎总成的构成。

汽车轮胎总成是由车轮和轮胎构成的。它支承着全车的重量，使汽车得以在道路上行驶，对汽车的运行性能有重大影响。

（2）车轮的组成。

车轮是由轮辋和轮辐组成的。轮辋和轮辐可以是整体式的，而目前整体式结构最普遍。小型车轮，如轿车的车轮就属这一类。

（3）车轮的分类。

① 按制造材料分类。

- 钢质车轮。制造材料为钢材，可铸造加工而成，也有焊接加工而成的。大型车轮，一般是焊接加工而成的。小型车轮，也可冲压加工而成，如一些微型车的车轮就是冲压加工而成的。
- 铝合金车轮。从20世纪80年代中期发展起来的铝合金车轮，是采用低压铸造加工而成的。轮辋和轮辐连成一体，且有各种不同的花式外形装饰，是一个精美的艺术品，如图7.22所示。

图7.22　花式铝合金车轮

铝合金车轮具有重量轻、散热快、舒适性好、外观精美等优点；有大小不同的规格，以13～17in最多，主要为轿车选用。

- 镁合金车轮。这种车轮比铝合金车轮更轻，性能更好，外形更加优美，常被高级轿车和豪华轿车选用。

② 按尺寸大小分类。以车轮的外径尺寸分类，可分为小型、中型和大型三类。

- 小型车轮。外径小于17in的车轮，为小型车轮。
- 中型车轮。外径为17～22in的车轮，为中型车轮。
- 大型车轮。外径大于22in的车轮为大型车轮。

2．车轮的装饰

（1）选择装饰车轮。

目前对车轮的装饰，主要是选装法。在汽车配件市场上，车轮是作为总成商品出售的。有各种型号、规格的车轮，有标准型和豪华型之分。可根据具体车型和车主的需求，选购需要的车轮进行装饰，以达到车主满意为标准。

（2）车轮饰盖的装饰。

① 车轮饰盖的装饰作用。车轮饰盖位于汽车外部的醒目位置，是重要的外装饰件。高品质的饰盖能烘托出整车的造型效果，提高车辆的价值。

② 对车轮饰盖的要求。

- 造型优美，质量可靠。因为饰盖的位置醒目，所以若造型欠佳，会降低整车的装饰效果，使之“弄巧成拙”；要求质量可靠；必须有足够的强度，结构可靠，装卡牢固，不会轻易掉下。否则，一是饰盖容易破裂；二是饰盖破裂掉落容易引起不安全事故。特别是在车辆、行人均多的情况下，飞落的饰盖易碰伤其他车辆或行人，后果是不堪设想的。饰盖掉落在街上的事时有发生，所以必须引起重视。

- 色泽配合要协调。车轮有色泽，整车也有各种颜色，要求装饰的饰盖色泽必须与车轮和整车协调一致，达到和谐美观。

③ 车轮饰盖的选装。

- 选择质量可靠、色泽协调的车轮饰盖，做好安装准备。
- 对车轮及饰盖进行清洁处理，清除尘土污物，使车轮和饰盖清洁、干燥。
- 车轮饰盖是靠钢丝卡簧固定支架固定在车轮轮圈上的，要有足够的拆卸力才能将饰盖拆下，以保证其使用的安全性。

（3）车轮装饰时的注意事项。

① 在车轮装饰中，必须保证车轮和饰盖的质量，防止使用次品、不合格品，应选择正规厂家的优质品。

② 车轮安装时，要做动平衡试验，以保证运行平稳。但装上轴头的车轮饰盖后，在一定的车速下，若出现抖动，就表示出现了不平衡。这时，如果更换原厂的车轮饰盖，仍有抖动时，则应以不装饰盖为佳，而改装不用饰盖的铝合金车轮为好，这样既可提高车轮装饰的档次，又解决了安装饰盖后出现的不平衡问题。对于这一点是绝对不应该忽视的，特别是在高速路上行驶时，动平衡是行车舒适和安全的保证。

7.8 底盘封塑

1. 底盘保护装饰的必要性

底盘保护装饰，是常被人们忽视的问题，同时也是提高底盘防腐防锈的重要措施。汽车底盘是最容易被磨损和腐蚀的部位，夏季高温烘烤，冬季寒风吹袭，还有冰、霜、雨、雪的浸蚀，颠簸的路面，飞沙走石等，都会使底盘腐蚀、生锈和伤痕累累。在恶劣的运行环境下，应该给底盘以更多的保护。底盘喷塑保护装饰就是很适用的措施。

底盘封塑的作用主要有：

（1）防腐蚀。

（2）防撞击。车辆在行驶过程中，溅起的小石子可能会对车辆底部漆膜造成损伤，使底盘锈蚀。做过底盘封塑施工的车辆底部能抵抗较大冲击力，减小发生锈蚀的可能性。

（3）防振动。发动机、车轮等的振动会在某一频率与底板产生共鸣，影响乘坐舒适性，而底盘封塑能在一定程度上消除共鸣。

（4）隔温，节省燃油。在冬季，打开车内空调后，冷热空气大多集中在车辆的地板上进行交换。如果汽车做了底盘封塑，那么封塑膜内的石英砂会将冷热空气进行有效的隔离，保证车内温度恒定。夏季开空调后，底盘封塑还可以隔离外界热气的蒸烤，有效保持车内冷气，节省油料。

（5）隔音降噪。车辆快速行驶在道路上，车轮与路面的摩擦声与速度成正比，底盘封塑具有良好的底部防护作用，能起到隔绝噪声、降低车内噪声的效果。

（6）防底部撞击伤害。车辆底部封塑喷涂材料的厚度可达 1.5～2.5mm，可有效减轻突起物对底盘的伤害。

2．底盘封塑的施工工艺

（1）封塑施工工具。底盘封塑施工前必须彻底清洗车辆的底盘，去除底盘上的泥沙、尘土和油污，然后吹干。因此，所使用的清洁设备和工具有：汽车举升机、高压清洗机、空气压缩机、底盘封塑用特殊喷枪、钢丝刷和砂布等。

（2）施工材料。底盘封塑是在底盘上喷涂一种特殊的防锈、减振材料，该材料通常分为沥青型和橡胶型两种，相比来说，橡胶型的效果更佳。由于底盘封塑材料稀释后非常黏稠，所需涂层也较厚，一般喷枪无法使用，通常都要使用一次性的大口径塑料喷枪。

（3）底盘封塑的具体施工流程。

① 举升车辆。将车辆举升到工作高度，严禁操作人员用千斤顶升起车身后钻入车底进行冲洗作业。

② 冲洗底盘并吹干。用高压水枪全面冲洗底盘，将黏附于底盘及车轮挡泥板上的泥沙、尘土冲洗掉，用专用的沥青清洗剂将沥青、油污等彻底去除干净。用气枪将缝隙中的水吹出，并用毛巾将水擦干。如果清洁处理不彻底会影响封塑的牢固度。

有条件的话，最好用高压热水来冲刷污物。冲洗时对边缘部分、弯曲部分以及四轮的挡泥板等部位更应仔细冲洗，必要时配合较软的钢丝刷或铲刀来去除顽固残留脏物，操作时注意不要损坏保护涂层。

③ 检查车身底部和底盘等部位。使用安全工作灯，仔细检查车身底部和底盘、悬架等处有无生锈。如果有生锈或伤痕，用砂纸打磨去除浮渣、锈污，再用气枪将杂质吹去，然后涂上防锈涂料和底盘沥青涂料。检查车身上的螺栓、螺母等零件有无松动，如有松动，应紧固。

④ 防护纸遮挡。将四个车轮拆下，用防护纸遮挡车身周围的裙部和轮毂，并将发动机油底壳、变速器、传动轴等转动部分和排气管需要散热的部位以及非施工区用防护纸进行遮挡，否则会损伤这些部位，影响其工作性能。如有工艺孔，也需进行遮掩。

⑤ 装喷枪、接气管。按照产品使用说明书将配好的材料装入喷枪中，并按说明书规定的气压要求接入气管。

⑥ 喷涂。将喷枪距底盘30cm左右喷涂翼子板和底盘，按产品说明书规定确定实施喷涂的厚度和材料用量。喷涂移动的速度应该缓慢而均匀，而且喷涂的厚度也要均匀，翼子板及翼子板附近应该先喷涂。喷涂时要起动通风设备，戴好防毒口罩。

⑦ 二次喷涂。为了提高隔音、防水、防腐和防撞的效果，必须对汽车底盘进行二次喷涂处理，具体用量和使用方法详见产品使用说明书。一般中间要间隔20min，等第一层喷涂干燥之后再进行第二层喷涂。新车封塑由于底盘比较干净，时间可以短一些。旧车清洁起来较费时，大约需要3h左右。

⑧ 完成施工。去除遮挡保护纸，安装车轮，清理作业现场。

3．底盘封塑的注意事项

（1）确保举升设备在安全的情况下作业，因此必须定期对举升设备进行维护和保养。

（2）排气管因高温不得喷涂底盘涂料。

（3）底盘封塑材料属易燃材料，并有一定的刺激性，调配时要注意防火；作业时要做好个人防护，佩戴口罩和防护眼镜，并保持作业场地的通风。

（4）不得将涂料喷涂到发动机油底壳、变速器、排气管、消声器等部位，也不要喷涂到转向、制动、传动、悬架等转动部位，以免干燥后影响正常运转。

（5）施工后，一般需24h才能自然干燥，在此期间应避免涉水行驶。

7.9 底盘装甲

底盘装甲是指防撞防锈隔音保护底漆，是专门为车辆底盘开发的一种高科技的黏附性橡胶沥青涂层，具有无毒、高遮盖率、高附着性、防锈、防震、防撞击、防水、吸音降噪等功效。可喷涂在车辆的底盘、轮毂、油箱、汽车下围板、行李箱等暴露部位，快速干燥后形成一层牢固的弹性保护层，可防止飞石和沙砾的撞击，避免潮气、酸雨、盐分对车辆底盘金属的浸蚀，防止底盘生锈和锈蚀、底盘变形、漏油、尾气泄漏、转向受损、制动失灵等，保护车主的行车安全。目前，底盘装甲已经发展到第四代产品。第一代为“沥青型油性漆”；第二代为“橡胶型油性漆”；第三代为“高分子型水性漆”；第四代为“复合高分子树脂漆”。前两者都为非环保型，正逐步退出市场，第三代为环保型，但由于施工受温度、湿度的影响较大，耗时较长。第四代环保快干型底盘装甲具有高防水性、高弹性、高防腐性、高吸音降噪性。

1．底盘装甲的作用

（1）增强耐候性。夏日里地表的烘烤，酸雨的侵袭，大气的潮气、盐分，冬季雪道上除雪剂的腐蚀等，这些因素都会浸蚀车底。底盘装甲可有效防止汽车生锈、老化，即使在沿海城市温暖潮湿的气候下，也可减小带有盐分的海风对车辆的影响。

（2）防御沙石撞击。当汽车行驶在路况不好的路面上，路面上的沙石被振动飞溅后会不断撞击汽车底盘与轮毂等部位。底盘装甲可以保护汽车底盘原有的防锈漆和镀锌层，以防金属裸露在外，与空气中的潮气和酸雨等接触生锈，强效抵御锈迹迅速蔓延，防止腐蚀车辆零部件。

（3）加强行驶安全。受损的底盘可能会导致底盘的一些零件变形，特别是上下摆臂、转向横拉杆等容易发生变形，一些轻微刮碰同样会引起油箱发生轻微渗漏。这些变形和渗漏不容易被检测到，但是却会严重影响行车安全。而进行了底盘防撞防锈处理之后，底盘不易受损，提高了行车安全。

（4）使车辆保值。据调查，一般新车使用3年左右，就会发生锈蚀。而与之相对应的一个事实是：车辆保养越好，价值越高。

（5）提高驾驶舒适性。由于底盘防撞防锈采用了具有弹性的材质进行密封性处理，一方面大大增加了车辆行驶的平稳性；另一方面极大降低了行驶过程中车辆的噪声。所以驾驶的舒适性比没有做过底盘防撞防锈的车辆高了很多。

2．底盘装甲产品的选用

（1）含沥青成分的底盘防锈胶。此类产品是最早期的防锈产品，其唯一可取的优点就是便宜。但是，其中的沥青成分在干了以后会产生龟裂，有很多裂缝，藏在裂缝里的水，会造成“电池效应”，使车底盘的锈蚀更加厉害，对车的危害会更大。所以，最好不用含沥青成分的底盘防锈胶做底盘装甲。

（2）油性（溶剂型）底盘防锈胶。此类产品含有对人体有害的有毒物质（如甲苯，用来做稀释剂的溶剂），会破坏环境和损害人体健康。所以在一些对环保要求比较高的欧美国家已经很少使用。另外，油性（溶剂型）产品的胶层很硬，稍微弯曲一下，胶层就会开裂，缺少弹性，在底盘隔音方面效果较差。

（3）水溶性底盘防锈胶。由于此类产品的稀释剂为水，不含有毒物质，所以又称为水溶性底盘防锈胶，为环保型底盘防锈胶，现在欧美国家大多选用这类产品。水溶性底盘防锈胶附着力强、胶层弹性较好，底盘隔音效果显著，是做底盘装甲的首选材料。

（4）复合高分子树脂漆。此类产品的第一代和第二代产品都为非环保型，正逐步退出市场，第三代为环保型，但由于施工受温度、湿度的影响较大，耗时较长。第四代环保快干型底盘装甲具有高防水性、高弹性、高防腐性、高吸音降噪性，并在环保的基础上运用其独特的深层电离四元接枝技术，将四种不同性能的高分子材料融为一体。因此，它不受湿度、温度的控制，大大缩短了施工时间，比以往的底盘装甲固化时间缩短了 4 倍，极大地方便了车主和施工人员汽车维护工作。

3．底盘装甲施工流程

（1）举升车辆到合适位置，拆除车轮和翼子板保护板。用高压水枪冲洗底盘，去除底盘上黏结的油泥和沙子，还可以用常见的铁丝网刷，把车底附着的泥沙、油污、锈蚀和其他杂物刮掉，或用特制砂纸打磨掉原防锈层，直到露出金属本色为止。为了让附着物完全发挥效力，要将汽车底盘彻底清洗干净。

（2）用吹水枪将缝隙中的水吹出，并用毛巾将水擦干。

（3）准备喷涂防锈处理层，必须先用遮盖纸（可使用报纸）和胶带，将发动机油底壳、变速箱外壳、进排气歧管、排气管、减振弹簧、减振器、转向轴等部位进行包裹，避免防锈材料喷在上面。因为发动机油底壳、变速箱外壳需要散热，而防锈材料喷在它们上面，会影响其散热。更不能将防锈材料直接喷涂在排气管上面，因为车辆行驶时排气管的高温会将表面的附着物烤焦而发出难闻的臭味。所以，在做底盘装甲的时候，必须先用遮盖纸将这些部位遮盖，尤其要注意把车身上的传感器和减振器遮盖好。

（4）将底盘装甲各部分材料依次喷涂到底盘上，至少喷 3 层，厚度约 4mm。

（5）进行涂层的局部修补，保证遮蔽性越强越好。

（6）去除周边遮蔽物，用专用清洁剂清洗周边非喷涂部位。在晴朗干燥的施工天气下，汽车在喷涂完工 2～4 小时后就能投入使用。但完全干燥需要 3 天左右，在这 3 天内，最好不要让底盘接触到水。干燥后的保护膜可以很好地黏附在清洁的汽车底盘上，具有极强的耐磨性和抗腐蚀性。当然，材料、工艺等决定最后的施工效果。

4．底盘装甲施工时机的选择

每辆汽车的底盘防护情况都不同，应把车辆举高并查看底盘，也可以用手触摸底盘了解是否已经做过防护：如果感觉有一层塑胶粘在车底，有柔性，说明是做过防护了；如触摸到坚硬冰凉的钢板，说明没有做过防护。检查时要特别注意汽车的轮毂、翼子板内侧和连接钢架等地方是否有防护。另外检查一下底盘防护材料是否是简单的类似于沥青的材料，沥青材料发干发硬，弹性不足，容易脱落，对底盘的保护作用非常有限。另外，对于状态不好的汽车底盘，最好马上做一下底盘装甲。

5．汽车底盘封塑和装甲的不同之处

底盘封塑不同于一般的防锈处理，它是将一种高附着性的柔性橡胶树脂喷涂在底盘上，使底盘与外界隔绝，达到防腐、防锈、隔音的效果，能延长车身寿命。底盘封塑可以保护汽车底盘裸露钢板，防砾石击打，防腐，但会有砾石打在底盘上的声音。要想隔绝沙石打击底盘发出的噪声，就要进行底盘装甲。底盘装甲除具有封塑的两项功能外，还有显著的隔音降噪功能。因为在进行装甲施工后，在底盘上会形成近半厘米厚的橡胶和聚酯材料混合涂层。这种涂层具有高弹性，有效减弱了砾石直接打在金属上发出的噪声。

除了功能不同，装甲的功能更全面外，两者的施工厚度和物理成分也有所不同。普通封塑为 2mm 的施工厚度，主要成分是聚酯材料，而底盘装甲是橡胶和聚酯材料混合配方，施工厚度为 4mm，局部位置可以达到 5mm 以上，所以装甲的价格要高一些。

7.10 车身局部装饰

在车身的外部装饰中，有些较小部位看起来装饰量不大，但若装饰起来也非常显眼，引人注目。

1．眼线装饰

（1）装饰的部位。

眼线，也称眼眉，是在前车灯上表面部位附着的装饰件。这是将车拟人化的表述。将前照灯（左、右）均加上了眼线装饰，如同女孩描眉一样，楚楚动人。

（2）眼线装饰施工。

① 眼线材料选择。眼线材料大都是类似彩条那样的不干胶制品。应选择质地好、寿命长、颜色丰满、粘贴牢固的眼线材料。

② 装饰施工。

- 将眼线材料按装饰部位的形状，剪裁成长短、宽窄、形状相匹配的眼线。要特别注意左、右眼线是对称的，不要有差异。
- 将粘贴眼线的部位用抹布擦拭干净，以确保粘贴牢固。
- 将眼线的衬纸撕掉，把眼线平整地粘贴到前照灯上部匹配的部位，不得有皱褶、气泡等缺陷。
- 使用独特的眼线装饰，可使汽车增添魅力。

如图 7.23 所示是汽车眼线装饰效果。

图 7.23　汽车眼线装饰效果

2．车身贴画装饰

（1）车身贴画装饰的发展。

① 车身贴画装饰的产生。汽车车身贴画工艺在国内早已存在，只不过以前都限制在整车配套装饰市场。从 1988 年开始，广州的汽车售后市场有了车身贴画产品，于是产生了售后的车身贴画装饰。当初许多车主买贴画装饰产品的主要目的，是为了车子年审的需要，以便顺利通过年审。而现在市场上十分流行的车身贴画装饰，已出现在许多色彩张扬、车身面貌异于同类的汽车上，它们都是通过车身贴画“变脸”而来的。

② 车身贴画装饰的实质。车身贴画装饰，其实质也是彩条装饰、贴膜装饰的一类，只是具体装饰的工艺方法、贴画与贴膜的制作材料和品质不相同而已，也可以说是类似。贴画

比较随意、简便，而彩条和贴膜比较正规。贴膜和彩条由汽车配套厂家生产，有严格的技术工艺要求。而贴画就不一定了，有的是印刷厂生产的，品质差异较大。

③ 车身贴画装饰的发展。随着车主对个性化汽车产品的需求急剧膨胀，再加上车型改装投资较大，而且也比较麻烦。所以，很多车主自然将注意力放在改变车身图案上，这就使得汽车车身贴画装饰很快在全国汽车市场上流行开来，贴画产品也由固定车型的贴画，发展到各种形式、内容多样的随意贴，而且色彩、样式千奇百怪，应有尽有。

（2）汽车贴画装饰工艺。

① 选择贴画材料。目前市场上贴画产品形式繁多，内容多样，且色彩、样式千奇百怪，应有尽有。

选择贴画材料的依据：

- 车主的个性化需求是贴画选择的根本依据；
- 选择知名厂家的正规优质贴画产品；
- 若需常有新鲜感，不时变换车身“面孔”，则可选择色彩鲜艳、寿命不需太长、可三两个月“变脸”一次或四五个月“变脸”一次的贴画产品。若不需短期变换，则可选购寿命长、质量好的贴画产品。好的贴画产品一般可使用8～10年。

② 贴画装饰施工。

- 清洗贴画装饰部位。用车身专用清洗剂清洗车身装饰部位，若为全车身装饰，则清洗全车身外部，消除一切污垢、异物，使车身洁净干燥。
- 涂胶粘贴。根据贴画产品的使用要求，将黏胶涂布在粘贴的部位，然后将贴画的衬纸撕掉，贴在车身表面上，将贴画粘贴平整，不得有皱褶或气泡，保证粘贴质量。

如果贴画产品没有提出黏胶的品种和具体操作方法，则可根据贴画的材质和车身面漆材料，选用适用的黏胶剂进行粘贴。

（3）贴画装饰时的注意事项。

① 贴画质量差异大。目前市场上的贴画装饰质量差异较大。其主要原因是贴画品质差异问题。一些进口贴画产品的质量担保可达8～10年，但这些产品都集中在汽车生产厂家手里，或厂家指定的服务维修站里，市场上少见。而出现在市场上的贴画产品质量较差，使用寿命短，时间不长便出现脱落和变色等问题。脱落后，车身表面留下难看的胶状物，有的甚至使车身漆膜遭到腐蚀破坏。

② 贴画印刷技术推动贴画装饰。贴画印刷技术的发展，使车身贴画的内容和形式发生了飞跃性突破，先进的彩色印刷设备、先进的彩色印刷技术及特殊的颜料是发展车身贴画装饰的根本保证，目前在这方面国内产品不如进口的正规产品。所以，在选择贴画产品时，要特别注意这一点。

③ 选择正规装饰公司进行贴画装饰。正规的装饰公司对贴画产品质量有一定的信誉保证，对贴画产品质量、黏胶性能及使用方法有比较清楚的认识，不会因为贴画装饰失误而造成车身漆膜腐蚀损坏。不然，就会造成“美容不成反毁容”，得不偿失。

3. 轮毂饰片装饰

（1）轮毂饰片的功能。

轮毂饰片的主要功能是保护轮毂翼子板在受轻微或中度碰撞时，可使其伤痕减至最低程度。另一主要功能是起装饰作用，可使车身外表锦上添花。

（2）轮毂饰片的选装。

① 选择轮毂饰片。轮毂饰片是一些装饰配件厂针对一些车型而设计制造出的装饰件，有用塑料、金属材料制作的，有不同的色泽和规格，可根据特定的车型和车辆的状态，选择适合的轮毂饰件，安装后达到预期的保护和装饰目的。

② 轮毂饰片的安装方法。

- 用螺钉或拉拔铆钉固定法。在轮毂饰片上，一般都有安装小孔，这是为采用螺钉固定而设置的安装孔。

  在安装前，需对安装部位进行清洗，对轮毂饰片也要擦拭，去除尘土、污物，保持清洁干燥。要特别注意，翼子板凸缘唇的内缘污垢必须清洗干净，使之清洁干燥。

  按照轮毂饰片的小孔，在翼子板凸缘上配钻安装孔，去除孔边上的毛刺。

  在安装部位的固定处涂上硅胶，即在翼子板和轮毂饰板的相应位置均涂上硅胶，用螺钉或拉拔铆钉固紧，使其接合紧密，不积水，这样不易产生锈蚀。这种安装方法，对用金属材料制作的轮毂饰件很适用，如图 7.24 所示。

图 7.24　轮毂饰件装饰

- 胶粘法安装。有的轮毂饰片是用保护膜之类的塑料制作的，有的是不干胶产品。对这样的轮毂饰片，用胶粘法安装非常容易。

  先将安装轮毂饰膜的部位擦拭干净，清除污物、尘垢，并使表面干燥。

  撕掉轮毂饰膜上的衬纸，将轮毂饰膜平整地贴在轮毂上。

4．中栅框装饰

轿车前端、两前照灯之间的部位是最显眼的，也是设计师们进行装饰设计的重点部位。例如，奔驰车设计制造的散热器护栅，通风口下边缘处最大，向上逐渐变小。这种布置除了产生鲜明的视觉冲击外，更重要的是提供了充足的冷风，造型独具匠心，更有超级装饰效果，显示出艺术的魅力，如图 7.25 所示。

图 7.25　散热器护栅的超级装饰

在国内，对这部分的装饰也用尽了心思，有各种不同的散热器护栅，还采用了不锈钢栅框进行装饰，其效果也不错，如奥迪、红旗轿车。

7.11 其他局部装饰

1. 不锈钢材料制品装饰

在汽车市场竞争激烈的情况下，采用各种手段提高汽车的装饰效果，可增强竞争力，提高汽车的身价。其中，有利用不锈钢的耐腐蚀、不生锈、光泽亮丽等特点，制造出各种装饰件对汽车进行装饰的，如旗标、浪板、门外把手、裙边、尾翼板、轮毂、窗饰条等，尽显装饰特色，如图 7.26 所示。

图 7.26 汽车不锈钢材料制品装饰

2. 选装旗杆灯

① 装旗杆灯的作用。在轿车前端、保险杠的转角两侧，选装两个旗杆灯，主要有两个功能。

- 安全功能。在夜间行车时，有两个旗杆灯的亮光，可使前方迎面而来的车辆能醒目地见到对面车辆，注意驾驶，提高了行车安全性。
- 装饰功能。在两根不锈钢管制作的旗杆上，装上两个艺术灯，镜面光亮的旗杆和艺术灯的玻璃，在阳光照射下也会发光，为行车增添了亮点。

② 安装旗杆灯的方法。

- 打开发动机盖，在左右两侧的灯组总成处，找出小灯的接线头。
- 将接线头在中间的塑胶扣压下拉出来，使用延长线在小灯接线头端子处相接。
- 两延长线的另一端由小灯组座的附近缝隙拉出。
- 使用手电钻在保险杠前端转角的附近处适当位置钻一小孔（左右各一，位置对称），以利安装旗杆灯。
- 将旗杆灯小总成置于安装孔上，并在旗杆底部与保险杠上表面涂上适当的硅胶，把安装位置对正，拧紧固定螺钉。
- 将旗杆灯的电源线与延长线的线头相接，即完成了旗杆灯的安装。

（3）高科技产品在装饰中的应用。

在汽车市场中，高科技产品，特别是电子产品在汽车装饰中发挥着特殊的作用，很多精巧的小型功能件使汽车装饰件不断推陈出新，使得汽车装饰更添异彩。

例如，设有遥控接收器的后视镜、反光镜设置了指示灯、优雅气质的门把手等，都是车身外部装饰的精品。有的电动后视镜还有加热功能。更有胜者，把传统的后视镜用高科技的新产品所取代，使它完全实现了脱胎换骨。如 F200 奔驰车用 5 个摄像机的摄像系统取代了传统的后视镜，其中 4 个电子“后视镜” 隐藏在玻璃车顶的不锈钢面板的角上。前排两个摄像机与左外侧和右角显示器相连，起外后视镜的作用，而内后视镜的功用由两个后摄像机完成，其图像会在仪表板上方的头平显示器上显示。第 5 个摄像机安装在后保险杠上，当挂上倒车挡时就会自动开始工作。此时，由该摄像机监控的车身正后方区域就显示在仪表板的中央显示屏上。同时，前排摄像机的图像变淡，从而给驾驶员一个完整的画面，以观察车后发生的一切情况，确保倒车安全。

3. 汽车天线

汽车天线又叫车载天线，一般汽车上的天线用于车上的收音机和电台，有内置天线和外置天线两种。根据不同用途，汽车也可安装不同功能的天线。如公交车有 DVB-T 天线、车载 TV 天线。物流及出租车还装有 GSM 天线、GPS 卫星天线。 收音机和电台天线主要就是 AM/FM 天线、软 PCB 数字天线、AM/FM/TV 天线等。根据不同的功能和用途，所用的天线的频率也不同。

最常见的天线是吸盘天线。车载天线结构上有缩短型、四分之一波长、中部加感型、八分之五波长、双二分之一波长等形式的天线，理论上它们的效率依次增加，同样工作频段的天线的长度也依次增加。图 7.27 所示为常见汽车天线。

图 7.27　常见汽车天线

4. 静电带

根据医学研究证实，人体蓄积静电危害健康，有皮肤过敏、心律失调、头痛、失眠和烦躁不安等症状，静电还会引起毛发竖立、灰尘吸附、电子产品击穿和易燃物点燃等危害。静电最易在干燥的环境下、如化纤织物、汽车轮胎、座椅等摩擦而产生。静电电压有的可高达数万伏。因此，安装静电带很有必要。

（1）静电带的特点。

① 由特殊金属制造而成，具有很强的导电性，能有效去除车内静电，且耐磨耐用。

② 利用螺母紧固在车辆底部金属或排气管上，静电带拖拉释放静电，且还具有很好的装饰作用。

③ 去除静电彻底。

④ 一些静电带产品具有夜间反光警示作用。

（2）安装方法。

① 在车辆尾部的保险杠或者排气管上，找准需要安装的部位。

② 调整位置，让静电带高度轻微与地面接触，通过金属丝导电将车体上的静电除去，并能有效减少车体附着灰尘、污垢，减少音响杂音等。如图 7.28 所示为静电带及安装后效果。

图 7.28　静电带及安装效果

5．防撞胶

（1）防撞胶的功能。

① 提高行车安全，防撞胶能将底盘螺母牢牢封住，避免行车过程中螺母松脱。

② 防撞胶紧紧黏合在车体上，对金属有长效防锈作用。

③ 减少车辆在行驶时路面沙石对底盘的撞击损坏，大幅度降低轮胎与路面之间的行驶噪声传播，提高车内舒适度。

④ 防撞胶凝固后不易燃烧，并且具有抗静电作用，提高安全性。

⑤ 防撞胶粘度适中均匀，易于施工，喷涂面有均匀凹凸感。

⑥ 干燥时间短，柔韧性好，附着力强。

⑦ 耐水性和抗腐蚀性能好，且具有较强的抗冲击性能。

（2）防撞胶的适用范围。

底盘、轮毂、翼子板、保险杠、发动机罩、大梁、车门、油箱外壳、后备箱底部等的防锈、防撞、防水、隔音施工。

（3）防撞胶的施工方法

① 用洗车高压喷枪将底盘或车厢等需要喷涂防撞胶的部位彻底清洗干净，并吹干。

② 拆除车轮、胶板，举升车辆到合适高度。

③ 将不需喷涂部位用遮盖纸覆盖。

④ 使用前摇匀防撞胶，连接压缩空气，装入专用喷枪，在距离喷涂表面约 25～40cm 处施工。

⑤ 为防止流痕，避免一次喷涂太厚，建议分三次喷涂，每次喷涂之前要有一定时间间隔，常温时最好间隔 10min 左右。第一次喷涂完后，对有孔洞、裂缝处必须用补缝胶刮平后再喷涂，厚度达 2mm 以上时隔音、防锈效果明显。

（4）防撞施工注意事项。

① 施工时注意防火安全。

② 施工完成 24h 内避免涉水行驶。

③ 使用防撞胶时必须先取小样试喷，确认与车辆无不良反应后再进行施工。

6．汽车护杠

加装汽车护杠，是越野车最基本的改装项目，除此之外，越来越多的旅行车、微型车、货车也都选配了护杠。护杠一方面能够在事故中缓冲撞击力，保护车身；另一方面还使车辆具备鲜明的个性。

护杠从结构上可以分为前护杠、侧护杠（侧踏板）和后护杠三类。

（1）前护杠。前护杠又分为 U 形和护灯型两类，在此基础上，前护杠还可以加装挡泥板、色灯等装置。

U 形前护杠结构简单，可以保持车型原有的面貌，几乎任何车型都可以用。但它只能防御正面的撞击，不能抵挡来自斜前方的撞击（图 7.29）。

护灯型前护杠可以全方位保护前灯，抵挡来自正面和斜前方的撞击。如果车主在转向过程当中判断错误，转向角度不够而导致车辆撞击障碍物，护灯前杠还可以有效地保护车身。

图 7.29　U 形前护杠

（2）侧护杠。侧护杠（图 7.30）的作用是方便驾乘人员上下车。当车主需要把东西放置到车顶的时候，它还可以充当垫高物，同时侧护杠还起到挡泥和装饰车身的作用。

侧护杠有粗、细之分，以及越野车专用和微型车身专用之分。主体材料一般为不锈钢，为了实用和美观，还需另外以塑料件或铝管装饰。越野车的底盘高而且结实，可以安装粗管；微型车底盘低，轮距短，只适合安装细管。

（3）后护杠。后护杠（图 7.31）一方面起到防护功能；另一方面可以通过杠体中央的拖车方口安装一个拖车钩，为同行者提供救援保障。后护杠可分为单轴、双轴和无轴三种，及油桶架、备胎架的选装方式。

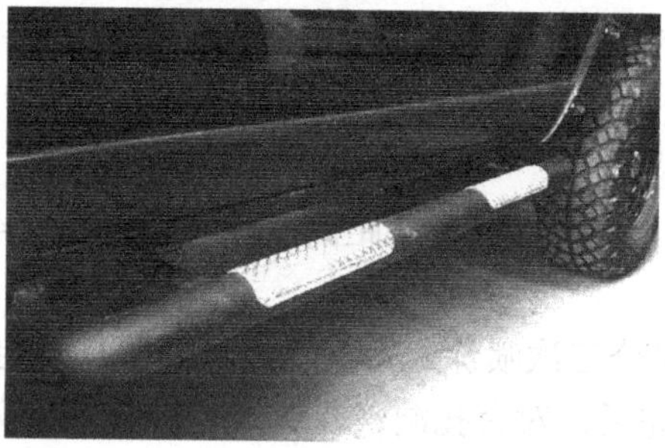

图 7.30　侧护杠

图 7.31　后护杠

后护杠的材料与前护杠相同，具有极强的硬度和极好的韧性。

7．行李架

行李架（图 7.32）是安装在车辆顶部，用于放置货物的部件。

图 7.32　行李架

行李架一般采用镀锌板及铝合金材料制作，具有表面光滑、安装方便、坚固耐用及不伤车身等特点。安装行李架时，一般由车顶排水槽或车门框的上缘来扣住行李架的基座。

7.12　玻璃美容与修补

1．清洗玻璃

汽车玻璃一般有两类：前风窗玻璃和后视镜为一类；另一类是单面贴膜和后风窗玻璃（有防雾、除霜栅格）。车窗特别是前风窗玻璃的清洁，不仅仅是外观问题，从安全方面来讲，也十分必要。特别是在雨夜，雨刮刮水后残留水膜晃眼，大大影响驾驶员视野，存在驾驶安全隐患。

玻璃的清洁不能用水，因为玻璃外侧常吸附有油烟，不但清洁费力费时，而且不能彻底清洁，可能留下烟膜和交通膜的花纹。清洁玻璃前，应先将上面黏附的污斑、昆虫和沥青用塑料或橡皮刮刀除去，千万不可用刀片等铁质材料刮玻璃，以防止划伤玻璃。然后才能用专门的玻璃清洁产品进行清洁。

一般玻璃清洁用品为玻璃清洁剂、风窗玻璃抛光剂。对于前风窗玻璃和后视镜，可先用玻璃清洁剂预处理，除去表面灰尘，然后使用风窗玻璃抛光剂，将其尽量涂满清洗部位，稍等片刻后用干净的软布擦拭，直到将玻璃擦亮为止。这种产品兼具有上光作用，不但能使玻璃表面洁净、光滑，防止灰尘二次沉降，同时还可改善刮水器留下的痕迹。

后风窗玻璃因内侧有防雾、除霜栅格，所以不能用风窗玻璃抛光剂处理。另外，有的玻璃贴膜后，也只能用玻璃清洁剂处理贴膜面，否则不但不能清洁玻璃，反而会将膜面擦出痕迹，影响采光。外表面则可以用风窗玻璃抛光剂进行处理。

（1）清洗工艺流程。

① 用洗车香波清洗车身、玻璃上附着的沙粒、灰尘等污物，在浸润后用高压水冲洗，玻璃上黏附的鸟粪、昆虫和沥青等污物，可用塑料或橡胶刮刀除去。到洗车工序完成后，车窗玻璃上附着的仅剩油污了。

② 用海绵蘸上适量玻璃清洁剂，均匀地擦拭玻璃的内外表面，静置一段时间，待已擦抹表面变白后，再用柔软的布擦干。

③ 玻璃表面上的顽固性污物，如油漆污点、鸟粪等，可以用1500～2000号旧水砂纸的背面蘸肥皂水细心研磨。

清洁后风窗玻璃时要注意，不可破坏防雾、除霜栅格。只能用软布配合玻璃清洁剂进行仔细处理。如果不慎破坏了除霜栅格，可用修复工具将断了的地方用导电涂料涂上将其连接起来。贴有太阳膜的玻璃，有膜的一面用玻璃抛光剂处理，效果更加理想。如果玻璃上黏附有口香糖或透明胶的残痕，可先用塑料刮刀将残留物清除，然后使用新车开蜡水简单擦拭即可清除此类污迹，最后再用风窗玻璃抛光剂处理即可。

（2）注意事项。

① 不能使用砂纸研磨去除附着在玻璃面上的污物。

② 不能使用刀片或弹簧钢刮刀来刮除玻璃面上的污物。

③ 不仅是外侧，玻璃的车内部分也必须擦拭干净，除雾加热线或收音机天线部分则必须横向擦拭，如果垂直擦拭有时会弄断线材。

④ 玻璃清洁干净后，必须再次喷涂玻璃保护剂才能有效防止玻璃表面脏物、油膜的再次附着。

⑤ 使用加入散热器的玻璃保护剂时，应先把风窗玻璃清洁干净，否则效果不佳。

⑥ 检查刮水器片质量，老化或破损时必须另行更换。

⑦ 检查刮水器储液罐液量，不足时应及时添加。

⑧ 全车打蜡抛光作业完毕，需再检查刮水器喷水嘴是否喷水良好。

2．抛光

玻璃经过抛光处理，不仅可以增亮，使玻璃表面洁净，还十分光滑，具有防止灰尘二次沉降的作用，同时，也可治理雨刷磨痕。抛光施工程序如下：

（1）在玻璃上喷洒清洗剂后，用橡皮或塑料刮刀去除玻璃上的黏附物。

（2）对于前风窗玻璃和后视镜，可先用玻璃清洁剂预处理，除去表面尘污。

（3）将风窗玻璃抛光剂涂满玻璃，稍待片刻，再用干净软布作直线擦拭，直到将玻璃擦亮为止。

（4）后风窗玻璃内侧有防雾、除霜栅格，不能用抛光剂处理。

3．玻璃的防雾与防水处理

汽车内外温差大时，玻璃内侧容易形成雾层，严重影响驾驶员的视线。而大雾天气，在风窗玻璃和后视镜上又极易形成细水珠，给安全行车带来较大隐患。对汽车玻璃进行防雾与防水处理，可以有效解决上述问题。

但应注意：如果湿气不是太重，不要轻易涂抹防雾剂，因为涂抹不当反而会造成眩目、模糊。

（1）风窗玻璃的防雾与防水。

在喷施风窗玻璃防雾、防水剂前，要彻底清洁玻璃。可先在玻璃上喷洒清水，用手触摸，感触较大尘粒的程度，用专用刮刀将其刮除干净，在海绵上蘸上适量玻璃清洁剂，均匀地擦拭玻璃的内外表面，静置一段时间，待已擦抹的表面变白后，再用柔软的布擦干。

后风窗玻璃内侧有防雾、除霜栅格，擦拭时要横向平行地擦，如果不慎破坏了除霜栅格，可用修复工具将断了的地方用导电涂料连接起来。

在风窗玻璃内侧均匀地涂上风窗玻璃防雾剂。然后，在风窗玻璃外侧均匀地涂上风窗玻璃防雨剂。待防雾剂、防雨剂干透后，用软布擦拭干净，直至玻璃透明光亮。

（2）后视镜的防雾与防水。

后视镜的防雾与防水可采用与风窗玻璃相同的工艺，即先喷涂玻璃清洁剂，然后用干净的软布轻轻擦拭，最后喷涂一层防雾剂，即可保持后视镜在很长的一段时间内具有防雾防水功能。也可采用驱水防雾防尘胶片处理后视镜。驱水防雾防尘胶片能吸收阳光中的紫外线，将空气中的水分在后视镜表面形成一层水分保护层，消除水珠雾气的聚集，并具有防尘功能。它特别适合在亚热带气候地区使用。该胶片的安装方法为：先将镜面擦拭干净，然后在玻璃镜面及胶片上喷洒清水，把胶片贴在镜面上，再将保护胶片放在驱水防雾防尘胶片的表面，最后用蓝色水泡清洁器将胶片与镜面之间的水泡刮走。

4．风窗玻璃除冰处理

冬季行车时，若风窗玻璃上有冰雪，会影响驾驶员操作，因此可选用风窗玻璃除冰剂进行除冰雪处理。

（1）除冰剂的特性。

将除冰剂喷洒到玻璃表面上，能使玻璃表面上的积雪、冰层、浓霜等很快融化，还能去除聚乙烯和镀铬制品表面上的油雾、沙石和尘垢。一般除冰剂能保证在 0℃以下进行喷洒，对汽车无损害。

（2）使用方法。

将该产品直接喷洒到待处理物表面上，待冰融化后擦拭干净即可。

5. 风窗玻璃渗水处理

无论是前风窗玻璃还是后风窗玻璃，日久或更换玻璃后常常会发现有漏水现象，这些漏水一般都发生在风窗玻璃四周的胶垫接合处。造成渗水的原因往往是日久胶垫老化或更换时清除不良，如污物、碎玻璃仍留于接合处，造成缝隙，所以下雨时雨水就很容易渗入，如不马上处理，那么风窗玻璃安置处的钣金部件很容易生锈。

风窗玻璃渗水处理方法：

（1）如果是前风窗玻璃的下方渗水进入车内时，需先将刮水器臂、通风罩拆下，然后用清洁器具清除接合处，再用空气喷枪吹干净，最后将硅胶注在接合缝上即可。

（2）如果渗水位置是在风窗玻璃的上方或后风窗玻璃的四周时，可用硅胶直接注在外层表面即可，或使用平口螺丝刀先撬起胶垫再注入硅胶，效果会更好。

6. 玻璃的修补技术

（1）玻璃擦痕的修复。

汽车玻璃被擦伤留下的擦痕，既影响汽车的外貌，又影响驾驶员的视线。

玻璃属于高硬度物质，其表面的擦痕不可能用抹布擦去，如果用抹布擦拭，只会越擦越脏，甚至把抹布上的污垢涂抹在擦痕的凹槽中，形成一条条的黑道。消除玻璃表面擦痕的正确方法是使用玻璃磨光药品和器具。

风窗玻璃磨光设备主要包括清洗剂、增光粉和磨具。在作业时，首先用玻璃清洗剂净化擦痕或划痕和其周围的玻璃。必要时，可用刀片刮去污垢，把搅拌好的增光粉（乳剂）涂在被浸湿的磨具上，磨具以 1100r/min 的速度旋转并加稍许压力在擦痕上往复移动，直到擦痕消失，用清水洗净玻璃上残留的磨光剂即可。

（2）风窗玻璃炸点的修补。

高速行驶的汽车能带起路面上的小沙石。这些沙石如果撞击到快速行驶的汽车风窗玻璃上，极易对汽车风窗玻璃造成伤害，有的能形成一个小炸点。这些小炸点不但影响了汽车的美观，更会干扰驾驶员的视线。消除汽车风窗玻璃上的小炸点，现在已形成一种专门的技术。用这种技术消除玻璃炸点，首先要用专用的玻璃清洁剂清洗炸点，清理碎屑。然后用专用的钻机在炸点处打孔。清洗钻孔，去除玻璃渣后，用吹风机吹干，并在车内、车外分别固定好专用的反光盘和三角固定架，向风窗玻璃夹层内注射适量的专用玻璃补充液后，再使用专用的真空加压工具使玻璃补充液填充炸点的所有缝隙和缺损处。这些玻璃补充液经专门设计的紫外线烤灯烘干后，再经反复研磨，便可使炸点完全消失。为了使修补后的炸点与风窗玻璃的完整部分一致，还可以涂上一层特制玻璃防护液并抛光擦亮。

并非所有的汽车风窗玻璃都能修补，按照目前的修补技术，只能修补复合（夹层）风窗玻璃上的炸点，而且是在玻璃非应力区上的炸点。钢化玻璃、区域钢化玻璃上的炸点用这项技术是修补不了的。该技术特别适用于那些炸点较少或市面上很难买到的风窗玻璃。

7.13 轮胎美容

1. 轮胎美容的必要性

轮胎在使用过程中直接与各种类型的路面接触，容易黏附路面上各种污物，这些污物有一些会浸入轮胎橡胶表面，造成以下后果。

（1）轮胎橡胶失光。被污物浸蚀后的轮胎将失去原有纯正黑色，而呈现出灰黑色，影响车辆的视觉效果，且这种失光通过清洗是无法解决的。

（2）轮胎橡胶老化。受浸蚀的橡胶极易老化、变硬，失去原有的弹性及耐磨性。

（3）发生爆胎。据不完全统计，在高速公路的交通事故中，爆胎占70%以上，使生命和财产造成了严重的损失。

（4）易磨损。轮胎是汽车的易损件。在一辆汽车的使用过程中，更换轮胎的费用占维修费用的20%左右。

为了确保行车安全，延长汽车使用寿命，降低汽车维修费用，对轮胎的维护美容是不可忽视的。

2. 轮胎美容方法

（1）轮胎的清洗。

① 轮胎上污物的类型。附着在轮胎上的污物主要是淤泥、油污、沥青、蜡膜、油脂以及硅化物等。

② 清洗方法。可采用高压水冲洗法，洗去轮胎上的淤泥等污物。同时，边冲洗边用刷子刷，可除去深嵌在轮胎花纹中的淤泥、沙石等。

③ 用沥青清洗剂清洗轮胎。将此清洗剂喷涂在轮胎表面上，等20s左右，用软刷子对轮胎进行刷洗，并用清水将污物冲洗干净，这样可洗去轮胎表面上的焦油、蜡膜、油脂和硅化物等。

④ 再清洗。将万能清洁剂喷涂在轮胎表面上，再用软刷子进行刷洗，并用清水冲去污物，可达到彻底清洗，除去污物的目的。

⑤ 干燥轮胎。将清洗后的轮胎擦干或自然风干，也可用压缩空气吹干。

（2）轮胎的维护美容。

将轮胎光亮清洁保护液均匀地喷涂在轮胎表面上（薄薄地喷涂一层即可），自然风干后，即可完成对轮胎的维护美容。因为使用了轮胎光亮保护液之后，可极大地延缓轮胎的进一步龟裂和老化程度，同时可使轮胎表面快速生成一层乌黑闪亮的保护膜，且能防水，不易被水洗掉。轮胎经过上述的美容维护后，表面容光焕发，可达到维护美容的目的。

3. 轮辋的美容护理

轮辋一般为铝合金材质，空气、水分与腐蚀性物质混合后对其表面会产生化学腐蚀作用并形成氧化锈蚀层，为了长期保持铝合金轮辋的美观，一般每两个星期将其彻底清洗一次，以清除附着在轮辋上的污物。

轮辋美容护理流程如下：

（1）用高压水冲洗轮辋表面上的泥沙和污物。

（2）将摇晃均匀的轮辋清洗剂喷于轮辋表面，保持2～3min后用柔软的毛刷或海绵擦拭，注意轮辋的叶片及辐条之间不要有遗漏。

（3）最后用毛巾擦净，喷涂铝合金光亮剂。

如果轮辋表面有喷漆，可参照车身打蜡上光流程进行打磨抛光处理。

习 题 7

1. 填空题

（1）常见的汽车面漆特种喷涂装饰有__________、________、__________、__________、_________。

（2）按照动力形式，天窗可分为______________和_______________两种。

（3）按照结构形式，天窗可分为_______________、_______________、___________________、___________________、_________________。

（4）车身大包围由______________、____________、_____________组成。

2. 判断题

（1）汽车彩艺贴膜，绝大部分都是用塑料膜经过彩色印刷或彩色涂装加工而成的，粘贴面上有优质的黏胶涂层，有足够的粘贴强度。（ ）

（2）为减小后端气流对行车的影响，减小后端提升力及阻力，提高行车的安全性，可采取安装后尾翼的措施来实现这一目的。（ ）

（3）车轮安装时，要做动平衡试验，以保证运行平稳。（ ）

3. 简答题

（1）车身涂膜喷涂的目的是什么？

（2）简述安装汽车后翼板的目的。

（3）安装前阻风板和后翼板时，注意事项有哪些？

（4）轿车开天窗的优点有哪些？

（5）确保天窗安装质量的措施有哪些？

（6）常用的汽车装饰玻璃有哪些？

（7）选择隔热防爆膜的依据有哪些？

第 8 章　汽车内部装饰与美容

8.1　座椅装饰

1．座椅的结构

汽车座椅的结构与车型用途有关。

（1）轿车座椅的典型结构。

目前轿车座椅的典型结构为复合型结构，由骨架、填充层和表皮层三大部分组成。

① 骨架。座椅的骨架主要用金属型材制作。主体是金属焊接结构，起到座椅的定型和支承人体的功能；靠背和坐垫处的基本型材，有的是用薄钢板冲压而成的。总之，都是按照人体工程学原理，以乘客乘坐时最舒适的形体要求进行设计制作的。

② 填充层。为了增加人们乘坐时的舒适感，在座椅骨架上增加填充物，在塑料未出现前，人们使用植物纤维作填充物，如棉花等，但造型不佳，且易变形。当今塑料工业飞速发展，用发泡塑料制作定型的填充层，柔软舒适，造型佳，且不易变形，还具有一定的弹性，既提高了座椅的舒适性，又易于座椅的批量生产，并保证了座椅的质量。

③ 表皮层。轿车座椅的表皮层是座椅质量和装饰的亮点部位，也是设计师们考虑的重点部位。

表皮层使用的材料，主要有纺织布料、人造革材料和优质的真皮材料等。其外形与填充层的形状相附，在制作工艺上很讲究，要求裁剪精确，缝制精细、伏贴、平整、合体，以显示座椅的精美外形。

（2）客车座椅的结构。

客车座椅的结构，也与车型用途有关。如一般客车和豪华客车，对座椅的要求不同，在结构上也必然有所差异。

① 一般客车的座椅简介。一般客车的座椅结构简单，主要是满足乘客最起码的乘坐要求，在造型和舒适性方面考虑较少。

- 木质座椅。在铁制的支承架上，钉上长形木板或长的木条，就制成了简单的单人座椅或多人座椅。这在普通的公交车上是最常见的。
- 塑料座椅。随着塑料工业的发展，目前用塑料制作的座椅也多起来了，最常见的塑料座椅是用 SMC 塑料制成的单个代形体的座椅，固定在座椅支承架上，构成单人座椅或多人座椅。

② 客车的豪华座椅。所谓客车的豪华座椅，只是在外形、制作材料和形体结构上稍微讲究一些，其质量介于普通客车和轿车的座椅之间。如 XC/ZY、XC/JZ 系列豪华座椅，造型新颖，美观大方，符合人体工程学设计原理；XC/ZY600 型可拆卸式乘客座椅，以及 ZY650、ZY610 型乘客座椅，具有曲面流畅、柔度适中、乘坐舒适等特点。

2．座椅的分类

以轿车为例，按其使用功能，座椅可分为驾驶员座椅、乘客座椅和儿童座椅三种。

（1）驾驶员座椅。

驾驶员的座椅，安装在驾驶员的座位处，由驾驶员的工作性质所决定。在开车时，驾驶员要集中精力，始终要注视前方，要灵活机动地处理交通路面情况。为了有利于驾驶员驾车，对座椅的舒适性、方位（高低、前后、左右）可调性要求较高。所以，驾驶员座椅总成的机构复杂，要求性能可靠，调整使用简便灵活。

（2）乘客座椅。

乘客座椅要求乘坐舒适，这与驾驶员的座椅是一样的。但对调整方面无过多的要求。一般乘客座椅，如在一些豪华轿车上有角度调整机构，即仰坐的角度可在一定范围内调节，以增加其乘坐的舒适性。

（3）儿童座椅。

儿童座椅，在我国的轿车中几乎还没有它的位置，这是很不正常的。

在国外，特别是瑞典，从 1982 开始就制定了法规，对 7 岁以下的儿童乘车，车上应有保护儿童安全的装置，目前这种安全装置使用率已上升到 95%，其中 60%的儿童专用座椅是面向后面的，规定 3 岁以下的儿童就乘坐这种面向后方的专用座椅。

儿童座椅的结构和安装方法，也是经过研究和试验而确定的，3 岁以下的儿童头部周长占身长的 60%，因此头部受力比较大。此外，8 岁以下儿童的脊椎尚不成熟，也不能像大人那样承受安全带的强作用力。因此，保护儿童在汽车内不受伤，最重要的是保护儿童的头部。经研究试验确定，面向后方的儿童专用座椅，能将冲击时的力分散到背部，抑制头部的运动，这是最有效的解决方案。

1996 年，瑞典的 0～15 岁的儿童中的 95%在乘车时备有安全保护装置，3 岁以下的儿童坐在面向后面的儿童专用座椅上，这是儿童在撞车事故中很少受伤的主要原因。

在儿童专用座椅上，也设置了安全带，这能使轻度受伤的危险程度降低 96%。儿童座椅也有不同的规格和型号，可按儿童的年龄进行选择。

1999 年 6 月，沃尔沃汽车公司发表了 ISOFIX（有关儿童座椅安装方法的新国际标准）新型儿童安全座椅，可使儿童座椅安装方法简单化和统一化。

由于人们对儿童乘车安全更加重视，所以儿童用的安全座椅不断出新，品种规格更加齐全，已在汽车的零配件商店作商品销售，在货架上也是琳琅满目。

3．座椅装饰

目前，汽车的座椅基本上都是由汽车配件厂专门生产的。座椅的主骨架和形体，一般是按人体工程学原理，以保证乘坐舒适、安全而设计的，其基本结构为复合型。

座椅装饰，主要集中在座椅的表皮层，主要是对表皮层材料的选用、加工制作。表皮层材料主要为棉毛纺织物、化纤及混纺等纺织物和皮革等。目前，以化纤混纺织物和人造革用得最广泛，以真皮装饰为最豪华。

在座椅的装饰中，还以功能的扩展、加装精品等方式，来提高座椅的装饰性和使用性。

（1）用真皮装饰座椅。

① 真皮座椅的特点。用真皮装饰座椅是目前最高级的装饰，它具有以下特点。

● 优点：

➢ 提高汽车内部装饰的档次，让汽车的内饰在人们的视觉、触觉甚至味觉上，都有一个较好的心理感受。

➢ 真皮座椅不像绒布、纺织品装饰的座椅那样极易“藏污纳垢”，最多也只是灰尘落在其表面上，不会堆积在座椅的较深处而不易清洗。

➤ 真皮座椅的散热性比绒布或人造革座椅要好，在炎热的夏日，真皮座椅能让人感到只是表面较热，轻拍几下，热气很快消失。

● 缺点：

➤ 使用时必须小心，以防尖锐物品划伤座椅的真皮表面。

➤ 真皮座椅在受热后易出现老化现象，如护理不当，易过早失去光泽，甚至开裂。

➤ 真皮座椅在乘坐时，要比纺织品面料的表面光滑一些，为此有的厂家在真皮表面压制出图纹花样，光滑性将会有所改善。

② 真皮及真皮座椅的鉴别方法。目前，用真皮装饰座椅时，在选购和制作方面存在两个问题，即在选购时对真皮座椅的质量如何鉴别；在定点制作时，原材料直接可见，比较好做质量检查。现介绍几种质量鉴别方法。

● 按压法鉴别。对已做好的座椅，可用按压法进行质量鉴别。具体方法是：伸出食指，按压在座椅的表面，压住不放手，若是有许多细微的皮纹向手压处伸去，则表明座椅表皮是用真皮制作的。如果按下去以后，座椅表面没有细微的皮纹向手压处伸去，则说明座椅的表皮材料不是真皮的，是人造革制作的。

● 延展性法鉴别。如果是定做装饰，可在制作的装饰店找出制作时的边角料进行检查，如果制作座椅材料的边角料延展性能很好，还有较好的弹性，即拉边角料时，伸展较长，而不用力拉时，它还能缩回去一部分。这种现象表明，该材料是人造革的，因为真皮的延展性差，回弹性也差。

● 燃烧鉴别法。用制造座椅表层的边角料进行燃烧，看其燃烧时的现象。人造革的主要原料是塑料，很容易燃烧；而真皮是不易燃烧的，特别是真牛皮是很难烧着的。

● 断面形状鉴别法。从边角料的断面形状进行仔细观察，真皮材料的断面表层结构紧密，可见毛孔，内层较粗糙一些，可见一些很细的纤维状的层纹，纤维细绒不易拉出。而人造革，特别是仿皮革，表面层光滑细密，无毛孔，而内层也较粗糙，有的纤维用夹子夹住可拉出，可见断面整齐的切断状，比真皮的纤维粗而长。

在鉴别时，可根据实际情况，综合选用上述方法，一般是能够把假货鉴别出来的。

③ 装饰真皮座椅的原则。在具体进行座椅装饰前，应先根据具体的车型状况进行分析，对于豪华车而言，座椅本身已是豪华的，没有一点再装饰的必要和余地，只有当装饰旧了或坏了时，方可按原样重新装饰。对中、低档车而言，使用一段时间后，若对座椅的装饰不满意，或陈旧、破损时，需要重新装饰，为提高车的装饰档次时，可选用真皮装饰座椅。

④ 装饰真皮座椅的方法。

● 选择传统方式装饰座椅。这种方式是将原座椅表层的绒布或化纤织品拆除，然后照原样缝制一层真皮的座椅表皮并固定在座椅上。其好处是装饰厂家可以完全按原来的椅形及椅面上的缝隙，重新缝制一张完全符合座椅造型的真皮表面，安装在原来座椅的形体上。这样做，不仅可以保持原设计的线条，还可确保在长久使用的情况下，椅面不至于变形或移位。所以，该方法应是首选。

● 选择座套式皮椅。所谓座套式，是指选购装饰厂家已经做好了的皮椅座套，只需将它买来往车中的座椅上一套即可。这种换装方式，拆装自如，价格便宜，使用时间稍长，但易发生变形和移位。

为了解决座套的变形和移位，目前采用了座套胶粘法安装，可收到比较好的效果。具体做法是选用适当的胶粘剂，按胶粘剂的使用方法，将真皮座套黏结在原座椅的表面上。

也可用胶条将安装好的真皮座套黏结到原椅上。这种方式也比较好，黏结牢固，甚至原真皮座椅的皮纹也可再现。

⑤ 真皮座椅装饰和使用时注意事项。

- 合理使用。由于真皮座椅装饰的档次高，所以比较珍贵。使用时，必须注意清洁，特别应防止划破、划伤，以充分发挥其装饰价值。
- 及时保养。由于使用和阳光的照射，真皮也会老化、变脆、失去光泽。为此，应对真皮座椅及时进行保养。

保养的具体方法如下。

➢ 选用 BG464 皮革乙烯材料清洗剂进行清洗，恢复其表面光泽，同时还可防止因恶劣环境的影响而使皮革提前老化。

操作方法：将 BG464 清洗剂均匀地喷涂到座椅的真皮表面上，然后用干净柔软的拭布擦拭干净即可。

➢ 选用真皮保护剂进行及时保养。本产品能使发硬的皮革制品表面变得柔软光滑，能延缓皮革老化，提高光亮度，同时还伴有令人愉快的香味。

操作方法：将本品均匀地喷洒在真皮座椅表面即可。

（2）用色彩装饰座椅。

色彩装饰是所有装饰中都离不开的一种手段，能起到非凡的装饰效果。现举例介绍如下。

① 用黄色装饰座椅。黄色在人们的心目中往往和阳光联系在一起，与金子联系在一起。在中国封建社会，黄色是帝王的专用色，不许贫民使用。在古罗马，黄色也作为高贵的色彩。所以，黄色在汽车内饰和座椅的装饰中也有其特殊“贡献”。

② 用绿色装饰座椅。绿色是大自然的本色，意味着自然和生长，象征着和平和安全。经过精心剪裁而细心制作的绿色真皮座椅，使整车座椅的装饰呈现出清新、淡雅、舒适的氛围。

③ 双色及图案装饰座椅。座椅的色彩装饰，以前用单色装饰的较多。随着装饰的发展，为突出个性化，多色彩装饰便增多起来，在色调的配置上也有许多新的突破。这种突破，大有创新的感觉。

④ 花式弧型装饰的座椅。在座椅的装饰中，用花式面料装饰的座椅还是常有的事。花色品种繁多，在汽车配件商场里可任意选购。而座椅的外形差异也较大，虽然都说是以人体工程学原理设计的，但因设计的重点差异，所以弧度形状自然也不相同。

（3）用汽车精品装饰座椅。

为了提高座椅的使用功能，使人们乘坐时更加舒适。人们想尽办法，采取各种措施，制成了种类繁多的汽车精品饰件，来达到上述目的。现列举代表性的实例介绍如下。

① “小旋风”保健坐垫。这是为乘客和驾驶员提供的保健用品。它可垫在头枕、靠背和坐垫部位上，插上电源起动开关，利用调整器，可调整坐垫内部的按摩器，对人体的头部和背部进行按摩，使人感到舒适，可消除疲劳。

该坐垫按摩的时间和强弱都可用调控器进行调节，并可与冷暖风管路连接，凉风（夏季）、暖风（冬季）可直接从保健垫的排气孔中排出，让人有冬暖夏凉的享受。

该保健坐垫，在汽车用品市场或某些装饰店都可进行选购。且使用简便，只要插上车内电源，放在座椅上就可使用。

② 各种类型的降温靠垫。夏季气候炎热，为了使人们乘车时感到凉爽，免受炎热之苦，

除在车内安装空调系统外，还可在座椅的结构和装饰上做些改动，尤其是对没有空调系统的车，这类清凉的汽车用品更能发挥其独有的作用。

各种降温靠垫，虽然形状各异，但总的都是起靠垫的作用，绝大部分都放置在靠背和坐垫的部位，有的垫也包含了头枕部位，基本上大同小异，只有档次和做工精细之分。

各种降温靠垫的最大差异在选用的材质上，主要用材有玉石材料、竹质材料和亚麻等特种材料。从商家介绍的情况看，人们对亚麻材料编制的汽车座椅靠垫认为效果较好，购买的人较多；竹制品靠垫也很受欢迎，效果也很好；用玉石材料制作的靠垫，有的人反映太凉，价格较高；还有采用新的特殊材料制作的靠垫，也各有千秋。总之，这类装饰产品的选用余地很大。

③ 特种功能装饰的座椅。汽车功能逐步扩展，座椅的装饰、结构也必须顺应这种发展的趋势。所以，座椅的新的结构和装饰也层出不穷。下面是几种有代表性的座椅。

- 办公座椅。目前的多功能汽车，显示出人们对汽车的功能要求更高。例如，为了满足行车时批阅文件和资料或阅读等需要，可在前排座椅的背部设置一个简便的台桌，放置文件、书本和水杯等物品，不用时即可折叠起来，如图 8.1 所示。
- 可调式座椅。为了方便乘坐和提高乘坐的舒适性，不仅驾驶员座椅可调，乘员的座椅也设计成前后位置可调，以使乘员的腿有舒展的必要空间；为了使乘坐时身体和腿构成一个舒适的角度，座椅靠背的角度可调；乘员的身高不一，为了使头部能舒适地靠到头枕上，则头枕的高度可调。这样的座椅，有适合人体需要的弧形，而且安置的位置和靠背均可按人的需要调整，所以必然会给人们创造出一个乘坐舒适的良好环境，如图 8.2 所示。

图 8.1　办公座椅

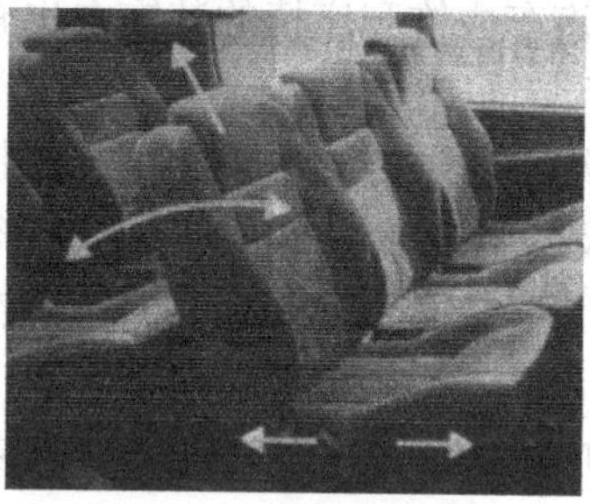

图 8.2　可调式座椅

- 组合可调式座椅。为了满足车内多种功能的需求，有的座椅设置成组合可调式座椅，每个座椅单独可调，并有 7 种以上的组合调整方式，既可组成有小桌式的会议室，又可布置成带床头柜的寝室，驾驶员的座椅可转 180° 角锁定。如此组合可调式座椅，为汽车的内室装饰提供了无穷的情趣，如图 8.3 所示。

图 8. 3　组合可调式座椅

● 儿童娱乐座椅。随着汽车功能的增加，对乘员情况也作了更细致的需求分类。考虑到儿童乘车的安全，设置了儿童安全座椅；又考虑到儿童本性爱好娱乐，又专门为儿童设置了娱乐座椅。儿童可在这种安全的娱乐座椅上愉快地玩乐，消除乘车时的疲劳感。

● 多功能座椅。随着汽车功能的增加，相应的座椅功能也要求增加。为此，对座椅的结构、装饰也增加了新的要求。例如，要求座椅的安装位置应灵活多变；座椅本身能折叠、能旋转；在座椅的背部设置可方便拆卸或可折叠的袖珍办公台板，可挂置 VCD 和微型彩色汽车电视机等多媒体装置；有的还设置精致的杂物袋，可放置书刊报纸等物品。总之，现代的座椅及其装饰都成多样化，可满足各种人的不同需求。常见的多功能座椅如图 8.4 所示。

图 8.4 常见的多功能座椅

● 空调座椅。在座椅的内部，即靠背和座位共设置了 10 个小风扇，并设置了电热和通风装置。在冬季，可用电热装置经风扇排出热空气，使乘客感到温暖；在夏季，由 10 个小风扇排出凉风，直接吹向背部和大腿等部，乘坐时清凉舒适。

● 轨道式可调座椅。为了灵活布置，中排两座椅可以单独前后移动，也可同时移动，坐垫和靠垫可单独折叠；后排的两人座椅，可以同时前后移动，同时或分开折叠。这样的轨道式可调座椅，可组合成多种座椅布置方案，真可谓随心所欲布置内室了。常见的轨道式可调座椅如图 8.5 所示。

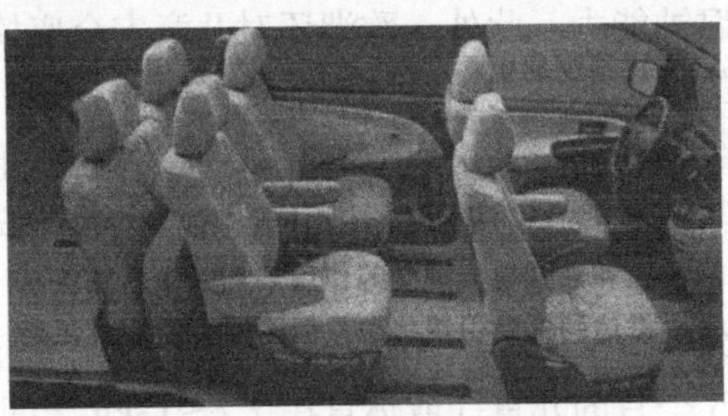

图 8.5 常见的轨道式可调座椅

4. 儿童安全座椅选装及使用

汽车儿童安全座椅出现在第二次世界大战之后，随着汽车技术的飞速发展，汽车成为主要的交通工具。随之而来的交通安全问题也日益突出，各种乘车安全保护装置相继问世。安全带、安全气囊作为汽车上最常见的保护装置，曾经挽救过无数人的生命。据统计，系安全带可减少 46%的死亡可能和 76%的重伤可能，在美国因此每年减少约 1 万人的死亡。安全带作为最传统的安全防护设备，是为成人设计的，对于儿童并不适用。因为儿童的骨骼稚嫩，当汽车发生碰撞、速度迅速降低时身体会因巨大惯性向前猛冲，此时斜跨身体的成人安全带可能会造成儿童胸部肋骨骨折、窒息甚至颈骨折断的危险。

20 世纪 60 年代初，为了保护儿童乘车安全，欧洲人发明了汽车儿童安全座椅。事实证明，使用汽车儿童安全座椅能最大程度地降低儿童在汽车发生紧急制动或者意外碰撞情况下所受到的伤害。因此，儿童安全座椅很快被消费者接受，并且慢慢在全世界得到推广。

欧美等国家对儿童安全座椅的安装要求非常严格，并且要求有专门人员辅助安装。欧美等国的家庭在出行时都会对儿童安全座椅进行严格检查，成人安全带、安全气囊对儿童来说都是隐秘的“杀手”。在这种情况下，儿童安全座椅产生了。最早的儿童安全座椅诞生于 1963 年，由沃尔沃公司设计制造，开发设计儿童安全座椅的灵感来自于航天器中的宇航员座椅，这种座椅可以承受太空舱升空和降落时产生的巨大力量，从而使宇航员免受伤害。沃尔沃公司根据这一原理，提出了后向式儿童安全座椅的概念。

起初的儿童安全座椅结构单一，只是通过后向乘坐对儿童进行保护，当时也出现了 5 点式安全带，但是却没有对儿童进行侧面保护的结构。基于对儿童乘车事故的调查数据，人们逐渐认识到侧面保护对儿童安全的重要性，开始对儿童安全座椅进行不断的改进，在儿童头部、身体两侧及小腿部位都添加了反弹护垫，背部着力面更加柔软舒适，从而可以对儿童进行全方位的保护。同时，适应不同年龄段儿童体型的安全座椅也相继出现。

儿童安全座椅首先在欧美等发达国家得到了发展，特别是 20 世纪 80 年代以来，欧美等国家相继出台相关的法规，强制儿童乘车时必须使用汽车儿童安全座椅，汽车儿童安全座椅因此得以迅速发展和普及，产品也逐步从泡沫制品向多元化新材料制品发展。

有关儿童乘车安全的法规和标准的出台，对汽车儿童安全座椅的发展产生了巨大的推动作用。目前世界上主要有以下几大标准：欧盟 ECE R44/04 标准、美国 JPMA/ASTM、加拿大 CMVSS 213、日本 JIS 等，澳大利亚、中国台湾等地也相继颁布了对应标准。其中以欧洲的要求最为严格，人们使用汽车儿童安全座椅由自发使用转向了强制使用。

欧美等国根据各国的不同情况，都制定了儿童安全座椅的检测方法。各国都对座椅的动态性能有着严格的技术要求，对于检测实验中座椅的移动量也规定得十分明确。美国相关法规中，对座椅织物的耐磨强度、耐光强度以及带微生物强度都提出了具体要求，与欧洲一样，进行盐雾试验，以考察抗腐蚀能力。此外，欧洲还对儿童安全座椅的能量吸收性、抗翻滚能力、耐高温性以及安全带的调节和卷收功能都有严格的限制。

在欧洲，汽车儿童安全座椅的普及率已非常高，就像骑摩托车需要戴头盔一样自然，儿童安全座椅甚至已成为一些整车出厂的必备辅件。在我国，儿童安全座椅的普及程度还处在初级阶段。

（1）儿童安全座椅的分类。按照儿童年龄和体重共分为如下五类。

① 适用于新生儿到 15 个月的儿童（或体重在 2.2～13kg 之间的婴儿），如图 8.6 所示。这类儿童安全座椅一般都装有可摇摆的底部，且还有把手，可作手提篮用。

② 适用于新生儿到 4 岁儿童（或体重在 2.2～18kg 之间的小孩）。其设计同时提供两种功能：先用于新生儿到 9 个月的婴儿，然后改成用于 9 个月的婴儿到 4 岁的儿童。这种座椅虽然没有摇摆、便携以及与手推车合用的功能，但可固定在车内并能长久使用。另外，这种座椅在使用上特别要注意，新生儿到 9 个月的婴儿需要反向安装座椅，9 个月到 4 岁的新生儿需正向安装，但正向安装有两个必要条件：第一个条件是儿童体重在 9kg 以上；第二个条件是儿童可以自己坐起来，两者缺一不可。如图 8.7 所示。

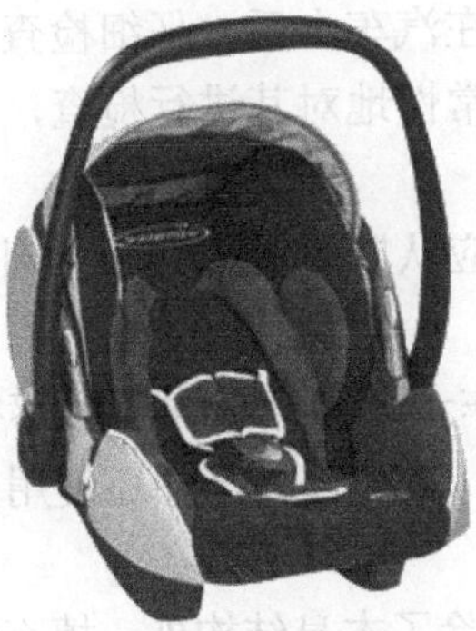

图 8.6　新生儿到 15 个月儿童安全座椅

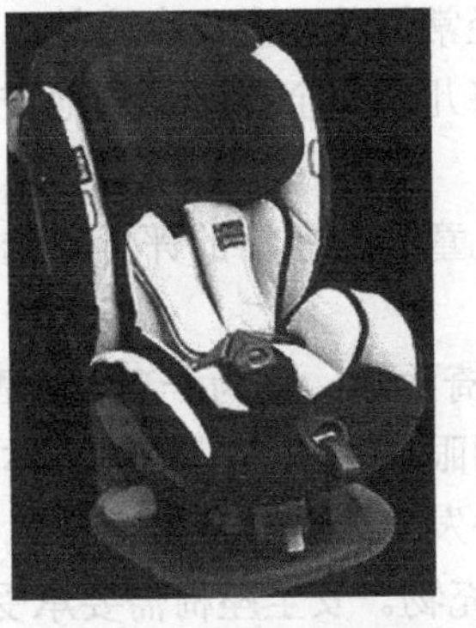

图 8.7　新生儿到 4 岁儿童安全座椅

③ 适用于 1～4 岁儿童（或体重在 9～18kg 之间的小孩）。这类儿童用汽车安全座椅设计简单，没有前两类座椅那么多复杂的功能，适合大的幼儿使用。

④ 适用于 1～12 岁儿童（或体重在 9～36kg 之间的小孩）。这类安全座椅是一种有趣的组合产品，既是一种专为蹒跚学步儿童（年龄为 1～4 岁）准备的座椅，又可拆除座椅本身的安全带而直接使用大人的安全带，可用至 12 岁。这类座椅的缺点是：1 岁和 12 岁的儿童个头差别相当大，所以对较小婴儿来说不会太舒适。1 岁到 12 岁儿童安全座椅如图 8.8 所示。

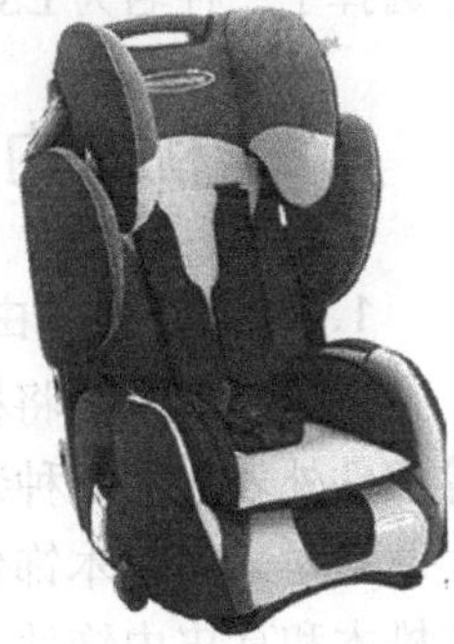

图 8.8　1 岁到 12 岁儿童安全座椅

⑤ 安全带固定方式儿童安全座椅。这类儿童安全座椅固定方式是使用汽车上的安全带，因此可以供全世界上任何一个有安全带配置车型使用。目前，国内许多车型只能采用安全带固定，所以国内销售的很多儿童安全座椅都支持这种固定方式。

（2）儿童安全座椅的选购。

在选购儿童安全座椅时，应尽可能选用后向式儿童安全座椅，直到幼儿年龄超过一岁，体重超过 9kg，并且可以无需辅助地坐立，如果可能的话还应该适当延长这种座椅的使用时间。使用中当孩子体重超过了后向式座椅的最大承重，或者孩子的头部超出座椅上沿后，则应该采用前向式座椅。只要孩子的体重还在后向式座椅的允许范围内，即使躺在座椅中时膝盖部位稍有弯曲也不会对座椅的乘坐效果产生大的影响。

如果准备把一个前向式儿童座椅安装到汽车的前排座椅上，请务必把副驾驶座椅尽量向后移动，以使孩子尽可能远离仪表板。这样可以在汽车发生碰撞时，为孩子的头部和胸部提供尽可能多的保护，应尽可能把儿童座椅安装在汽车的后座上，这样会比较安全。尽管有时出于各种因素的考虑不得不把儿童座椅安装在汽车的前排座椅上，但是如果汽车的副驾驶位置设有安全气囊，则无论如何也不能把儿童座椅放到前排座椅上，因为在汽车发生碰撞时，弹出的安全气囊会对座椅产生相当大的冲击力，从而对儿童造成伤害。

仔细阅读制造商提供的使用说明书，并严格遵照其要求进行座椅安装。

安装方式是否正确对于儿童安全座椅能否发挥其应有的保护功效至关重要，如果对安全座椅的安装有任何不熟悉的地方，务必请相关人员来检查安装是否正确。

任何情况下，都不要擅自对儿童安全座椅或汽车安全带的设计进行改动、企图使一个原本不适合的儿童安全座椅能够安装到汽车上。

如果经常拆装儿童安全座椅，需在每次将座椅安装在汽车上后，仔细检查其是否安置妥当。如果将儿童安全座椅长期地安装在汽车上，也需经常性地对其进行检查，以确保其安装牢固。

（3）儿童安全座椅的评价。选择儿童安全座椅时，应从以下两方面进行判断座椅质量级别的高低。

① 座椅面料。作为一项安全配置，安全座椅的制作十分考究，面料触感很平滑，一般采用透气网眼制作工艺，利于人体排汗，保持皮肤干爽，另外部分产品还使用了阻燃材料，防止了意外发生时的二次伤害。

② 填充物。安全座椅需要承受一定的冲撞力，所以除了本身结构外，填充物的选用也很重要。伪劣产品大都使用发泡塑料，无论是功能性还是环保性都不达标。而目前高质量的座椅都选择了一种名为 ESP 的热塑性填充物料，它具有很好的缓冲、抗震、隔热、保温等作用。

8.2 桃木内饰

1．桃木饰件的由来与发展

桃木饰件就是将桃木或仿桃木制品镶嵌在仪表板、中控板、变速杆头、门扶手、转向盘等部件外表面的一种装饰。它具有美观、高雅、豪华等特点，可明显地提高汽车的档次。

最早采用桃木饰件的是英国劳斯莱斯汽车公司，当时的英国汽车内饰工艺师们以手工制作桃木和真皮内饰件，设计出了一辆具有皇室气派的高级轿车。其后著名汽车生产厂家纷纷效仿，如奔驰、宝马、宾利等，都采用此内饰设计，与其真皮或丝绒内饰搭配，色调和谐，风格统一，尽显非凡的典雅气派。

国内率先制作豪华桃木饰板，用于转向盘、换挡杆手柄等部件装饰的是一汽轿车股份公司，并首先在“小红旗”轿车上采用。随后，上海通用、广汽丰田、广汽本田、一汽大众等都逐步提高其各自品牌车型的内饰档次。

最引人注目的是重新复苏生产并限量发售的顶级豪华轿车“迈巴赫”，它大量采用桃木装饰，除仪表板、中控台外，中央扶手、门内板、后扶手、调控板、后冰箱、杂物箱等更是超乎寻常地大面积采用了雅致的桃木装饰，整个内饰透出华丽富贵之气。这在劳斯莱斯上也有类似的体现，难怪人们把桃木装饰的多少与车的豪华程度联系起来。现在，世界各大汽车厂家的高档至中档汽车都有采用桃木装饰的，形成了没有此等内饰装置的轿车都不能称为豪华轿车的市场心态。

随着轿车内饰工艺的不断进步，也出现了大量成本低廉的仿桃木花纹塑料覆盖件生产工艺。仿桃木几乎能够以假乱真。仿桃木饰件品种繁多，如出风口、仪表台、仪表盘、中控台面板、换挡基座、换挡手柄、转向盘把手、门内扶手上的控制台面等，为中高级轿车大量采用仿桃木饰件创造了条件。如福特蒙迪欧、尼桑风度、丰田佳美、本田阿库拉等也都有仿桃木配饰。国产轿车中有别克系列、奥迪 A6 系列、广本雅阁和奥德赛、风神蓝鸟。

由于桃木饰件有很大的市场，所以成本低廉、质量不高、做工粗糙的仿桃木贴面便成为许多经销商的赚钱法宝。这种产品视觉效果极差，能明显看出是塑料而不是木料的，不但不能起到衬托内饰高雅、豪华的效果，反而显得低级俗气。

2．木饰件的真伪辨别

桃木具有纹理优美、坚韧、不会变形等优点，成为中高档轿车内饰材料的首选。

按照传统方式，桃木的加工是相当精细和烦琐的。据劳斯莱斯汽车公司的介绍，每辆汽车内的仪表板和车厢木饰，不仅颜色及纹路都完全一致，拼缝接口处也几乎看不出接缝的痕迹。再经最原始的打磨工艺，即用蜂蜡打磨 8 次，令表面光滑如镜。整个制作过程大概需要两个星期才能完成。

仿桃木则是用塑料仿造桃木纹理制成的。现代的贴膜技术可令仿制品做得惟妙惟肖，以假乱真，纹路、光泽与真的木质材料极为相似。甚至行家也只能靠油漆辨别真伪，因为只有实木才需要多层油漆来防潮和防紫外线照射。当然，成批生产的塑料仿制品的纹路图案可能是件件都一样，而天然的木质内饰的纹路图案却是独一无二的。现在有一些塑料制品需要喷涂专用清漆等涂层材料以抗老化，缩小了仿制品与实木饰件的质量差距。还有一种制造方法，就是在塑料基体上粘贴一层极薄的桃木镶饰，看上去与实木饰件完全一样，因此可以自称为桃木装饰件。

3．木饰件的选用

有些经济型轿车的车主，为了追求个性化、差异化，纷纷通过自我改装仿桃木饰件来充实内饰，以此提高汽车的档次。为了迎合这种需要，市场上出现了一些豪华的仿桃木饰件。但是有些桃木饰件，并非原厂的配套产品，往往是一些采用成本低且质量不高、做工粗糙的劣质仿桃木贴面的，用户安装后不但没有起到衬托内饰高档、豪华的效果，反而显得低廉俗气。特别是经过一段时间的使用后，贴皮脱胶翘起，日晒高温后会褪色变形，显得老旧不堪，有的甚至影响车子质量与安全性能。轿车木质内饰主要起美化作用，要根据车型、档次及需求合理选用和安装，其造型、色彩搭配、材质感都应当给人以良好的感受，同时还应具有阻燃功能。

安装桃木内饰时最好选用原厂标准件。原厂标准件是木质片与原装置的标准塑料或金属件复合为一体的部件，其表面经过非常严格的亮漆处理，面漆经过硬度、耐光性、高温+90℃至低温-40℃的长时间循环试验。用原厂标准件安装，不需使用胶水或其他胶。

选装豪华桃木内饰的目的是要把爱车档次提高，如果安装不合标准的部件而影响整车的装饰效果、安全性与操作性能，则得不偿失，因此选装时一定要慎重。

8.3 地板装饰

1．地板的功能

汽车地板在底盘的上部，是车厢的基础部分，承载着车内的各类设施和人员，要求有可靠的安全性，能稳固地起到支承功能。同时，它又是车厢与地面之间的隔离层，所以要求保温、隔热、防湿、防潮、防尘、防止外部噪声进入车内。

地板与侧围、前围、后围和顶盖共同构成汽车的内室，是汽车的一切使用功能的体现部位，为人们提供乘车的一切所需。

2．地板的构造

地板的构造与车型有关。从使用功能分类，可将汽车地板简单地分为客车地板和货车地板两大类。

（1）货车地板的结构。

货车的地板基本上又分为两部分。

① 货厢地板。货厢地板最常见的是用薄钢板压制而成的，焊装在货厢的骨架上，结构

简单，供装货用。

② 驾驶室地板。驾驶室地板的基层也是用薄钢板压制的，焊装在驾驶室的骨架上。因为货车的驾驶室是驾驶员工作和休息（长途行车）的场所，所以应有较好的环境条件，应是一个封闭的空间，应具有客车地板的基本功能。

（2）客车地板的结构。

客车可细分为大客车、中型客车、小客车、旅行车和轿车等。客车对地板功能的要求比货车高，而其中轿车对地板的要求又比其他任何客车都高，且性能最好，结构最复杂。

① 一般客车的地板结构。一般客车的地板是用花纹钢板焊接到车架上的，周围用密封胶密封；也有用薄钢板冲压成形的地板，铺覆在车架上进行焊装，然后用密封胶对周围进行密封，再在这层薄钢板上胶粘一层地板革，周边用铝制的地板压条进行装饰并压紧牢固。

一些豪华客车，在普通的地板上铺覆一层地毯。一般选用化纤地毯，这种地毯容易清洗，不易受潮腐蚀。

② 轿车的地板构造。一般轿车的地板是复合型的，由基层、中间层和表层构成。

- 基层。基层（最底一层）是用薄钢板压制的，经焊装而成。有的轿车底盘有骨架，压制的薄钢板就焊装在底盘的骨架上。有的无骨架，直接用薄钢板冲压焊装而成轿车的底盘，成为地板的基层，也可称为底层。
- 中间层。中间层主要由加强隔热胶板、胶合板或纤维板等构成，主要起密封、隔热、保温和加强地板刚度等作用。在车身喷涂烧烤时，加强隔热胶板将达到低温烧熔状态，但不产生流淌或流滴，从而将中间层和底层粘为一个整体，出炉冷却后可提高整体强度，增加了密封、隔热的功能。

有的轿车地板的结构形状比较复杂，中间层的复合和使用的材料及工艺方法也不一样，采用塑料和纤维制品复合压制成形，然后黏结到薄钢板上。

- 表层。地板的表层主要选用优质的人造革，通过胶粘和螺钉固定等方法牢固地固定在地板上。

3．地板的装饰方法

（1）地板装饰材料的选用。

① 地板装饰材料的选用原则。对地板的装饰，主要是因为原地板陈旧或损伤而需要装饰，可参照原地板使用的材料、色泽和地板构造，采用适当的方法进行装饰。

若是为了提高原车装饰档次，可在内饰改装的同时，对地板进行改装。这时须综合考虑，使之与内饰和谐。可在原地板的基础上，选装汽车地毯，直接放置在地板上即可。

② 地板装饰材料色泽的选用。地板装饰的颜色，最常用的是深灰色和红色、深灰色，这些颜色可使车内有一种洁净舒适的氛围。在选择装饰材料的颜色时，还应考虑侧围、顶盖和座椅等的颜色，使整个内饰的色泽统一、和谐。

（2）选装汽车地毯。

在原汽车地板的表层，选装适合的汽车地毯，是汽车地板装饰最简便而有效的方法，还可增强地板层的防噪声效果。

在选用汽车地毯装饰地板时，不仅要使地毯的装饰效果达到理想，而且还要考虑防噪声的效果。具体的装饰方法如下。

① 前部地板铺设较厚的地毯。轿车的前部地板，离发动机较近，噪声较大，应铺设厚密度的地毯，如选用 $4.9kg/m^2$ 的车用地毯，可以增强隔音的效果。

② 中部选用中密度地毯。汽车中部离发动机稍远一些，其噪声的影响略小一些。为此，可选用中密度的车用地毯，既达到了装饰和隔音的效果，又适当减轻了地毯的重量。中密度汽车用地毯为 $3.7kg/m^2$。

③ 后部选用低密度地毯。汽车地板的后部，离发动机位置更远，噪声影响较小，所以选用低密度（$2.4kg/m^2$）的地毯进行装饰。

采用上述方法后，不仅装饰了地板，而且还使车内的噪声降低到允许的标准以下，也减轻了整车的重量，提高了汽车的综合性能，从而降低了汽车的使用成本。

（3）汽车车垫选装。

汽车车垫专门用来垫地板，即一般常说的脚垫。

① 装饰特点。车垫小巧灵活，布置拆换方便，清洗除尘容易，品种规格和色彩很多，装饰效果好，可根据需要进行选用。

② 车垫的特性。有些车垫是用特殊的材料和特殊的设计制作工艺制成的。它能有效地刮除鞋底的污垢、尘土，并将其沉入纤维底层，避免了车内“尘土飞扬”，且表面不留脏痕，并能防止微生物和细菌滋生，能保持车内空气质量和室内卫生。该产品清洗时，采取倾斜轻拍或用水冲洗，即可清理干净。此外，它还具有独特的防滑设计，可避免放置在车内后滑动移位。

③ 装饰方法。根据车内地板和内饰的装饰色调，选择适合的汽车车垫成品或原料。

- 当选择的车垫是适合的成品时，直接布置在清洁后的地板上即可。
- 当选择的是原料时，可按车内地板布置需要的形状尺寸进行剪裁，分成几块，以方便使用。

（3）全包围脚垫的选装。

目前车辆地板装饰很少采用铺设地胶的方式，而是采用大包围或全包围脚垫，不但装饰效果好，而且有利于车内地板水分挥发，防止车厢内发霉、产生细菌等影响驾乘人员的健康。

汽车大包围脚垫比普通 3D 立体脚垫边更高，通常情况下，大包围脚垫的高度比普通 3D 脚垫高 11cm 左右，因此大包围脚垫可以更好地保护绒面，而且大包围脚垫摩擦面积大，所以大包围脚垫贴合度高，不易滑动。

全包围脚垫是在大包围脚垫的基础上发展起来的，全包围脚垫之所以比大包围脚垫好，在于它的背面都有橡胶防滑颗粒，侧围更高，当然全包围脚垫价格也略高。

常见的汽车大包围脚垫材料有皮革、橡胶、聚氯乙烯、环保 XPE 和超纤皮等。

橡胶和皮革材质的大包围脚垫价格便宜、异味很大、使用寿命偏短，应尽量选择环保 XPE 和超纤皮材料的大包围脚垫，这两种材质的汽车脚垫非常耐用，脚感好，而且受温差影响小。

常见高边立体大包围脚垫的特点有：

① 有安全卡口，且是高边立体全包围。卡口的设计都是原车专用，高边设计高出 10cm 左右，以确保不发生移位，还能全方位保护原车绒面。

② 清洗方便。用湿布擦洗或用水冲洗即可。

③ 脚感舒适。设计采用多层结构，采用环保皮革防水防滑的表层，中层采用高弹性海绵，脚感舒适，防震隔音。

选装注意事项：

① 注意安全。常见安全隐患主要有：卡扣不合格造成脱落，脚垫底部防滑颗粒减小了摩擦力而造成脚垫移位，行驶过程中容易出现安全事故。因此，选购脚垫时不能只看外观漂

亮，最重要的是要看各个细节是否符合安全要求。

② 确保材料环保。在琳琅满目的脚垫产品中，有不少生产厂家为了降低成本，使用了有毒的氯化石蜡等化学物质，不仅味道刺鼻，且对身体危害较大。所以，不能只顾汽车脚垫的价格和外观，而应重视汽车脚垫的材料要环保。

8.4 车内空气净化

在冬天，很多车主一上车就紧闭车窗、打开空调躲避凛冽的寒风。殊不知，这样正好给车内有害气体、细菌创造了一个“温暖舒适”的生存环境。当这些有害物质在车内繁殖后，便成为潜伏在车主身边的“隐形杀手”，轻则损害车主健康，重则危及车主生命，而这绝非危言耸听。

国外一项研究测试发现，新车出厂后，车内有害气体浓度很高，挥发时间可持续 6 个月以上，从而使得在此期间开车的驾驶员身体不适，甚至酿成车祸。另外，经专家调查证实，在车厢内还存在着大量的细菌及胺、烟碱等有害物质。这些有害物质会使乘车人头晕、恶心、打喷嚏，甚至引起更严重的疾病，如导致男性不育等。特别是当开空调的时候，车窗紧闭、空气内循环开启，大约有 65%的驾驶员驾车时会出现头晕、困倦、咳嗽的现象，致使驾驶员感到压抑烦躁、注意力无法集中，这样不仅会危害驾乘者的健康，同样也会危及路人安全。

中国室内装饰协会室内空气监测中心对 200 辆汽车进行检测，结果发现，若参照室内空气质量标准，有近 90%的汽车都存在车内空气甲醛或苯含量超标的问题，而且大部分车辆甲醛超标都在五六倍以上，其中新车内的空气质量最差。

深圳市计量质量检测研究院曾随机抽检了使用不足半年的新车，结果发现 70%的汽车车内有害气体的浓度超过国家室内空气质量标准，最高者竟超过标准 10 倍以上。

广州中科环境检测中心在对 2000 辆汽车车内空气质量进行检测后，发现有 92.5%的车辆存在车内空气质量问题。

8.4.1 车内污染来源与危害

1. 车内污染物的种类

（1）物理污染。主要由光照、电磁辐射、振动、噪声和温度、湿度等物理因素引起。

（2）化学污染。主要包括碳氢化合物、有机卤化物、有机硫化物、有机酸和有机过氧化物等有机挥发物。其中游离甲醛、苯、甲苯、二甲苯、TDI（甲苯二异氰酸酯）、胺、烟气烟碱等对人的危害最大。

（3）生物污染。主要是微生物，包括各种致病菌。

人们日常生活中常接触的各种车辆的主要污染物及车内空气质量等级见表 8.1。

表 8.1 车内主要污染物及空气质量等级

车辆类型	主要污染物	空气质量等级
私家车	苯、甲醛、烟碱、细菌、二氧化碳	良好（开窗时）/差（闭窗时）
出租车	细菌、一氧化碳、烟碱、灰尘	良好
公共汽车	一氧化碳、二氧化碳、致病菌、可吸入颗粒物	差

2. 车内主要污染物的危害

车内装饰材料释放出的有害气体、人体代谢产生的有害物、车外环境的影响，都会使乘员暴露在高浓度有害物质的车内环境中。而这些有害物质有致癌嫌疑，有的可能会对神经系统、免疫系统、生殖系统等产生影响，有的还会影响内分泌系统，其中儿童、老人、各种免疫系统有缺陷的人群更容易受到伤害。

在三类车内污染物中，物理污染物主要是给人体带来身体的不适；化学污染物主要会使人出汗异常、手足发冷、易疲劳、失眠、烦躁、喉痛、口干、咳嗽、腹泻、便秘、恶心、皮炎、哮喘及自身免疫疾患等；生物污染物对人体的危害主要是可传染、影响人体免疫系统功能、造成人体患病等。

3. 车内污染物的来源

车内污染物的主要来源可分为三个方面：材料、外界污染物和汽车自身排放污染等。

（1）汽车零部件和车内装饰材料中所含有害物质，包括汽车使用的塑料和橡胶部件、织物、油漆涂料、保温材料、黏合剂等材料中含有的有机溶剂、助剂、添加剂等挥发性成分，在汽车使用过程中释放到车内环境，造成车内空气污染。污染物主要有苯、甲苯、甲醛、碳氢化合物、卤代烃等，车内材料释放的物质还是车内难闻异味的主要来源。据调查，20 世纪 90 年代时，我国汽车平均塑料用量只有 14～28kg/辆，而同期发达国家为 100～130kg/辆，此后随着材料技术的进步及为满足降低车重的要求，汽车塑料用量不断增加。目前塑料用量已接近 80kg/辆，黏合剂的用量也达到 5～27kg/辆。

（2）车外的污染物进入车内，造成车内空气污染。污染物主要有碳氢化合物、一氧化碳、二氧化硫、氮氧化物、颗粒物等。

（3）汽车自身排放的污染物进入车内环境，包括通过排气管、曲轴箱、燃油蒸发等途径排放的污染物，或汽车空调长期使用后风道内积累的污物。污染物主要有碳氢化合物、一氧化碳、氮氧化物、微生物、苯、烯烃、芳香烃等。

（4）车内生物性污染因子的来源具有多样性，主要来源于患有呼吸道疾病的病人、动物。此外，环境生物污染源包括地毯中滋生的尘螨，同时车内环境还容易滋生细菌和真菌。

（5）汽车发动机产生的一氧化碳、汽油挥发的碳氢化合物，都会使车内空气质量变差。

（6）空调蒸发器如果长时间不进行清洗护理，就会在其内部附着大量污垢，所产生的胺、烟碱、细菌等有害物质弥漫在车厢内，从而导致车内空气质量变差甚至缺氧。

8.4.2 车内污染控制与净化

1. 国内外车内污染控制与净化情况

（1）国外情况。车内空气污染问题在欧美发达国家是一个非常受关注的问题，美国甚至把室内和车内污染作为人类健康的五大危害之一。一些国家不仅制定了相关的技术标准和法规，还在防治方面投入了很大的精力。

国外解决车内污染问题主要通过两种办法。

① 制定车内污染的健康标准。生产厂家一旦违反标准，将受到相应的处罚。德国环保机构与汽车制造公司协调制定了汽车车内环境的标准，明确限制车内各种有害气体的浓度与含量，如甲醛的浓度不得超过 0.08mg/m^3，以使汽车制造商有章可循。澳大利亚在制定健康标准时，把车内环境和办公室、教室等并列。俄罗斯也在 1999 年制定并实施了 P51206-98 号“车辆车内污染物评价标准及方法”的国家标准，以防止车内污染对人体造成伤害。

② 通过先进的技术手段，清除车内污染。主要采用一些空气净化装置消除车内细菌和浮游生物，并清除异味。

（2）国内情况。我国于 2012 年 3 月 1 日实行的 GB/T27630-2011《乘用车内空气质量评价指南》并非强制性法规，而只是行业技术标准，和欧美等国家制定的标准相比，我国国内采用了室内空气标准的上限水平，标准的严格度较低。中国国家环保部和国家标准委下达的 2014 年标准修订计划，决定将自 2012 年 3 月 1 日实施的推荐性标准《乘用车内空气质量评价指南》修订为强制性标准。车内空气污染问题成为继装饰装修和家具污染、室内环境中的 PM2.5 污染之后第三大危害人体健康的室内环境污染问题。中国室内环境监测中心对车内空气污染问题调查显示，随机抽检了 100 辆轿车，发现 90%存在车内空气污染；汽车环境专业委员会调查发现，在接受测试的 1175 辆汽车中，全部检测项目均达到标准的车辆仅为 52 辆，占已测总数的 6.18%。

（3）常见的车内污染净化措施。

① 汽车桑拿。在桑拿蒸汽机内加入水、清洁剂和芳香剂，接通电源并加热到 130℃，用喷出的高温蒸汽对汽车内的真皮座椅、车门内饰、仪表盘、空调通风口、地毯等进行消毒。还可以采用清洁机、蒸汽机、多功能消毒机（臭氧、紫外线、红外线、负离子）等设备进行同时净化处理。

采用汽车桑拿的方式进行净化处理时，在高温条件下水分蒸发成汽态，能够进入车内仪表及其他忌水部件上，容易引起车内零件锈蚀、零部件失灵。对于电器部分，由于蒸汽的进入容易产生电解导电的可能，从而引发事故等危害。同时，高温可能导致某些由高分子化合物组成的车内饰物加速老化和氧化。

② 化学消毒。采用消毒剂对汽车进行喷洒和擦拭。常见的消毒产品如下。

- 过氧乙酸：可用 0.5%的过氧乙酸溶液通过喷洒的方法对车身表面和车厢内进行消毒处理，但消毒以后要注意通风半小时以上。由于过氧乙酸具有腐蚀性和漂白作用，所以车内的一些物品最好先取出，消毒后对汽车的金属部件要进行擦拭处理。
- 来苏水：一种甲酚和钾肥皂的复方制剂，溶于水，可杀灭细菌繁殖体和某些亲脂病毒。消毒时可用 1%～3%的溶液对车内进行擦拭或喷洒。也可以用 2%的溶液洗手消毒。使用时不要与肥皂和洗衣粉一起使用，因为会使杀菌作用减弱。
- 84 消毒液：含 5%的氯，使用时必须按 1 : 200 的比例与水进行稀释，否则将会有腐蚀性。一般认为，84 消毒液不具有挥发性，对肝炎等病毒可通过浸泡起效，但对空气中的细菌等悬浮物没有效果。

③ 紫外线消毒。利用紫外线专用灯对车内进行照射。但是紫外线一次照射时间不能过长，因为它可加快仪表盘、真皮等部位的老化。

④ 光触媒消毒。利用光触媒专业喷枪将光触媒涂膜均匀地喷在车内，当阳光或光线与光触媒涂膜接触的时候，以光的能量来作为化学反应的能量来源，将车内的有害物质迅速地分解为稳定无害的物质，以达到净化空气的功用。

⑤ 臭氧消毒。臭氧消毒是最近兴起的杀菌方法。其最大的好处是不会残存任何有害物质，不会对汽车造成二次污染。臭氧消毒法操作起来较简单，将一根连接着汽车专用消毒机的胶管伸入车厢内，打开汽车专用消毒机和车内空调，利用空调的空气循环，将汽车专用消毒机产生的高浓度臭氧送到车内的每个角落，只需几分钟就可以了，消灭病菌也比较彻底。美中不足的是，消毒后车厢里会留有一点臭氧味，但只要将车窗打开一会儿，臭氧会自动分

解成无色无味的气体挥发掉。如果车主经常使用车辆，则采用此方法消毒，一般一个月一次。臭氧发生仪的价格为2000～10 000元，不少汽车美容服务店都提供臭氧消毒服务。

⑥ 空气清新剂。这是一个治标不治本的方法，为业内人士所诟病。所谓空气清新剂去除污染，只不过是借用芳香剂的味道一时去遮盖人们对异味的感觉，根本无法从本质上彻底消除有害气体。因此这是一个非常不宜采用的办法。

⑦ 活性炭消毒。活性炭是一种非常优良的吸附剂，它具有物理吸附和化学吸附的双重特性，可以有选择地吸附空气中的各种物质，达到消毒除臭等目的。活性炭在吸附饱和后要更换，约每三个月更换一次。花粉过滤器和活性炭吸附器，其售价在十几元至几十元。

⑧ 汽车氧吧。汽车氧吧的功能就是增加空气中的负离子含量。负离子有"空气维生素"之称，有抑制细菌、病毒生长，清除空气异味，清洁空气的作用。目前市面上可以看到做成各种艺术造型的汽车用负离子发生器，即汽车氧吧，售价为一两百元。但此法有个弱点，即增加负离子可以让驾驶员头脑清醒，但无助于消除空气中原有的污染物质。

2. 减少车内污染的简单方法

（1）不要随意对车内进行装饰，不要为了得到经销商提出的送装饰的优惠，就把劣质内饰等污染源引进车内。即使要进行车内装饰，也应特别注意不要使用阻燃剂、黏合剂和防腐剂等。

（2）购买新车后，尽可能做到车内外空气交换，以便尽早让车内有害气体挥发释放干净。特别注意不要用车载香水或空气清新剂掩盖车内气味。如果异味非常严重，可以通过物理和化学方法降解。

（3）进入汽车后，应打开车窗或开启外循环通风设施，让新鲜空气进入，不要在封闭车窗、车门的状况下长时间行车，更不要在封闭的车内睡眠或长时间休息。

（4）开启空调和暖风时，使用车内外空气交流模式，尽量避免长时间使用车内自循环模式。

（5）遇到严重堵车，或跟随尾气排放可能超标的车辆时，应关闭车窗，把空调、暖风开关调到车内自循环模式。

（6）驾驶员在驾驶新车的前6个月内，切勿在行驶时紧闭车窗，而应让车内保持良好的通风，以防影响身体健康和发生意外交通事故。

（7）进行必要的检测，做到心中有数。

8.4.3 臭氧消毒

1. 臭氧基本知识

人类发现臭氧已经有一百多年的历史。在距离地球表面15～25km的高空，因受太阳紫外线照射的缘故，形成了包围在地球外围空间的臭氧层，这厚厚的臭氧层正是人类赖以生存的保护伞。这就是大多数人对臭氧的全部认识。人类真正认识臭氧还是在150多年以前，由德国化学家先贝因（Schanbein）博士首次提出在水电解及火花放电中产生的臭味，与在自然界闪电后产生的气味相同，先贝因博士认为其气味类似于希腊文的OZEIN（意为"难闻"），由此将其命名为OZONE（臭氧）。

臭氧又名三原子氧，因其类似鱼腥味的臭味而得名。其分子式为O_3，是氧气的同素异形体，它具有以下独特性质。

（1）在自然条件下，一般是淡蓝色的气体，用氧气源人工制取高浓度时，为炽白色；

（2）有一种类似雷电后的腥臭味；

（3）在标准压力和常温下，在水中的溶解度是氧气的 13 倍；

（4）臭氧比空气重，是空气的 1.658 倍；

（5）臭氧有很强的氧化力，是已知最强的氧化剂之一；

（6）正常情况下，臭氧极不稳定，容易分解成氧气；

（7）臭氧分子是逆磁性的，容易结合一个电子成为负离子分子；

（8）臭氧在空气中的半衰期一般为 20～50min，随温度与湿度的增高而加快；

（9）臭氧在水中的半衰期约为 35min，随水质与水温的不同而异；

（10）臭氧在冰中极为稳定，其半衰期为 2000 年。

臭氧是完全无毒的透明气体，对人体无害。唯一使人感到不适的是浓度达 1ppm 以上时会刺激呼吸系统。人的嗅觉对臭氧极为敏感，一般人能感受到的浓度为 0.02ppm，在 0.15ppm 浓度下按国家卫生部规定可接触 8h，而不会对人体有任何影响和损害。用于消毒的臭氧，浓度一般要求达 0.5～2.5ppm。臭氧发生器一般都有自动操控系统，进行室内空气消毒时要求全封闭无人作业，开机后要 30min 才能达到峰值浓度，人员有充足的时间离开。即使因事逗留而吸入浓度超高的臭氧气体，也只会令人产生呼吸道刺激、咳嗽，立刻离开臭氧环境，所有不适感立即消失，不会产生任何后遗症（有呼吸系统疾病、哮喘病患者应暂时回避臭氧环境）。普通人参照说明书即可学会操作，无须专门培训。至于制作臭氧水方面，臭氧易溶于水，剩余溢出气体扩散在空阔的空间里，稍微注意点空气流通，浓度很难达到 0.15ppm，一般凭嗅觉就可判断要不要打开排气扇加强通风。人类应用臭氧一百多年来，还没有发生过一起臭氧中毒死亡的事故。

臭氧具有杀菌、解毒、保鲜、除臭、漂白、消炎、镇痛、造氧、净化空气、活化细胞、促进新陈代谢等功能，可以将人体的泌尿系统、消化系统、口腔卫生、内分泌系统、解毒系统及呼吸系统，都调整到最佳状况，所以臭氧在养生方面具有很大的优势。在欧洲国家，臭氧水享有“万能药”的美誉。

2．臭氧的杀菌特点

臭氧分子极不稳定，能分解产生氧化能力极强的单原子氧（O）和羟基（OH），是独有的溶菌型制剂，可迅速进入细胞壁，破坏细菌、病毒等微生物的内部结构，对各种致病微生物有极强的杀灭作用。臭氧水比臭氧气体具有更强的氧化能力，对细菌、孢囊、芽孢菌、病毒等有更强的杀灭能力，杀菌速度比氯快 200～3000 倍，甚至几秒钟内可以致死细菌。对单细胞的藻类植物杀灭更快。

当臭氧水中的臭氧浓度达到灭菌浓度 0.30ppm 时，消毒和灭菌作用瞬间发生。当水中剩余臭氧浓度达 0.30ppm 时，在 0.5～1min 内就可以 100%地致死细菌；当剩余臭氧浓度达到 0.40ppm 时，1min 内对病毒的灭活率达 100%。HTH 系列产品配备专用气水混合器，可控产出臭氧浓度达 7ppm 以上的高浓度臭氧水（注：臭氧水浓度 1ppm=1mg/L）。

臭氧氧化其他物质和有机质，最终生成无害的氧气、水和二氧化碳，剩余臭氧在常温下的半衰期为 20～50min，数小时后全部分解，还原为氧气。因而臭氧发生器也成为所有矿泉水、纯净水生产企业必选的先进杀菌消毒设备（水源过滤去除杂质后经气水混合处理成臭氧水直接无菌灌装；千家万户回收的 5gal 水桶也都必用此臭氧水洗涤消毒，以快速彻底杀灭各种病菌，确保生产出完全达标的高品质桶装饮用水）。臭氧消毒效果见表 8.2。

表 8.2　臭氧消毒效果

投放浓度	投放时间	病毒、病原体种类	杀灭效率
10mg/m³	20min	乙型肝炎表面抗原（HbsAg）	99.99%
0.5ppm/L	5min	甲型流感病毒	99%
0.13mg/L	30s	脊髓灰质炎病毒 I 型　（PVI）	100%
40μg/L	20s	大肠杆菌噬菌体 ms2	98%
0.25mg/L	1min	猿轮状病毒 SA-H 和人轮状病毒 2 型	99.60%
4mg/L	3min	艾滋病毒（HIV）	100%
8mg/m³	10min	支原体（Mycoplasma）、衣原体（Chlamydia）等病原体	99.85%

3．车用臭氧消毒器产品介绍及使用

适用于大巴、中巴和家庭轿车使用的几款臭氧消毒器，如图 8.9 所示。

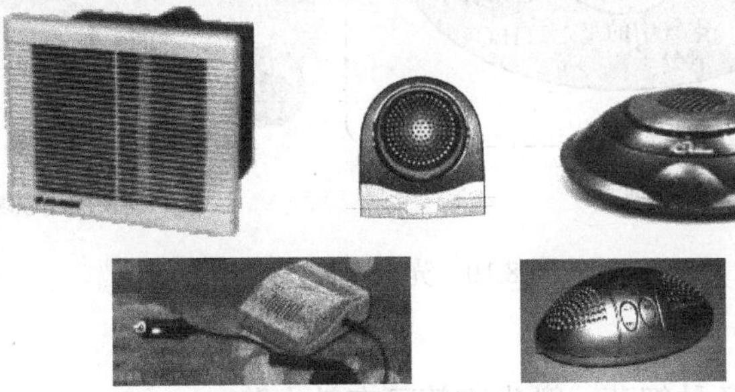

图 8.9　常见汽车臭氧消毒器

臭氧消毒产品的使用方法比较简单，使用时把臭氧消毒器插头正确插入汽车点烟器插座内，电源指示灯亮后按下起动键即可。一般运行一段时间以后会自动停止工作。使用完毕后，及时拔掉电源插头。

8.4.4　光触媒消毒

1．光触媒基本知识

光触媒（Photocatalyst）是光（Photo＝Light）+触媒（催化剂）（Catalyst）的合成词，是一类以二氧化钛（TiO_2）为代表的具有光催化功能的半导体材料的总称，主要成分是本身无毒无害的二氧化钛。简而言之，光触媒是光催化剂。所谓催化剂就是用于降低化学反应所需的能量，促使化学反应加快速度，但其本身却不因化学反应而产生变化的物质。光触媒顾名思义是以光的能量来作为化学反应的能量来源，利用二氧化钛作为催化剂，加速氧化还原反应，使吸附在表面的氧气及水分子激发成极具活性的-OH 及 O_2-自由基的。这些氧化力极强的自由基几乎可分解所有对人体或环境有害的有机物质及部分无机物质，使其迅速氧化分解为稳定且无害的物质（水、二氧化碳），以达到净化空气、杀菌和防臭的功用。光触媒在微弱的光线下也能起反应，若在紫外线的照射下，则光触媒的活性会加强。近来，光触媒被誉为未来产业之一的纳米技术产品。

2．光触媒技术（Photocatalystic Technology）

光触媒技术是指采用光触媒材料创制具有空气净化、水质净化、自洁、抗菌、超亲水等环境净化功能的技术。光触媒技术发源于日本，并且已经在建筑、轻工、陶瓷、玻璃、家电、汽车、纺织、空气净化、水处理及环保等方面得到了广泛应用，被誉为一场“光净化与自洁

革命”。光触媒技术包括：

（1）光触媒材料制造技术。

（2）光触媒成膜化方法。

（3）光触媒担载技术。

（4）光触媒制品加工技术。

光触媒技术的光化学原理和主要应用领域如图 8.10 所示。

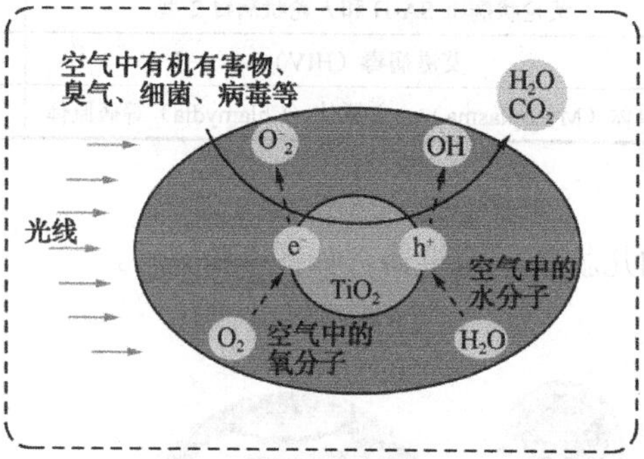

（a）光化学原理

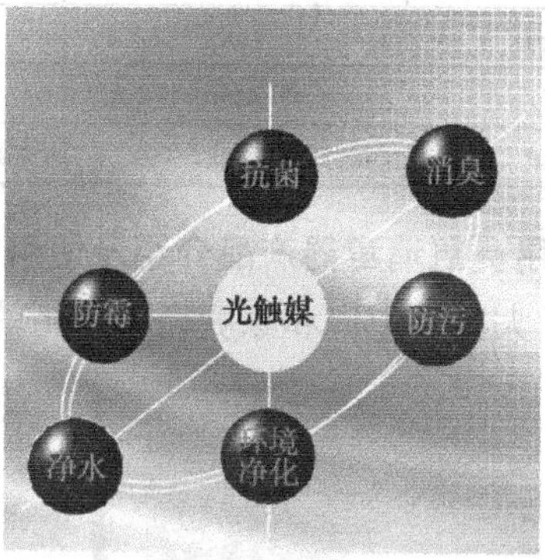

（b）主要应用领域

图 8.10　光触媒技术

3．光触媒的特点

（1）杀菌效率高：对各种细菌、微生物等可有效去除。

（2）净化效率高：光触媒对甲醛、苯、氨及其他有机污染物均有强力分解去除效果。是分解而不是吸附，是质变而不是量变，分解具有不可逆性。

（3）除臭效率高：可有效地脱臭除味。

（4）涂膜性能优良：采用特殊黏合剂，可形成坚实耐久的涂膜。

（5）亲水防污功能强：水能完全润湿光触媒表面，防雾、防污效果明显，可广泛用于玻璃、瓷砖建筑物外墙等表面。

（6）应用范围广：几乎可施涂于墙壁、涂料表面、壁纸（布）表面、塑料、大理石、玻璃、瓷砖、地毯等所有物体表面，赋予被涂物强大的杀菌除臭、净化自洁效果，广泛应用于居住环境、公共环境及汽车污染治理等领域。

（7）能吸收利用部分可见光线：由于采用了稀土离子掺杂技术，所以使得产品不仅能被紫外光激发，而且还能利用部分可见光，从而大大提高了光触媒的净化效率。

（8）暗处的抗菌净化性能：不同于一般光触媒，本光触媒不仅在光照下能发挥其强大效力，在黑暗处，也能发挥其抗菌净化效果，这归功于特有的金属掺杂技术。

（9）无毒无害：光触媒二氧化钛可作为消毒剂使用。不同于一般消毒剂，其在杀死细菌病毒的同时，也可分解掉其分泌的毒素，不存在二次污染问题。

（10）功效持久：只要涂层不被破坏，则可持久发挥功效，具有半永久性。

4．光触媒的功能

（1）净化空气功能。

（2）除臭功能。

（3）防污自洁功能。

（4）亲水防雾功能。

（5）杀菌功能。

（6）防霉抗藻功能。

（7）防紫外线功能。

（8）功效持久。

5．光触媒材料的用途

（1）工业材料：化工催化、太阳能电池、半导体、感光材料等。

（2）表面处理：形成抗菌与自洁性表面，适用于陶瓷、玻璃、金属、塑料、纤维、建材、装饰材料、灯具、餐饮用具、厨房设备、家电制品、工艺品、景观制品等。

（3）防污涂料：抑制表面污垢的附着与累积，维持建筑物外壁的清洁与美观，适用于建筑物、车辆及交通设施、其他室外景观设施的防污涂装。

（4）空气净化：分解室内有害气体，杀死浮游细菌、病毒、真菌孢子及植物花粉等病原微生物，适用于各种空调与空气净化设备、医疗设施、无菌操作室、食品工厂、实验室、化工车间、公共设施、办公与家居环境的空气净化。

（5）水处理：除去水中有害物质、异味及病原微生物，用于水质净化和污水处理。

（6）环境保护：汽车尾气及排烟净化、化工污染处理。

（7）环境卫生：住宅、医疗卫生、食品加工及饮食行业等室内各种器具、器皿、壁面，以及空气和水源的消毒、灭菌、消臭。

（8）废弃物处理：塑料、农药残留物、烟蒂、化工废液的自然分解及无害化处理。

（9）亲水材料及制品：形成亲水防雾表面，适用于汽车反光镜、浴室镜、窗用玻璃、塑料薄膜等。

6．光触媒产品介绍

光触媒产品消毒方法的原理是，利用光触媒专业喷枪将光触媒涂膜均匀地喷在车内，当阳光或光线与光触媒涂膜接触的时候，以光的能量来作为化学反应来源，将车内的有害物质迅速分解为稳定无害的物质，以达到净化空气的功用。光触媒作为全球领先的消毒方式，消毒以后的效果可保持 5 年左右。“光触媒”技术在日本被成功应用于汽车抗菌净化处理上，成为最新的车辆净化工具。光触媒产品如图 8.11 所示。

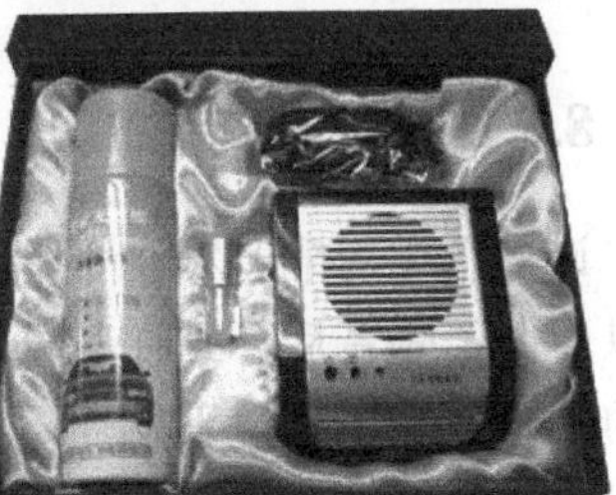

图 8.11　光触媒产品

此产品是专为降解车内有害气体而设计的，能有效去除车内装饰材料所释放出来的甲醛、苯、甲苯、二甲苯、臭气、烟味，从而保护驾乘人员的身体健康。

新兴环保技术光触媒以良好的污染降解和广谱灭菌能力成为我国卫生消毒行业的关注技术。但由于我国尚无相关的行业标准，导致光触媒市场产品质量良莠不齐。为此，有关专家呼吁，尽快制定行业标准，采取有效措施净化市场环境。

据中国光触媒产品行业标准起草小组的专家透露：近期我国光触媒生产企业数量急剧增加，但多数为作坊式的小型企业，工艺水平低下；还有个别企业甚至盗用国外知名品牌，加工伪劣产品低价倾销。

消费者在选择光触媒产品时首先要对其进行感观上的鉴别。目前国内市场上的光触媒产品从外观上主要分为两类：一类为无色透明液体；另一类为乳白色液体。在感观鉴别过程中，要注意产品是否有明显的酸、碱气味。如果产品具有明显异味，就要谨慎购买。因为高品质的光触媒产品为无味水溶剂，视觉上晶莹剔透，无任何悬浮物。对于乳白色光触媒，除气味鉴别外，还应观察其是否有明显的悬浮物和沉淀、分层现象。一些低质光触媒在阳光照射后会发黑变质。由于劣质光触媒多出现于乳白色产品中，因此在选择时应格外注意。

此外，感观上的鉴别只是挑选光触媒产品的一种手段，更重要的是应该要求厂家提供相关检验报告。目前，不仅国内没有完整的光触媒行业标准，即便在国际上也没有标准规范。作为光触媒技术先驱的日本，其行业标准也在拟定之中。因此就现阶段而言，检验光触媒质量标准的依据主要为产品的二氧化钛纳米粒径报告、灭菌试验报告和化学污染物降解报告。消费者在决定购买之前，应在互联网上寻找相关厂家网站，查证产品是否具有权威认证部门出具的试验报告。

在这三种报告中，二氧化钛纳米粒径报告最为重要，因为二氧化钛粒径越小，其表面积就越大，作用效果就越好。目前国内除个别（如欧帝光触媒）已小于2nm的产品外，市场上较好的普遍在5～10nm，如奥因光触媒、3E光触媒，质量稍逊的在20～30nm之间，再大的降解有害物的效率实难恭维。伪劣产品通常纳米粒径较大，达到数十、数百纳米，甚至微米级，至于出现肉眼可见沉淀物的，建议消费者慎重考虑其真伪。另据了解，目前市场上发现有用甲醛消除剂或甲醛溶解酶冒充光触媒的，虽然瓶外标注为光触媒，里面竟不含任何二氧化钛成分。因此，二氧化钛成分及纳米粒径检验报告就成为现阶段鉴别光触媒产品真伪优劣的一项重要指标。

目前市场上的光触媒产品几代之说和空气触媒、无光触媒、冷触媒、暗触媒仅仅是商家的概念炒作。商家所宣传的某些特殊功能在没有经过严格的科学检测之前是不可信的。尤其对于纯粹招商型企业的贴牌产品，选择加盟更要慎之又慎！

8.5 汽车隔音

8.5.1 汽车隔音知识

许多车主对隔音概念不清，而且大家对隔音效果的理解也是千奇百怪的。比如，有的车主以为做了隔音后，站在车外就听不见发动机起动的声音了，这就是一个误区。隔音效果强调的是在驾驶室环境下感受不到噪声，而不是说做完隔音就没有噪声了。换句话说，做隔音处理后，站在车外照样会听到发动机传来的噪声，只是在驾驶室中感受不到而已。隔音是屏蔽掉在驾驶室中感受到的各种汽车噪声，而不是消除。

系统的隔音工程需通过减振、降噪、密封三个步骤来完成。首先分别对车门、后备箱、车地板、发动机盖及车顶进行降振处理；其次再进行全车的吸音处理；最后进行密封处理。对于专业的隔音工程来讲，其各施工部位是有主次之分的，对于一辆车来讲，车门、后备箱是最主要的，因为绝大部分的噪声是通过车的悬挂系统、底盘、后备箱、车门而传入车内的，所以最起码要做车门和后备箱的隔音处理。其次是车地板和发动机盖；最后是车顶。也就是说，如果只单单做个挡火墙是达不到好的隔音目的的。

隔音工艺用到隔音垫和吸音棉两种专用材料。隔音垫粘贴在车体产生振动的部位，其所起作用可用一个简单的比喻来说明。敲锣时，会发出清脆响亮的声音，而如果用手按住锣面，阻碍锣面的振动，再敲，声音就会发闷并减小。隔音垫起的作用就相当于手按住锣面的作用。

吸音棉吸收减振胶对付不了的振动所产生的噪声。通行的工艺是贴一层隔音垫和一层吸音棉。少数店为满足车主较高的隔音要求，会贴二层垫、一层棉，其成本高，消耗工时大，报价自然不菲。但有的店偷工减料，就只贴一层隔音垫，根本起不到真正隔音降噪的作用，用户千万别被低廉的报价蒙住了双眼。

一般来说，新车的整体性能较为严谨，而且由于车主刚刚买车，心情兴奋，不太在意原车的噪声方面的缺陷。但无论是豪华车还是经济型车，无论是新车还是旧车，都存在车辆噪声问题，这是汽车诞生后就无法避免的问题。尤其是中高档车型，约有一半车的噪声问题还是比较严重的。因此，对音响效果及行车环境有一定要求的车主来说，隔音是一项早晚都要做的工程。既然如此，晚做不如早做。刚买了新车的车主心气高昂，忙着做一些装饰、改装项目，有一些就会涉及整车拆装。即使再专业的拆装技术，对车的性能也有一定影响，与其一次一次地反复拆装，不如一次性把所有装饰改装项目做全，免去重复拆装之苦。所以新车也要做隔音。

调查表明，车辆噪声已经占到了城市噪声的85%。人们长时间接触噪声，会耳鸣、多梦、心慌及烦躁，或直接引起听力下降甚至耳聋。据不完全统计，由车辆噪声间接引发的交通事故占整个交通事故的60%。

噪声对人有如下影响。

① 噪声对听觉的影响：长期生活在80dB以上环境中的人50%会耳聋，经常戴耳机听音乐会导致永久性耳聋。

② 噪声对视觉的影响：经常处于噪声环境中，人眼的敏感性降低、瞳孔散大、色觉和视野异常，产生眼花、视力下降、反应迟钝现象，会导致交通事故的发生。

③ 噪声对消化系统的影响：噪声能使唾液、胃液分泌下降，造成食欲呆滞而引发消化道疾病。

④ 噪声对儿童生长发育的影响：在吵闹环境中生活的儿童智力发育要比安静环境中低20%。营养学家发现，噪声使人体的维生素 B1、B2、B6、氨基酸、谷氨酸、赖氨酸等营养物质耗量增加，对儿童生长发育影响很大。

⑤ 噪声对心脑血管的影响：噪声会使大脑神经调节功能出现失控现象，造成呼吸加快、心脏跳动剧烈、血压升高、血管痉挛、引发高血压等心脑血管疾病。

⑥ 噪声对免疫系统的影响：长时间的噪声使免疫系统功能紊乱，使人容易受病原微生物感染，引发皮肤病或其他疾病、甚至癌症。

8.5.2 汽车隔音工程的选择

对声学技术了解不多的车主，选择可靠的隔音工程并不容易。这是一项全新的汽车后市场项目，许多店家已开始着手开展此项服务，但由于各家介入市场的层次不一，所选用的产品及应用的工艺也不同，所以效果自然不同。如果消费者不掌握一些基本识别技巧，就容易上当受骗。

消除车内噪声的方法一般有两种：一种是从发音源处进行治理；另一种是在噪声的传播途径上进行隔除。通常所说的汽车“隔音”是后一种。也曾有一些店采用前一种解决方案，但这种处理往往在店面环境内难以进行，它实际已属维修范畴，如发动机大修、车体钣金矫正、排气管改装等。这种工程耗资巨大，时间较长，对维修技术的要求很高，处理不好易产生功能缺失和二次噪声。而第二种方法主要运用专业声学产品进行车体密封、车体减振及车内吸音，它不改变车体结构、动力系统、车内电路及管线，既安全又稳妥，为大多数车主所接受。

车内噪声是随机的、动态的，不易集中治理，所以车内隔音工程对声学产品和技术的要求很高。车主在选择隔音工程时，首先应当了解工程使用产品的品牌状况，一个成熟的品牌需要经受市场的长期考验。它应有完善的功能原理、测试数据、完整的产品线系和形象包装，有些店家不愿让客户接触产品，也不让客户了解工艺方式，只是简单地说"有效果就行啦"，车主将几十万元的车交给他们进行施工当然不会放心。

车主也可以使用上网查询的方式了解品牌的产品状况，有些店主声称自己应用的是某某著名品牌的产品，可上网一查，这种品牌根本没有这个项目，原来店家只是将某品牌其他功能类似产品（如发泡填充、底盘防锈等）放入所谓隔音工程中，再从市场上找一些保温材料等作为工程主导材料，冠以某品牌隔音工程的，这种情况下车主可能得不到任何保证。车主还可以通过观察产品的包装、索取技术手册的方式进行区别，品牌产品一定会在产品和包装上留有商标。

线上和线下产品也是车主区别的重点。线上产品指的是在汽车制造流水线上应用的产品，它是通用产品；线下产品是指在汽车后市场应用的产品，它是特殊功能产品，满足车主的更高要求，就像许多爱车人士购买新车后，会拆下原厂音响，换上专业汽车音响一样。

线上产品的功能等级受制于三个因素。

① 工业化标准低，是通用型产品。现在国内市场上有些做汽车隔音工程的商家，用的主要材料就是将流水线上的材料拿来线下重复使用。这种材料即使装得再多些、厚些，效果也有限。更何况有些主要材料线下的工艺也远远达不到线上的工艺要求。如降振板，流水线上应用时是将它贴在空车壳上，经过 170℃以上的烘箱加热后，才能使其与车体有效密合，达到降振的效果。因为做汽车隔音，"降振"是最关键的。但是，线下如何操作呢？想达到温度要求，就不可能将整车通过烘箱来加热，只能用明火通过手工来局部加热，这就存在很大的局限性：一是操作人员很难掌握，易受温不均；二是有些部位，如车门、裙部、发动机盖等部位，更不能直接在上面加热，所以，导致的后果就是，用不了多长时间，降振板与车体脱落，整个隔音工程以失败而告终。

② 成本低。比如一个年产百万辆的车型，如果在隔音材料上每台用 1000 元，就需要 10 亿元的投资，而一台车有成百上千个部件，所以厂家一般不会在隔音件上投入如此之大。成本低，标准可想而知。

③ 需适应流水线工艺要求。厂家的汽车制造速度是以分秒计算的，像线下产品这样需耗时几个小时来安装，是无法满足厂家要求的，所以说线上产品只可以满足汽车制造时的通用化要求，无法满足车主的个性化要求。建议车主在选择隔音工程时，应该以线下产品为主。

施工之后的安全性也是车主考虑的要点，如车体密封工程，它是解决由外向内传播噪声的基础工程，要做到车体的良好密封，又要使车内的气压保持平衡，不能关闭车门时出现耳压。但过度密封还可能造成车内缺氧，给车主行车造成危险，有些工程只凭"经验堆砌"而非严格科学依据行事，也会造成施工后的安全隐患，如 A、B 柱注胶发泡，它可能因发泡固化的内张力而减弱车体的抗冲击性能，还会给车主在后期维修时带来诸多麻烦，而且这种做法带来的效果其实也很有限。更有一些工程大肆拆除车辆关键功能部位（如仪表盘、发动机），又无法完整恢复，给车主带来不少苦恼。

车主最关心的是施工后的效果，一般的工程施工降 3～4dB 才可以让车主有听觉差异，科学的测试应是对车内噪声的高、中、低频分别给予评估，好的声学材料可以将车内噪声平均降低 7dB，最高可降低 13dB 左右，但这种测试对设备的要求很高，国内只有一些大型汽车厂家和科研院所才有。需要注意的是，普通的分贝仪是无法准确测试车内噪声的，现在业内也多不采用，主要还是以车主亲身感受的方法评估效果。另外，车主也应客观评估隔音工程所达到的效果，完全解决噪声的想法是不切实际的。对于有些店家声称可将车内噪声降低 30dB，从专业的角度来说这是不可能的，车主应该冷静考虑。

顶级隔音声学材料其实并不便宜，应用顶级产品进行全车施工，价格在 8000～9000 元，低一档的材料应在 5000～6000 元，当然效果上两档相距数倍之多。隔音工程是非常辛苦和细致的工作，车主在选择时也应适当考虑。

8.5.3 汽车隔音施工

1. 施工方法

（1）在发动机盖处粘贴防火吸音毯，吸音毯能大量吸收发动机运转时的噪声，并且还具有隔热功能，能有效保护发动机盖的面漆，避免长时间高温使面漆变色。

（2）在车厢内中央底盘、后车厢底盘上加装减振隔音垫及防潮吸音地毯。其主要作用是缓解中央底盘、行李箱下底盘件在高速行驶时由于钣金结构件的振动而引起的共鸣，减少由于轮胎转动所产生的路面噪声传递，降低排气声传入后车厢的共鸣声压等。

（3）在车门饰板内贴上专用吸音毯。它可降低行车时车门钣金结构件因较薄较易产生的共振，减少车门内饰板及零件的松脱，降低因车龄较长或长期在崎岖路面行驶的情况下，金属疲劳与车身扭动时产生的杂音。

（4）强化 A、B、C 各柱下方的刚度，补强后座侧板。一般情况下，比较名贵的车型都已配有较佳的隔音措施，但大部分的轿车由于车身结构上的原因，造成车身综合刚度不足，从而产生较大的行驶噪声，因此有时只需稍稍提高车身的结构刚性，便能有效降低噪声。

（5）在车门内饰件的内面贴上一层丝绒质吸音毯，在门板的内侧黏附一种特殊的减振垫，加装车门隔音条以加强车门与车门框的密封性。经过这样的施工后，不仅能加强车门的刚性和减少共鸣声，而且能有效降低汽车高速行驶的风噪声。

（6）前后轮翼子板是底盘噪声传入车厢的一个主要地方，在前后轮翼子板处喷吸音材料，可减少行驶时减振器传入的异音，以及抑制轮胎与路面、钣金结构件所产生的撞击杂音。

（7）在发动机挡火墙加装隔音垫、在仪表座下层加消音垫，减少发动机噪声的传入。发动机是最主要的噪声源，也是离驾驶员最近的噪声源，在加强仪表板下部及发动机防火墙的厚度后，能抑制发动机转动时传入车厢内的高频声压。这是隔音工程效果最明显的部位。

（8）最后，给车厢内车顶粘上一层隔热吸音棉，这除了能有效阻隔太阳曝晒，防止车厢内温度直线上升外，还能强化车顶钢板的刚度，有效减少雨天时雨滴撞击车顶的声音传入车内。

2. 隔音工程施工的注意事项

（1）在拆卸时一定要注意拆卸技巧，不可用蛮力而损坏板面和漆层，所有卡扣要使用专用的起扣工具。

（2）处理附着物时一定要注意用力强度和方向，防止划伤油漆和划破面板。在使用清洁剂后，一定要及时盖上盖子，避免清洁剂挥发或撞翻清洁剂瓶。

（3）下料时，尽量避免拼接过多和重复下料。

（4）底盘的线路和空调孔切不可覆盖。

（5）地板的安装步骤要在做完天花板后完成，避免弄脏或损坏座椅和地毯。

（6）在有安全气囊的车作业时，一定要拔出钥匙、轻拆轻装，防止气囊爆破导致人车受损。

（7）因仪表属精密仪器，拆后较难复原，所以仪表尽量不要拆。

8.5.4 汽车隔音效果

（1）发动机盖防火隔音。最主要是吸收发动机转动时的噪声，并且还有隔热功能，能有效保护发动机盖原厂漆，避免长时间高温使得烤漆变色甚至脱落。

（2）车厢内中央底板、后车厢底板的制震及防潮吸音。最主要的功能是处理在高速行驶时钣金的振动共鸣，以及由轮胎传入的路面噪声和排气声导入后箱的共鸣声压。

（3）车门体钣金减振吸音。可降低行车时车门钣金因较薄而生成的共振，或是因车龄老旧、长期在崎岖路面行驶时，因金属疲劳与车身扭动而生成的杂音，并有效帮助改装音质较好的音响喇叭后的音色质量。

（4）车门内饰板隔音。可降低行车时车门内饰板与零件松脱造成的杂乱噪声，有效改善音响系统在内饰板上引起的振动噪声，是提高音响质量的最佳举措。

（5）强化 A、B、C 门柱。风噪、路噪、车体振动噪声可轻松通过 A、B、C 门柱传入驾驶舱，而使用环保、阻燃的发泡胶填充可有效抑制 A、B、C 门柱噪声的传播。

（6）车门隔音密封条。最主要的是加强车门和车体门框的密封，有效减低车子高速行驶时的风切声，使车厢内的气密性更佳，使用后在车门关闭时可明显感觉到高档轿车的压耳感。

（7）前后轮毂及翼子板减振、隔音。这里是底盘噪声最常传入的地方，行驶时减振器所导入的异音，轮胎与路面及碎石与钣金件所生成的摩擦及撞击杂音通过前后轮毂及翼子板的振动很轻松地传入到驾驶舱。这些部位减振吸音施工后能明显降低因路面与避震器所引起的噪声。

（8）发动机挡火墙的隔音。能抑制发动机转速拉高时传入车室内的高频高压，是阻隔发动机噪声效果最明显的部位。

（9）室内车顶隔热、隔音。除了能有效阻隔太阳曝晒，防止车厢内温度直线上升外，在强化车顶钢板后，更能有效减少下雨时雨滴的撞击声。

8.5.5 汽车隔音产品介绍

下面通过汽车隔音产品的介绍，使读者对汽车需要隔音的部位及具体作业方法有一个详细的了解，汽车隔音产品见表 8.3。

表 8.3 汽车隔音产品

名　称	图　片	说　明
标准隔音王	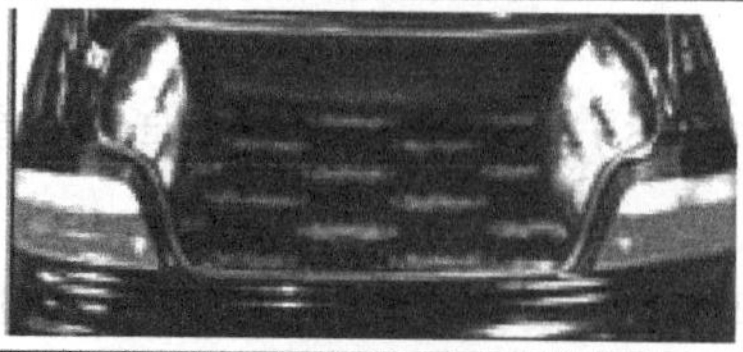	用来处理金属面板、隔板、管路、车门、箱柜、面板等部件，适用于有轨电车、公共汽车、小汽车和船只。这种产品也可在通风管、继电器箱、钢制家具、水槽、计算机设备、机床等装置中使用

续表

名　称	图　片	说　明
顶级隔音王	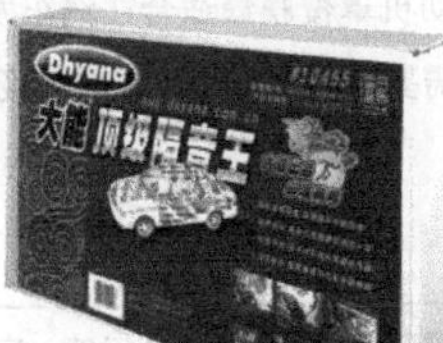	顶级隔音王是一种轻质、有弹性、外覆铝膜的丁基减振复合材料。这种产品可以很容易地与金属板或其他硬质基底相黏合。材料最适宜的使用温度范围为－10～＋60℃，可耐受的温度为－54～＋149℃，抗老化能力极强 使用时，应当先将它切割成需要的形状，再将其背衬揭开。切割时可以使用剪刀、刀或冲模。安装表面上的灰尘、油污、水渍和其他异物都必须清除干净。揭开背衬后，就可以顺着材料的最短边将它贴在工作面上。为使膜层与基底黏着紧密，在膜层面积较大时，应使用滚筒将其压实。这样可以减少产生气泡的可能，从而避免材料的声音阻尼能力受到影响。贴装过程中膜层和基底的温度均不得低于室温。材料安装无须加热
超级隔音王	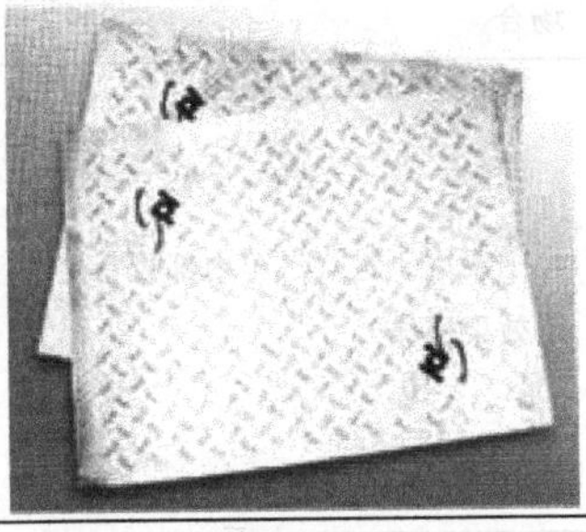	应在冲切成型后贴到车身表面上去（事先须将金属板表面清洗干净）。一般地，这一操作都是在密封操作的同时进行的，之后才给车身喷涂漆料。当然，也可以在涂过漆的面板上贴装这种复合材料。用来处理金属面板、隔板、管路、车门、箱柜、面板等部件，适用于有轨电车、公共汽车、小汽车和船只。这种产品也可在通风管、继电器箱、钢制家具、水槽、计算机设备、机床等装置中使用
喷立静 膨化剂		喷立静是一种气雾剂，这使得它非常容易使用；可以把它喷涂在车门上、角落里、缝隙中，以及其他难以触及的地方。当然也可以把它用在车底部位。喷立静在玻璃光纤壳层上的表现尤其出色；它可以起到加固壳层的作用
低频王		低频王可安放在地垫下、装饰面板后、音箱外壳内，以减少壳体本身的共振及抖颤，也可用于其他需要大幅降低空气噪声的场合
吸音王		吸音王主要用来对汽车内部进行声学效果处理，亦可用于其他需要吸音泡沫的场合

续表

名　称	图　片	说　明
发动机罩覆膜		发动机罩覆膜最适合在汽车发动机舱内使用，也可用于其他需要隔热声学泡沫材料的场合
中频王		可用于商务及商业飞行器，因为它只需增加很少的重量就能取得相当好的吸音效果，还可以用来削减内部轻质结构产生的辐射噪声。在汽车应用中，中频王可以安装在地垫下、装饰面板后、音箱外壳内，以减少壳体本身的共振和抖颤。也可应用于其他需要大幅降低热耗散及声耗散水平的场合
吸音垫		主要用于进行汽车内部吸音处理，与顶级隔音王配合使用效果极佳
密封条		主要用于汽车车门的密封处理，车体密封是隔音工程的基础工程
汽车音响优化工程	喇叭伴侣 	重点解决喇叭在车门薄铁皮的安装缺憾，它大量消除了声能传递过程中在车门薄铁皮上因“同波共振”及“谐波共振”而产生的杂音，使完美音质重回到车内
	车门强化 	全面提升音响音效设计，它不仅解决了声音因为喇叭在车门上的安装而产生的杂音，更把车门变成了一个扎实的音箱。音乐更完美，更富弹性

续表

名　称	图　片		说　明
汽车音响优化工程	低音炮必备	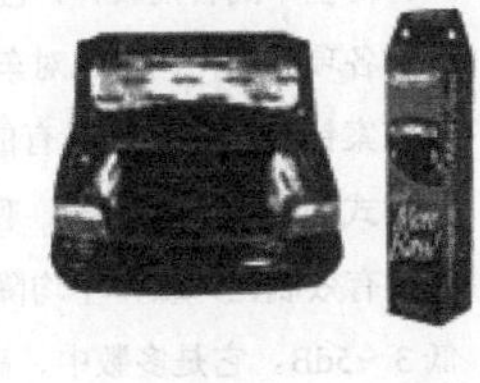	主要针对低音炮在后备箱的应用，它将后备箱变为一个更为扎实的结构，使得低音声能更多反射到车内空间，而不是去抖动车子，它同时也减缓了后备箱振动带来的板材敲击声
	完美音乐组合		通过车门套件，消除各种因面板振动而引起的音质失真，可聆听更美妙的音乐。通过后备箱套件，可大大降低车体振动及声音的扭曲失真，提高音响原有的声压级（SPL），可获得更纯、更震撼的重低音。更具价值的是它在车内噪声最薄弱的两个部位进行了加强，有效地控制了路面噪声（胎噪和外环境噪声）向车内的传递，降低了噪声对音乐的影响。此套方案是提升汽车音响音效的完美组合，是获得完美音质的最佳选择
汽车室内隔音工程(分部隔音施工)	车体密封工程		重点解决因门、箱、窗密闭不严而产生的空气噪声。它运用“胶打胶”理论缓解了因车身振动造成的车门密封边条与门框金属边位移间隙的问题，同时也使出厂预位公差得到修补。车门、后箱盖与车体的紧密配合，也减低了车体外环境向车内环境的污染，使健康不受伤害
	引擎隔音工程		重点解决发动机噪声，它把发动机低频噪声作为治理重点，选用尖端隔音材料（顶级隔音王、低频王、发动机盖覆膜）对发动机舱内、前侧翼板及防火墙进行施工。它有效地控制了低频噪声向车内的穿透，也对发动机舱内的共鸣噪声进行了有效的制止。发动机隔音工程不仅减弱了来自机舱内的噪声，同时也使得传入车内的热量大量减少。根据各种车辆的舱室结构差异推出防火墙内墙加强版，为更多的车辆提供隔音保证
	路噪隔音工程		以解决路面噪声为设计原则。在车内最薄弱的两个部位（车门和后备箱）进行治理，以车体减振、车体密封及空腔吸音为解决方式，有效地控制了路面噪声（胎噪和外环境噪声等）向车内的传递。路噪隔音工程不仅可以改善车内的噪声状况，更可以大幅提升音响音效，使音乐还原得更完美，更富层次
	底盘强化工程		使用减振涂料“喷立静”对汽车底盘进行装甲处理，它区别于其他的底盘防腐产品，能有效加强底盘钢板的强度，使得底盘各机构之间的金属敲击声被有效地控制，并对轮胎高速运行中发出的高达 120dB 以上的噪声进行首次过滤，减缓了路面噪声向车内的渗透，同时它仍然在底盘防锈和抗击各种击打损伤底盘功能上具有优异表现

续表

名　称	图　片	说　明
整车隔音施工	全车隔音标准版	针对全车隔音而设计，它有效地整合了“蓝色旅程”系列中的各项施工，同时也对车内地板及天花板做了特定处理，此方案针对车内噪声具有的不同频率、不同声压及不同传播方式的特点，用减振、吸音及密封的方式对车内噪声进行了有效制止，噪声平均降低 40%，高、中、低频平均降低 3～5dB。它是多数中、高档轿车的最佳选择
整车隔音施工	全车隔音顶级版	是“宁静空间”系列的高级版本，它在标准版的基础上，更多地使用了顶级产品（如低频王、顶级隔音王），它不仅在地板及天花板上做了特殊处理，也对 A、B 柱下及柱上做了细致处理，此版本对于中、高档轿车可达到优异的效果，它适合车体相对薄弱的经济型轿车进行噪声处理，效果卓著，噪声平均降低 50%以上，高、中、低频平均降低 5～8dB

8.6　汽车饰品及选用

汽车不仅仅是代步的工具，还是一所流动的房子。越来越多的车主买车后都要进行一些装饰美容。如何让自己的这个“家”也同样舒适、美观、富有个性？自己动手装饰爱车已是众多私家车主的一大心愿。如今的装饰可谓琳琅满目，如平安符、瓷娃娃、卡通小动物、千纸鹤等，制作精致，既能美化车内环境，又能给车主带来几分愉悦的心情。

目前国内流行的汽车布置原则主要是购置一些车用香水、杂物袋、水杯架、手机架、导航架及一些精美小饰品。汽车饰品注重人性化和时尚化的设计，不会影响汽车的性能，因此越来越受车主的喜爱。

1．汽车饰品的布置原则

（1）协调原则。饰品颜色必须与汽车的颜色相协调，不可盲目追求高价位，以免弄巧成拙，如深色车的内部应配以浅色的座套及棕色的地毯，浅色车的内部应配以深色的座套及红色的地毯等。

（2）实用原则。根据车内空间的大小，尽可能地选用一些能充分体现车主个性的小巧、美观、实用的饰物，如茶杯架、香水瓶、资料盒、报时器、坐垫、背垫、鸡毛掸等。

（3）整洁原则。要求车内饰品做到干净、卫生、摆放有序，给人一种轻松、舒适的感觉。

（4）安全原则。车内饰品不得有碍驾驶员的安全行车或乘员的安全，如车内顶部吊饰不宜吊挂过长、过大、过重，后挡风玻璃上的饰物不要影响倒车视线等。现在国内一些城市开始限制车内饰品的摆放，车主应该充分了解当地的相关法规。

（5）舒适原则。车内饰品的色彩和质感要符合车主的审美观，香水要清新，不宜太浓等。因为只有舒适的环境才会为车主和乘员带来舒畅的心情、轻松的感受，安全行车才会有良好的保障。

2．汽车饰品的选购

（1）车载冰箱。目前市场上的车载冰箱主要有两种：一种是充电式冰箱，价格一般为 400～600 元，可以在家中充电使用，也可以用车上电源给冰箱充电；另一种是安装有储冰袋的保温冰箱，价格较为便宜，一般在 300 元左右，使用时需要先将冰箱内特殊的液体袋放在家中冰箱的冷冻室冷冻，再放回塑料容器内。其特点是不需要电源，使用较为方便。

（2）车载氧吧。车载氧吧可以产生高浓度负离子和活性氧气，进而改善车内空气质量；另外，车载氧吧还具有飘香功能，将香料袋放入氧吧中，可以替代汽车香水调节车内空气。

（3）腰垫。一般是将一床小薄被折叠，装在一个由同等面料制成的袋子里，既能用作腰垫缓解长时间驾驶的疲劳，还能展开用来保暖。薄被有 1m 和 1.5m 两种，适合儿童和成人使用。面料也有纯棉和绒布两种。

（4）按摩器。长时间驾驶难免会腰酸背疼，市场上有一种小巧的汽车专用按摩器，只要将按摩器的电源插到点烟器，就可有规律地振动，按摩人体的穴位，以缓解疲劳。但应该注意，停车时使用时间不要过长，以防蓄电池耗电过多，影响汽车正常起动。

（5）对话器。在当今的信息时代，汽车流动通信装置也越来越多。对话器可以安装于车内的扬声器、内置 DSP（数字信号处理，Digital Signal Processing）电子控制箱等部位，备有免提扬声器、鹅颈通话器及高灵敏度耳机，安装简单，使用方便，语音清晰。

（6）挂饰。一些精致漂亮的小挂件，如悬挂风铃、中国结等，可以不同程度地体现车主的个性与喜好，但应注意，部分城市的法规不允许车内一些部位悬挂饰件。

（7）抱枕。许多车上都有抱枕，可以使车上人员感到轻松舒适。其质地柔软、手感舒服，且大多有卡通人物图案，如小熊、小狗等。

（8）方向球。固定在汽车方向盘上，有圆形和椭圆形，可以根据驾驶员的喜好任意安装在方向盘的左边或右边，特别适于单手驾驶操作。车辆转弯时，只需要轻轻拨动方向球，就能实现理想的操控效果，如一些矿山用的重型货车，安装方向球以后可以大大降低劳动强度。但一般不建议安装，特别是驾驶不熟练的人员。

（9）赛车方向盘。为了追求动感，将方向盘换成赛车方向盘，可在一定程度上提高方向盘的操作速度和可靠性。

（10）方向盘书架。属于汽车休闲类用品，借助于方向盘的自然人体工程学设计，将汽车方向盘快速转变为一个办公平台，可将书籍、笔记本电脑等放置在上面，便于在车内阅读、写作或观看视频。方向盘书架还设计有笔套和橡皮筋夹，可防止较厚的书籍页面回翻。

（11）眼镜架。对于车主来说，太阳镜是不可缺少的配置，但是不使用时就需要一个合适的地方摆放。遮阳板式眼镜架可以把眼镜夹在遮阳板上，十分方便。

（12）手机架。驾驶汽车时为了安全，就需要配置一个手机架，以方便查看电话或进行相应合理的操作，如接通电话等。

（13）饮料架。为了在车上方便摆放水杯、易拉罐等，需要配置饮料架。

（14）安全平面镜。为了增大视野范围，减小盲区，可以在观后镜上安装安全平面镜，360° 旋转，使驾驶更加安全。

（15）指南针。对于经常驾车出游的人来说是必不可少的装备，可以安装在仪表板或车窗上，具有各种款式，还有一定的装饰效果。

（16）温度计。

（17）闪光棒感应器。夜间驾驶，有时会感到烦闷，如果车内装有可随着音乐节拍而闪烁的闪光棒，则可以调节情绪，缓解疲劳。闪光棒感应器安装简单，只需要把电源插到点烟器，并固定于合适的位置即可。

（18）荧光脚踏板。对于驾驶不是很熟练的人来说，总担心踩错踏板，因此安装荧光脚踏板可以起到一定的作用，特别是在心理上。

（19）位置灯。使用新型夜光涂料制成，可以发出鲜艳的光，不仅具有很好的装饰效果，而且还方便在停车场找车。

（20）便携式充气泵。汽车轮胎气压不足时方便充气，只需要把插头插到点烟器，连接好管路即可，还可以检测轮胎气压。

习　题　8

1. 填空题

（1）按使用功能，座椅可分为________座椅、________座椅和________座椅三种。

（2）车内空气净化措施有________、________、________、________、________。

（3）人工生成臭氧的方法主要有________、________、________。

（4）常用发生负离子的人工方法有________、________、________、________、________。

（5）光触媒的作用有________、________、________、________。

（6）汽车隔音工程所采用的材料根据功能不同可分为________、________、________、________。

2. 判断题

（1）真皮座椅受热后易出现老化现象，如护理不当，易过早失去光泽，甚至开裂。（　　）

（2）由于负离子有很好的杀菌消毒作用，故有很好的保鲜功能。（　　）

（3）光触媒主要是指以 TiO_2 为主要光催化剂的产品总称。（　　）

3. 简答题

（1）汽车内部装饰所包括的内容有哪些？

（2）车内污染有哪些？

（3）简述负离子净化空气原理。

（4）负离子的作用有哪些？

第 9 章　汽车护理及汽车精品

9.1　汽车室内清洁护理

汽车越来越重视内部装饰，特别是一些豪华乘用车，装备有结构复杂和昂贵的仪表、自动多温区空调系统、音响系统、车载电视、各类电控装置、丝绒和真皮座椅等。而要创造一个良好的乘坐环境，保持车内清洁，做好室内护理工作显得尤为重要。

车内经常受到外界油污、灰尘、泥沙、吸烟、乘员汗渍及空调循环等不良因素的影响，使车厢内空气污染；地毯、座椅、空调出风口、后备箱等，经常接触潮湿的空气和水渍，使丝绒发霉、真皮老化，甚至产生难闻的气味。此外，滋生细菌，既影响身心健康，又不利于驾驶心境。因此，汽车室内清洁护理非常重要，一般应该每三个月做一次室内专业护理。

1. 汽车室内污垢

（1）室内污垢的种类。

① 油脂性污垢。如润滑油、漆类产品、油彩、沥青及食物油等。

② 水溶性污垢。如糖浆、果汁中的有机酸、盐、血液及黏附性的液体等。

③ 非水溶性固体污垢。如沙、泥、金属粉末、铁锈、虱虫等。

（2）污垢形成过程。

① 黏附。污垢在重力作用下停落或黏附在物体表面，当有压力或摩擦力产生时，污垢也会渗透到物体的表层，变得难以去除，如汽车玻璃及仪表台上的灰尘。

② 渗透。饮料或污水会渗透物件的表面，被物件吸收，以致很难清除。如车门内饰板、脚垫上的饮料等。

③ 凝结。黏性污垢变干凝固后，会紧紧粘贴在物件表面，如汽车内饰丝绒、脚垫或地毯表面的轻油类污垢。

（3）污垢去除方法。

① 机器清洗。使用内饰蒸汽清洗机，配合多功能强力清洁剂，可去除内饰部件上很难清洗的污渍，利用温度极高的热蒸汽软化污渍。一般可用于丝绒、化纤、塑料、皮革等几乎所有室内部件的清洁。

② 手工清洗。一般清洗剂应使用负离子纯净水作为溶剂，采用 pH 值平衡配方。高效的去污配方主要由非离子活性剂、油脂性溶解剂、泡沫稳定剂和香料等组成。对于难以用机器清洗的小部件，可采用手工清洗。

2. 室内除尘

除尘吸尘是室内清洁护理的第一步。汽车内饰最忌受潮，潮气会使内饰发霉、变质，并发出难闻的气味。因此，内室除尘应避免采用水洗的方法。汽车美容应掌握专业的室内清洁步骤：

（1）将车内脚垫和杂物取出，抖去尘粒，倒掉烟灰。

（2）对于制动踏板等部件，可用牙刷或蘸有清洗剂的抹布进行刷洗。

（3）用真空吸尘器按照车内顶部、仪表板、座椅、车门内侧、后备箱、地板的顺序进行吸尘。

（4）注意地板拐角部位的尘垢，必要时应反复清理直至干净。

3．顶棚清洁护理

（1）污渍形成原因。车内顶棚一般为毛料或纤维绒布，因其位置特殊，黏附的油污较少，其主要污染是吸附的烟雾、粉尘及人体头部的油脂。如果不及时清除，在空气中水汽作用下便会黏附在顶棚上。

（2）清洁剂选择。清洁顶棚一般只能采用手工方法。对于化纤织物，应选用专用的化纤织物清洁剂，不能使用碱性较强的洗衣粉或洗洁精。如果对选用的化纤织物清洁剂没有把握，最好先在车内隐蔽部位试用，确认不会使纤维变色或变质后，再进行大面积使用。

（3）清洁方法。

① 将化纤织物清洁剂喷到污垢处，稍等片刻，用干的洁净纯棉布或毛巾将顶棚中的丝绒清洁剂污液吸出，再从污迹边缘向中心进行擦拭。

② 污垢严重时可多次重复以上操作，处理干净后用另一块干净的棉布顺着车顶的绒毛方向抹平，使其恢复本来的容貌。

③ 车顶棚内填充物是隔热吸音的材料，吸收水分能力强，清洁时一定要用干抹布，否则湿抹布会使清洁剂浸湿车顶材料，很难干燥。

4．仪表板等塑胶件清洁

仪表板与杂物箱一般为塑胶制品，外表存在较多细条纹，沾染的成分简单，多为灰尘，容易清除。

清除方法如下：

（1）先用湿毛巾擦拭，再使用专用塑胶护理上光剂处理。只需轻轻擦拭，清洁、上光便可一次完成，即可得到一个干净光亮的表面。

（2）如个别部位积污垢太多，导致无法清除时，可喷洒塑料皮革清洁剂，然后用软毛刷刷除，再用蘸有清水的毛巾擦拭，最后用麂皮吸去水分。

（3）仪表板清洁完成后可喷涂一层皮革（或塑料）保护剂，3～5min 后再用绒布擦拭，即能起到很好的保护作用。最后喷涂能保持表面光亮，也不容易沾染灰尘并且容易擦拭。仪表盘部位在使用清洁剂擦拭时，动作要轻柔，避免划伤仪表盘。

（4）如方向盘外面包有外套，可先将外套拆下单独处理，其材质一般为橡胶或塑料，可以用橡胶或塑料清洗剂清洗，再用清水冲洗，最后喷涂橡胶保护剂或光亮剂。

5．座椅清洁护理

座椅沾有大量人体汗渍、油渍和细菌，座椅的清洁护理应根据其材质来确定。

（1）化纤织物座椅。

① 机器清洗。将化纤织物清洁剂装入电热式多功能清洗机中，喷在座椅表面，对污物严重的地方可以重点喷涂，对于座椅表面则应使用小刷子来清洗。

② 手工清洗。取一块洁净的干毛巾，用化纤织物清洗剂喷到污处，等 1～2min 后将毛巾用力压在脏污处，挤出溶解油垢、污物液体，再从四周向中间仔细擦拭（或用毛刷刷洗），直到清除污迹，用干毛巾或麂皮吸干。

（2）人造革、真皮座椅的清洗。

① 将化纤织物清洁剂喷到座椅表面，稍等片刻，用软布仔细擦拭，从四周向中间逐渐

进行，再用一块干的软毛巾擦干。

② 打开车门，使空气流通，晾干皮革上的水分。

③ 将真皮上光保护剂喷在打蜡海绵上，像打蜡一样均匀地涂在座椅表面。

④ 10min 后用干毛巾擦干作为最后的上光处理。

6．门饰板的清洁护理

门饰板有化纤织物和皮革两类。一般门饰板距离乘员近，因为手接触而容易脏污，且油污较多，可采用与座椅清洁相同的方法进行。

7．安全带的清洁护理

拆下脏污的安全带，用中性肥皂水或温水擦洗。不可选用染色剂或漂白剂作为清洗剂清洗，否则将降低安全带的强度。清洗安全带时应注意卷带前安全带必须完全干，不能用化学清洁剂擦洗安全带。

8．空调通风口的清洁护理

（1）掌握空调进出风口和进气滤网位置。

（2）清洁时，用真空吸尘器对各进出风口吸尘，然后取下进气滤网，清除灰尘，用湿毛巾擦去进出风口的灰尘和污垢。

（3）由于空调通风口有栅格，清洁时使用海绵条蘸取塑料清洗剂处理，也可以用小的软毛刷配合进行仔细清洗。

（4）后排座椅上的控制面板由于容易沾染油脂、汗渍，应采用塑料清洗剂进行清洁，喷涂后用毛巾轻轻擦拭，但应避免用力过大，以免损坏电控开关和刮花面板上的饰件。

9.2 汽车车载精品

9.2.1 车载信息精品

1．车载电话

（1）车载电话的功能。

① 声控免提功能，避免了开车用手接打手机造成的危险。

② 具有 DPS 数字功能，可以过滤杂音，使语音更清晰，以免驾驶员注意力下降。

③ 车载电话的天线置于汽车外面，车内没有电子信号辐射，对人体较安全，也不会对车内的精密仪器产生干扰。

④ 车载电话还可多方通话、语音和数据切换，加上传真机和电脑，就可以使车辆成为移动办公室。因此，它是符合人类商业活动及生活形态发展的产品。

（2）车载电话的分类。

① 车载蜂窝电话。固定安装在车辆上，可随车移动，它与交换台之间依靠无线电联系。为了有效利用无线电波，增加用户容量，必须利用相同频率的无线电波。为此，将通信区域划分为一个个小区，每个小区建立覆盖整个区域的基站，相邻小区的边缘存在重叠区，这样，当汽车行驶在这些区域时，通过信号的相互转换就可以保证通信不中断。

车载蜂窝电话的主要设备包括无线电发射/接收机、电话机和天线（图 9.1），一般用于高档商务车上。

车载蜂窝电话通常固定在前排中央扶手中，按键放置在空调出风口处。通话效果比较好，即使在屏蔽性和电磁干扰较大的车厢内也依然能保持优良的通话效果。接收信号性能比无线耳机所连接的手机高 25%，再配合专用车载天线后，在许多手机信号极弱的环境下，也能保持清晰的通话效果。同时还可与汽车音响自动切换。

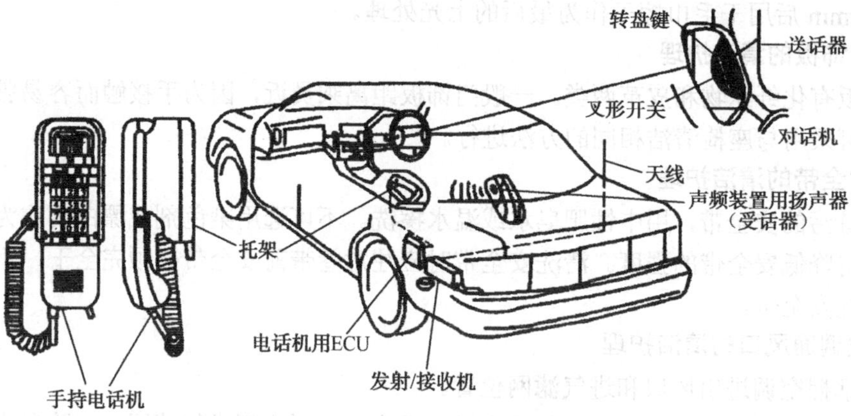

图 9.1　车载蜂窝电话的组成

② 车载手机免提电话。这类电话的原理很简单，用车主的手机接收通信信号，然后利用蓝牙或拾音器收集手机声音，通过车载广播系统或者车载音响播放。这类车载电话安装很简单，无须专业人员安装，但它对电磁波辐射的控制没有车载蜂窝电话好，因而音质和可听辨程度也较差。

车载手机免提电话因其结构简单，安装方便，成本低廉，成为目前汽车通信的主流。

车载手机免提电话按其组成部件的结构特点及功能，可分为有线车载免提电话、无线车载免提电话和蓝牙车载免提电话。

车载电话的安装位置如图 9.2 所示。

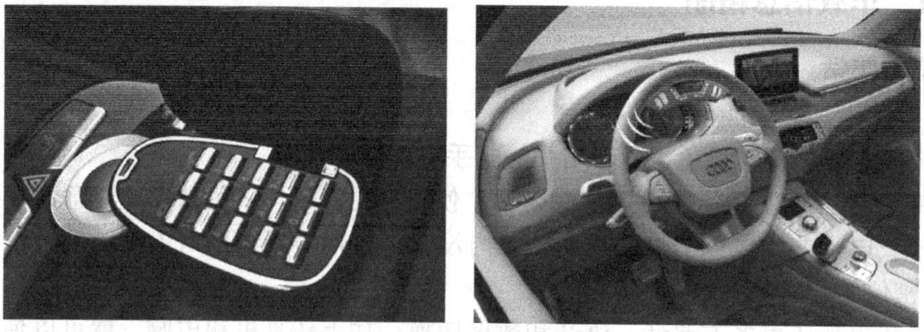

图 9.2　车载电话的安装位置

（3）车载电话的特点。

① 信号强。众所周知，手机的信号强度与运营商为其移动通信网络架设基站的发射功率以及手机离基站的远近息息相关。在电梯、火车、地下通道等比较封闭的地方，手机信号要穿过的障碍物增多，也会影响手机信号强度。而车载电话可以外接一根增强信号的天线，这样就基本上保证了通话的畅通无阻。

② 辐射低。当使用手机时，手机会向发射基站传送无线电波，而无线电波或多或少地会被人体吸收，这些电波就是手机辐射。这些辐射有可能改变人体组织，对人体健康造成不利影响。而车载电话使用的是外置天线，外置天线放置的位置离人体至少有 1m 的距离，大

大降低了辐射给人体带来的伤害。

③ 通话品质卓越。虽然目前很多手机已带有免提功能，但音量都不完美。车载电话具有独立的大功率扬声器，也可以通过接线使对方的声音从汽车音响中传输出来，使用户获得商务级通话品质。

④ 尊贵大气的外观设计。车载电话通常都有比较大的键盘，在车上拨号时非常方便，有些车载电话还有语音拨号和语音指令的功能，可用声音方式对电话进行操控，而不必再按数字键盘，保证了行车安全。

（4）车载电话使用注意事项。

① 在打开点火开关时，车载电话自动接通电源。

② 关闭点火开关时，互动式电话不会自动切断电源；它会根据设置的断电延时时间延迟断电。

③ 定时检查车载电话，确保其正确安装及正常工作。要使用车载电话，必须插入一张有效 SIM 卡。

市场上车载通信产品主要有车载电话与车载蓝牙免提电话两类，二者主要区别是：车载电话需要插入 SIM 卡，而车载蓝牙免提则不需要；车载蓝牙免提是利用蓝牙与手机配对后，开始进行通信。

2. 车载对讲机

车载对讲机是一种安装在汽车上使用，可与一个人或一组人通话的通信设备。

（1）车载对讲机的特点。

① 对讲机不受公用通信网络限制，可在网络未覆盖的地区进行无线通话。

② 没有通话费用，是一种无成本通话方式。

③ 对讲机可提供一对多的通话方式，方便集体联络。

④ 对讲机的不足之处是通信有效距离有限，一般为 3～5km，最远不超过 20km，通信有效距离主要受对讲机发射功率和障碍物的影响，常见民用对讲机有 3W、5W 和 8W 等。

（2）车载对讲机的组成。

一般对讲机主要由主机、充电器及耳机等部件组成，如图 9.3 所示。

① 主机。主机包括机体、天线及电池。

a. 机体。一般由外壳、PTT 按键和电源插孔、PCB 组件、LCD 部分，音量/开关钮、编码旋钮、指示灯、MIC 等组成。PTT 按键起发射开关的作用，一般在侧面。指示灯指示工作状态，一般在顶部。对讲机的顶部还有音量/开关和编码旋钮、选择频道。LCD 部分直观显示对讲机的工作状态。PCB 组件是对讲机的核心部分，重要的器件在 PCB 上，非专业人员最好不要拆卸。

b. 天线。分为天线外套和天线芯两部分。天线外套一般用 TPU 材料制成，天线芯一般采用螺纹结构与主机相连，拆卸方便。

图 9.3 对讲机

c. 电池。电池分镍氢和镍铬电池，容量有 600mAh、800mAh、1100mAh、1300mAh、1500mAh 等。

② 充电器。充电器与交流电转换器共用，对电池或整机进行充电。充电器一般由 DC 插座、充电弹片、指示灯、按键等组成。DC 插座与交流电转换器相连，弹片与电池极片相连，按键起放电作用。

③ 耳机。耳机通过信号线与主机相连，放在耳朵上，可使对讲机免提。

3. 行驶记录仪

汽车行驶记录仪，俗称汽车黑匣子，是对车辆行驶速度、时间、里程以及有关车辆行驶的其他状态信息进行记录、存储，并可通过接口实现数据输出的数字式电子记录装置，如图9.4所示。具体规定可参考GB/T19056-2012《汽车行驶记录仪》。

图9.4 汽车行驶记录仪

由于记录仪能够实时地记录车辆运行和驾驶员驾驶活动的相关信息，它可在约束驾驶员的不良驾驶行为（如疲劳驾驶、超速等）、预防道路交通事故、保障车辆行驶安全、提高营运管理水平等诸多方面发挥重要的作用，并将为事故分析和鉴定提供原始数据。

（1）汽车行驶记录仪的功能。

① 记录功能。汽车行驶记录仪能够监测并记录车辆行驶的速度、制动、鸣笛、转向、倒车、停车、灯光使用、行驶里程、工作时间等多项数据。

② 存储功能。汽车行驶记录仪可存储车辆、驾驶员及主管单位的基本信息，并可将监测和记录数据进行及时存储。

③ 显示功能。汽车行驶记录仪配备的显示器可实时显示当前车速及时间，也可显示之前存储和记录的数据。

④ 提示功能。汽车行驶记录仪可通过声光信号提示汽车超速、驾驶员疲劳等信息。

⑤ 打印功能。有些汽车行驶记录仪配有掌上打印机，可随时打印所需信息。

⑥ 传输功能。汽车行驶记录仪配有USB接口，可使用U盘将信息传输到PC或笔记本电脑。

⑦ 报警功能。当汽车发生事故时，有些汽车行驶记录仪可立即通过无线电通知与行驶记录仪相连的中心传播系统。另外，有些汽车行驶记录仪里还附加了一套全球定位系统（GPS或北斗导航系统），该系统会在汽车出事后，立即找出离出事地点最近的急救号码并自动拨打，随后又将出事汽车的信息立即通过传输器传送给医院或者急救中心，以方便医生在前来抢救的过程中，及时了解伤者的情况。

⑧ 防盗功能。有些汽车行驶记录仪还具有反劫防盗功能，汽车安装该类行驶记录仪后，除了车主和车主委托的人外，其他人有了车钥匙也无法起动汽车，即使拆除汽车行驶记录仪仍无法起动汽车。

（2）汽车行驶记录仪的组成。

汽车行驶记录仪由硬件和软件两部分组成。硬件主要包括传感器、记录器、显示器和数据采集器，软件为计算机处理软件系统。

① 传感器。传感器是向记录器传递其感知到的汽车各种工作状态的物理器件，其与主机上的标准接口连接。

② 记录器。记录器是汽车行驶记录仪的主体部分。记录器能在汽车行驶过程中客观、

精确地记录下多种工作状况，如前进、加减速、匀速、转弯、倒车、爬坡、怠速、超速时的参数。记录器具有防水、抗振、防火、抗燃烧、抗电子干扰等性能，其工作状态稳定，工作温度适用的范围较宽（-25～65℃），且具有数据存储功能，当遇到不测或被切断电源后，原先记录下的数据仍被保留下来，并可保存 10 年以上。

③ 显示器。显示器是用于显示汽车行驶时各动态数据的器件。具体的显示内容包括时间（年、月、日、时、分）、行驶中的瞬时车速、本次里程等。其中，瞬时速度可以反映出停车前 1 min 和 10min 两个行程的最高车速。显示器位于仪表板上，供驾驶员随时了解车辆行驶状况，以便及时修正和控制车辆运行状况。

④ 数据采集器。数据采集可使用数据采集处理卡或 USB 可移动硬盘。数据采集处理卡是一种便携式的用于数据采集、存储、显示、存档和报警受话的磁卡，将其插入记录器里，便显示并记录下该汽车的牌号、驾驶证号、采集的时间及各种状态下的工作数据，也可把采集到的若干数据传输到计算机存储，进行图像处理、交通事故再现分析等。

⑤ 计算机处理软件系统。计算机处理软件系统可直接采集、设置记录器中的时间、限速范围和一切能改写的汽车参数，也可采集从采集处理器中得到的数据，供事故分析和存储。该系统还可用图像形式再现发生事故的汽车行驶轨迹。

9.2.2 汽车安全精品

汽车安全精品主要有防盗装置、倒车雷达、倒车摄像头、胎压监测系统、抬头显示、OBD 行车电脑显示器等。防盗装置、倒车雷达等内容详见第 10 章。

1. 胎压监测系统（TPMS）

胎压监测系统 TPMS（Tire Pressure Monitoring System）主要用于汽车行驶过程中对轮胎气压进行实时监测，对轮胎漏气和低压进行报警，以保障汽车行驶安全。

（1）轮胎气压对汽车行驶安全性的影响。

① 轮胎气压对汽车承载能力的影响。为了保证汽车行驶安全，首先要考虑的因素就是根据汽车的最大总质量选择能够承受相应负荷的轮胎。不同规格的轮胎具有不同的额定负荷，轮胎负荷又与轮胎气压有关，轮胎气压愈高，所能承受的负荷也就愈大，但充气压力过高容易导致爆胎，还会造成轮胎异常磨损，使轮胎的使用寿命大大降低。但是，轮胎的气压也不能过低，气压过低，所能承受的最大负荷就会减小，滚动阻力明显增加，汽车的动力性能将变差，同时制动、转向性能也会受到影响。另外，由于滚动阻力增加，轮胎磨损将加剧，从而缩短了轮胎的使用寿命。如图 9.5 所示为轮胎气压与载荷的关系曲线。

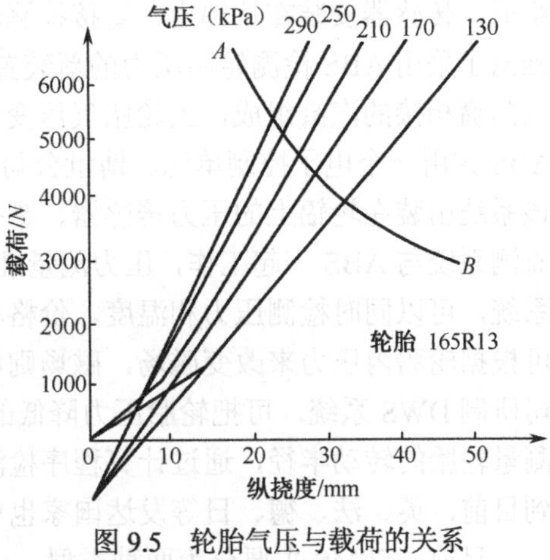

图 9.5 轮胎气压与载荷的关系

② 轮胎气压对制动性能的影响。当汽车在高速转弯或制动时，轮胎与地面的接触情况发生了变化，由滚动状态变为边滚边滑或纯滑动状态，这种现象是由于惯性力的合力超过汽车与地面最大附着力而产生的。汽车轮胎出现边滚边滑或纯滑动状态时，汽车很容易跑偏或甩尾，从而失去控制，给行车安全造成极大的威胁。

侧滑现象的产生取决于最大滑动摩擦系数，而影响最大滑动摩擦系数的一个重要因素是轮胎的气压。一般来说，轮胎的气压越大，则轮胎的刚度越大，轮胎的接地压力也越大，最大滑动摩擦系数越小。所以轮胎的气压越高，汽车转向或制动时发生侧滑的可能性也越大，据统计资料，当轮胎气压增加 10%时，侧滑现象发生的可能性增加 20%～30%。

③ 轮胎气压对侧偏特性的影响。轮胎对汽车操纵稳定性的影响主要来自于轮胎的侧偏特性。侧偏特性是指侧偏力、回正力矩与侧偏角之间的关系。根据汽车使用性能知识，在侧向力的作用下轮胎接地印迹出现扭曲，这时车轮运动方向与轮胎旋转平面成一定的角度，称为侧偏角，而轮胎接地印迹上的地面给轮胎的反力称为侧偏力。当侧偏角在 3°～4° 范围内时，侧偏力与侧偏角成线性关系，这一直线段的斜率称为侧偏刚度。轮胎的气压越高，其侧偏刚度越大，相同侧偏角下产生的侧向力越大，此时转弯的操纵稳定性愈好。但是当轮胎气压增加时，回正力矩减小，对汽车的直线行驶操纵稳定性带来不好的影响。

④ 轮胎气压对高速性能的影响。通常汽车轮胎的爆裂是与驻波现象联系在一起的。当轮胎承受负荷时，轮胎与路面接触的部分会发生微小变形。汽车前进时，轮胎变形的部分离开路面后，便恢复原状，从轮胎的某一触点来看，都可以看出轮胎是在变形和还原的循环中转动的。在高速行驶时，轮胎变形的恢复速度没有轮胎的圆周速度快，有时会在轮胎触地面后侧发生波状变形，这种现象被称为驻波现象。产生驻波后轮胎的变形花纹与路面激烈摩擦，温度急剧上升，导致外胎面橡胶和内部胎体产生剥离，最后轮胎爆裂，汽车失去控制。发生驻波现象后直到轮胎爆裂，驾驶员感觉不到这种异常的过程。所以在高速行驶时，驻波现象是十分可怕的。

汽车在长时间高速行驶时，如果轮胎气压选择不当极易产生驻波现象，轮胎气压不同，产生驻波的临界时速是不同的。消耗功率的突然增加点，即为临界时速，也就是驻波的发生点。轮胎气压越高，其发生驻波现象对应的车速越高。

（2）胎压监测系统的发展。

据统计，在我国高速公路上发生的交通事故有 70%是由于爆胎引起的，而在美国这一比例则高达 80%。要防止爆胎就需要对轮胎气压进行实时自动监测，以提高汽车的行驶安全性。

轮胎压力自动监测系统，早在 20 世纪 70 年代末就已经开始研究。英国卢卡斯（Lucas）公司在 1981 年就推出了驾驶室设置接收器和每个车轮均有传感器的装置原型。随后 C.P.K 和 Marketing 公司也相继开发了自己的产品，其基本结构由传感器、信号发生器和接收器三部分组成，传感器安装在轮辐上，直接检测轮胎的内压。德国 Wabco 公司和博世公司在 1989 年推出了采用 ABS 检测轮胎压力的新装置。Wabco 系统由一个 3/2 通道的控制阀和一个与轮胎气门嘴相接的汽缸组成，当轮胎气压变化时，汽缸活塞使 ABS 传感器的信号发生变化，与 ABS 共用一个电子控制单元。博世公司生产的汽车轮胎压力监测系统已批量安装在汽车上。该系统由装在轮辐上的压力传感器、带有显示器的电子部件和高频收发两用机三部分组成，监测系统与 ABS 一起工作，压力测量准确度约为 0.0005Pa。德国 Boduco 公司研制的 Primac 系统，可以同时检测压力和温度，价格相对于同类产品便宜。固定在车轮上的无源传感器，可根据轮胎内压力来改变磁场，磁场则由装在底盘固定件上的电子传感器测出。英国 S.P 公司研制 DWS 系统，可把轮胎压力降低的信号通知驾驶员，系统利用 ABS 车轮转速传感器，测量轮胎的转动半径，通过计算程序检测轮胎的压力。还有其他公司也推出了相应的产品。到目前，英、法、德、日等发达国家也申请了许多这方面的专利。

目前，TPMS 主要分为两种类型：一种是间接式 TPMS，它通过汽车 ABS 的轮速传感器来比较轮胎之间的转速差别，以达到监视胎压的目的，其缺点是无法对两个以上轮胎同时缺气的状况和速度超过 100 km/h 的情况进行判断。另一种是直接式 TPMS，它利用安装在每一个轮胎里的锂离子电池为电源的压力传感器来直接测量轮胎的气压，并通过无线调制发射到安装在仪表板的监视器上；监视器随时显示轮胎气压，驾驶员可以直观地了解各个轮胎的气压状况，当轮胎气压太低或有渗漏时，系统会自动报警。

未来的轮胎气压监测系统是集轮胎气压检测与实时控制为一体的智能化系统。系统将向着结构最小化、性能最优化、价格低廉化、安装方便化等方向发展，并尽可能地提高其性价比。

（3）胎压监测系统的分类。

胎压监测系统可分为两种：一种是间接式胎压监测系统，通过轮胎的转速差来判断轮胎是否异常；另一种是直接式胎压监测系统，通过在轮胎里面加装四个胎压监测传感器，在汽车静止或者行驶过程中对轮胎气压和温度进行实时自动监测，并对轮胎高压、低压、高温进行及时报警，避免因轮胎故障引发的交通事故，以确保行车安全。

① 间接式胎压监测系统。

间接式轮胎压力监测系统（WSBTPMS），需要通过汽车 ABS 系统的轮速传感器来比较轮胎之间的转速差别，以达到监测胎压的目的。ABS 通过轮速传感器来确定车轮是否抱死，从而决定是否起动防抱死系统。当轮胎压力降低时，车辆的重量会使轮胎直径变小，车速就会产生变化。车速变化就会触发 WSB 的报警系统，从而提醒车主注意轮胎胎压不足。因此间接式的 TPMS 属于被动型 TPMS。

② 直接式胎压监测系统。

直接式轮胎压力监测系统（PSBTPMS），是利用安装在轮胎上的压力传感器来测量轮胎的气压和温度，利用无线发射器将信号从轮胎内部发送到中央接收器模块上的系统，然后对轮胎气压数据进行显示。当轮胎出现高压、低压、高温时，系统就会报警提示车主。并且车主可以根车型、用车习惯、地理位置自行设定胎压报警值范围和温度报警值。因此直接式的 TPMS 属于主动型 TPMS。

直接式胎压监测系统可以提供更高级的功能，随时测定每个轮胎内部的实际瞬压，很容易确定故障轮胎。间接式胎压监测系统造价相对较低，已经装备了 4 轮 ABS 轮速传感器的车辆只需对软件进行升级。但是，间接式胎压监测系统没有直接式胎压监测系统准确率高，且不能确定故障轮胎。

此外，还有一种复合式 TPMS，它兼有上述两个系统的优点，它在两个互相成对角的轮胎内装备直接传感器，并装备一个 4 轮间接系统。与全部使用直接系统相比，这种复合式系统可以降低成本，克服间接系统不能检测出多个轮胎同时出现气压过低的缺点。但是，它仍然不能像直接系统那样提供所有 4 个轮胎内实际压力的实时数据。

（4）间接式胎压监测系统的安装（以铁将军智感 850 为例）。

① 安装传感器的方法见表 9.1。

② 显示器接口插入点烟器。

（5）直接式胎压监测系统的安装［以凯佑（CAREUD）U903C N4 为例］。

① 安装传感器的方法见表 9.2。

表 9.1　传感器的安装

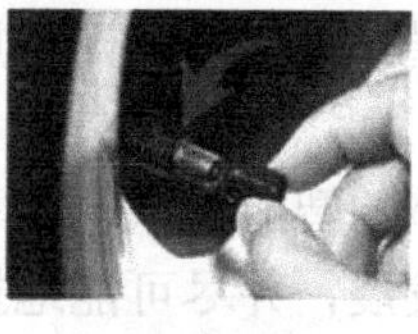 ①旋出气嘴防尘盖	 ②旋进六角螺母	 ③套入防拆垫片
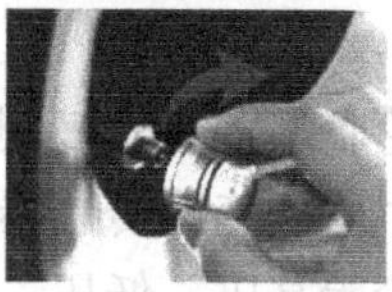 ④按传感器外壳位置标识 旋入对应轮胎并拧紧	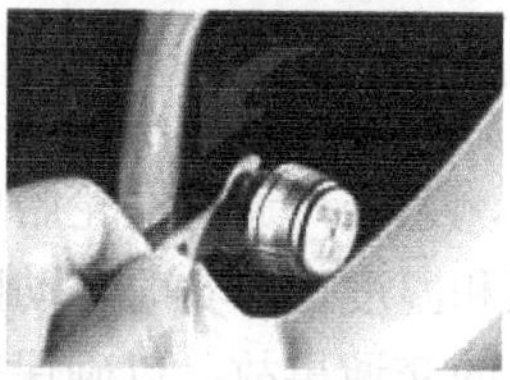 ⑤用螺母扳手反向拧紧传感器	 ⑥用肥皂水检查是否漏气

表 9.2　传感器的安装

 ①顶起车身，取下轮胎	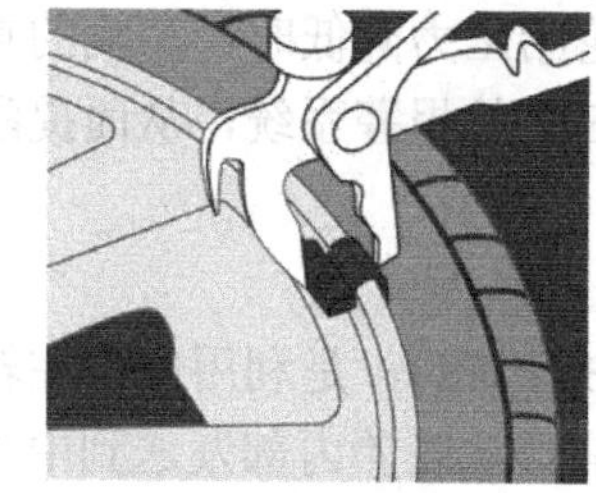 ②取下原轮胎的配种铅块	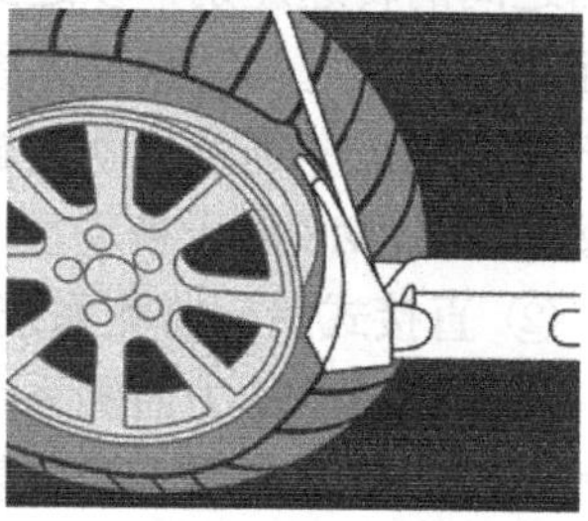 ③用拆胎机拆下轮胎
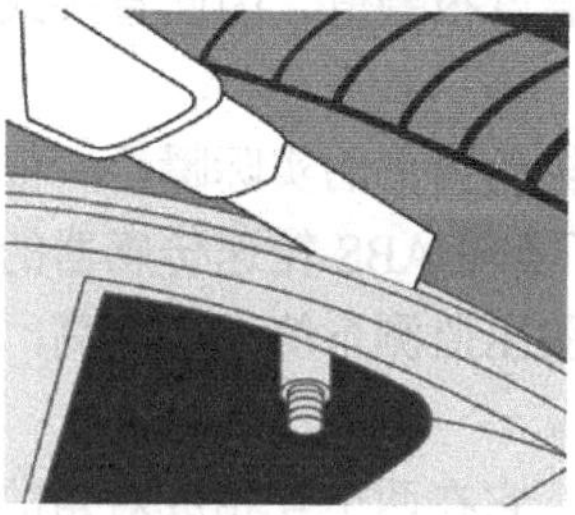 ④割掉原轮毂上气嘴底部橡胶	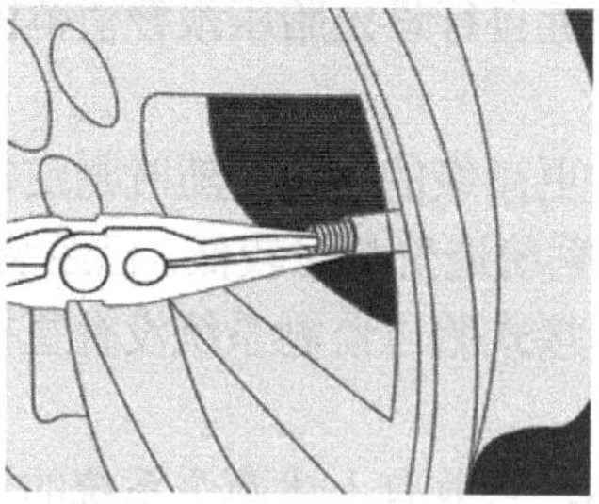 ⑤扯出原配气嘴，清理残留物	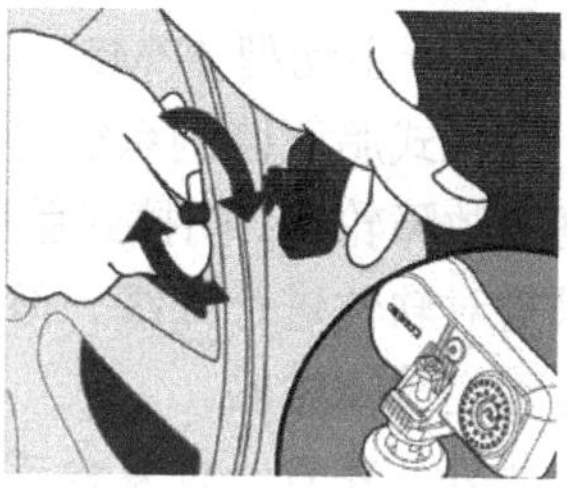 ⑥安装传感器
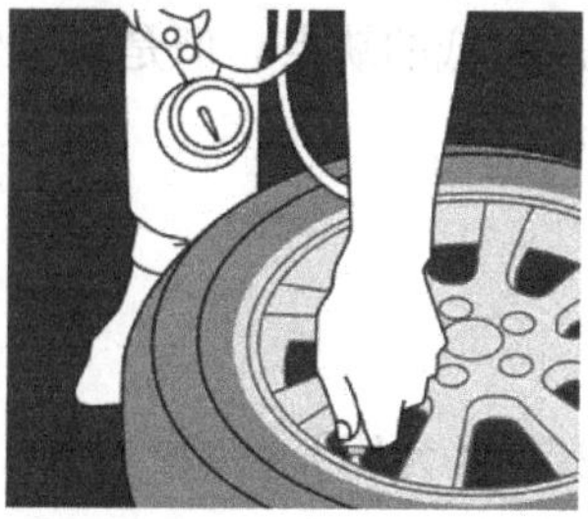 ⑦把轮胎和轮毂装好并充气	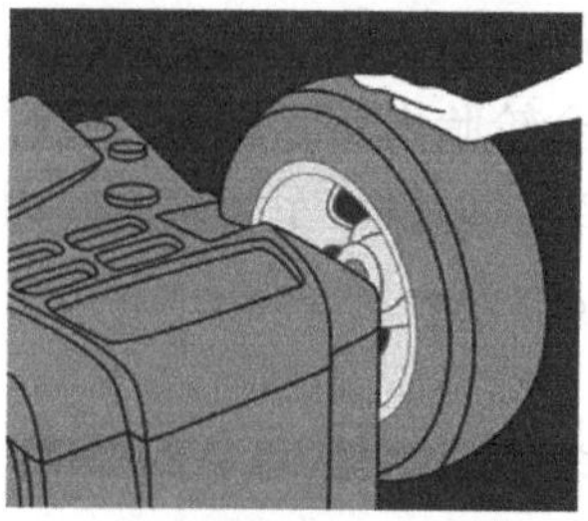 ⑧做轮胎动平衡	

② 安装显示器。

2．OBD 行车电脑显示器

采用 ECU 协议技术从汽车 OBD 接口传输数据。OBD-II 在诊断功能和标准化方面都有较大的进步。故障指示灯、诊断连接口、外部设备和 ECU 之间的通信协议以及故障码都通过相应标准进行了规范。此外，OBD-II 可以提供更多的数据被外部设备读取。这些数据包括故障码、一些重要信号或指标的实时数据以及冻结帧信息等。1998 年 10 月 13 日欧盟委托 ISO 组织在 OBD-II 制定了 EOBD 标准，我国在 2005 年 4 月 5 日在 EOBD 标准上制定了一套 COBD 标准。如图 9.6 所示为车 e 通 A602 行车电脑显示器。

图 9.6　车 e 通 A602 行车电脑显示器

该型号行车电脑显示器不但能读取 ECU 实时数据，如平均车速、油耗、水温、胎压等，还具有报警功能（当监测到车况数据异常时及时报警）、读取和清除故障代码功能。

OBD 行车电脑显示器安装简单，只需要把数据线与车辆 OBD II 接口连接即可。

9.2.3　其他车载电器精品

1．车载冰箱

车载冰箱是汽车上的一种冷藏设备，可以存放矿泉水、饮料和水果等，一般制冷的环境温度是 18℃左右。常见车载冰箱容积有 4、8、15、20、35L 等，按其功能可分为储能型冰箱、冷热型冰箱和车家两用型冰箱；按其结构可分为立式冰箱、卧式冰箱、扶手式冰箱和掌上式冰箱。安装车载冰箱很简单，只需要将冰箱的电源插头插在汽车点烟器插口或后备箱低压电源输出口即可。有的冰箱不需要电源，直接用冰块就可以。

车载冰箱如图 9.7 所示。

图 9.7 车载冰箱

2．车载饮水机

车载饮水机是汽车上用于装载饮用水并可制冷和加热的电器产品。使用车载饮水机可以喝到冰镇的冷水和开水，既满足了一般乘员的饮水需要，也为喜欢喝茶、冲咖啡的乘员提供了方便。轿车专用型饮水机一般安装在前排两座椅之间或仪表板下方，有些机型配备有可调节长、宽、高的无打孔安装支架。

车载饮水机安装示意图如图 9.8 所示。

图 9.8　车载饮水机安装示意图

3．车载空气净化器

车内污染物的来源主要有：

（1）车窗缝隙的粉尘颗粒。

（2）坐垫、皮套等内饰产生的甲醛、苯等。

（3）方向盘、按键附着的细菌和病毒。

（4）空调出风口的灰尘和螨虫。

（5）汽车排放废气。

（6）车内滞留的二手烟。

（7）发动机产生的胺、烟碱等。

车载空气净化器一般具有净化空气和加湿功能，如图 9.9 所示为车载空气净化器。空气净化主要通过活性炭滤网、光触媒滤网、负离子等过滤空气中有害气体及污物，并具有杀菌作用。此外，空气净化器还具有加湿功能，可改善车内湿度。一般空气净化器只需要插入点烟器即可，部分车载空气净化器采用太阳能供电，且具有锂电池，在净化空气的同时还环保，也减小了车载设备用电负荷。

4．车载微波炉

车载微波炉是安装在车内通过微波烹制食品的车载电器，如图 9.10 所示。其工作原理是：首先将车载蓄电池电压升高到 4000V 左右，然后驱动磁控管发射微波烹制食品。该装置具有结构简单、体积小、携带方便、使用可靠等优点。车载微波炉安装简单，只需将其放置在车内合适位置，接通电源即可。

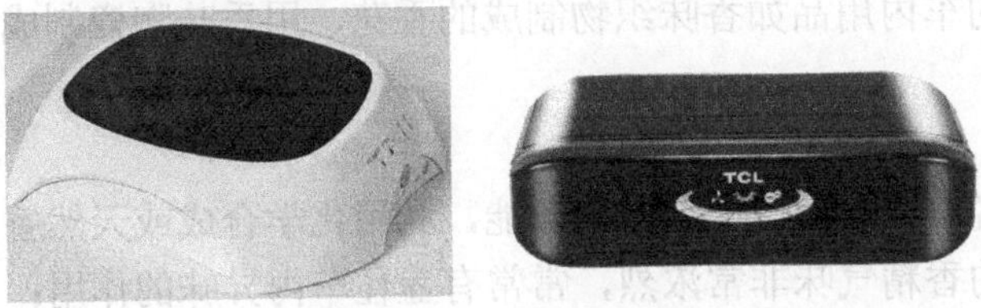

图 9.9 车载空气净化器

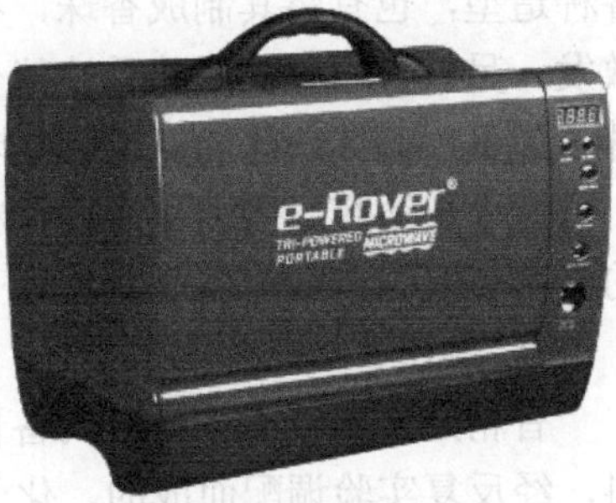

图 9.10 车载微波炉

9.2.4 车用香品

由于车内通风条件较差，霉味、烟味及橡胶、皮革等材料的气味难以散发，为使车内空气清新，营造温馨舒适的乘车环境，车用香品起到重要作用。

1. 车用香品的功能

（1）净化车内空气。车用香品能清除车内异味并具有杀菌作用，从而达到净化空气的目的。

（2）营造温馨乘车环境。车用香品怡人的芳香，营造了温馨、舒适的车内环境，增添了车内浪漫情趣。车内配置一款好的香品，犹如一首优美的抒情诗、一段迷人的曲子、一杯浓郁的香茗。

（3）利于行车安全。车用香品使车内空气清新，具有清醒头脑、抗抑郁和使人镇定等功效，从而使驾驶员精力集中，保持良好精神状态，提高了行车安全性。

（4）具有装饰作用。车用香品的容器造型各异，绚丽多彩，可与车内饰品相媲美，让人赏心悦目，具有独特的装饰效果，如图 9.11 所示。

图 9.11 车用香品

2. 车用香品的种类

车用香品按形态可分为气雾型、液体型和固体型 3 种。

（1）气雾型车用香品。即常说的空气清新剂，主要由香精、挥发性溶剂和气雾剂组成，可分为干雾型和湿雾型等多个品种。这种香品里还含有杀菌除臭剂，可以覆盖车内某些特殊异味，如烟草味、鱼腥味和宠物体味等。

（2）液体型车用香品。即车用香水，是车用香品中比较常见的品种，使用较广。它是由香精和挥发性溶剂混合而成的，盛放在各种具有艺术造型的容器中。

（3）固体型车用香品。主要是将香精与一些材料（如 UV 硬化树脂）混合，然后加压成各种造型，也有将其制成香珠，存放在香珠盒内垂挂在轿车空调出风口，香气便会随风慢慢散发。另外，一种除烟味香沙能分解吸烟时发出的臭气而不会影响香烟的原有味道，共有 5 种味道可供选择，既能保证吸烟者的享受，也能为非吸烟者带来和谐的环境。

此外，还有一些利用芳香材料制成的车内用品如香味织物制成的香花、用香味陶瓷制成的艺术台笔等。

3．车用香品的配制

香精是根据车用香品应具备使人愉悦、净化空气、杀菌等性能，利用化学合成或天然香料，经反复实验调配而成的。化学合成的香精气味非常浓烈，常常有盖住车内异味的作用；天然香料是一种理想的香品原料，如薄荷、樟脑、檀木等，香气宜人，但价格较昂贵。不同的香精按一定比例加入到基料中，可使车用香品散发出各种奇妙的香气。

在香品中往往还配有一种收酵素的化学原料，它能使香气缓慢释放，并具有氧化作用，可分解臭气和杀菌，使香品中释放出来的香气具有抗异味、清脑、镇定等功效。

一般，车用香品的香型和颜色是相互关联的，如黄色为柠檬香、草绿色为青苹果香、粉红色为草莓香、嫩绿色为松木香、紫色为葡萄香、乳白为茉莉香、淡蓝或淡绿色为薄荷香、橘红为樱桃香。

4．车用香品的选用

（1）根据季节气候选用。在寒冷的冬季或炎热的夏季，车内开空调时需选用挥发性强的香品，以便有效去除空调引起的车内异味及其他异味，达到清新车内空气的目的；而在冷暖适宜的春、秋季节，可选自己喜爱的香型。

（2）按个人需求选用。驾驶员行车时，需要保持较好的心态，车内的环境需保持温馨、宁静。所以，可选择清甜的鲜花香气、清凉的药草香气、怡人的琥珀香气等香型的香品。

有的驾驶员习惯吸烟，不妨选用有浓郁的药草香、新鲜的绿茶香、甜润苹果香等香味的香品，可有效去除烟草中的刺激气味。最好不要选用气雾型的香品，因为气雾型香品易着火。如果喜欢开快车，最好选凝胶型固体香品。

（3）根据性别选用。如果驾驶员是女性，专用乘车者也是女性，一般女性选用各种清甜的水果香或淡雅的花香型香品。近来动物造型的车用香水，因造型活泼可爱、优雅风趣，很受成熟女性的喜爱。若驾驶员和专用乘车者均是男性，则选用香品的外观造型比较单调，选择香品时，以古朴为准，并与车内饰物浑然一体，如淡雅的古龙香、琉璃香、龙涎香等车用香品，比较受欢迎。在外观上，木纹、皮革等式样也比较合适。那些过于夸张、过于艳丽的包装车用香水，往往使人感到不舒适，一般不受欢迎。

（4）根据车辆状况选用。因车辆状况差异很大，车内装饰差异也很大，如大型货车与高级轿车的内饰。所以，在选择车用香品时，还要考虑与车内装饰协调，讲究整体和谐。

习 题 9

1．简答题

（1）车载信息精品有哪些？

（2）汽车安全精品有哪些？

（3）简述常用车载电器精品。

第 10 章　汽车防护及改装

随着汽车产业和汽车美容护理行业的飞速发展，汽车防护正日趋完善，并逐步走向成熟。它的服务项目包括以下主要内容。

（1）安装汽车安全报警装置。汽车是高速行驶的交通工具，为使汽车驾驶员和行人及时了解汽车在运行过程中的各种信息，采取果断措施，确保行车安全，汽车上安装了多种安全报警装置，如超速报警装置、超车报警装置、倒车报警装置及多功能安全显示器等。

（2）粘贴汽车防爆太阳膜。在汽车玻璃内表面粘贴防爆太阳膜是汽车防护的重要服务项目。通过太阳膜的作用，可以使乘员免受紫外线的侵害，并可防止玻璃破碎时对乘员造成二次伤害。

（3）安装汽车防盗器。汽车防盗器可有效保证车辆安全，且其辅助功能可以让车主得心应手。

（4）安装汽车辅助驾驶装置。为了提高轿车的使用安全性，许多新技术逐渐应用于汽车，如汽车自动泊车系统、夜视系统、车辆信息交流系统、停车起步系统等。

10.1　汽车防护的意义

汽车防护指在汽车上安装必要的防护及示警装置，最大限度地为汽车和乘员提供预防性保护。汽车防护是汽车美容的边缘项目，在众多汽车美容企业中已逐渐开展，具有重要的意义。

（1）汽车防护装置可以为乘员提供保护作用。

① 安全报警系统的作用。可以及时地向乘员提供汽车运行状态信息数据，有效地保障汽车行驶的顺畅和乘员的安全，减少交通事故的发生，为出行带来极大方便。

② 贴膜的作用。可以有效地隔热、隔紫外线、隔红外线等，使驾驶员和其他乘员免受紫外线的辐射及强热的困扰，在改善汽车乘坐舒适性的同时，为乘员提供良好的预防性保护。另外，在汽车运行中，交通事故时有发生，车辆相撞易造成汽车玻璃的破碎，即使现今采用特种材料及工艺制成的汽车玻璃，也难免对乘员造成二次伤害。汽车防爆膜可以有效改善汽车玻璃的抗冲击强度，提高乘车的安全性。

③ 安全装置的作用。可以利用各种主动和被动安全装置，预防和减少事故的发生；在事故发生时减小对车辆及人员的伤害。

（2）汽车防护可以为车辆安全管理提供保障。汽车被盗现象在日常生活中时有发生，给车主的财产带来损失，汽车防盗器就可以通过吓唬、切断电路、锁死等方式，增加窃贼偷车的难度，保护汽车的安全。

（3）汽车防护可以为乘车或驾车提供便捷服务。

① 车用防盗器在具有防盗示警的主功能的同时，还具有寻车及求救等服务功能。可以使汽车自动实现点火后自动落锁、熄火或断电后自动开锁、停车场内寻车及发生意外报警求救等。

② 安全报警系统可以提供车辆的运行数据信息，如车速、限速范围、倒车信息等，为驾车提供了极大的便利。

10.2 倒车雷达的选装

10.2.1 倒车雷达作用

随着汽车保有量的增加，有效使用的空间越来越小，且随着新驾驶员数量的快速增加，汽车擦碰的小事故也越来越多。驾驶员在倒车时，由于视线不良，很容易出现意外。倒车时不易判断倒车距离，左右后方不易把握倒车角度，后行李箱太高挡住倒车视线；尤其在夜间、下雨或有雾等天气及狭窄空间停车，都会给倒车带来烦恼。

倒车雷达全称叫“倒车防撞雷达”，是汽车泊车的安全辅助装置。它能以声音或者更为直观的距离显示告知驾驶员周围障碍物的情况，解除了驾驶员泊车和起动车辆时前后左右探视所引起的困扰，并帮助驾驶员扫除了视野死角和视线模糊的缺陷，天黑、雾天也不影响其性能，大大提高了驾驶的安全性。

10.2.2 倒车雷达组成

倒车雷达其实跟通常的雷达是一样的，是根据蝙蝠在黑夜里高速飞行而不会与任何障碍物相撞的原理进行设计生产的。通过感应装置发出超声波，然后通过反射回来的超声波判断倒车方向有没有障碍物，以及障碍物的距离、大小、方向、形状等。不过由于倒车雷达大小和实用性的限制，目前的倒车雷达主要具备的功能就是判断障碍物的距离，并做出提示，让驾驶者便于判断。

通常的倒车雷达主要由传感器（探头）、ECU 和显示设备三部分组成。

（1）传感器就是发出和接收超声波信号的装置，该装置将得到的信号传输到 ECU 进行分析处理，再通过显示设备显示出来。传感器装在后保险杠上，根据不同的价格和品牌，探头有 2、3、4、6 只不等，有的高档进口车甚至要装 8 只，分别监控前后左右。探头以 450° 辐射角，上下左右搜寻目标，能探索到那些低于保险杠而驾驶员从后窗难以看见的障碍物。

（2）倒车雷达显示器装在驾驶台上，它不停地提醒驾驶员车与后面物体还有多少距离，到危险距离时，蜂鸣器就开始报警，让驾驶员停车。

10.2.3 倒车雷达选购

产品质量直接关系到倒车雷达所应发挥的作用，如产品的灵敏度、是否存在盲区、盲区的大小、产品是否正常工作等。尤其是如果存在探测盲区时，将使倒车雷达失去应有的作用。由待机状态转换为工作状态时，是否有声音提示也比较重要，它可以提示驾驶员倒车雷达是否正常开始工作。

（1）产品质量的测试。

倒车雷达的一般设计探测距离应为 0～1.5m。某些品牌的倒车雷达因其敏感度不够，探测距离仅为 0.2～0.9m，会给驾驶员的判断及采取措施带来一定的困难。可以通过简单的小实验来测试产品的质量。

① 距离测试。用尺子去测量车尾与障碍物的距离，与倒车雷达显示的数据进行对比，

看是否一致，从而判断倒车雷达的灵敏度。

② 防水测试。打开水龙头用水去冲探头，可以了解产品的防水性能，因为它将关系雨天倒车时系统能否正常工作。

③ 探头的有效范围测试。将障碍物通过不同角度切入探头的测试范围来判断探头的感知角度，一个探头的正常测试范围的夹角为 90°。

（2）探头颜色的选择。探头的颜色要与汽车的颜色协调，差异不可过大，以免影响美观。

（3）探头款式的选择。一些品牌的倒车雷达仅能提供单一款式的探头，使爱车失去应有的气派。款式的选择不能仅考虑探头是否一定要小，更多的是考虑安装后整车的效果是否显得大气。

（4）对温度的适应性。倒车雷达应对周围环境的适应能力强。由于全球环境的转变，夏季温度普遍偏高，冬季温度偏低，某些品牌的适应性较差，在高低温的状态下，车未起动就报警，且雷达的寿命明显缩短。

10.2.4 倒车雷达安装与使用

1．安装方法

（1）安装时，按使用说明书的要求，把探头安装在汽车尾部的适当位置，显示器安装在驾驶员附近的仪表板上，控制盒（ECU）安装在驾驶室内，三者按线路控制连接。

（2）安装位置的高低、角度及探头分布的距离，根据不同的车型有不同的要求，安装在铁保险杠上的探头也会影响探测结果，探头安装宽度和离地距离分别如图 10.1 和图 10.2 所示。

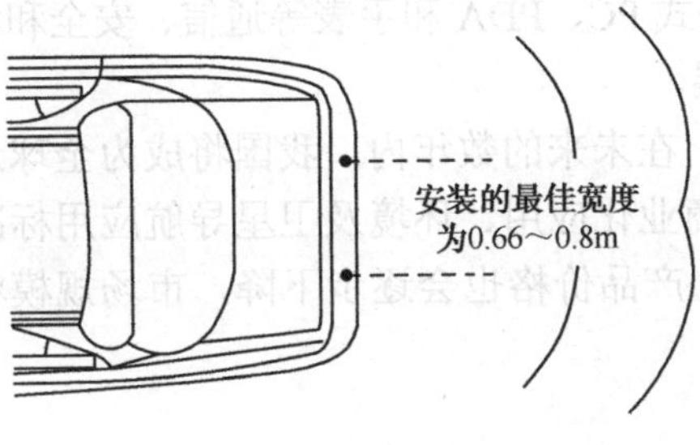

图 10.1 探头安装宽度示意图

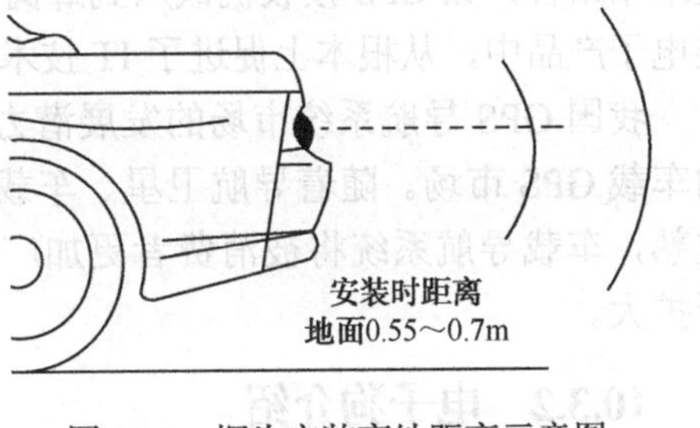

图 10.2 探头安装离地距离示意图

2．使用注意事项

（1）探头要经常清洁，特别是雨雪天，泥水和冰雪覆盖住探头时探头就会失灵。

（2）倒车雷达的使用需要一个适应过程。一般在刚开始使用时，尽量多下车看看，以便准确了解雷达显示的数值与实际目测距离相差多少。由于雷达测量角度的关系，总会有一些误差。

（3）碰到光滑斜坡、光滑圆形球状物、棉絮团、花坛中伸出的小树枝时，驾驶员要加以目测，因为这时的探头探测能力大为下降，提供的数据就不会非常准确。

（4）雷达的探头也有盲区，装两只探头的车主，特别要注意车后的中间地带。

（5）碰到天气过热、过冷、过湿、路面不平和沙地时，不能掉以轻心，要多回头看看后面的情况。

（6）倒车时，车速一定要慢，以免惯性太大碰到障碍物。

（7）听到蜂鸣器的连续音时，应当及时停车，因为车已到危险区域。

10.3 GPS及电子狗的选装

10.3.1 卫星导航知识

GPS导航系统是美国开发的全球卫星定位系统，是以全球24颗卫星为基础，向全球各地全天候提供三维位置、三维速度、时间等信息的一种无线电导航定位系统。它由三部分构成：一是地面控制部分，由主控站、地面天线、监测站及通信辅助系统组成；二是空间部分，由24颗卫星组成，分布在6个轨道平面（实际卫星数远远超过24颗，因为还要有备用卫星）；三是用户装置部分，由GPS接收机和卫星天线组成。现在民用的定位精度可达10m内。

2008年GPS整体产业市场呈现高速发展的事态，复合增长率达到34.3%，这主要是因为GPS产业在我国汽车产业呈高速发展的态势，也是由于手机产业的高速发展和技术的不断演进。

卫星导航应用产业在国民经济中发挥着越来越重要的作用，将成为“十一五”发展的亮点。在“十一五”期间，卫星导航在其他领域，如航空、海路、铁路、建筑、电信、电力等方面的应用都会有很大的发展空间。

卫星导航技术的发展趋势主要表现在三方面：一是卫星导航的多系统并存，使系统可用性得以提高，应用领域将更广阔；二是多元组合导航技术正在得到推广应用，主要有GPS与移动通信基站定位、陀螺、航位推算技术等的组合应用；三是卫星导航与无线通信等其他高技术相结合，如GPS接收机嵌入到蜂窝电话、便携式PC、PDA和手表等通信、安全和消费类电子产品中，从根本上促进了IT技术的整体发展。

我国GPS导航系统市场的发展潜力非常巨大，在未来的数年内，我国将成为全球最大的车载GPS市场。随着导航卫星、车载导航设备商业化应用、环境及卫星导航应用标准的成熟，车载导航系统将被消费者更加广泛地接受，产品价格也会逐步下降，市场规模将不断扩大。

10.3.2 电子狗介绍

通常将汽车上用的防超速电子狗分成四大类：预埋式电子狗、雷达探测式电子狗、GPS单机式电子狗和GPS＋雷达探测式电子狗。

1．预埋式电子狗

预埋式电子狗是四种电子狗中唯一非法的设备。因为它并不仅仅接收信号而且还发射信号，这违反了我国的无线电管理条例。预埋式电子狗价格为50～300元，使用时只要插入点烟器即可。其报警电子眼原理非常简单：生产预埋式电子狗的厂家，在有电子眼的地方，偷藏了一个无线电发射器，它针对所在路线的特点，发送含有信息代码的无线电信号，汽车开进此地，接收器收到发射器的无线电信号，解码出报警类型，发声芯片发出语音报警，如此段限速、此段单向、此路口有电子眼等。

预埋式电子狗的优点是成本低，缺点如下。

（1）不能对付流动测速车测速，在高速上几乎没有用武之地。

（2）大部分是在深圳生产的，深圳几乎所有的红绿灯都装了电子眼，因此，电子狗会响个不停，不但失去报警意义，还非常吵人；一般产品音量无法调节，也无法关闭。

（3）没有无线电委会的批准，发射器的设置是非法的，还要供电，需偷偷换装，有可能被拆掉或损毁。

（4）发射器的发射功率要定得恰当，如过小则接收到信号的时候为时已晚；过大则很远就开始叫，烦人。

2．雷达探测式电子狗

雷达测速仪是根据接收到的反射波频移量（多普勒频移）的计算而得出被测物体的运动速度的。雷达波束照射面大，因此雷达测速易于捕捉目标，无须精确瞄准。雷达设备不仅可以固定在路面，也可安装在巡逻车上，在运动中实现车速检测，是流动测速非常重要的组成部分；其次，雷达固定测速的误差为±1km/h，运动时测速误差为±2km/h，完全可以满足交通违章查处的要求。国际上采用雷达测速亦有20多年的历史，且技术成熟，成本低廉。从目前的情况来看，国内各大城市和高速路都有正、反向的雷达测速器，高速公路上以正向测速装置居多。正向测速就是雷达波和摄像机方向与汽车行进方向相反，车辆超速时摄像机拍摄车辆的前车牌。背向测速就是雷达波和摄像机方向与汽车行进方向一致，车辆超速时摄像机拍摄车辆的后车牌。雷达探测式电子狗的原理很简单，即接收到雷达信号后马上报警，提示车主减速。

雷达探测式电子狗大部分是进口的，价格一般为800～5000元，性能高低也非常不同。如不同品牌型号的产品，可以接收到的雷达波的频段不同。因为我国各城市道路的雷达测速设备有从不同的国家进口的，也有我国自己生产的，使用的雷达频率也不相同，同一个城市有些装了三四个不同频段的雷达测速器。低端的雷达探测器，往往只能感应1～2个频段的雷达波，而高端的雷达探测器，可以感应多个频段的雷达波，甚至还有激光感知器，同时还可以防激光测速器，因此，现在买一个全频的雷达探测式电子狗，应该是最起码的要求。

此外，雷达信号探测的距离远近也体现了雷达探测式电子狗的性能高低。如探测的距离过近，则车主来不及减速，就已经被拍到了；如减速过猛，还易造成追尾事故。一般高端的雷达探测器正向可以在1km左右探测到雷达波，而差的只有在200m左右才能探测到。

当然探测距离不是绝对的，因为交警使用哪个频段的雷达，测速时使用的雷达功率的大小，还有当时的天气、路况、车况等因素，对探测的距离都会有较大的影响，因此，探测距离只能进行一个相对的比较，而不存在绝对的准确数据。

现在主流的性价比高的雷达探测式电子狗有征服者208、征服者F18、征服者K108等型号。主流的高端的雷达探测式电子狗有贝尔RX65、护航X50、贝尔STI、V1等。

3．GPS单机式电子狗

首先要清楚两点：第一，这里讲的GPS，和导航并不是一个概念，换句话说，这里的GPS不用于导航，它只是用到了GPS的原理，即对车辆进行定位。第二，GPS单机式电子狗不能报警流动测速，而只对固定的测速或者电子眼进行报警。

例如，在上海这样的大城市里，流动测速并不常见，绝大部分都是固定点的测速和抓拍违章的电子狗。所以，GPS单机式电子狗对于经常在大城市里开车的人来说作用比较大，除了报警外，它还可以预报加油站、高速出入口、停车场等信息。

GPS单机式电子狗，例如，先知611、征服者101。

GPS单机电子狗适合经常在城市开车、偶尔跑趟高速的朋友，其外形一般都比较小巧，很适合女性朋友预防不经意地闯红绿或者超速。

4. GPS＋雷达探测式电子狗

从名字上，就可以知道这类电子狗是上述第二类和第三类的结合体。由于实现的方式不同，所以这类电子狗又可以分为一体机和分体机两种，它们实现的功能几乎一样，常见的 GPS＋雷达探测式电子狗一体机型号有征服者 898、征服者 368、先知 808；常见的 GPS＋雷达探测式电子狗分体机有征服者 2008、征服者 210、征服者 998 等。

GPS＋雷达探测式电子狗一体机安装和使用方便，是现在大部分驾驶员愿意使用的机型，也是市场上的主力销售机型。由于不用安装外机，所以可以随时换车使用，这给有多辆车的驾驶员朋友带来很大的方便。2008 年新上市的征服者 898 和先知 808，都是最新的一体机型号，而且都进行了内置化天线设计，这样使用起来更方便，先知 808 基于原来的先知 606，升级幅度非常大，不但数据更新很快，对雷达的探测性能也有了质的飞跃，是 2008 年的明星产品。

GPS＋雷达探测式电子狗分体机是最早出现的综合性电子狗，室内机和室外机分开安装，使用隐蔽性非常好，这也使得这类机器非常适合在浙江等交警查收电子狗的省份使用。

GPS＋雷达探测式电子狗不但能做测速雷达警报，也可以做红绿灯电子眼警告；不管电子眼的监测方法是用雷达波、激光，还是用地面感应线圈，GPS＋雷达探测式电子狗都可报警。相比雷达探测式电子狗，GPS＋雷达探测式电子狗还能判别电子眼方向，如对面方向或交叉方向的电子眼。

用户只是需要在使用过程中注意更新地图，除了报警外，GPS＋雷达探测式电子狗还预告加油站、厕所、高速出入口、停车场等信息。

综上所述，预埋式电子狗违法，价格便宜，但依赖于偷埋的发射器，局限性较大，比较吵人。

高端的雷达探测式电子狗，对于雷达测速仪（包括固定和流动）的侦察性能近乎完美，且对于流动雷达测速点亦能轻松应付。美国和加拿大是雷达探测式电子狗的发源地，技术上的领先也是毋庸置疑的，想要避免高速上的超速罚单，并且又不想在城市中经常听到红绿灯报警等信息，那么使用一款高档的进口雷达探测式电子狗是不二的选择。

GPS＋雷达探测式电子狗的优点是能防任何方式的电子眼（不单是雷达测速仪，还有闯红绿灯拍照等），包括固定的和流动的雷达测速仪，随着雷达探测能力的不断升级和 GPS 卫星接收功能的愈加完善，这样的全功能产品越来越受到大家的喜欢。其价格也由原来的 2000 多元，下落到 1000 元出头，高品质加上良好的功能，已经成为买电子狗的原因。特别推荐先知 808，这款 2008 年的明星产品，在 2008 年上半年取得了非常好的销售量，顾客的评价也非常高。

另外，在 2008 年，有了一种全新的电子狗上市，就是导航＋电子狗全功能机器，其主要型号有征服眼 A8、征服者 A98 和光影 9200，其中征服眼 A8 将电子眼数据和导航数据进行分离存储，同步播报，独立升级数据，在导航电子狗领域具有很强的突破性，是 2008 年的一款具有里程碑性的产品，征服眼 A8 具有正版城际通地图，数据完整性和升级都有很好的保障。

10.3.3 雷达测速原理

雷达的基本原理是利用雷达波来侦测移动物体的速度，其理论基础是多普勒效应理论，也就是一般常听说的多普勒雷达（Doppler Radar）。

多普勒的理论基础是时间。电波是由频率及振幅所构成的，而无线电波是随着地形而前进的。当无线电波在行进的过程中碰到物体时，该无线电波会被反弹，而且其反弹回来的电波的频率及振幅都会随着所碰到的物体的移动状态而改变。

若无线电波所碰到的物体是固定不动的，那么所反弹回来的无线电波其频率是不会改变的。然而，若物体朝着无线电发射的方向前进，则此时反弹回来的无线电波会被压缩，因此该电波的频率会随之增加；反之，若物体朝着远离无线电波的方向行进，则反弹回来的无线电波的频率会随之减小。

激光的英文为 Laser，由 Light Amplification by Stimulated Emission of Radiation 的第一个字母缩写而成，意思是指，经由激发放射来达到光的放大作用。激光所激发出来的光，其光子大小与运动方向皆相同，因此每个波束的频率都相等，再加上它们一束束紧密地排列着，彼此间分毫不差地互相平行，使整个光束发射至极远处也不会散开来。1962 年，人们在实验中发现，从地球发射的激光在经过近四十万公里的太空之旅后，只在月球表面上投射出一片约三公里直径大小的圆而已！此特性使得激光在焊接、切割、雕刻、穿洞等加工与医学（眼科、牙科、肿瘤）的应用更为广泛。

激光测速设备采用红外线半导体激光二极管，激光二极管有几个特点使它极适合用来测量速度：

① 激光二极管自微小范围中发射出极窄的光束，只有狭窄光束才能精确地瞄准目标。

② 激光二极管以小于十亿分之一秒的瞬间切换开关，大大提高了精确度。

③ 激光二极管发射率很窄，其侦测器极易接收到精确的波长，因此在日间有强烈阳光时，仍能正常操作。

④ 激光二极管只发射电磁光谱中的红外线部分；而红外线是眼睛看不见的，所以不会影响驾驶员的注意力。

激光测速枪以测量红外线光波传送时间来决定速度。由于光速是固定的，所以激光脉冲传送到目标再折返的时间会与距离成正比。以固定间隔发射两个脉冲，即可测得两个距离；将此两距离之差除以发射时间间隔即可得到目标的速度。理论上，发射两次脉冲即可测量速度；实际上，为避免错误，一般激光测速器（枪）在瞬间发射高达七组的脉冲波，应以最小平方法求其平均值，去计算目标速度。

拦截式 X.K 频应用的原理，就是可以侦测到发射出来的无线电波及反弹回来的无线电波其间的频率变化。由这两个不同频率的差值，便可以依特定的比例关系，计算出该波所碰撞到的物体的速度。当然，这种速度侦测装置可以将所侦测到的速度，转换为“千米/小时”或“英里/小时”。目前测速距离多在 150～400m。

雷达测速器需经常以固定频率的音叉加以校正，而激光测速器则无此必要。另一重要差别在于测速的时间，以雷达测速约 2～3s，而使用激光则只需要约 0.3s。雷达测速，常见警方使用的器材为固定式照相、X 频警用外挂、新 K 频三脚架。从距离来论，以 X 频警用外挂为最远，因功率超强，所以距离通常长达 1km 以上。但从设备来看，新 K 频三脚架可附挂照相机与 PDA，实时性颇高，大约只要有超速就直接照相，然后直接进 PDA 存盘。激光枪测速的缺点是无法于移动状态下使用，但也有警察跟车在后头，使用激光枪侦测，有超速就直接闪灯叫你靠边。

美国联邦通信委员会 FCC（Federal Communication Commission）规定，世界警用测速频道有 S、X、K、Ka 和 Laser 五种，各频道的频率如下。

① S band：2.445 GHz（在 50′～60′ 使用）。

② X band：10.525 GHz。

③ K band：24.150 GHz。

④ Ka band：33.40 GHz～36.00 GHz（频宽 2.6 GHz，又称 Super-Wind Ka band）。

⑤ Laser：红外线 800 nm～1100nm。

另外欧规频道有 Ku band（13.450 GHz，即所谓 Gatso 24 Ku 及 Gatso 33 Ku 两种测速频道，而所谓的 K band 与 Ka band 并不是新的 Ku 测速频道）和 K band（24.125 GHz）。

1．各频道之下对应的部分测速系统

（1）X band：10.525 GHz。

美制 Muni Quip 警车测速拦截雷达；

美制 MPH K-55 警车测速拦截雷达；

美制 Decatur Hunter，MV715 警车测速拦截雷达；

美制 Decatur Hunter HH 手持雷达枪。

（2）Ku band：13.450 GHz。

荷制 GATSO 13 流动雷达测速照相系统；

荷制 GATSO 13 固定式雷达测速照相系统。

（3）K band：24.125 GHz。

荷制 GATSO 24 流动雷达测速照相系统；

荷制 GATSO 24 固定式雷达测速照相系统；

流动式 Traffipax Speedophot 测速照相系统；

固定式 Traffipax Speedophot Station 测速照相系统。

（4）24.150 GHz。

美制 MPH K-15 测速拦截；

美制 Decatur MV724 警车测速拦截雷达；

美制 Kustom Trooper，Hawk，警车测速拦截；

美制 Kustom KR-10SP，KR-11，警车测速拦截；

美制 Kustom Falcon，HR-12 手持雷达枪；

澳制 AWA Fairey 流动雷达测速照相系统。

（5）Ka band：33.30 GHz。荷制 GATSO 33 流动雷达测速照相系统。

（6）Ka 33.80 GHz。美制 MPH Bee 36A 流动雷达测速系统。

（7）Ka 34.30 GHz。瑞制 Multanova 6F 三脚架流动雷达测速系统。

（8）Ka 34.60 GHz。美制 AST PR-100 流动测速照相系统。

（9）Ka 34.70 GHz。美制 Stalker 手持雷达测速枪。

（10）Ka 34.94 GHz。美制 Stalker 手持雷达测速枪。

（11）Ka 36.00 GHz。美制 MPH Bee 36 流动雷达测速系统。

（12）Ka 33.4 GHz～34.4 GHz。美制 Stalker 雷达测速系统。

（13）Ka 34.2 GHz～35.2 GHz。美制 Stalker 雷达测速系统。

2．国内目前测速系统频道及其出现的方式

国内目前测速系统可分为美规、欧规及固定式照相系统。美规频道有 X、K、Ka band 及 Laser，欧规有 Ku band，固定式照相系统有 X、K、Ku band 及 S 感应线圈（俗称 P band）。

（1）X band（10.525 GHz±50MHz）。

此种测速雷达通常外挂在警车后车窗之外，有时也可以放在车内。采用测速拦截的方式对超速车辆进行举证告发。雷达形状为圆形，采用连续波发射，测速距离为 150～4750m，但 X band 拦截式雷达无法在车阵中锁定车辆，所以通常都是车阵中第一台被警方拦检。X band 雷达不受阴雨天影响，可全天候执行测速工作，是目前世界上使用率最高的警用测速雷达。但因为此频道使用率极高，所以干扰也最多，干扰源有电信局发射站、第四台强波器、高压电线、无线电通信器、遥控器、电动门控制器、道路流量计数器等。目前 X band 雷达较少与照相系统搭配使用，X band 固定测速照相系统属于较早期的照相系统。目前 X band 警车外挂式及 X 雷达枪的最高速范围介于 200km/h～300km/h。

（2）K band（24.150 GHz±100MHz）。

K band 测速雷达可以几种方式出现：警车测速拦截、固定式测速照相、手持雷达枪、流动三脚架测速照相。警车测速拦截通常外挂在警车后车窗之外，有时也可以放在车内。警车拦截式雷达形状为八角形，采用连续波发射，最短测速距离为 150m，K band 拦截式雷达可采用目测超速而开机的方式（Instant On Radar），遇到警方采用此方法进行测速勤务时，反测速仪侦测距离较正常持续开机时短很多，反测速仪接收到此种信号时信号强度会马上增强，警告声通常会较急促。此种 K band 雷达较易受降雨及湿度影响。手持雷达枪机动性强，警方人员可目测超速后直接开机测速执行取缔。K band 雷达较 X band 机种先进，也可以搭配照相机直接照相举证，固定式 K band 测速照相与 K band 流动式三脚架即为此种搭配。但目前国内较少有 K band 流动测速照相系统，大都为 K band 固定式照相，K band 流动式测速照相系统及固定式照相系统因为功率又较 Ku 弱，所以侦测距离非常短，连正统的美规机种有时侦测距离仍不到 100m。K band 雷达波穿透力较强，反射力较弱，所以侦测距离较短，虽然 K band 雷达测速距离较短，但可以锁定车阵中的车辆，功率大小可调，且不易被干扰。K band 测速照相系统可加装闪光灯于夜晚执行工作。目前国内警方已经引进 Gatso 24（24.125 GHz）与新型 TraffiPax K band 流动测速系统。目前 K band 警车外挂式、K 雷达枪及 K band 流动照相系统的最高速范围介于 200km/h～320km/h。

（3）Ku band（13.450 GHz）。

通常的流动三脚架伪装车，即为装设此 Ku band 测速雷达。Gasto 13 Ku band 雷达测速系统由三大部分组成，即测速雷达、判读速度电脑主机及 ROC 照相机。其中雷达可调为“去向”及“来向”两种模式，其架设方式可为落地型、三脚架型、伪装车（警车）型。将主机、雷达、相机都架设在三脚架上为 Gatso 13 最标准的配置方法，通常架设地点在路肩护栏下方或是停放在路肩的伪装车前及车上，在招牌等各种伪装物之后。而所谓落地型就是只需用砖块将相机架设高于地面 30～40cm，并将主机及雷达用各种报纸杂草隐蔽。这种架设方式较三脚架型隐蔽，用反测速仪抓到时若不注意搜寻有时还找不到。通常此种架设方式都是出现在高速公路上。还有自行订制小型的携带铁架的，可以将主机、雷达及相机都固定在其上，不需要每次架设时拆装主机、雷达及相机，便利性大大提高，不仅隐蔽性高，而且带到哪里照到哪里。另外所谓伪装车（警车型）型，是将 Ku band 雷达架设在车顶上，其特征是在伪装车或警车车顶警示灯前方有一白色长方形测速雷达，而与车内主机及相机连线执行超速照相举证的工作。若是黑白警车架设 Ku band 雷达执行测速工作，则有时在其后会有一辆轿车掀起后行李箱盖作为掩护。当然有时连雷达也架设在伪装车内，从外头完全看不到有任何测速系统。目前警方架设 Ku band 雷达的车辆大致上可分为以下数种：黑白警车、蓝色侦防车、福特天王星车种、BMW 旧 3 系列。Ku band 测速照相可加装闪光灯在夜晚执行工作，且不受气候影响侦测准确度。雷达侦测速度在 20km/h～250km/h，最短侦测距离为 18m，所以不要产生速度高于×××km/h 就不会被照相的错误观念。目前 Ku band 雷达为国内流动照相系统主流。

（4）Ka band（33.40GHz～36.00 GHz）。

Ka band 雷达有几种方式出现，第一种是流动三脚架，第二种是手持雷达枪，第三种是与 X band 雷达相似的测速雷达。目前国内只有前两种，所以第三种不再赘述。美规 Ka 流动三脚架架设方式与 Ku band 几乎相同，但其雷达犹如火箭筒，极易与 Ku band 雷达区分。手持雷达枪机动性强，警方人员可目测超速后直接开机测速执行取缔。Ka 雷达功率极小，雷达检测器非常不易测得，而且侦测距离极短，Ka band 流动测速雷达侦测速度可高达 350km/h。

（5）Laser。

Laser 测速系统可分为测速枪及测速照相系统。美规激光测速枪 LIDAR gun（Laser Infrared Detection And Ranging）使用不易散射的激光红外线作为测速光源，且在极短的时间（0.3 s）内即可测得车辆的速度，其特性是使用者必须手持激光测速枪向一特定车辆测速，一般在开机之后持续发射雷达波对来往车辆进行测速，通常都是在目测车辆超速之后才进行激光测速的，所以通常都是在肉眼可见的范围内进行激光测速。激光测速枪在使用上有许多限制，例如，无法在隔着玻璃的条件下使用，必须在光线直线照射的条件下使用，易受气候影响（是其最大缺点）。目前激光测速枪及流动测速系统的最高测速范围为 300km/h～480km/h。

（6）S 线圈及 Ku band、K band 固定式测速照相。

固定式 S 线圈利用线圈感应可测得闯红灯、红灯越线及超速，K band 固定式测速系统利用 K band（24.125GHz）雷达测速后照相，Ku band 固定式测速系统利用 Ku band 雷达测速后照相，Traffipax K band 固定式超速照相系统几乎都是照车尾，而且功率极弱，连正统的美规机种有时侦测距离仍不到 100m。国内固定式测速系统（S 线圈，雷达系统）的最高测速范围介于 200km/h～270km/h。

固定式 S 线圈利用重量感应，新设的 S 线圈通常有前后两条感应压条，可以针对闯红灯与超速车辆进行照相举证，如图 10.3 所示。其他测速原理分别如图 10.4～图 10.6 所示。

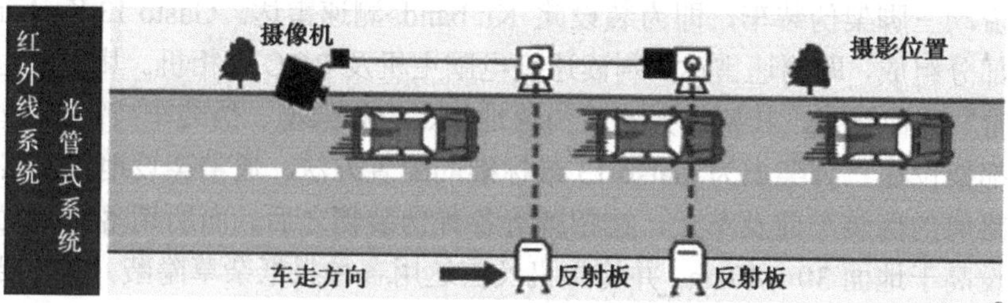

图 10.3　固定式 S 线圈工作原理

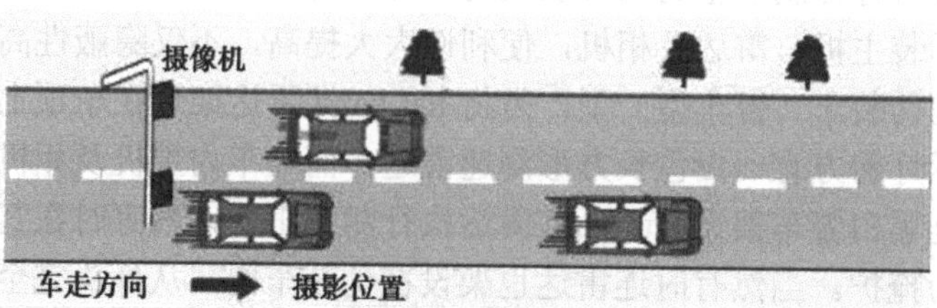

图 10.4　NH 系统测速工作原理

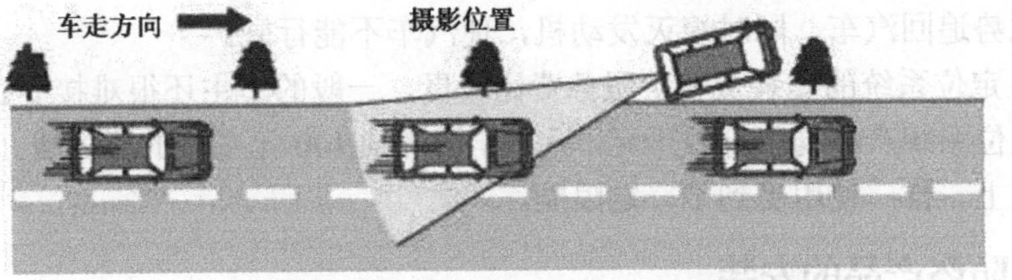

图 10.5　警车车载系统测速工作原理

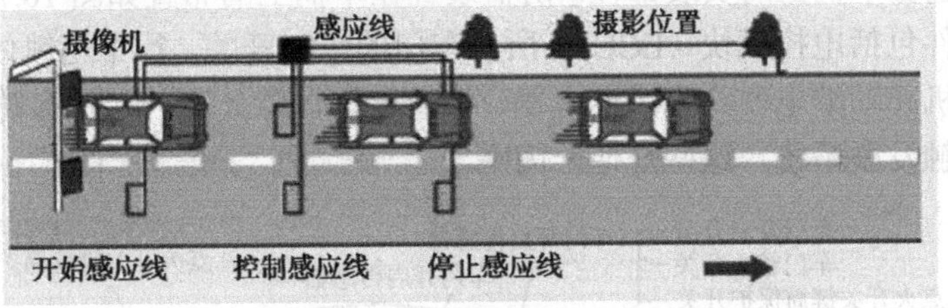

图 10.6　LH 系统测速工作原理

10.3.4　GPS 及电子狗的安装

GPS 及电子狗的安装方法比防盗产品的安装简单，有的直接固定在车上合适位置，接通电源即可，其具体安装方法可以根据 GPS 和电子狗的种类、说明书的要求进行。安装时应该注意不要影响视线，以免对行车造成安全隐患，也应该注意不要随意改动车上的电路，以免对车上的电子设备带来隐患。

10.4　防盗产品选装

10.4.1　防盗产品的种类

目前，车辆防盗产品按技术种类可分为三类：机械式、电子类和 GPS 卫星定位系统。

1. 机械式的防盗锁

机械式防盗锁已有 10 多年的历史，现在正渐渐退出市场。有几种机械式防盗锁效果还不错，像车轮锁。车轮锁首先锁在外面，其次锁住轮胎，车轮露在外面，目标明显，盗贼也不会扛着撬棍或其他笨重工具来砸、撬锁，锁住轮胎车辆肯定开不走，既防盗又防止车辆被拖走。但这种锁使用时特别麻烦。还有一种防盗器制动锁是较新的产品，原理是牢牢锁住刹车系统，使四轮抱死，车辆无法行驶。

2. 电子类的防盗产品

经过几年的实践证明，电子类防盗产品初期效果还不错，但从近几年的情况看并不理想。所谓电子防盗，其实就是给车锁加上电子识别，开锁配钥匙都需要输入 10 多位的密码，否则开得了车门也起动不了汽车。

3. GPS 卫星定位系统

这类防盗系统目前在国内外都是最先进的，尤其在防盗方面更显优势。它是指在汽车上装配一台能发出信号的 GPS 终端设备，一旦汽车被盗或出现异常，指挥中心可立即通过 GPS 全球卫星定位系统，接收终端设备信号，确定汽车实时地理位置和多方面信息，配合各方面力量及网络优势追回汽车，同时熄灭发动机，使汽车不能行驶。

GPS卫星定位系统的安装费和年服务费比较贵，一般的车主还很难接受。据了解，大多数车载卫星定位系统产品均售价数千元，另每年需缴纳100元左右的服务费。所以时至今日，它仍然高高在上，推广使用受到了一定限制。

10.4.2 防盗产品的安装

（1）防盗装置在车辆上的安装部位。防盗装置在车辆上的布置如图10.7所示。防盗系统用的一些通用部件包括电控模块（ECU）、所有车门的车门开关、行李箱锁体开关、发动机盖开关、禁止发动机起动继电器、喇叭继电器、报警器等。除此之外，许多防盗系统还借用外部警告灯，如果触发了系统，这些灯便会闪亮。

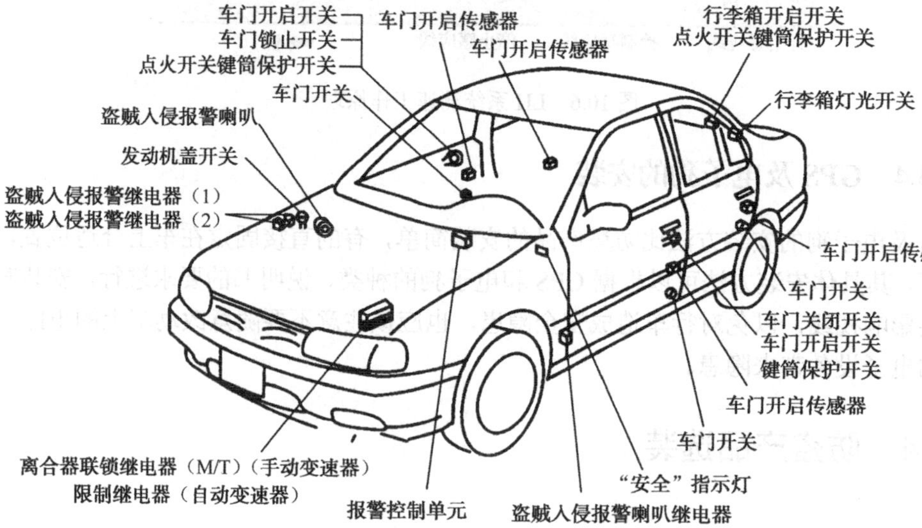

图10.7 防盗装置在车上的布置

防盗系统要想起作用，必须首先处于戒备状态。关了点火开关，锁好所有车门，便完成了戒备。当关上驾驶员的车门时，警戒灯点亮，表示系统处于戒备状态，随时可以起作用。若警戒灯不闪亮，则必有某扇车门未关好。

电控模块（ECU）监控所有的开关。如果车门或行李箱被撬或者锁体被转动，控制模块便起动防盗系统，系统便发出音响报警和灯光闪烁，待定时器电路到时后，音响和灯光才停止，系统自动处于戒备状态。

有些防盗系统采用了超声传感器，如有人企图从车门或车窗潜入，导致超声场变化，它便给控制模块发信号。超声传感器可以安放于对着汽车内部的某个部件位，如潜入者进入警戒距离以内，防盗系统就会有变化，如门灯亮了、企图起动发动机等，传感器便起动报警器。

（2）汽车防盗装置的选用原则。

① 根据实际需要选用。不同的防盗装置价位相差很大，选用时应根据汽车的档次，本着实用、安全、方便的原则选择合适的防盗器。

② 注意产品质量。选购时应注意检查产品设计工艺是否先进，是否通过了公安部的检测（须为经过公安部安全与警用电子产品质量检测中心检测达到我国标准的产品，检测有效期为4年）。

③ 注意产品的环保性。我国部分城市对防盗器的环保性有具体要求，如公安局技防办每年都要审批发放防盗器生产经营许可证，选购防盗器时应注意在环保方面必须符合环保局、公安局、工商局、技监局联合发出的《关于防止机动车防盗报警器噪声扰民的通告》及《机动车防盗报警器报警控制标准》。

④ 注意产品的售后服务。购买防盗器时应选择具有高质量的安装技术和良好的售后服务的商家，确保防盗器在使用过程中无后顾之忧。

（3）汽车防盗器安装方法。

① 详细阅读产品说明书。

② 认真阅读产品配线图。

③ 判断产品各零部件的接口方式和位置。

④ 保证连接牢靠、绝缘性能优良。

⑤ 安装完毕须进行功能检测。

（4）安装注意事项。

① 防盗器喇叭必须安装在发动机靠近前挡风玻璃下面，控制电线应循着车边隐蔽固定，使汽车前盖正好压住，窃贼不易剪断。

② 车前盖最好加装碰撞开关，这样窃贼即使打开车前盖，防盗器喇叭仍会鸣响报警。

③ 后排车门应增加门顶开关，保证撬开后门时，防盗器喇叭仍会鸣响报警。

④ 两厢车型后行李箱应增加门顶开关或中央集控门锁，以防窃贼从后部进入。

⑤ 最好整车能加装中央控制门锁，以完美体现防盗功能。但安装时应注意不破坏车门内的防水设施，以免车门进水，导致中控锁失灵。

10.5 我国汽车改装业发展状况

1. 汽车改装概念

汽车改装文化源于赛车运动，最早的汽车改装只是为了提高赛车的机械性能，但是随着汽车的普及，在一些赛车运动发达的国家，汽车改装已经成为一种时尚和文化现象，在美国和日本等国，汽车改装业已经发展成为一项庞大的产业。随着我国汽车产销市场在近几年的快速发展，汽车改装也先后在上海、杭州、北京、广东等地悄然兴起，已经开始形成了颇具规模的改装车和改装用品市场。

2. 汽车改装发展状况

我国汽车改装业仍处于初级阶段。汽车改装根据改装目的的不同可以分为三大类别：赛车改装、民间重度改装和民用性能提升改装。这三种改装类别各有其特有的目标指向性和效果，目的也各不相同。

（1）民间重度改装。这类改装将民用车辆性能提升到与专业赛车相近的程度，全然不考虑正常的路面情况和安全隐患，经过改装，汽车马力超强、速度非常快，0～100km/h 的加速时间提升很多（10s 以内），但是油耗较高，完全不适合在民用道路上行驶。如果在民用道路上行驶，往往因此而发生较为严重的交通事故。在我国香港和台湾等地区，民间重度改装被称为地下非法改装，内地改装行业也不乏此类商家，民间重度改装除了安全隐患、法律制止等因素外，对技术的要求也相当高，高昂的费用也并非一般人所能接受的。

（2）民用性能提升改装。现在广泛流行的改装都属于民用性能提升改装。民用性能提升更为注重车辆的安全性和整体性能提升，兼顾所有正常行驶的要素指标，更关注驾车者的普遍需求，更强调整车的实用性。对于大多数驾车者，一辆油耗低、整车性能好、安全系数高、可操控性强的汽车无疑是最理想的座驾。驾车者普遍关注的是汽车的行车经济性、安全性、环保等因素，而这也正是民用汽车性能提升的最终目的。民用性能提升是通过外加或换装更高性能的产品，激发汽车原有的潜能，使之有效升级，以满足驾车者的实用性需求的。民用性能提升无需大幅改动汽车，在原有基础上进行性能提升，因此也避免了对原车改动后的负面影响，且价格方面也更为广大驾车者所接受。民用车改装一般是改装保险杆、加装尾翼、车贴，或者更换音响、高压线、火花塞等，对于汽车的转向、制动等系统不会轻易去改。

汽车改装件主要有两种。一种是改装厂根据车主的需求，到汽配市场代为采购的改装件。这些改装件种类繁多，品牌也五花八门。同类改装件外形大同小异，报价却相差悬殊，其中的奥妙，外行人是很难发现的。就拿刹车片来说，美国OME、FOX，日本三菱等进口产品报价均在百元以上，天津威曼等国产品牌报价在三四十元左右，一些国产非品牌产品报价只有15元。如果改装厂不诚信，用的是15元的刹车片，却按125元收费，顾客是很难发现的。

另一种改装件是汽车改装厂自产自销的。一旦车主对改装提出诸如加装防滚架、给车前脸紧固件加装防撞螺钉之类的特殊要求，而汽配市场无现货可供，改装厂就得自己动手设计，然后找加工厂代为加工。这类改装件的质量和价格考验的就不仅仅是改装厂的诚信了，还有他们的技术水平。那些已经积累了一定口碑的汽车改装企业大多同时是著名改装品牌的代理商。汽车改装件的品牌代理商兼营改装生意在国外非常普遍，它也可能成为国内汽车改装行业最有效的发展模式。

3．汽车改装政策环境

2008年10月1日，修订后的《机动车登记规定》（2012年再次进行修正）正式实施，其中第十条明确表示，改变车身颜色、更换发动机、更换车身或者车架的机动车所有人，可向登记地车辆管理所申请变更登记。这一规定意味着我国允许对汽车进行部分改装，使长期处于“地下”的汽车改装行业变得光明正大。

自汽车改装业兴起以来，由于汽车改装政策不明晰，所以民间汽车改装的发展遇到不少阻力。各地对改装车限制的统一口径是“改装车存在安全隐患”。与国外改装行业成熟的市场相比，我国目前还缺乏相应的检测机构来对汽车产品改装后进行专门的权威检测及试验。因此，政府在急于整治市场的情况下，也就不得不采取紧缩的限制政策。不过政策的门槛并不能阻止消费者们的改装热情，在政府采取禁止措施之下，消费者学会了新车先改装后上牌的取巧行为，进而使得本该在阳光下的改装行业渐渐走进灰色地带，安全隐患不降反升。

4．汽车改装发展前景

据了解，在欧美等汽车发达国家，汽车改装比例超过20%，而目前我国改装车的比例还不到汽车保有量的3%，汽车改装市场前景诱人。

汽车改装，在成为一种全新的汽车文化悄然兴起的同时，其中所蕴藏的巨大的商机潜能，业已成为众多商家眼中的财富新大陆。据了解，目前深圳市场有20%～30%的品牌4S店已介入改装行业。深圳私家车保有量已超130万辆，如果按照每辆车花费20%车价改装的标准来衡量，有改装需求的大概是五百分之一。照此推算，深圳的汽车改装市场前景应该在亿元以上。面对这样一个巨大的、极具诱惑力的商业市场，厂商纷纷摩拳擦掌，但如何服务、如何制定标准成为经销商要确定的一个切入点。同时，国外汽车的生产厂家已把汽车的改装和汽车的改装配件作为一项产业或者作为消费者配套服务的一项基本内容去做，我国的厂家和经销商这方面做得还是有一定差距的。

10.6 汽车外观的改装

汽车的整体造型是由线条、比例与视觉感受组合而成的。很多有车一族为了寻求个性的展示，采取的最快的方法就是外观的改装。汽车外观由几大部件组成，首先是大包围。大包围的作用是改善车身周围的气流对运动中车身的稳定性的影响，其材料多为碳素纤维，目前国内市场的大包围多数不具备这种功能，主要是为了美观而设计的。如果经常想外出旅游的话，则面对郊区坑坑洼洼的泥路，加装了大包围的车简直就如同穿着长裙去越野，这就是加装大包围时应该考虑的。汽车外观改装效果如图 10.8 所示。

图 10.8 汽车外观改装效果图

汽车外观改装一般称为汽车外部装饰，因为一般不涉及汽车动力性能及安全性能等，所以与后面介绍的汽车性能方面的改装有着本质的区别。

10.7 汽车性能方面的改装

汽车性能方面的改装主要涉及发动机输出功率、制动性能、减振效果、安全等方面的改装，其中最重要的是汽车动力性的提升。汽车动力改装在国内外都是比较流行的产业，基本上运用赛车改装技术，在原有车辆的基础上改装，从而达到了比原有发动机增加数倍的动力效果。

但是，现在的改装车辆基本上都是私家车居多，这些车主并不知道改装车的利害关系，仅根据自己的爱好、想象和推销人员的介绍就盲目施工，结果损坏了自己的爱车，因为经过赛车动力改装后车辆发动机损坏是相当严重的。

有的改装火花塞分缸线，把它加粗从而加强火花塞的点火能量来加强动力，这是非常危险的。因为分缸线加粗后，高压增加了数倍，而提供高压能力输出的点火控制部件没有加大容器，容易引发高压超负荷工作，引起线路自燃。当然，这些改装还只是初步的，因为由于发动机加大负载，超转速运作，发动机热量也加倍增长，所以一定要把水箱容量加大，还要改装机油冷却系统，把高温降下来。

由于车辆速度加快，原有制动能力已经跟不上改装后的性能，所以还要全面改装制动系统，让它能适应高速的效应。更为重要的是，必须升级发动机 ECU。

赛车是一个运动，但也是一个高消费的项目。在国际上，赛车赛完一个赛季后，发动机就报废了，需要调换新型号、高性能的专业赛车发动机，这些对于很多私家车主来说都是经受不起的。

对于现有的车辆进行养护改装时，在不改变车辆的原有基础上，可加装引进国际汽车高科技技术，对燃烧系统进行科学革新、组合改装，经过改装后的车辆，既增加了动力又降低了油耗，还保护了发动机，能降低 50%以上的废气对空气的污染，对环境起到了保护作用。

10.7.1 发动机的改装

1. ECU 的改装

在汽车性能的提升方面，可以从硬件和软件两方面进行升级。硬件升级主要是改装零件的强化，凡是外部的换装排气管、加大喷油嘴、加强点火系统等，或内部的活塞、连杆、气门弹簧等强化，都属硬件的升级。硬件的升级其实比较简单，只要买到改装品安装到车上即可。但在软件的升级方面，专业性更强。

软件其实就是指车辆上的 ECU（简称电控单元或电控装置）的处理程序。现在汽车使用的 ECU 越来越多，控制功能已经涉及汽车的方方面面。

对汽车 ECU 进行升级可以使发动机动力输出增大 5%～8%，对增压发动机可以增大 15%～35%以上。其实电脑改装基本上是由和原厂关系相当好或者本身就是原厂的电脑程序设计人员综合考虑环保、油耗及耐久度来做改写的，若没有优良的供油点火程序，则拥有再好的硬件设备也是枉然，因此日系车改装一般重写程序，而欧系车主要是换装芯片。

2. 进气增压的改装

（1）涡轮增压器的选择。由于现在销售的车辆主要考虑发动机运转精度、油耗、耐用性等多方面的因素，在涡轮容量、增压值或者 A/R 值（A 是 Area“区域”的简写，指的是涡轮排气侧入口处最窄的横切面积；R 是 Radius“半径”的缩写，指的是入口处最窄的横切面积的中心点到涡轮本体中心点的距离，两者的比例就是 A/R 值。）方面通常都会采用较保守的设定，所以就改装的观点来看，原厂涡轮增压器当然还有其再升级的空间。而在进行涡轮增压器加装或升级的时候。很多人都会感到困惑，到底是要选择能够发挥大功率的涡轮增压器，还是选择擅长反应低转速就能发挥的扭力型涡轮增压器呢？涡轮增压器的结构如图 10.9 所示。

图 10.9　涡轮增压器的结构

事实上，内部容量的大小不过是配合各式涡轮有所不同的特性来设计的，而发动机当然也有自己的特性，单顶置凸轮轴和双顶置凸轮轴就各有长处。选择涡轮时也要考量其发动机的设计，此外排气量也非常重要。例如，大排量的发动机上装置扭力型的小容量涡轮，虽然有低转速反应快的优点，但容量也很快就达到极限，增压有限，这时要它再将功率随发动机转速向上提升实在非常勉强。当然也无法期待能够输出高功率，这便是小型涡轮的缺点。

相反，若是想让涡轮到高转速产生大功率才开始发挥作用，则加大涡轮本体的体积是提升增压风量最快的方法。不过，涡轮的容量越大，虽能够将越多的空气送入汽缸内，但是驱动涡轮所需的动力也必须相对增大。也就是说，要驱动容量越大的涡轮并使其完全发挥增压效果，发动机本身也就必须具有越大的排量。而如果在小排量的车上使用大型涡轮的话，在发动机排放废气量较小时的低转速区域，涡轮本身的旋转速率相对无法提高，增压值亦很难提升上去。所以只要叶片的转速降下去，便很难快速再加速上来，这也就形成了涡轮最严重的缺点——涡轮迟滞。如图 10.10 所示是废气涡轮增压在车上的安装位置。

图 10.10　废气涡轮增压在车上的安装位置

所以如果是发动机在同样增压值的情况下，分别使用一大一小不同容量的涡轮时，就动力输出来看，使用大涡轮的发动机，在功率方面比较有利，但是在增压反应及整体运转特性方面，大涡轮发动机必然无法与小涡轮发动机相抗衡。所以能同时拥有功率大、反应快是许多车主的梦想。因此，便有厂家推出采用进气侧大配合排气侧小的混种型涡轮增压器。其优点在于反应快，高转速功率输出大，可兼顾全转速的表现。

另外，还可以根据涡轮增压器的相关参数来选择，如 A/R 值、Trim（Trim 值是指压气机叶片的进气端直径平方与出气端直径平方之比，再乘以 100。若是涡轮 Trim，则用排气端直径平方与出气端直径平方相比再乘以 100，因此 Trim 值只能小于 100）、风量图（Compressor Map）等。一般地，A/R 值和 Trim 大的，高流量特性佳；A/R 值和 Trim 小的，低转速反应佳。

（2）涡轮增压器的改装。改装涡轮增压器时，因其是会增加阻力的零件，造成排气管内的压力也随之上升，将对活塞运动造成一定阻力，因此改装的第一步便需要从排气系统的顺畅性做起。基础的提升排气系统，是先把与涡轮出口相连的涡轮排气前段管换装成大口径以减低二次回压，同时中尾段管径也得加粗，并直线化与渐次放大构造，这样因排气畅通，增压速率亦会有所增加。

第二步，将连接排气涡轮入口的歧管长化以减低排气压力，而其优点就是可让各缸排气节奏相同，使涡轮能够受到持续、定量的冲击，可以提高增压的效率，也会提高涡轮本身的寿命。但缺点就是等长及大径化必减少排气背压， 会使低速扭力减少，此外，歧管长度亦为重要之处，总体长度长的话，涡轮的效果就会较为持续，但反应速度不如较短的形式来得快，这也是改装时要注意的地方。

（3）改装效果。一般来说，一台普通的 2.0L 自然吸气发动机一般能输出 110kW～147kW

的功率，而加装涡轮增压器以后则可以输出 220kW 以上的功率。改装了涡轮增压器后，相比原来的自然进气发动机可提升 30%～50%的功率。

另外，由于废气涡轮增压回收了部分能量，所以增压后发动机经济性也有明显提高，再加上相对减小了机械损失和散热损失，提高了发动机的机械效率和热效率，使发动机涡轮增压后燃油消耗率可降低 5%～10%。涡轮增压发动机对海拔高度变化有较强的适应能力，因此装有废气涡轮增压的汽车在高原地区具有明显的优势。

3. 改装注意事项

（1）对于发动机的增压改装，绝不仅仅是加装涡轮增压器就完事的，许多相应的周边零部件也要作相应的强化处理或换件。

改装汽油压力阀是动力改装最基本的一项，由于空气流量及速率都会有所改变，因此汽油压力也必须提升或者拥有调整的功能。改装了涡轮增压器，汽油压力阀就成为必备的改装品。

排气方面最好改为双口排气管，可以为发动机提供更顺畅的排气。改装增压以后，散热是个大问题，中冷器必须得到强化，要更换水温传感器或散热控制系统，车头的散热扇会提前 10℃起动，以提供更好的散热。

另外，ECU 的燃油分配系统也必须进行改动以匹配增加的动力，主要就是通过改变喷油时间及喷油量，来避免出现稀薄燃烧导致的发动机过热。所以说改装涡轮增压器并不简单，包括 ECU 重写、增压值控制器、中冷器等都是改装中必须考虑的因素。

（2）并不是所有的车都适合加涡轮增压器。

压缩比较高的车或者原厂制造工艺就不算很好的车，都不适合加装涡轮增压装置。此外，一些自动挡的车在出厂前已经做过了最完善的整车性能匹配，这些车也最好不改，因为自动变速器很有可能会因为承受不了来自发动机的巨大扭矩而报废。所以不是所有车都适合改装涡轮增压器。

适合加涡轮增压器的车，除了轿车外，一些需要高负荷、长距离行驶的货车和牵引车，也很适合加装涡轮增压器。因为在长时间稳定负荷的状态下，涡轮增压发动机可发挥其高性能，强大的扭矩有利于拖曳，高效率则减少了整体燃油的消耗。针对轿车而言，涡轮增压器改装偏向于那些喜爱大功率的车主，或是喜欢想要与众不同的车主。

4. 涡轮改装后的常见问题

（1）发动机转速突然无法上升。出现这一问题时首先检查空气流量计 AFS 是否有故障，如果刚好仪表板上的故障灯也亮，则可以更加肯定是流量计发生了问题。流量计出故障的原因，多是发动机加装涡轮后，其入风量超过原本可计测的电压值范围，致使流量计引线烧毁，或换装直通空气滤芯时，未固定好或用了吸尘效果不佳或湿式的滤芯，以致 AFS 内的热线芯受到振动而断裂，尤其在 AFS 敏感的日系车中，更要注意其脆弱的热线芯。

（2）增压值突然下降。当出现此问题时，首先要想到进气管路可能出现泄漏，这常发生在增压值调高或改装前置中冷器之后。如果又发现排气管会排放黑烟，就更加可以确定是中冷器的进出入口端的管路有脱落或爆管；此外泄压阀卡死、磨损与弹簧弹力不够，也会形成漏气，必须随时检查清理，以保证安全。

（3）没有增压效果。如果发现完全没有增压的话，很容易就可判断出故障来源，就是涡轮内部的隔板因长时间高增压持续行驶或吸入杂物而破裂所致，碎片在旋转时，还会透过排气管发出金属碰撞的声响。一般涡轮在故障前都会出现预兆，那就是它会发出敲击的声音或进气管路内有机油渗漏引发排气管冒出白烟，这时叶片轴承已经松动，因而产生机油外渗、失去气密性与废气乱窜等情况。当涡轮内部的轴承平衡性破坏以后，除因晃动带来异响与油封泄漏以外，裂开的叶片在运动时也会有噪声，如不尽快修复、换新的话，发动机机油存量就容易不足，伤到发动机内部结构的可能性极高。

10.7.2 制动系统的改装

制动系统是关系到行车安全最直接的部分，一辆车不但要跑得快和稳，更要停得下来。但是随着车辆动力性能的不断升级及车主本身技术的提高，原厂的制动系统会越来越不堪重负。现在市场上销售的新车基本都会采用盘式制动器，但是一部分车型仍采用前盘后鼓的设计。鼓式制动由于本身设计上的缺陷，会产生制动距离长、制动响应慢、散热不良、热衰减快等问题，所以已经逐渐被盘式制动所代替。对于还在采用鼓式制动的车型，最好进行鼓式改盘式的改装，这样可以将制动系统的功效提高很多。因此着重介绍一下盘式制动的改装。

对于制动的改装，最简单又省钱的方式就是换装摩擦系数高的制动蹄片或者是打孔画线的制动盘。如果要进一步提高制动性能，可以换装加大尺寸的制动盘，同时配合金属制动油管。以上的这些改装方式，只要使用质量过硬的产品，都是非常安全有效的。至于最顶级的制动改装方案，则是对全套的制动组件进行升级，除了包括刚才提到的项目以外，还要进行四活塞、六活塞甚至八活塞的制动卡钳升级。

1．制动盘

制动的原理是依靠制动蹄片和制动盘的摩擦力来使车辆减速或停车的。要解决制动的问题，应该先从制动蹄片和制动盘着手。

换用高性能的摩擦片是提高制动力最直接、有效、简单的方法。目前高性能的摩擦片大多采用碳纤维和金属材质为主要原料，并强调不含石棉的环保配方。摩擦片的选择除了以厂商所提供的摩擦系数—温度曲线及适用工作温度作为依据外，仅能依靠专业媒体的测试报告或使用心得作为参考。各种不同材质制成的摩擦片都会有各自不同的工作温度区域，越是有竞技趋向的产品的正常工作温度往往设定得越高。但是这也要根据实际情况来说，有些车主误用了纯竞技版的摩擦片，花了高价却换来比原厂摩擦片还差的制动效果，究其原因，只是因为车主“温柔”的开车方式让摩擦片始终无法达到最基本的工作温度，效果当然差了。

制动盘的材质也与摩擦片一样重要，一般都会采用铸铁、不锈钢、碳纤维或陶瓷材料。如果耐高温能力太低，则在激烈的操控中（频繁制动）所产生的高温会导致制动盘产生退火的现象，从而使得制动盘的表面变软并脆化，轻则产生制动盘的抖动，重则将会导致制动盘出现裂痕，危害行车的安全性。改装制动盘，可以从以下三方面入手。

（1）加大盘面尺寸。随着制动盘直径的增大，制动盘的表面积也随之增大，表面积越大则产生的摩擦力也就越大，并且随着力矩的增加，产生的制动力也相应增大。

（2）盘面画线。画线除了排热以外，主要是为了不让摩擦片产生的粉末累积在制动盘的表面，造成打滑和制动盘的不正常磨损。

（3）盘片打孔。打孔有两个直接作用，一个是加强制动盘的通风效果，促进冷却；另一个是减轻制动盘的质量，达到轻量化的目的。

画线和打孔对制动都没有直接的帮助，它们的作用主要是提升制动系统在极限状态的功能。另外，要注意制动盘的平衡性，如果使用自行加工或者非正式厂家生产的制动盘，则由于没用专用的仪器来测量制动盘的平衡性，在装车后会造成盘面和摩擦片的磨损，使用寿命很短，制动反而比原来还弱。同时为了对应不同尺寸的轮辋，制动盘的选用也是有要求的。一般的规则是：15in 的轮辋对应直径 285mm 的制动盘，16in 的对应 305mm 的制动盘，17in 的对应 335mm 的制动盘，18in 的对应 355mm 的制动盘。

2．卡钳

制动卡钳有好几种，不同的卡钳工作方式也有区别。大体上有三种：浮动钳夹、浮动叉、对置活塞。结构最简单的是浮动钳夹，这一形式的钳夹最为常用，而且构造简单。液压油处于活塞和钳夹之间，液压油作用于活塞向前行进时，在反作用力的作用下，同时推动钳夹向活塞运动相反的方向行进。这样，两个方向相反的制动力正好作用在制动盘两边，夹住制动盘，从而达到制动的目的。这种钳夹由于只有一个活塞，所以构造简单、成本低，但制动力度很有限，多用于小排量车或后轮制动。

对置活塞式卡钳，就是在制动盘两侧各有一组活塞。以最简单的双活塞对置式为例，液压油以同样的液压推动两侧的活塞向制动盘方向运动，从而夹紧制动盘，达到制动的目的。这种制动钳夹由于至少需要两个或多个活塞，所以相对于浮动钳夹式成本较高，但可提供相当大的制动力度，多用于高性能车；而且该制动形式可以布置多个活塞，增大制动蹄片的面积，因此制动效果非常好。常见的有四活塞式、六活塞式、八活塞式。但它也有缺点，由于靠近轮毂的那一侧需要布置活塞及液压管路，因此使制动盘离轮毂较远，不利于散热。使用大直径的通风钻孔盘能明显改善，且大直径的轮辋对散热也有好处。可见制动系统的深度改造一定要互相配合才能发挥最大的效果。

选购和安装制动卡钳的注意事项如下。

（1）选择品牌过硬的产品。产品的品牌往往是其质量保证的前提，不要为了图便宜，使用不知名的品牌，或者翻新及原厂改制的卡钳。

（2）卡钳上都有泄气孔，换装时除了必须将内部的空气泄出外，还必须注意泄气孔的位置是否正确。如果是具有双泄气孔设计的卡钳，则必须先泄出靠近油管一侧的空气，之后再泄出另一侧的空气。

（3）当卡钳安装完成后，需注意制动盘外缘与卡钳里侧的弧形部位是否保持有 2mm 左右的距离。如果间距不足或者过大，都会影响到制动性能。

10.7.3 悬架系统的改装

汽车悬架系统的主要作用是用来支撑车身，并且缓冲行驶中的振动。悬架系统有多种形式，各种形式所带来的驾驶感觉也是不同的。

汽车悬架主要有两大类，一类是使用一根轮轴连接左右轮的同轴非独立悬架，另一种是左右轮结构各自分开的独立悬架。独立悬架主要有麦弗逊式、全拖曳臂、半拖曳臂、双 A 臂、多连杆等多种形式。现在国内的车种，以麦弗逊式、拖曳臂式和多连杆式最为常见。汽车悬架包括弹性元件、减振器和传力装置三部分，分别起缓冲、减振和传力的作用。

对轿车来说，弹性元件多指螺旋弹簧，它只承受垂直载荷，缓和及抑制不平路面对车体的冲击，具有占用空间小、质量小、无须润滑的优点，但由于本身没有摩擦而无法起到减振作用。减振器又指液力减振器，其功能是加速减弱车身的振动，它也是悬架系统中最精密和复杂的机械件。传力装置则是指车架的上下摆臂等叉形钢架、转向节等元件，用来传递纵向力、侧向力及力矩，并保证车轮相对于车架有确定的相对运动规律。

也就是说，如果要对汽车的悬架系统进行改装的话，就要按照不同的改装要求，分别对以上三个部分进行强化和改装。

1. 弹簧的改装

弹簧支承车身，吸收不平路面和其他力对轮胎所造成的冲击。更重要的是在振动的消除过程中要保持轮胎与路面的持续接触，维持车子的循迹性。

改装弹簧除了会对硬度加强外，同时兼顾了降低车高的作用。但是要使车高降低，弹簧的长度就必须缩短，而如果弹簧长度降低过多，就会使弹簧在减振器的伸缩行程中产生游离（严重的，当车辆顶起时弹簧会脱落）。因此为了避免上述情况的发生，大多数改装用弹簧都会在适当的范围内缩短弹簧的长度，或者在长度不变的情况下采取上下不等间距的设计，也就是将弹簧设计成一端密、一端疏的形式。一般市面上的改装用弹簧都采用上下簧径相等的弹簧，但是有些高端的改装用产品采用在一只减振器上使用一长一短两组弹簧，这样的设计，一来可以提供两种弹性系数，能够在保证舒适性的前提下提供很好的支撑效果；二来可以保证弹簧的长度能够符合减振器的伸缩行程。

改装弹簧的时候要注意，很多人都会只换弹簧而不换减振器，这样的改装方式很容易恶化操控，因为原厂减振器的阻尼无法承受改装用弹簧的硬度，因此当弹簧产生伸缩作用时，原厂减振器无法在那么短的时间内抑制住弹簧的运动，这样就会导致车辆弹跳不止，不仅弹簧的改装效果难以发挥，同时也会缩短原厂减振器的寿命。

2. 减振器的改装

很多人都认为减振器的作用在于吸振，其实并不是这样，因为弹簧的作用才是吸振，而减振器则是负责减缓弹簧的伸缩力，因此减振器中的阻尼系数越高，对于减缓弹簧伸缩的能力就越强，也就是能够在越短的时间内抑制住弹簧的伸缩变化。什么是阻尼？阻尼就是减振器中的油在外力作用下流经筒内叶片阀时产生的阻力。阻尼在减振器运动时产生，如果减振器没有振动，则阻尼为零。减振器的性能以它运动时的速度与阻尼的大小来表现。车体或者车轮依阻尼的大小而有不同的动态表现，其特性会改变一部车的性格。

减振器按照内部构造的不同，可以分为双管式减振器、单管封气式减振器、双管封气式减振器三种类型。改装用减振器则可以分为以下几种类型：一种是形状和长度都与原厂减振器相同，但是内部阻尼系数经过强化的原厂型减振器；另一种是筒身上设计了螺纹，可以借助弹簧的固定位置或者筒身的长度改变来调整车高，也就是一般所谓的搅牙减振器；还有将减振器上下方向反置，降低悬挂下负荷的倒叉式减振器。

原厂型减振器是现在改装应用最为广泛的一种，搭配不同的车型设定不同的阻尼值，也可以选配不同品牌的弹簧，价格比较低廉。有一些原厂型减振器带有阻尼调整功能，但是这个所谓的阻尼调整，并没有很大的调整空间，而是用来搭配弹簧的硬度，以及针对减振器在长时间使用后的衰减程度加以补正的，并不能带来很大程度的改变，因此也不应该一买来就把阻尼值调到最硬的状态。其实选用好的原厂减振器已经可以将操控性能提升到很好的程度了，并不需要购买太专业化的产品，这样不但可以节省开支，而且可以避免因为调整不恰当而产生的一系列问题。

搅牙减振器是现在发烧级改车迷的必备武器。这种减振器结构比较复杂，而且必须搭配专用的弹簧，因此价位较高，而且在车高及阻尼的设定上有很多必须注意的地方。车高绝非越低越好，阻尼也不是越硬越好，设定过低会导致减振器伸缩行程不足，影响操控表现，缩短使用寿命，过硬的阻尼会产生严重的弹跳，操控性差。

3. 传力装置的改装

传力装置的改装可以通过改装或加装防倾杆、刚性拉杆，强化减振器上座，强化鱼眼，强化衬垫等方式来完成，在这里主要介绍一下防倾杆和刚性拉杆。

防倾杆的主要作用顾名思义是在车辆转向时防止车身的侧倾，起到辅助弹簧的效果，也就是让左右悬挂在产生几何变化的时候及早回复，因此如果要彻底改善弯道的操控性，防倾杆是非常必要的。好的改装用防倾杆会采用镁铝合金的材质，加大口径，使防倾杆在作用时产生更大的回复力，改善车体的侧倾，同时避免防倾杆过硬。防倾杆如果过硬，会破坏底盘的整体平衡，严重的甚至会导致车辆在过弯时变得难以操控或者安装位置的拉扯损坏。所以在选购的时候要注意品牌和材质，不要贪图便宜，占小便宜上大当。

刚性拉杆是用来提升车身刚性的改装用品，例如，装在发动机室或者行李箱中，连接左右减振器顶部的拉杆；还有在前轮悬挂下加装的#或 X 形的拉杆，都是刚性拉杆，其作用是减少加减速或者弯道中车身产生的变形或者位移，提高车身刚性。现在很多的改装店都在销售这种拉杆，号称会改善过弯时的操控性，其实是混淆了刚性拉杆和防倾杆的定义。而且，现在国内制作的刚性拉杆都是纯不锈钢制品，硬度太高，安装后反而会改变车身原本的应力集中位置，如果经常高速过弯，反而会带来负面作用，改装时一定要注意。

10.7.4 灯光照明系统的改装

1. 汽车大灯的改装

对汽车大灯的改装主要是改装成氙气大灯。氙气灯，英文简称 HID，即 High Intensity Discharge（高压气体放电灯），可称为重金属卤化物灯或氙气灯。汽车用氙气灯产品由氙气灯泡、变压安定器和绝缘导线组成，如图 10.11 所示。其原理是在抗紫外线水晶石英玻璃管内，以多种化学气体充填，其中大部分为氙气与碘化物等惰性气体，然后再通过变压器将车上 12V 的直流电压瞬间变压至 23 000V 的电流，经过高压振幅激发石英管内的氙气电子游离，在两电极之间产生光源，这就是所谓的气体放电。而由氙气所产生的白色超强电弧光，可提高光线色温值，类似白昼的太阳光芒。HID 工作时所需的电流量仅为 3.5A，亮度是传统卤素灯泡的 3 倍，使用寿命比传统卤素灯泡长 10 倍。

图 10.11　氙气灯的组成

HID 系统的优点如下。

① 凡是使用 H1、H7、HB、H4、H3、H11、H3C、9004、9005、9006、9007 的车用照明系统都可轻易改换 HID 系统（一部分特殊车型除外）。

② 响应速度快。由于采用高性能元器件，所以按下开关，立刻亮起。

③ 节能。耗电量只有卤素灯泡的一半，约 35W，亮度却是其 2～3 倍。

④ 在夜晚，HID 的光芒可以使路面状况一目了然，保障安全驾驶。

⑤ 安全标准适用产品。

原厂车上安装哪一种大灯一般由该车型的原型车配置所决定。如国产车上应用最多的是 H4 车灯，其最大的好处就是在同一盏灯内集合了远光灯丝与近光灯丝，有低成本的优势，但在远近光控制的精确度方面不如其他型号的车灯。而 H1、HB3、HB4、H7 则需要组合起来完成近光、远光或雾光的功能。

了解了原厂车灯的性质后，就很清楚升级车灯的必要性了。车灯升级分为两种，一种是换高性能的灯泡，另一种是换符合车检的氙气灯。氙气灯光亮度强。光亮度强可以简单地理解为光的实际输出量大。制造商通过对灯丝及填充材料进行处理将光亮度提高，增加了车灯的亮度。其次，氙气灯色温高。其合适的色温在3500K～6000K，当色温在3000K以下时，灯光呈黄色；达到4000K时，就能呈现太阳光一般的偏白效果了。氙气灯改装效果如图10.12所示。

图10.12　氙气灯改装效果

一般改装一辆车的氙气灯的时间只要一个多小时，工序也不算复杂。改装氙气灯的简易过程如下：

① 选择氙气灯的型号，把原车灯灯泡完好无损地取下。

② 安装固定好氙气灯灯泡。

③ 找一个固定位置来安放氙气灯的镇流器，要注意散热，保证温度不要过高。

④ 把镇流器的电源与灯光电源连接，镇流器的一条输出线与氙气灯灯泡的MP接口相连接。

⑤ 调整氙气灯的聚焦。

改装氙气灯的注意事项如下。

① 要选择专业的汽车服务店，这样才能保证改装过程中的专业操作不会影响灯泡的使用寿命。

② 很多车主对氙气灯了解不深，所以往往倾向于选择售价更便宜的。实际上，价位在2000元以上的氙气灯会有比较高的品质，车主可以根据自己的经济能力来选择。

③ 在决定购买氙气灯之前要确认自己车辆大灯的型号，每一种品牌都有不同的型号，车主要做到心中有数。

2．汽车底盘灯的改装

LED灯饰品是目前国内外非常流行的车用饰品，在汽车的底盘上加装这种底盘灯后，在夜晚，汽车能发出非常夺目的灯光效果。

LED灯饰品是一种新型的汽车装饰产品，集安全性、实用性、装饰性为一体，在夜间、雾天、雨天及能见度差的路上，它可以很好地为行人或者其他车辆提供行使或者泊车时的位置标识，以减少事故隐患。当需要检查汽车底盘或者查看更换轮胎时，它将能带来方便，此外还有非常好的装饰效果。

超炫LED底盘灯的外管一般均采用了防水防震的PVC管，中间有防震衬扣，里边灯管为节能超亮LED灯。而且底盘灯自带安装支架及安装电源线，电源线以颜色区分正负极，安装非常方便。

LED底盘灯安装于汽车底部及汽车内部。晚上打开LED灯，汽车底部（或汽车内部）呈现出一片红、蓝、绿、多色及变色，非常漂亮，深受青年爱车族的青睐。

汽车LED底盘灯具有良好的防水性能和抗冲击性能，平时不用维护不用擦洗，一次安装长期使用，其功率只相当于一个汽车大灯的功率，使用时不会给汽车电瓶和发电机带来过多的负担。

LED非霓虹汽车底盘灯为最新的灯光科技，采用LED产生色光，颜色鲜艳靓丽、光线均匀，耗电量低，寿命长，更不会产生热度影响，防水耐碰撞，质地轻巧好安装，安全，方

图 10.13　底盘灯装饰效果

便，为最新的科技产品。

LED 非霓虹汽车底盘灯接 12V 车用电压，不需变压器可直接安装于车上，分别安装于汽车底盘的前、后、左、右四边底部，接头电源线分为两条线路，接于车灯线路正负两极，本身没有正负极之分。当车灯打开时，LED 非霓虹灯即可同时发亮。可加声控或遥控，含 10 种闪光程序。底盘灯装饰效果如图 10.13 所示。

10.7.5　影音系统的改装

1．音响的先进性能和特殊功能

汽车音响的各个生产厂家为了占领市场销售份额，不断推出各种具有先进性能和独特功能的产品吸引用户。目前应用在汽车音响上的先进技术性能和功能，主要有以下一些。

（1）独有的防盗系统。一般音响多采用防盗拆装面板和设置密码方式，而德国“蓝宝”使用电脑记忆卡片。

（2）光导纤维传送。

（3）全息激光头。音响正确地读取 CD 径迹（乐曲）的数字信号数据，需由光电流二极管衍射光栅和其他小型的光电子部件构成复杂而又精确的补偿系统。松下 CD 换片机将这些零部件成功地汇集到全息组件中，不受温度变化及经久使用的影响，一直保持高性能。

（4）CD 换片机防震系统。汽车音响是在运动中使用的，所以防震系统最重要，可多采用超级悬挂系统，包括拉簧、气囊及带 TPE 硅油减振器等。高级 CD 机采用电子防震系统，当记忆缓冲区内的读数降低时，先进的电子防震设计会自动起动双速读数系统，做出比正常速度快两倍的读数反应，以减低噪声。即使连续震荡，仍可避免跳线情况的出现，从而营造出比标准电子防震系统更纯美的音色。

（5）缘边旋转入碟防刮系统。飞利浦最新设计出的单碟 CDM-M2 机芯，使原来滚轴式装载系统，转换为光碟缘边旋转入碟系统。新系统不磨损光碟音源部分，可有效地保护光碟。

（6）数码合成调谐器。索尼收音部分使用了 SSIR-EX 调谐器。传统的调谐器有一个多路减噪器和一个独立调谐组件，SSIR-EX 将所有的独立组件合并为一。先进的 SSIR-EXA 调谐器，能自动控制 FM 频道中的 IF 波段以减少干扰。一些飞利浦汽车音响使用 BQR3 高质量调谐器，使频率选择更快、更准确。

（7）滑动开启前操作面板。

（8）智能操控转盘。智能操控转盘可以用于音量控制又可以用于音响信号源的选择，令系统操作得心应手。智能操控转盘设置了一些重要功能（如 AMS 自动乐曲搜索），使常用的功能键得以集中在一起，便于操控。

（9）电话减音器。当使用车载电话时，此功能会自动调低系统的声音。有的还能自动触发消音，当电话挂断后音响会自动恢复原来的音量。

（10）方向盘控制器。设计精巧的方向盘式遥控器，使汽车音响的操控极为方便。驾驶员在握住方向盘的同时可以操控音响，又可以集中精力留意路面。

（11）动态道路噪声控制。道路噪声包括发动机和风等产生的声音，影响收听音乐的清晰度。松下 CQ-VZ900 型汽车音响具有 4 级 DRG 补偿性能，可分别增强低音、高音和防止噪声干扰。

（12）话音识别系统。

（13）驾驶座声场模拟系统。驾驶座并非处于声场中央位置，左、右方的扬声器发出的声音到达驾驶者耳朵的时间不一样，形成一种不平衡的声场效果。驾驶座声场模拟系统可以根据驾驶者的选择，把左、右方扬声器发出的声音延迟若干秒，模拟出一个驾驶座在中央的声场，使音质定位达到完美的境界。

2．汽车音响系统的改装

汽车在行驶中会产生各种频率的干扰，对汽车音响系统的听音环境产生不利的影响，因此对汽车音响系统的安装布线提出了更高的要求。

（1）汽车音响配线的选择。汽车音响线材的电阻越小，在线材上所消耗的功率就越少，则系统的效率就越高。即使线材很粗，由于喇叭本身的原因也会损失一定的功率，而不会使整个系统的效率达到100%。线材的电阻越小，阻尼系数越大；阻尼系数越大，喇叭的赘余振动越大。线材的横截面面积越大（越粗），电阻越小，该线的容限电流值越大，则容许输出的功率越大。主电源线的保险盒越靠近汽车蓄电池接头越好，保险值的大小可按以下公式加以确定：

保险值＝（系统各功放的总额定功率之和×2）/汽车电源电压平均值

（2）音频信号线的布线。用绝缘胶带或热缩管将音频信号线接头处缠紧以保证绝缘，当接头处与车体相接触时，可产生噪声。保持音频信号线尽可能短，因为音频信号线越长，越容易受到车内各种不同频率信号的干扰。如果不能缩短音频信号线的长度，则超长的部分要折叠起来，而不是卷起。

音频信号线的布线要离开行车电脑模块电路和功放的电源线至少20cm。如果布线太近，则音频信号线会拾取到频率干扰的噪声。最好将音频信号线和电源线分开布在驾驶座和副驾驶座两侧。当靠近电源线、微型计算机电路布线时，音频信号线必须离开它们20cm以上，如果音频信号线和电源线需要互相交叉时，则建议最好以90°相交。

（3）电源线的布线。所选用电源线的电流容量值应等于或大于与功放相接的保险管的值。如果采用低于标准的线材作电源线，则会产生交流噪声并且严重破坏音质，电源线可能会发热而燃烧。当用一根电源线分开给多个功放供电时，从分开点到各个功放布线的长度应该尽量相同。当电源线桥接时，各个功放之间将出现电位差，这个电位差将导致交流噪声，从而严重破坏音质。

当主机直接从电源供电时，会减少噪声，提高音质。应把蓄电池接头的脏物彻底清除，并将接头拧紧。如果电源接头很脏或没有拧紧，则接头处就会接触不良。而阻流电阻的存在，会导致交流噪声，从而严重破坏音质。用砂纸和细锉清除接头处的污物，同时擦上黄油。当在汽车动力系统内布线时，应避免在发电机和点火装置附近走线，发电机噪声和点火噪声能够辐射入电源线。当将原厂安装的火花塞和火花塞线缆更换成高性能的类型时，点火火花更强，这时将更易产生点火噪声。在车体内布电源线和布音频线所遵循的原则一致。

（4）接地的方法。用细砂纸将车体接地点处的油漆去除干净，将接地线固定紧。如果车体和接地端之间残留车漆就会使接地点产生接触电阻。接触电阻会导致交流噪声的产生，从而严重破坏音质。将音响系统中各项音响器材的接地集中于一点。如果不将它们集中一点接地，则音响各组件之间存在的电位差会导致噪声的产生。

主机和功放应该分别接地。当系统消耗电流很大时，蓄电池接地端一定要牢固。提高电源接地性能的方法是，在电源和接地间用粗直径的线材布线，如绞股线。这样做能够加强连接，有效地抑制噪声并提高声音质量。不要靠近行车电脑布线，因为当主机接地点靠近行车电脑的接地点或固定点时，会产生行车电脑噪声。在汽车内所布的线材和音频线都要加上汽车专用护套套管。

3. 音响改装消除干扰的措施

（1）车门隔音。在汽车内听音乐与在家里欣赏音乐有一个最大的不同，那就是车在快速移动。为了达到很好的效果，就对音响器材提出了更高的要求，同时车辆高速行驶时，风噪、胎噪及机械噪声会对音响系统产生干扰。因此就需要对车辆进行改造。一般是选择车门做制震和隔音。车门隔音在许多汽车改装店、汽车音响店里都可以做。一般采用柔软的发泡海绵来密封车门，效果最好的是用专业的制震板，但是制震板的成本比发泡海绵要高很多。

（2）扬声器位置的合理布置。汽车音响改装时，高、中、低音的扬声器也要各自独立，如果安装在一起则只会互相干扰。如一位奥迪 A6 车主，改装他的奥迪 A6 音响时，将高音喇叭安装在 A 柱两侧，中音喇叭安装在前车门的中部靠前的位置，而中低音喇叭安装在前车门的底端。据改装技师介绍，这样有利于中高音间的衔接，形成音场的准确定位。而且这样改装并没有破坏原车部件，随时可以分拆下来。

习 题 10

1. 填空题

（1）倒车雷达一般由__________、__________和__________组成。

（2）现在全球卫星导航系统主要有美国的__________、俄罗斯的__________、中国的和欧盟的__________。

（3）通常将汽车上用的防超速电子狗分成__________、__________、__________和__________四大类。

（4）车辆防盗产品按技术种类可分为__________、__________和__________三类。

（5）汽车改装根据改装目的不同可以分为__________、__________和__________三类。

2. 简答题

（1）汽车防护有何意义？

（2）倒车雷达使用注意事项有哪些？

（3）简述汽车防盗装置的选用原则。

总复习题

1. 填空题

（1）汽车美容作业项目主要有__________、__________、__________和__________。

（2）色光三原色指的是__________、__________、__________。

（3）物体色三原色指的是__________、__________、__________。

（4）色的三属性指的是__________、__________、__________。

（5）空气喷枪按照供漆方式可分为__________、__________、__________三类。

（6）喷涂干燥设备主要有____________________。

（7）清洗剂的主要成分有__________、__________、__________、__________、__________、__________。

（8）除垢剂除垢过程包括__________、__________、__________、__________、__________五个阶段。

（9）按照物理状态不同，车蜡可分为__________和__________两种。

（10）按照功能，车蜡可分为__________和__________两种。

（11）按照涂料中主要成膜物质分类，涂料可分为__________大类。

（12）按照固化机理，涂料可分为__________、__________、__________、__________、__________和__________六类。

（13）汽车涂料一般由__________、__________、__________、__________四种基本成分组成。

（14）常见皮革类专业保护剂有__________、__________、__________。

（15）汽车常用外部装饰材料有__________和__________。

（16）汽车常用内部装饰材料有__________、__________和__________。

（17）现代汽车清洗具有的特点是__________、__________和__________。

（18）汽车清洗的作用有__________、__________和__________。

（19）汽车美容安全主要有__________、__________、__________、__________等四方面。

（20）喷涂安全技术有__________、__________和__________。

（21）“三废”指的是涂装过程中产生的__________、__________和__________。

（22）废气的处理方法有__________、__________、__________、__________。

（23）车表污垢的组成主要有__________、__________和__________。

（24）汽车漆面美容的主要内容有__________、__________、__________、__________。

（25）在汽车美容作业中，根据对漆面美容护理的深度不同，可以将漆面美容分为__________、__________、__________。

（26）造成漆面损伤、老化和失光的主要原因有__________、__________、__________和__________。

（27）计算机调色系统一般由__________、__________、__________、__________和__________组成。

（28）影响喷漆质量的因素有__________、__________、__________、__________。

（29）汽车安装前阻风板的目的是______________________________。

（30）降低汽车前端提升力的措施有__________和__________。

（31）减小汽车后端提升力和阻力的措施有__________、__________和__________。

（32）车内污染物的种类主要有__________、__________、__________。

（33）车内污染物的主要来源可分为__________、__________、__________三个方面。

2．选择题

（1）将红和绿以适当的比例混合，可以得到（　　）。

A．橙、黄、黄绿的纯色　　B．蓝绿、蓝的纯色

C．紫、红紫的纯色　　D．白和各色相的淡色

（2）将绿和蓝紫以适当的比例混合，可以得到（　　）。

A．橙、黄、黄绿的纯色　　B．蓝绿、蓝的纯色

C．紫、红紫的纯色　　D．白和各色相的淡色

（3）将红、绿和蓝紫以适当的比例混合，可以得到（　　）。

A．橙、黄、黄绿的纯色　　B．蓝绿、蓝的纯色

C．紫、红紫的纯色　　D．白和各色相的淡色

（4）以下涂料中属于溶剂挥发型涂料的有（　　）。

A．硝基漆　　B．过氯乙烯漆　　C．乙烯树脂漆

D．纤维素漆　　E．丙烯酸漆　　F．天然树脂漆

G．油脂漆　　H．酚醛树脂漆

（5）以下涂料中属于氧化固化型涂料的有（　　）。

A．硝基漆　　B．过氯乙烯漆　　C．乙烯树脂漆

D．纤维素漆　　E．丙烯酸漆　　F．天然树脂漆

G．油脂漆　　H．酚醛树脂漆　　I．沥青漆

J．醇酸树脂漆

（6）以下涂料中属于热固化型涂料的有（　　）。

A．氨基树脂漆　　B．热固性丙烯酸漆

C．醇酸树脂漆　　D．热固性环氧漆

（7）对于镉金属，可以选用（　　）作为底漆。

A．锌黄纯酚醛底漆　　B．环氧底漆

C．磷化底漆　　D．醇酸底漆

（8）对于铝合金，可以选用（　　）作为底漆。

A．锌黄纯酚醛底漆　　B．磷化底漆

C．锌黄醇酸底漆　　D．锌黄酚醛底漆

E．环氧底漆

（9）在一般环境条件下使用，对防腐和装饰性要求不高时，可以选用的面漆有（　　）。

A．油性漆　　B．脂胶漆　　C．酚醛漆　　D．硝基漆

（10）在一般大气条件下使用，但要求耐候性好，可以选用的面漆有（　　）。

A．油性漆　　B．脂胶漆　　C．醇酸漆　　D．硝基漆

（11）在高温条件下使用，可以选用的面漆有（　　）。

A．有机硅漆　　B．脂胶漆　　C．醇酸漆　　D．硝基漆

（12）常用的修补底漆有（　　）。

A．醇酸类底漆　　B．硝基类底漆　　C．环氧类底漆　　D．丙烯酸类底漆

（13）常用面漆主要有（　　）。

A．醇酸树脂面漆　　B．硝基纤维素面漆

C．丙烯酸树脂面漆　　D．聚氨酯面漆

（14）在汽车的喷涂施工中常用的辅助材料有（　　）。

A．稀释剂　　B．助剂　　C．防潮剂　　D．催干剂

E．脱漆剂　　F．上光剂

（15）汽车内部装饰常用的布料有（　　）。

A．纯棉织品　　B．纯毛织品　　C．化纤织品　　D．混纺织品

（16）对于连续喷涂的作业场所，未加安全措施者一般属于（　　）。

A．1—0 级　　B．1—1 级　　C．1—2 级

（17）对于连续喷涂的作业场所，如果将喷涂作业限制在一个半密闭的操作室内，则操作室属（　　），而操作室外的属（　　）。

A．1—0 级　　B．1—1 级　　C．1—2 级

（18）对于连续喷涂的作业场所，如果喷涂作业位置集中，涂料中溶剂耗量集中，则这样的涂装场所应属于（　　）。

A．1—0 级　　B．1—1 级　　C．1—2 级

（19）根据漆面的老化、破损程度，漆面的修复大致可分为（　　）。

A．局部喷涂修复　　B．区间喷涂修复

C．全车翻新喷涂修复　　D．彩色喷笔修复

（20）根据结构形式，汽车天窗的类型有（　　）。

A．手推式天窗　　B．上掀外滑式天窗

C．敞篷式天窗　　D．电动全开式智慧型天窗

E．滑动式机舱型天窗　　F．方格型天窗

（21）汽车隔热防爆膜的评价参数有（　　）。

A．隔热率　　B．隔紫外线率　　C．透光率　　D．屏蔽系数

（22）车身局部装饰的内容有（　　）。

A．眼线装饰　　B．车身贴画装饰

C．轮毂饰片装饰　　D．中隔栅装饰

（23）汽车特种功能装饰座椅有（　　）。

A．办公座椅　　B．儿童娱乐座椅

C．多功能座椅　　D．空调座椅

3．判断题

（1）一般来说，明度高、浅的颜色感觉轻；明度低、深暗的颜色显得重。（　　）

（2）暖色引起的感觉是前进的，而冷色引起的感觉是后退的。（　　）

（3）一般情况下，亮色、暖色给人以扩张和膨胀的感觉，冷色给人产生收缩感。（　　）

（4）喷枪与喷涂物表面距离小会造成起皱，距离太大会产生橘皮或干膜缺陷。（　）

（5）移动喷枪时，如果手腕或手肘做弧线移动，则会产生流挂或露底现象。（　）

（6）喷涂气压低，易产生针孔、起泡缺陷，压力过高会形成干喷现象。（　）

（7）喷枪移动速度过快，会使涂膜粗糙无光泽；移动速度过慢，会使涂膜过厚，易产生流挂。（　）

（8）双组分涂料的干燥速度及涂膜性能与环境温度和固化剂加入量有关，如固化剂加入量过多，某些涂料的干燥速度反而降低，而且涂膜脆性大。（　）

（9）无溶剂涂料指的是涂料的组成中没有挥发性稀释剂。（　）

（10）如果面漆选用沥青漆，那么不论黑色金属，还是铝合金、铜、镁合金等金属，底漆都要选用沥青漆。（　）

（11）在正常情况下，爆炸性混合气体，连续或经常长时间存在的场所属于1—0级爆炸危险场所。（　）

（12）在正常情况下，有可能积聚形成爆炸性混合气体的场所属于1—1级爆炸危险场所。（　）

（13）在不正常情况下，有可能短时间内积聚形成爆炸性混合气体的场所属于1−2级爆炸危险性场所。（　）

（14）根据使用先后，底漆有头道底漆、二道底漆和封闭底漆。（　）

（15）常用的底漆有醇酸类底漆、硝基类底漆、环氧类底漆、丙烯酸类底漆四大类。（　）

（16）要降低汽车底部的空气提升力及阻力主要靠前阻风板的作用。（　）

（17）天窗的玻璃板有的是用绿水晶玻璃板制作的，有的镀制了防热层。对此，不能用黏性的玻璃清洁剂清洗玻璃。（　）

（18）在轿车的前部地板，离发动机较近，噪声较大，铺设厚密度的地毯，如选用4.9kg/m^{2}的车用地毯，可以增强隔音的效果。（　）

（19）汽车中部离发动机稍远一些，其噪声的影响略小一些。为此，选用中密度的车用地毯即可达到装饰和隔音的效果，又适当减轻了地毯的重量。中密度车用地毯为3.7kg/m^2。（　）

（20）出租车的主要污染物有细菌、一氧化碳、烟碱和灰尘。（　）

（21）私家车的主要污染物有苯、甲醛、烟碱、细菌和二氧化碳。（　）

（22）车内污染物的主要来源可分为三个方面：材料、外界污染物和汽车自身排放污染物等。（　）

（23）臭氧是完全无毒的透明气体，对人体无害。唯一使人感到不适的是浓度达1ppm以上时会刺激呼吸系统。（　）

（24）臭氧具有杀菌、解毒、保鲜、除臭、漂白、消炎、镇痛、造氧、净化空气、活化细胞、促进新陈代谢等功能。（　）

（25）光触媒是一类以二氧化钛（TiO_2）为代表的具有光催化功能的半导体材料的总称，主要成分是本身无毒无害的二氧化钛。（　）

4．简答题

（1）汽车美容的依据有哪些？

（2）汽车美容的原则有哪些？

（3）色彩的感觉效应有哪些？

（4）一般美容护理企业需要配置哪些设备？
（5）汽车内部装饰常用专用工具有哪些？
（6）汽车内部装饰常用设备有哪些？
（7）选用喷枪时应注意哪些问题？
（8）如何合理使用喷枪？
（9）喷枪使用不当会造成哪些漆膜缺陷？
（10）简述清洗剂的除垢机理。
（11）车蜡的功用有哪些？
（12）如何正确选用车蜡？
（13）封釉与镀膜有何区别与联系？
（14）常用汽车面漆种类有哪些？
（15）金属漆与普通漆有何区别？
（16）涂料的作用有哪些？
（17）对面漆的性能要求有哪些？
（18）如何合理选用汽车涂料？
（19）发动机保护剂具有哪些作用？
（20）汽车清洗的种类有哪些？
（21）汽车清洗注意事项有哪些？
（22）汽车外部清洗的工艺条件有哪些？
（23）汽车旧漆面缺陷有哪些？
（24）清除旧漆层的方法有哪些？
（25）简述电脑调漆的操作过程。
（26）涂料黏度过大会造成哪些漆膜缺陷？
（27）溶剂挥发速度过快会造成哪些漆膜缺陷？
（28）喷枪使用不当会造成哪些漆膜缺陷？
（29）造成漆膜缺陷的主要原因有哪些？
（30）汽车漆面打蜡注意事项有哪些？
（31）哪些方法可使漆面达到镜面装饰效果？
（32）简要写出封釉的工艺过程。
（33）汽车外部装饰的内容有哪些？
（34）汽车装饰与改装的区别有哪些？
（35）汽车封釉与镀膜有何区别与联系？
（36）简述选装天窗时的注意事项。
（37）汽车隔热防爆膜的鉴别方法有哪些？
（38）常见的车内污染净化措施有哪些？

附　录　A

汽车美容与装饰行业相关标准和法规目录：

1.《汽车美容装饰业经营规范》（征求意见稿）

2.《乘用车内空气质量评价指南》（GB/T27630-2011）

3.《机动车运行安全技术条件》（GB7258-2012）

4.《机动车儿童乘员约束系统》（GB27887-2011）

5.《机动车登记规定》

6.《涂装作业安全规程喷漆室安全技术规定》（GB14444-2006）

7.《涂料产品分类和命名》（GB/T2705-2003）

8.《汽车风窗玻璃清洗液》（GB/T23436-2009）

参 考 文 献

[1] 甘文嘉．现代汽车美容与装潢．上海：上海交通大学出版社，2004.
[2] 张德金．汽车装饰美容实用手册．北京：机械工业出版社，2004.
[3] 于福清．跟我学汽车美容．北京：电子工业出版社，2004.
[4] 周燕，罗小青．汽车美容与装饰．北京：机械工业出版社，2005.
[5] 徐华东．汽车喷涂与装饰工艺．北京：人民交通出版社，2002.
[6] 姚雷刚．汽车美容与装饰．延吉：延边人民出版社，2004.
[7] 杨江河．汽车美容．北京：机械工业出版社，2003.
[8] 马勇智，吴晋裕．汽车美容．北京：人民交通出版社，2003.
[9] 张吉国．汽车维修机具与设备．北京：机械工业出版社，2005.
[10] 杨建良．汽车维修企业管理．北京：人民交通出版社，2005.
[11] 邢忠义．汽车美容实务．北京：电子工业出版社，2006.
[12] 李永力．汽车美容装饰培训教程．北京：化学工业出版社，2008.
[13] 深圳市彩虹精细化工股份有限公司．汽车美容养护一本通．深圳：海天出版社，2008.
[14] 阎文兵，姜绍忠．汽车美容与装饰．北京：北京理工大学出版社，2007.
[15] 王靖. 如何开家汽车美容店. 北京：化学工业出版社，2013.
[16] 王靖. 如何做一名金牌汽车美容师. 北京：化学工业出版社，2013.
[17] 陈安全，王鹤隆. 汽车美容实用教程. 北京：机械工业出版社，2012.
[18] 宋飞. 汽车美容装潢. 北京：清华大学出版社，2013.
[19] 鲁植雄. 汽车美容. 北京：人民交通出版社，2011.